Extremadura

Jürgen Strohmaier
in Zusammenarbeit mit Lydia Hohenberger

Gratis-Download: Updates & aktuelle Extratipps des Autors

Unsere Autoren recherchieren auch nach Redaktionsschluss für Sie weiter. Auf unserer Homepage finden Sie Updates und persönliche Zusatztipps zu diesem Reiseführer.

Zum Ausdrucken und Mitnehmen oder als kostenloser Download für Smartphone, Tablet und E-Reader.
Besuchen Sie uns jetzt!
www.dumontreise.de/extremadura

short.travel/p4v9n

DUMONT
Reise-Taschenbuch

Unterwegs in der Extremadura

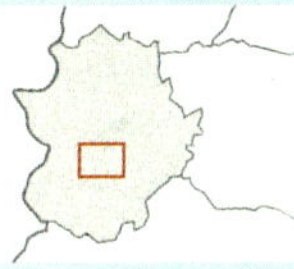

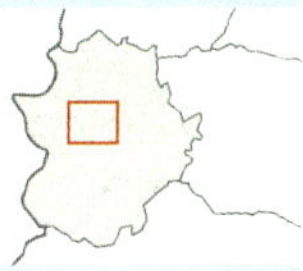

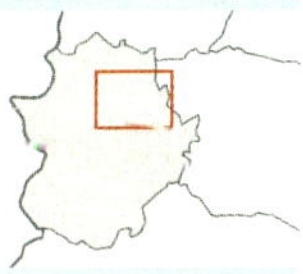

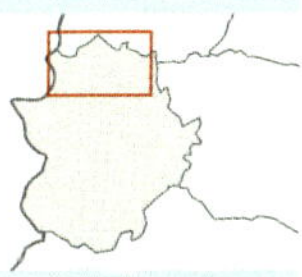

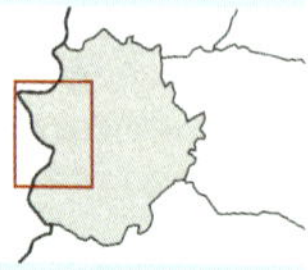

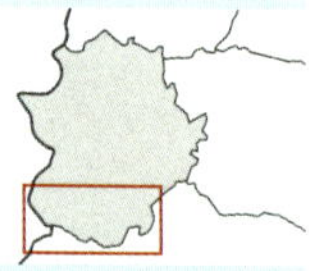

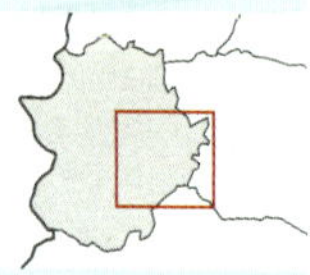

Auf Entdeckungstour

Karten und Pläne

s. hintere Umschlagklappe

▶ Dieses Symbol im Buch verweist auf die Extra-Reisekarte Extremadura

Das Klima im Blick

atmosfair

Reisen verbindet Menschen und Kulturen. Wer reist, erzeugt auch CO_2. Der Flugverkehr trägt mit bis zu 10 % zur globalen Erwärmung bei. Wer das Klima schützen will, sollte sich – wenn möglich – für eine schonendere Reiseform entscheiden. Oder Projekte von *atmosfair* unterstützen: Flugpassagiere spenden einen kilometerabhängigen Beitrag für die von ihnen verursachten Emissionen und finanzieren damit Projekte zur Verringerung des CO_2-Ausstoßes in Entwicklungsländern *(www.atmosfair.de)*. Auch der DuMont Reiseverlag fliegt mit *atmosfair!*

Liebe Leserin, lieber Leser,

praktisch wohne ich gleich um die Ecke. Von Lissabon, meiner zweiten Heimat, ist es nur ein Katzensprung in die Extremadura. Und sosehr ich Portugal liebe, so sehr lockt mich der spanische Nachbar. Kaum habe ich die Grenze überquert, begeistert mich auch schon der weite Himmel, wie er sich über die scheinbar endlose Landschaft wölbt. Dünn besiedelt, nahezu unberührt. Ich bin mir ziemlich sicher, auch Sie werden beeindruckt sein von den grünen Wiesen, knorrigen Olivenbäumen, blauen Seen, sanften Bergen, wilden Gebirgen. Und von den verschlafenen Dörfern und historischen Städten, wie dazwischengeworfen. Der Kontrast zu den touristischen Zentren an der Küste könnte größer nicht sein. Lautes Gedränge und billiger Kommerz sind hier Fehlanzeige.

Spanien en miniature, nur die Küste fehlt – so etwa sehe ich die Extremadura. Sie mag auf den ersten Blick ein wenig provinziell erscheinen. Und wirklich, hier schalte ich schnell ein paar Gänge herunter. Und finde fast vergessene Freuden meiner Kindheit wieder. Planschen in einem Naturschwimmbad, Wandern über Blumenwiesen. Der Genuss einer unverfälschten Küche nach überlieferten Rezepten. Die gut erhaltenen Zeugnisse der Geschichte seit der steinzeitlichen Besiedelung verstärken mein Gefühl einer Reise in ferne Zeiten. Nahezu unverändert blieben die Silhouetten vieler historischer Städte, gezeichnet von den Palästen der Eroberer, die im 16. Jh. zu Protagonisten der blutigen Unterwerfung von Mittel- und Südamerika wurden.

Bei einem meiner Besuche traf ich zufällig zwei deutsche Paare auf Urlaubsfahrt. Sie hatten von zu Hause schon viel Vorfreude mitgebracht. Zu ihrem Glück übertraf Spaniens unbekannte Schöne selbst ihre kühnen Erwartungen. Wir befanden uns sogleich auf ähnlicher Wellenlänge, und einige ihrer Erfahrungen sind aktuell in dieses Buch eingeflossen. Vielleicht sehen ja auch wir uns einmal per Zufall in Cáceres, Mérida oder auf einer Wanderung in La Gata. Bis dahin wünsche ich Ihnen einen wunderschönen Aufenthalt in der Extremadura und bin gespannt auf Ihre Rückmeldung!

Ihr

Jürgen Strohmaier

Trujillo, das Kleinod der Extremadura

Leser fragen, Autoren antworten

Extremadura persönlich – meine Tipps

Nur wenig Zeit? Die Extremadura zum schnellen Kennenlernen

Ein Urlaub in Madrid oder Andalusien lässt sich vorzüglich mit einem Abstecher in die Extremadura verbinden. Drei oder vier Übernachtungen genügen, um zumindest die wichtigsten kulturellen Höhepunkte in den drei historischen Städten Cáceres, Trujillo und Mérida im Herzen der Extremadura zu erkunden.

Mittelalterlich und modern zugleich präsentiert sich **Cáceres** und ist somit ein kulturelles Abbild der Region im Kleinen. Die Paläste der zu Reichtum gelangten Eroberer Südamerikas säumen die engen Gassen, die auf weitläufige Plätze münden. Hier lebt das Zeitgenössische: die trendige Bar und der hippe Kleidershop.

Wenn Cáceres das Schmuckstück ist, bildet **Trujillo** das Kleinod der Extremadura, das noch stärker historisch geprägt ist. Hinzu kommt die Hauptstadt der autonomen Region, **Mérida,** wo die römische Vergangenheit bis heute im Stadtbild präsent ist. Und falls Sie per Auto von Madrid kommen, liegt das Kloster von Guadalupe fast am Weg …

Nicht verpassen!

Welche Sehenswürdigkeiten sollte man nicht verpassen?

Ganz im Süden erhebt sich auf einem Bergrücken das **Monasterio de Tentudía,** das auf das 13. Jh. zurückgeht. Die bedeutendste Klosteranlage der Region aber steht in **Guadalupe:** das architektonische Symbol für die spanische Welteroberung. Und Ausstellungsort für 19 großflächige Gemälde des Hofmalers Francisco de Zurbarán.

Gold, Gold, Gold und ein fein geschnitztes Kirchengestühl füllen die Kathedrale von **Plasencia** in der nördlichen Extremadura. Im nahen Kloster von **Yuste** können Besucher entdecken, wie ein deutscher Kaiser seinen Lebensabend verbracht hat. Er hörte auf den Namen Karl V.

Liebhaber moderner Kunst sollten drei weitere Highlights der Region keinesfalls versäumen: das Museum des Berliner Experimentalkünstlers Wolf Vostell in **Malpartida,** die Kunstsammlung Centro de Artes Visuales der deutschstämmigen Galeristin Helga de Alvear in Cáceres und das Museum für zeitgenössische iberoamerikanische Kunst in **Badajoz.** Alle drei Ausstellungsgebäude überzeugen auch architektonisch und werden in dieser Hinsicht nur vom Gebäude des Römischen Museums in der Nachbarschaft des Amphitheaters von Mérida übertroffen. Eine komplette Fernstraße haben die Römer der Nachwelt hinterlassen, die **Vía de la Plata.** Und eine elegante, 194 m lange Brücke über den Tajo bei **Alcántara.**

Welche Wandergebiete sind am schönsten?

Die urwüchsige Natur bildet ein weiteres Plus der Extremadura. Fast jede Gemeinde hat lokale Wanderwege markiert. Besonders attraktiv sind die rauen Berglandschaften von **Las Hurdes** und die sanfteren Hügel der benachbarten **Sierra de la Gata,** beide im Norden gelegen. Das nahe Städtchen Hervás hat zahlreiche Routen aus dem **Valle del Ambroz** auf die umliegenden Hügel ausgeschildert. Hinzu kommt der **Parque Natural Tajo Internacional** an der portugiesischen Grenze.

Und wie sieht es mit Rad- und Mountainbike-Touren aus?

Da wurde und wird mächtig viel getan. Stadtverwaltungen haben Moun-

Nicht nur für Vogelliebhaber ein Muss: der Besuch des Nationalparks Monfragüe

tainbike-Strecken in die Umgebung ausgeschildert. Sehr anspruchsvoll in den nördlichen Bergregionen, weniger anstrengend rund um die vielen Stauseen. *Caminos naturales* heißen ausgedehnte Routen. Eine quert die Extremadura auf dem Weg bis zur Mündung des Flusses Tajo. Und dann wäre da noch die **Vía de la Plata** für radelnde Pilger, und nicht nur für sie. Straßenradler erklimmen den **Puerto de Honduras** bei Plasencia, eine Art Tourmalet der Extremadura, ein mythischer Pass eben.

Wo lassen sich gut Vögel beobachten?

Spektakulär ist der **Nationalpark Monfragüe,** 300 teilweise vom Aussterben bedrohte Vogelarten leben oder überwintern auf 18 396 ha Fläche. Das Leben der Vögel in Feuchtgebieten lässt sich prächtig im **Parque Natural Tajo Internacional** beobachten. Die Steppen und Berge von **Los Barruecos, Hornachos, La Serena** oder **La Siberia** bilden weitere attraktive Lebensräume für viele Vogelarten.

Gibt es in der Region ungewöhnliche Museen?

Oh ja! Immer wirklichkeitsnah und auf amüsante Weise erfahren Sie in zahlreichen kleinen, aber feinen Heimatkundemuseen äußerst Spannendes über die Extremadura. Meist konzentrieren sich die Ausstellungen auf wenige Facetten der früheren und heutigen Lebens- und Arbeitsweisen.

Der mühevollen landwirtschaftlichen Produktion sind kleine dörfliche Infozentren in Las Hurdes gewidmet. Schwerpunkte: Olivenölherstellung und Imkerei (s. S. 193). Die Geheimnisse des Dorflebens geben die Museen von **Azuaga** (s. S. 260), **Don Benito** (s. S. 270) und **Olivenza** (s. S. 229) preis, Spiele und Schulbesuche inbegriffen. Schnupper- und Geschmackstests bietet das anregende Weinmuseum von **Almendralejo** (s. S. 234).

Die vielfältige Welt der Textilien erwartet Interessierte im Regional-

Gute Orte zum Wandern, Radfahren und Vögel beobachten

museum von Plasencia, vom galanten Mönchsgewand bis zu Alltagskleidung und Festgewändern (s. S. 170). Und in **Fregenal de la Sierra** wurde fast der ganze Ort zum lebendigen Museum (s. S. 250).

Was tut sich Neues in der Extremadura?

Eigentlich wenig. Und das ist gerade das Schöne. Die Natur ist weitgehend intakt und so soll es auch bleiben. Viele Städte haben ihren historischen Kern erhalten, einzig eine sanfte Sanierung bringt neuzeitlichen Pepp hinein. Ohne dabei städtebaulich auszuufern, wie es in den Reportagen über Spanien sonst so häufig zu sehen ist. Insofern erübrigt sich die Frage, was abseits der üblichen Touristenrouten empfehlenswert ist. Denn die Extremadura wird von diesen Trampelpfaden (noch) gar nicht durchzogen.

Dabei stellt sich die Region keineswegs selbst ins Abseits. Das Angebot wird breiter, gerade zum Vorteil der Urlauber. Zu den traditionellen Tapasbars gesellen sich Gaststätten mit aktualisierter extremenischer Küche und Spitzengastronomie. Sogar ein erstes vegetarisches Restaurant wurde eröffnet. Museen entstehen. Immer mehr Wanderwege werden markiert.

Zwei Wochen Zeit. Welche Route ist zu empfehlen?

Für einen Urlaub, der die verschiedenen Facetten der Extremadura mit Muße miteinander verbinden will, können durchaus 14 Tage veranschlagt werden, aber auch drei Wochen sind nicht zu lang. Den Mittelpunkt einer solchen Reise sollten jeweils zwei- bis dreitägige Aufenthalte in **Mérida** und **Cáceres** bilden. Es folgt **Trujillo** (eine Übernachtung), um im Anschluss ein wenig Natur im **Nationalpark Monfragüe** (eine Übernachtung) und den nördlichen Bergregionen um **Plasencia** (ein bis drei Übernachtungen) folgen zu lassen.

Von hier geht es entlang der portugiesischen Grenze über **Alcántara, Badajoz** und **Olivenza** hinab in den fast schon andalusisch geprägten Süden, wo sich **Zafra** (zwei Übernachtungen) als Standpunkt für die Entdeckung der reizvollen Umgebung anbietet. Der Abschluss führt über **Llerena** (eine Nacht) und die bergigen Seenlandschaften **La Siberia** und **La Serena** zum wichtigsten Sakralbau der Extremadura, dem Kloster von **Guadalupe** (ein bis zwei Nächte).

Rundreise durch die Extremadura

Lässt sich die Region auch mit Bus und Bahn erkunden?

Zwischen den wichtigsten Städten ist das gar kein Problem. Für Zugreisende ist Mérida oft der Umsteigebahnhof, von hier geht's nach Badajoz, Cáceres, Llerena und Zafra. Häufiger fahren Busse, die auch fast alle kleinen Orte ansteuern. Bahn- und Busbahnhöfe sowie Verbindungen sind im Reiseteil angegeben.

Auf einen Sprung zum Nachbarn?

Die Extremadura verbindet mit Portugal eine enge Freundschaft. Tourismusämter empfehlen sogar einen Besuch der jeweiligen Partnerstädte auf der anderen Seite der Grenze. Von Badajoz beispielsweise ist das portugiesische Landstädtchen **Elvas** gerade einmal 15 Fahrminuten entfernt. Seine mehrfachen Festungsringe, einst gegen Spanien gerichtet, sind UNESCO-Welterbe und immer einen Besuch wert.

Der Naturpark Tajo Internacional trägt diese Bezeichnung, weil er grenzüberschreitend angelegt ist. Und wenn Sie die Grenze nicht überschreiten wollen, dann auf nach Olivenza! Hier sind Sie in Spanien und finden doch ein Stück traditionelles Portugal.

Zahlreiche Burgen prägen die Landschaft vor allem im Südwesten der Extremadura

Spüren Urlauber die Wirtschaftskrise?

Die Extremadura ist schon lange die ärmste Region Spaniens. Und wo wenig Geld vorhanden ist, gibt's wenig Spekulation. Deswegen hat die spanische Immobilienblase hier nicht stattgefunden. Jedoch stehen erschreckend viele Wohnungen in den Innenstädten zum Verkauf: *se vende*. Grund ist die Verarmung vieler Menschen und die Abwanderung. Wer aber das nötige Kleingeld hat, kann sich inzwischen sogar einen der jahrhundertealten Stadtpaläste kaufen. Zum Schnäppchenpreis, der allerdings durchaus in die Millionen geht.

Besucher aus den wohlhabenden europäischen Ländern, also auch aus Deutschland, Österreich und der Schweiz, werden genauso zuvorkommend, ja auffallend freundlich empfangen wie zu den Zeiten vor der europäischen Sparpolitik, von Aversionen ist nichts zu spüren.

Und noch ein ganz persönlicher Tipp zum Schluss

Eine süße Versuchung! Viele Frauenklöster sind noch bewohnt, und die Nonnen kennen uralte Rezepturen für köstliche Gebäckstücke, die besonders viel Eigelb enthalten: Einst hatten die Ordensfrauen das Eiweiß nicht ganz uneitel zum Stärken der weißen Kragen ihrer Tracht verwendet. Die übrig bleibenden Dotter nutzten sie für die Herstellung verführerischer Süßspeisen.

Zu erwerben gibt's das Naschwerk direkt in den Klöstern. Meist halten sich die Nonnen hinter einer Drehtür versteckt, durch die sie ihre Ware hinausreichen, *dulces* steht am Eingang. Besonders köstlich backen die Schwestern in Trujillo (s. S. 149) und in Zafra (s. S. 241).

NOCH FRAGEN?

Die können Sie gern per E-Mail stellen, wenn Sie die von Ihnen gesuchten Infos im Buch nicht finden:

strohmaier@dumontreise.de

info@dumontreise.de

Auch über eine Lesermail von Ihnen nach der Reise mit Hinweisen, was Ihnen gefallen hat oder welche Korrekturen Sie anbringen möchten, würden wir uns freuen.

Authentisch und urig: die Tapasbar Casa Benito in Mérida, S. 96

Ein idealer Ort zum Entspannen: der Jesuitengarten in Cáceres, S. 127

Lieblingsorte!

Archaisch: die Meandros del Río Alagón in Las Hurdes, S. 191

Mitten im Leben: die Plaza de la Soledad in Badajoz, S. 222

Einer der schönsten Plätze der Extremadura: die Plaza Mayor in Trujillo, S. 150

Legendenumwoben: der Geierfelsen im Nationalpark Monfragüe, S. 163

Die Extremadura bietet unendlich viel Schönes. Da fällt die Auswahl meiner Favoriten gar nicht so leicht. Die urige Bar Casa Benito in Mérida mit ihren deftigen Tapas zählt aber auf jeden Fall dazu, ebenso die Straßencafés auf der autofreien Plaza de la Soledad in Badajoz. Ruhe genieße ich im verwunschenen Jesuitengarten von Cáceres und unter Orangenbäumen in Guadalupe. Beinahe von allem Irdischen entrückt fühle ich mich auf dem Castillo in Feria und hoch über den Flüssen von Las Hurdes. Die schönste Plaza Mayor habe ich in Trujillo gefunden, und der Geierfelsen von Monfragüe zieht mich immer wieder in seinen Bann.

5-Sterne-Panorama inklusive: die Burgruine von Feria, S. 236

Eine Oase der Ruhe: der Innenhof des Paradors von Guadalupe, S. 281

Schnellüberblick

Plasencia und der Norden
Hohe Gebirgszüge, fruchtbare Täler, romantische Badeseen. Mittendrin der Alterssitz von Kaiser Karl V. im Kloster Yuste, und Las Hurdes, wo Regisseur Buñuel »Land ohne Brot« drehte. Zu Füßen der Berge locken die Tapasbars von Plasencia und das römisch-mittelalterliche Coria. S. 164

Cáceres und Umgebung
Schöner geht's kaum. Eine Mittelalterstadt voll prallen Lebens auf weiten Plätzen und in verwinkelten Gassen. Ganz in der Nähe: das avantgardistische Kunstmuseum Vostell inmitten einer archaischen Landschaft. Und der Bilderbuchblick vom Balkon der Extremadura in Montánchez. S. 112

Badajoz und die Raya
Land der Burgen! Zuerst kämpften Christen gegen Mauren, dann Spanier gegen Portugiesen. Die Stadt Olivenza blieb sogar bis 1801 portugiesisch. Zentrum des Nachtlebens und des Kulturschaffens ist Badajoz. Eine hervorragend erhaltene römische Brücke sowie antike Steingräber sind nicht weit. S. 200

Mérida und Umgebung
Wie auf Stelzen stehen viele Gebäude der extremenischen Hauptstadt Mérida über römischen Fundamenten. Das römische Theater und das Nationalmuseum für Römische Kunst sind kulturelle Höhepunkte. Römisches auch in der Umgebung! Ein antiker Stausee im Naturpark und eine historische Badeanstalt. S. 86

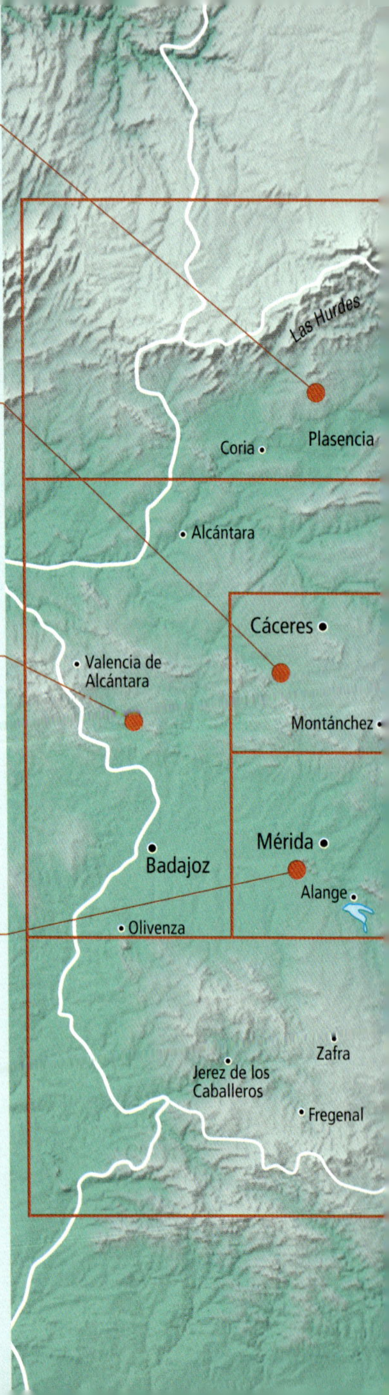

Trujillo und Parque Nacional de Monfragüe
Oben thront die arabische Festung, darunter das romanisch-gotische Mittelalter, und um die Plaza Mayor reihen sich die Paläste der Eroberer Südamerikas. Das ist das Schmuckstück Trujillo. Nicht weit weg: das Vogelparadies im Nationalpark Monfragüe – ein Natur-Highlight. S. 140

Guadalupe und der mittlere Osten
Das königliche Kloster von Guadalupe ist Symbol für die Welteroberung Spaniens. Eine wehrhafte Burg des Glaubens inmitten weiter, fast unberührter Berg- und Seenlandschaften. Spannend auch: die Hauptstadt der Tartessos, ein hoch entwickeltes Volk vor 3000 Jahren. S. 264

Zafra und die südlichen Sierras
Die Nähe zum Mittelmeer ist spürbar. Südliches Flair liegt über den Städten Zafra, Jerez de los Caballeros und Fregenal. Der Duft von Thymian, Rosmarin und Myrte umweht das Bergkloster Tentudía, geprägt vom Baustil der Mauren, die in Llerena eigenhändig das Inquisitionsgericht errichten mussten. S. 232

Reiseinfos, Adressen, Websites

Stilvoll dinieren in historischem Ambiente: der Parador in Zafra

Informationsquellen

Infos im Internet

www.spain.info
Die etwa 900 Eintragungen auf der aufwendig gestalteten Website des Spanischen Fremdenverkehrsamtes zum Stichwort »Extremadura« wecken Urlaubsgefühle. Hier finden sich grundlegende Auskünfte zur Region, den wichtigsten Städten und Naturlandschaften. Dazu kommen Reisevorschläge und zahlreiche praktische Tipps sowie die Vermittlung von Mietwagen und Hotels meist der gehobenen Preisklasse. Und das alles auf Deutsch. Zusätzlich wird eine 41 Seiten starke Broschüre über die Extremadura angeboten, ein Prospekt zur Vía de la Plata kann online bestellt werden.

www.turismoextremadura.com
Die aufwendig gestaltete offizielle Seite des Regionalen Tourismusamtes mit Veranstaltungskalender, Reisevorschlägen und Hotelliste gibt es derzeit nur auf Spanisch.

www.stadtlandextremadura.de
Diese von einem in Deutschland ansässigen Marketingunternehmen betriebene Seite wurde gemeinsam mit dem Tourismusamt der Extremadura entwickelt. Sie enthält zahlreiche allgemeine Informationen und kleine Geschichten über die Extremadura. Buchungen v. a. ländlicher Unterkünfte sind online möglich. Außerdem werden Infos zu Sprachkursen vor Ort erteilt.

www.extremaduraturismo.com
Von einem Privatunternehmen aus Cáceres betriebene Website mit zahlreichen touristischen und allgemeinen Informationen über die gesamte Extremadura, meist auch auf Deutsch oder zumindest Englisch.

http://whc.unesco.org/en/list/384
http://whc.unesco.org/en/list/664
http://whc.unesco.org/en/list/665
Umfangreiche Informationen zu den von der UNESCO ausgezeichneten Welterbestätten in Cáceres, Mérida und Guadalupe (auf Englisch).

Apps

Extremadura Travel Guide – minube
Kostenlose App mit zahlreichen Infos zu Sehenswürdigkeiten, Restaurants, Nachtleben, Einkaufen, in Zusammenarbeit mit dem Tourismusamt (für Android und iPhone).

Extremadura Rural
Ebenfalls kostenlose, von der Europäischen Union finanzierte App über touristische Angebote im ländlichen Raum, auch zu Naturaktivitäten, leider nur auf Spanisch (für Android und iPhone).

Fremdenverkehrsämter

... in Deutschland

Spanisches Fremdenverkehrsamt
10707 Berlin
Kurfürstendamm 63, 5. OG
Tel. 0180 300 26 47
Fax 030 882 66 61
berlin@tourspain.es

60323 Frankfurt
Myliusstr. 14
Tel. 0180 300 26 47
Fax 069 72 53 13
spaininfo@tourspain.es

80336 München
Schubertstr. 10
Tel. 0180 300 26 47
Fax 089 530 74 62 0
spaininfo@tourspain.es

... in Österreich

Spanisches Fremdenverkehrsamt
1010 Wien
Walfischgasse 8
Tel. 0810 242 40 8
Fax 01 512 95 81
spaininfo@tourspain.es

...in der Schweiz

Spanisches Fremdenverkehrsamt
8008 Zürich
Seefeldstr. 19
Tel. 044 253 60 50
Fax 044 252 62 04
zurich@tourspain.es

Touristeninformationen in der Extremadura

Consejería de Fomento, Vivienda, Ordenación del Territorio y Turismo
Dirección General de Turismo
Avenida de las Comunidades, o. Nr.
06800 Mérida
Tel. 924 332 000
Fax 924 332 487
www.turismoextremadura.com

Neben dieser Zentralstelle gibt es in jeder größeren Stadt, oftmals aber auch in kleinen Gemeinden ein offizielles Fremdenverkehrsamt, das meist zentral liegt. Die dort vorhandenen Broschüren und Faltblätter sind allerdings häufig nur in spanischer Sprache erhältlich. Je ländlicher die Gegend, desto gebrochener sind die englischen Sprachkenntnisse der Mitarbeiter. Angaben zu den einzelnen Informationsstellen finden sich im Reiseteil dieses Buches (ab S. 84).

Lese- und Filmtipps

Isabel Allende: Inés meines Herzens, Frankfurt 2007. Inés de Suárez, einfache Näherin aus Plasencia, sucht wie viele ihrer Landsleute im 16. Jh. das Glück in Südamerika und beteiligt sich als einzige Frau an der Eroberung Chiles. Der Roman voll prallem Leben basiert auf historischen Tatsachen.
Otto Brusatti: Apropos Cáceres, Wien 2001. Der österreichische Musikwissenschaftler begibt sich auf eine poetische Reise durch die Region um Cáceres (derzeit nur antiquarisch).
Dulce Chacón: Fandango im Schnee, Bergisch-Gladbach 2004. Die bekannteste Autorin der Extremadura schildert in einem Kriminalroman die Geheimnisse einer extremenischen Familie v. a. während der Franco-Diktatur.
Joachim Griesinger und Manuela Seifert: Extremadura, Steinfurt 2007. Ein schöner Bildband, spektakulär sind die Landschafts- und Vogelaufnahmen aus Spaniens ältester Kulturregion.
Claudine Hartau: Hernando Cortés, Reinbek 1994. Eine rororo-Monografie über einen, der aus der Extremadura auszog, um Mexiko zu erobern.
Dirk Hilbers: The Nature Guide to the Extremadura, Utrecht 2013. Von der gemeinnützigen Crossbill Guides Foundation herausgegebener Naturführer. Ausführlich werden die unterschiedlichen Landschaften, Pflanzen- und Tierarten beschrieben und einige Wander- und Autorouten empfohlen. Im Anhang sind naturkundliche Fachbegriffe ins Deutsche übersetzt.
Luis Buñuel: Las Hurdes – Tierra sin pan, Spanien 1932. Klassiker des Dokumentarfilms vom großen spanischen Regisseur. Von Franco verboten, da es als unpatriotisch galt, das nackte Elend in der extremenischen Bergregion zu zeigen, das schon der Titel (dt: »Land ohne Brot«) andeutet.

Wetter und Reisezeit

Klima

Aufgrund des Klimawandels sind zuverlässige Wetterangaben kaum mehr möglich. So waren die meisten der letzten Jahre zu heiß und zu trocken. Grundsätzlich aber gilt: Das Klima der südlichen und südwestlichen Extremadura ist mediterran mit atlantischen Einflüssen. In den Osten und die nördlichen Bergregionen reichen kontinentale Strömungen. Die Hochsommer im Süden und Zentrum sind sehr heiß mit Tageshöchsttemperaturen nicht selten über 40 °C. Tagsüber kommt das Leben dann zum Erliegen, viele Geschäfte bleiben geschlossen.

Frühling, Herbst und Winter zeichnen sich durch milde Temperaturen aus. In den kühleren Gebirgszügen des Nordens ist in der kalten Jahreszeit mit Schnee zu rechnen. In den übrigen Gebieten hingegen treten nur selten Nachtfröste auf.

Im Sommer fällt kaum Niederschlag. Dieser verteilt sich auf die Zeit von Mitte September bis Anfang Juni, allerdings in der Menge von Jahr zu Jahr sehr schwankend. Selbst in den klassischen Regenmonaten von November bis März kommt es immer wieder zu längeren Trockenperioden, denen nicht selten Starkregen folgt.

Das Wetter der Extremadura im Internet

Örtliche Wetterberichte für die Städte Badajoz, Cáceres, Mérida und Zafra bietet die Website www.wetteronline.de. Noch detaillierter ist die Vorhersage des staatlichen Meteorologischen Instituts (www.aemet.es), allerdings nur teilweise in Englisch.

Die beste Reisezeit

... für Kulturreisende

Von ihrer schönsten Seite zeigt sich die Extremadura den kulturinteressierten Urlaubern im Frühling und Herbst mit milden Temperaturen und häufigen Sonnentagen. Trotzdem muss bis weit in den Mai und schon wieder ab September mit Regen gerechnet werden. Die Nächte können empfindlich kühl werden.

Auch im Winter gibt es insbesondere in den Grenzgebieten zu Andalusien zahlreiche milde Tage voller Sonnenschein. Dann zeigt der rein gewaschene Himmel sein tiefstes Blau. In dieser Zeit finden zahlreiche traditionelle Festumzüge statt, mit denen einst die winterlichen Geister vertrieben wurden. Jährlicher Höhepunkt des Festkalenders bildet in vielen Städten die Semana Santa in der Osterzeit.

Klassische Theaterfestivals werden im Hochsommer in Mérida, Cáceres und Alcántara veranstaltet. Doch diese Zeit des Jahres eignet sich nur für hitzeresistente Urlauber oder Wanderer in den kühleren nördlichen Gebirgszügen. Dort sind die Unterkünfte im spanischen Ferienmonat August oft voll, Vorausbuchungen sind daher dringend angeraten. In den Städten gibt es hingegen häufige Sonderangebote insbesondere in Großhotels, die auf Reisegruppen ausgerichtet sind.

... für Naturliebhaber

Naturreisende sollten den trockenheißen Sommer in jedem Falle meiden, wenn die ausgedorrte Erde nach Wasser dürstet und die Tiere ihre Aktivitäten auf das Notwendigste beschränken. Nur die höheren Berge eignen sich zum Wandern. Ideale

Fernglas ins Gepäck
Vogelbeobachtern das Mitnehmen eines Feldstechers anzuraten, würde bedeuten, Eulen nach Athen zu tragen. Aber auch wer keine besondere Vorliebe für die gefiederten Lebewesen hat, sollte ein Fernglas einpacken, denn sozusagen im Vorbeigehen bietet sich die Gelegenheit, hier mal eben die weiten Kreise des Mönchsgeiers in den Lüften genauer zu verfolgen oder dort ein Blaukehlchen im Schilf heranzuzoomen. Und auch in vielen Kirchen lässt sich damit so manches Schnitzwerk hinter Gittern oder Gemälde im Gewölbe genauer betrachten.

Reisezeiten sind Spätherbst, Winter und Frühling. Mit dem ersten kräftigen Oktoberregen beginnt es überall erneut zu grünen und zu sprießen. Dann treffen auch die ersten von hunderttausenden Zugvögeln aus dem Norden ein, um in den Eichenhainen und Feuchtgebieten zu überwintern.

Begeisterungsstürme unter Vogelkundlern lösen die Kolonien der etwa 80 000 Kraniche aus. Sobald diese im Februar und März wieder in ihre nördlichen Brutgebiete aufbrechen, kehren viele in der Extremadura heimische Vogelarten aus ihren afrikanischen Winterquartieren zurück. Die Mandelblüte im Februar, die Kirschbaumblüte im März und die im April und Mai farbenfroh blühenden Frühjahrswiesen, die saftig grünen Berge und wilden Flüsse bilden dann eine traumhafte Kulisse für Vogelbeobachtungen oder Wanderungen.

Kleidung und Ausrüstung

Im Winter ist warme Kleidung unerlässlich. Schon im Frühjahr und noch im Herbst aber kann man zu wärmenden Pullovern und Regenschutz durchaus ein oder zwei T-Shirts und Sonnenöl in den Koffer packen, im Hochsommer mit möglichst hohem Schutzfaktor und dazu unbedingt eine Kopfbedeckung. Jacke oder Pullover für kühlere Abende sollten auch im Juli und August mitgenommen werden. Und wer Kirchen und Museen besuchen oder chic essen gehen will, achte mit einer entsprechenden Garderobe auf die Form, die in Spanien noch hochgehalten wird.

Für die Besichtigung mancher archäologischer Stätten sind feste Schuhe von Nutzen, für Naturerkundungen sind sie unentbehrlich. Und Schwimmfreunde aufgepasst! Auch für die Extremadura gilt: Pack die Badehose ein! Denn an den vielen Bächen und natürlichen Seen gibt es bezaubernde Naturschwimmbäder. Die Wasserqualität an den großen Flüssen und Stauseen hingegen lässt häufig zu wünschen übrig. Der See von Orellana allerdings besitzt die blaue Flagge als Auszeichnung für seine Sauberkeit.

Klimadiagramm Extremadura (Mérida)

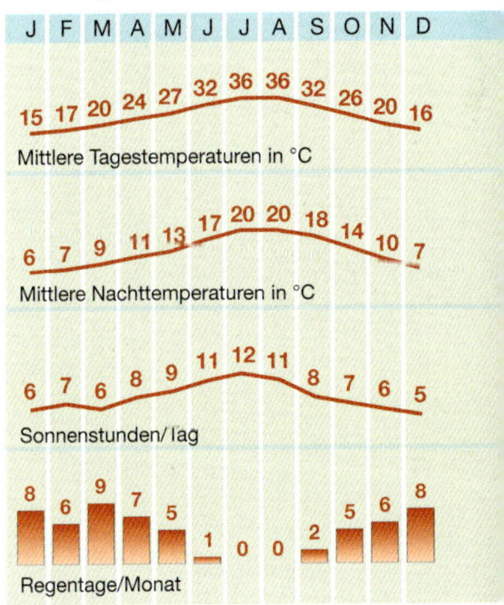

Anreise und Verkehrsmittel

Einreisebestimmungen

EU-Bürger benötigen ebenso wie Schweizer einen gültigen Personalausweis oder Reisepass. Die maximale Aufenthaltsdauer beträgt für Schweizer drei Monate und kann bei der Ausländerbehörde verlängert werden. Auch Kinder brauchen einen eigenen Personalausweis mit Foto oder einen Kinderreisepass.

Zollvorschriften

Die Mitnahme von Waren im privaten Reiseverkehr unterliegt innerhalb der EU keinen Zollbeschränkungen. Für Tabakwaren und alkoholische Getränke gibt es sogenannte Indikativmengen. Als persönlicher Bedarf gelten höchstens 800 Zigaretten, außerdem 10 l alkoholische Getränke von über 22 % Vol., 10 l von weniger als 22 %, 90 l Wein oder 110 l Bier.

Für Nicht-EU-Bürger ist die zollfreie Ausfuhr begrenzt. 200 Zigaretten, 1 l Spirituosen, 2 l Wein, 500 g Kaffee und 100 g Tee. Der Gesamtwert der zollfreien Waren darf 175 € nicht überschreiten. Eine Mengenbeschränkung für Parfum und Eau de Toilette besteht nicht.

Anreise

Mit Flugzeug und ...

Die Extremadura besitzt keinen internationalen Flughafen. Der einzige Regionalflughafen liegt 25 km östlich von Badajoz, eine öffentliche Busanbindung gibt es nicht. Für Reisende mit Air Europa ist allerdings ein kostenloser Transfer nach Mérida und Cáceres eingeschlossen. Die nächstgelegenen Großflughäfen befinden sich in Lissabon und Madrid, außerdem ein Regionalflughafen in Sevilla. Von dort geht es dann mit dem Mietfahrzeug, dem Bus oder der Bahn in die Extremadura (s. u.).

Flughäfen Badajoz, Madrid, Sevilla: www.aena.es, Tel. 902 40 47 04.

Flughafen Lissabon: www.ana.pt, Tel. 00351 218 41 35 00.

... Mietwagen

Lissabon ist per mautpflichtiger Autobahn A 6/E 90 mit der Extremadura verbunden und liegt 230 km von Badajoz, 290 km von Mérida und 320 km von Cáceres entfernt. Ein Grenzübertritt mit dem Leihwagen ist problemlos möglich. Von **Madrid** führt die gebührenfreie Autovia A-5/E-90 in die Extremadura. Die Entfernung von der spanischen Hauptstadt beträgt nach Badajoz 400 km, nach Mérida 350 km und nach Cáceres 300 km. Von **Sevilla** führt die A-66 in die Extremadura, nach Zafra sind es etwa 140 km, nach Cáceres 270 km. Alle internationalen Autovermieter unterhalten Büros an den drei Flughäfen.

... Bus

Die Extremadura ist von Lissabon, Madrid und Sevilla aus auch per Bus zu erreichen. Anbieter ist die Firma Alsa. Die Busse halten jedoch nicht an den Flughäfen, sondern fahren von den städtischen Busbahnhöfen ab. Infos unter www.alsa.es.

... Bahn

Bis zur Eröffnung der geplanten Hochgeschwindigkeitsstrecke über Cáceres, Mérida nach Badajoz gibt es vom Bahnhof Madrid-Atocha lediglich wenige langsame Verbindungen in die Extremadura. Zwei- bis dreimal täglich fährt ein Regionalzug von Sevilla in die Extremadura. Von Lissabon aus durchquert nur ein Nachtzug auf dem Weg nach Madrid die Region. Fahrplanauskunft und Ticketverkauf unter www.renfe.es.

Mit Bus oder Bahn

Die Anreise per Bus oder Bahn ist zeitaufwendig. Die Busse der Eurolines aus vielen Städten in Deutschland (www.eurolines.de) und der Schweiz (www.eurolines.ch) benötigen 30 bis 40 Stunden bis Madrid. Dort muss man umsteigen. Mit 22 bis 30 Stunden etwas schneller ist die Bahn mit mehrfachem Zugwechsel u. a. in Frankreich (www.bahn.de).

Mit dem Auto

Die Anreise mit dem eigenen Auto ist zeitaufwendig, es sollten mindestens drei Tage eingerechnet werden. Die kürzeste Route verläuft quer durch Frankreich über Paris oder Lyon und Biarritz und dann weiter nach Salamanca und in die nördliche Extremadura. Die Alternativstrecke führt durch das Rhônetal und über Barcelona und Madrid in die östliche Extremadura. Dafür fallen über 100 € Autobahngebühren an. Von München nach Cáceres beträgt die Distanz etwa 2200 km.

Verkehrsmittel vor Ort

Bahn

Nur wenige Städte, darunter Badajoz, Cáceres, Llerena und Zafra, sind mit dem Zug erreichbar. Oft müssen Reisende in Mérida umsteigen. Infos unter www.renfe.es und www.adif.es.

Bus

Besser ausgebaut sind die Busverbindungen zwischen den großen Städten. Auf ihren Routen steuern die Gesellschaften auch kleine Ortschaften an. Auf der Seite des spanischen Tourismusamtes sind die Adressen der wichtigsten Busbahnhöfe aufgeführt: www.spain.info.

Mietwagen

Bei Anreise per Flugzeug empfiehlt es sich, den Mietwagen gleich am Flughafen von Madrid, Sevilla oder Lissabon in Empfang zu nehmen. In der Extremadura selbst gibt es neben einigen lokalen Vermietern die internationalen Firmen Avis (www.avis.de) in Badajoz und Mérida, Europcar (www.europcar.de) zusätzlich in Cáceres und das spanische Unternehmen Atesa (www.atesa.es) außerdem noch in Plasencia.

Autofahren

Die Extremadura wird von den gebührenfreien Autobahnen A-66 von Nord nach Süd und A-5 von Nordosten in den Westen durchquert. Sie verbinden die wichtigsten Städte. Gut ausgebaut sind die Nationalstraßen (Kennzeichnung N), während die kleineren Regionalstraßen EX häufig sehr kurvenreich sind.

Das Tankstellennetz ist dicht, selbst in abgelegenen Gegenden gibt es eine *estación de servicio,* an der *gasolina super 95* und *super 98* oder *diesel (gasóleo)* und *diesel plus* getankt werden können.

Die Straßen sind wenig befahren, Staus weitgehend unbekannt. Allerdings fahren Spanier häufig etwas risikofreudig. Die **Höchstgeschwindigkeit** beträgt 50 km/h innerhalb geschlossener Ortschaften, 90 km/h auf einfachen Landstraßen, 100 km/h auf Schnellstraßen und 120 km/h auf den Autobahnen. Die **Promillegrenze** liegt bei 0,5. Mobil telefonieren ohne Freisprechanlage ist verboten. Bußgelder sind hoch.

Übernachten

Die Extremadura setzt nicht auf Massentourismus, riesige Ferienanlagen wie an den Küsten Spaniens fehlen, Großhotels gibt es nur wenige. Dennoch finden Urlauber überall eine Unterkunft, oft sogar romantisch in historischen Gemäuern oder mit Familienanschluss. In entlegenen Orten abseits der Kulturdenkmäler und Naturparks stehen allerdings nur einfache Herbergen zur Verfügung. An Festtagen und in den Sommermonaten, insbesondere im August, ist Vorausbuchen angeraten. Dann ist auch mit den höchsten Preisen zu rechnen.

Paradores

Die früher staatliche, inzwischen in eine Aktiengesellschaft mit öffentlicher Beteiligung überführte Kette von Luxushotels betreibt sieben Unterkünfte in der Extremadura. Sie sind in historische Gebäude in Cáceres, Guadalupe, Jarandilla, Mérida, Plasencia, Trujillo und Zafra eingezogen. Der übliche Zimmerpreis liegt zwischen 140 € und 180 €, doch auf der Internetseite www.paradores.es finden sich oft überraschende Angebote. Achtung: Auf der deutschen Seite www.parado res.de fehlen diese günstigeren Tarife zumeist.

Mein Tipp

Schlafen im historischen Stadtpalast

In den letzten Jahren wurden viele Stadthäuser zu stilvollen Hotels umgewandelt. Besonders zu empfehlen sind

... in Cáceres: Atrio Hotel Relais & Chateaux (www.restauranteatrio.com), Albarragena (www.albarragena.com) und Casa Don Fernando (www.casa donfernando.com, s. S. 132),

... in Mérida: Bluecity Mérida Palace (www.bluebayresorts.com, s. S. 105),

... in Trujillo: NH Palacio de Santa Marta (www.nh-hotels.com, s. S. 152).

Hospederías de Extremadura

Eine Besonderheit sind sieben von der Regionalregierung verwaltete, komfortable und sehr empfehlenswerte Unterkünfte, meist ebenfalls in historischen Gebäuden. Abgesehen von der Hospedería Mirador in Llerena befinden sie sich in der nördlichen Hälfte der Extremadura. Preislich liegen sie etwas günstiger als die Paradores. Infos und Reservierungen unter Tel. 924 87 05 97 und www.hospederiasdeext remadura.es.

Hotels

Die Hotels sind am »H« zu erkennen und mit einem bis fünf Sternen ausgezeichnet, besonders luxuriöse mit dem Zusatz »Gran Lujo«. Die Zimmerpreise reichen von 40 € bis über 200 €. Allerdings liegen der Eingruppierung vor allem formale Kriterien zugrunde, die nicht unbedingt zu einem wohligen Schlaf beitragen, etwa die Größe der Empfangshalle. Ein 4-Sterne-Zimmer kann also durchaus einem 5-Sterne-Raum überlegen sein. Höherklassige Hotels gibt es fast ausschließlich in den größeren Städten und in der Nähe touristischer Sehenswürdigkeiten.

Hostals und Pensiónes

Hierbei handelt es sich um die preisgünstige, qualitativ meist einfache Alternative zum Hotel. Die oft privat geführten Unterkünfte sind mit »HS« und »P« gekennzeichnet und tragen einen oder zwei, selten drei Sterne. Das Angebot reicht von der heruntergekommenen Absteige bis zur einladenden Bleibe, die locker mit einem Hotel der mittleren Kategorie mithält. In der Regel wird kein Frühstück gereicht. Ein Doppelzimmer kostet ab 30 €, in touristischen Zentren ab 40 €.

Alojamiento Rural

Zahlreich sind diese ›ländlichen Unterkünfte‹. Sie untergliedern sich in das Landhaus Casa Rural (CR), das Landapartment Apartamento Rural (ATR) und das Landhotel Hotel Rural (HR).

Die Landhäuser verfügen über zwei bis sechs Zimmer, die einzeln oder zusammen vermietet werden. Der Standard wird seit 2014 mit bis zu fünf Sternen wiedergegeben. Oft wohnen die Besitzer selbst im Haus, wodurch man die seltene Gelegenheit erhält, Land und Leute direkt kennenzulernen.

Die Landapartments sind grundsätzlich in Wohnhäusern eingerichtet und verfügen über Kochmöglichkeiten. Bis zu drei Schlüsselsymbole zeigen den Komfort an. Landhotels sind in architektonisch ansprechende Häuser eingezogen und verfügen über mindestens sechs, höchstens 30 Zimmer.

Leider existiert keine Reservierungszentrale, aber die Regionalregierung hat den schriftlichen Führer **Guía de Alojamiento Rural** aufgelegt (vor Ort erhältlich). Mehrere ländliche Unterkünfte sind inzwischen auch bei Hotelbrokern buchbar.

Hotelbuchung im Internet
Hotelbroker wie www.hrs.de oder www.booking.com führen ein umfassendes Angebot in den größeren Städten. Auch in den für Naturliebhaber attraktiven Regionen bieten sie immer mehr Unterkünfte an. Für diese abgelegenen Gebiete und kleine Orte buchen Sie online ebenfalls gut über die von der Regionalregierung unterstützte deutschsprachige Seite www.stadtlandextremadura.de sowie über das staatliche spanische Tourismusamt, das auf www.spain.info mehrere Hundert Unterkünfte auflistet.

Pilgerherbergen

Pilgern auf der Vía de la Plata stehen mehrere Herbergen *(albergue)* entlang der Strecke offen. Sie sind unter www.rutadelaplata.com gelistet, allerdings nur auf der spanischen Version.

Camping

Die Campingplätze konzentrieren sich auf die nördlichen Bergregionen, viele sind mit Bungalows zur Miete ausgestattet. Im Winter sind sie oft geschlossen. In der übrigen Extremadura gibt es nur ein geringes Angebot. Das Tourismusamt der Extremadura (s. S. 19) hat einen Campingführer veröffentlicht, weitere Infos unter www.campingsextremadura.com.

Jugendherbergen

Derzeit sind zehn Jugendherbergen im Verband Red Española de Albuerges Juveniles (www.reaj.com) vertreten, allerdings beschränkt sich das Angebot, mit der Ausnahme von Cáceres, auf kleinere Orte.

Essen und Trinken

Kleiner Restaurantführer

In der landwirtschaftlich geprägten Extremadura wird kein Urlauber Hungers leiden müssen. Davor schützen zunächst die Bars mit ihren vielfältigen *tapas,* wörtlich mit Appetithappen zu übersetzen (ca. 2–5 € pro Stück). In vielen der oft urigen Tapasbars haben sich diese ›Häppchen‹ zu kleinen Hauptspeisen gemausert, sodass sich mit zwei oder drei durchaus der Magen füllen lässt. Alternativ werden Tellergerichte, *raciones* (ca. 5–12 €) oder halbe *raciones* (ca. 4–8 €), angeboten.

Morgens reichen die Bars ein preiswertes Frühstück *(desayuno),* meist bestehend aus einem Espresso ohne oder mit Milch *(café solo* oder *cortado)* oder einem Milchkaffee *(café con leche),* begleitet von einem salzig belegten Toast *(tostada)* oder einem süßen Gebäck. Bestellt wird an der Theke, über die das Gewünschte dem Gast gereicht wird.

Vielen dieser Tavernen ist ein Speisesaal *(comedor)* für einen geregelten Restaurantbetrieb angegliedert. Die Extremeños bevorzugen allerdings das Gedränge um die Theke. Doch keine Sorge: Auch freundliche Restaurants für ein Essen in aller Ruhe sind in ausreichender Zahl und jeder Qualität zu finden.

Selbst in touristisch frequentierten Gebieten wird meist nach einheimischen Rezepten gekocht (Hauptspeisen ab 9 €). Eine Besonderheit bilden die Restaurants der Luxushotels Paradores, die in stilvollem, doch nicht steifem Ambiente traditionelle Speisen in gehobener Qualität auf den Tisch bringen. Experimentelle Gourmettempel lassen sich an den Fingern einer Hand abzählen. Sie verteilen sich auf die Städte Badajoz, Mérida und Cáceres. Das dortige Atrio ist der unbestrittene Spitzenreiter, für dessen fantasievolle Menüs Gourmets sogar aus Madrid anreisen (s. S. 132).

Eine günstige wie delikate Alternative zu den Hausmenüs

Viele Restaurants bieten preiswerte Tagesmenüs *(menú del dia)* mit mindestens zwei Gängen an, meist allerdings nur zur Mittagszeit. Die Getränke sind oft eingeschlossen. Außerdem werden Hausmenüs *(menú de la casa)* mit mehreren Gängen auch abends gereicht. Der Nachteil: Meist handelt es sich um einfachere Gerichte, die Spezialitäten bleiben außen vor.

Wenn Sie die Besonderheiten kosten wollen, bleibt Ihnen folgende Alternative, mit der Sie kaum teurer kommen und aufgrund der grundsätzlich großen Portionen gut satt werden. Teilen Sie sich einfach Vorspeise und/oder Nachtisch und wählen Sie Ihr Wunschgericht nach der Karte. Das ist überall möglich und auch bei Einheimischen nicht unüblich.

Essenszeiten

Gegessen wird grundsätzlich spät. Das beginnt mit dem Frühstück, das in Hotels nicht selten erst ab 8 Uhr, dann aber bis 11 Uhr serviert wird. Mittags wird frühestens um 13 Uhr, dafür bis 16.30 Uhr gegessen. Das größte Problem für mitteleuropäische Genießer dürfte das sehnsüchtige bis magenknurrende Warten auf den Beginn des Abendessens darstellen. Vor 21 Uhr braucht man es im Restaurant gar

Eine Spezialität im Süden: der deftige Lamm-Eintopf Chanfaina

nicht zu versuchen, und auch dann sitzt man meist erst mal alleine.

Ein Tipp für Hungrige: Kleinigkeiten wie die belegten Brote *montaditos* gibt es in den Tapasbars oft auch schon um die Mittagszeit oder abends um 20 Uhr – und manchmal sogar durchgängig.

Aus heimischer Landwirtschaft

Bis an die Tafel des spanischen Königs hat es der extremenische **Schinken** *(jamón ibérico)* geschafft, der so wunderbar mundet, dass er ein eigenes Kapitel in diesem Buch verdient hat (s. S. 59). Vielfach in der Küche verwendet werden die **Olivenöle** *(aceite de oliva)* aus den nordöstlichen Bergregionen Gata-Hurdes. Fast golden ist ihre Farbe, sehr intensiv das Aroma. Eine leicht bittere Note besitzt der *Aceite Monterrubio* aus den südwestlichen Bergen. Probieren Sie die verschiedenen Geschmacksrichtungen einmal in einem Restaurant – es kommen dort immer Olivenöle auf den Tisch – mit einem Stückchen Weißbrot. Die Unterschiede sind oftmals frappierend. Und für Wagemutige: Ein paar Tropfen aufs Spiegelei zum Frühstück lassen den Tag gesund beginnen.

Der bekannteste **Käse** heißt *Torta del Casar,* hergestellt aus roher Schafsmilch. Er ist dickflüssig, während der *Queso de la Serena,* ebenfalls vom Schaf, zur Schnittfeste gereift ist. Beim *Queso Ibores* handelt es sich um einen Ziegenkäse. Streng schmecken sie allesamt, ein Genuss vielleicht deshalb eher für Spezialisten.

Ungewöhnlich ist der *Pimentón de la Vera* – **Paprika** aus der Extremadura! Die ersten Pflanzen hatte Kolumbus aus Amerika mitgebracht und dem spanischen König im Kloster von Guadalupe überreicht. Seitdem werden sie im Tal der Vera im Norden gezogen und zu Paprikapulver zerrieben.

Vorspeisen

Bleiben wir gleich beim Paprika. Einen kalten Auftakt zum extremenischen Essen bildet **Zorongollo,** in Olivenöl eingelegte rote Paprikaschoten und Tomaten. Die gleichen Gemüsesorten gehören in die kalte Tomatensuppe **Gazpacho,** meist mit Ei und Knoblauch angereichert. Bevorzugen Sie Warmes, so empfiehlt sich die Sopa de Tomate oder auch **Sopa Extremeña,** zu der es mindestens so viele Rezepte wie Köche (oder deren Großmütter) gibt. Tomaten bilden die Basis, daneben Knoblauch und Poleiminze, weitere Gemüsesorten und Brot, oft sogar Feigen!

Kaum weniger beliebt sind Eierspeisen **(Revueltos)** und **Migas,** Brotkrumen in Olivenöl ausgebacken und häufig mit Knoblauch und Speck angereichert. Ebenfalls gern als Vorspeise bestellt wird ein einfacher Teller mit **Schinken** – aber was heißt hier schon einfach bei dessen subtilen Geschmack und Zartheit? Brot kommt übrigens immer automatisch auf den Tisch, wird außer beim Tagesmenü aber extra berechnet.

Fleischgerichte

Unzählige Varianten des **Solomillo de cerdo,** Schweinefilet, finden sich auf fast jeder Speisekarte. Achten Sie darauf, dass es sich um ein *cerdo ibérico* handelt, das schwarze Schwein. Es wird im Freien gehalten, das Fleisch ist zarter, der Geschmack intensiver (s. auch S. 59). **Solomillo de ternera** heißt die Variante vom Rind. Die Spezialität **Moraga de cerdo** stammt aus Trujillo, auf Holzkohle gegrillte Schweinefleischstücke. **Cocido extremeño** ist eine Schlachterplatte, auf die auch Kichererbsen gehören.

Köstliche Speisen zaubert die traditionelle Küche aus Lamm *(cordero)* und Zicklein *(cabrito)*, basierend auf den mittelalterlichen Essgewohnheiten der Mauren und Juden, die ohne Schweinefleisch auskamen. Richtig deftig darf es auch dann sein! Im **Frite extremeño** vereinen sich Bratenstücke und Leber vom Zicklein mit Tomaten und Paprika zu einem würzigen Mahl. Beim **Cochifrito** werden Teile vom Lamm oder Zicklein mit viel Knoblauch und Zwiebeln in Olivenöl geschmort. Der **Chanfaina** ist in Fuente de Cantos in der südlichen Extremadura sogar ein eigenes Fest gewidmet: Mitte August werden dort in schweren Kesseln die Leber, Lunge und Nierchen der Lämmer mit festem Fleisch in Weißwein geschmort. Doch der Stolz der ländlichen Küche gebührt der **Caldereta Extremeña,** dem Eintopf für die festlichen Gelegenheiten. Dafür werden Lamm und Zicklein gemeinsam in Wein gegart – und ein guter Tropfen fließt zum Verzehr natürlich auch in ausreichenden Mengen in die Gläser und Münder.

Die Wälder der Extremadura sind reich an Wildbestand. Kein Wunder also, das Wildbret einen festen Platz auf der Speisekarte findet. Rebhuhn *(perdiz)*, Kaninchen *(conejo)*, Hase *(liebre)*, Wildschwein *(jabalí)* und Hirsch *(veado)* werden häufig in einer delikaten Sauce aus Pilzen *(hongos und fungos)* gegart.

Produkte von höchster Qualität

Achten Sie beim Einkauf auf das Label »Denominación de Origen Protegida de Extremadura« (D.O.P.). Es garantiert einheimische Produkte von höchster Qualität, die Sie in zahlreichen Delikatessgeschäften finden. Empfehlungen gibt es unter den jeweiligen Orten im Reiseteil ab S. 84.

Hinweis für Vegetarier
Selbst in den größeren Städten der Extremadura sind keine vegetarischen Restaurants zu finden. Positive Ausnahme: Mérida. Die allermeisten Gaststätten offerieren aber Salate, Suppen und Rühreier mit Gemüse als fleischlose Alternative. Für Vegetarier empfehlen sich außerdem die vielen Tapasbars. Sie bieten durchaus interessante Appetithappen ganz ohne Fleisch und Fisch.

Aus Fluss und Meer

Zunächst: Der Fisch, der vorrangig auf den Speisekarten angeboten wird, stammt gar nicht aus der Extremadura, sondern aus dem weit entfernten Ozean: Stockfisch oder auf Spanisch **Bacalao.** Die gekonnte Zubereitung macht aus dem getrockneten und eingesalzenen Kabeljau eine schmackhafte Spezialität, etwa wenn die Fischkoteletts gemeinsam mit Reis und Kartoffelscheiben in Wasser langsam gegart werden *(Arroz con patatas y bacalao)*. Klingt ganz einfach, ist ganz einfach und gut gemacht extrem schmackhaft. Aus heimischen Gewässern stammen Forellen *(trucha)*, Schleien *(tencas)*, Aale *(angulas)* und Karpfen *(carpas)*, die meist geschmort werden.

Nachspeisen

Nicht jeder wird die teilweise etwas eigenartigen Nachspeisen mögen, aber zumindest probieren sollte man die **Rapapálos.** Dabei handelt es sich um einen Nachtisch aus all dem, was im einfachen ländlichen Haushalt immer vorhanden war: Eier, Semmelbrösel, Olivenöl und Zimt in einer Milchsauce.

Ebenso gewöhnungsbedürftig erscheint **Técula mécula,** die eigentlich nur aus Unmengen an Eigelb, Zucker und Mandeln besteht, dazu ein wenig Schweineschmalz und Mehl. Doch auch Karamellpudding, Schokoladenmousse oder Obst stehen zur Wahl.

Alkoholisches

Die Extremeños, wie sollte es auch anders sein, bevorzugen ihre einheimischen Weine aus dem Anbaugebiet Ribera del Guadiana, am liebsten den roten. Immerhin zählt die Extremadura seit römischen Zeiten zu den klassischen Weinregionen Spaniens. Die heutige Anbaufläche umfasst etwa 25 000 ha und wird seit 1999 als Denominación de Origen (D.O.) ausgewiesen. Jährlich werden 7 Mio. l Wein gekeltert, hauptsächlich aus der Tempranillo-Traube. Mit seiner ausgeprägten Fruchtnote passt er bestens zu den kräftigen Gerichten.

Eine besondere Rolle im geselligen Beisammensein spielt der **Vino de Pitarra.** Um Ihn ranken sich Legenden, seit er erstmals durch Francisco Pizarro, den Eroberer Perus, Erwähnung fand. Der junge, höchstens ein Jahr alte Wein wird seitdem zu geselligen Anlässen und Familienfesten getrunken – trotz oder vielleicht auch wegen seiner eher bescheidenen Qualität.

In der Extremadura kommen aber auch Biertrinker auf ihre Kosten, trotzdem große Regionalbrauereien fehlen. Doch das spanische Bier *(cerveza)* ist keineswegs zu verachten. Die bekanntesten Marken heißen Cruzcampo, Mahou und San Miguel.

Als Abschluss eines mehrgängigen Essens wird gerne ein Likör, etwa aus Eicheln *(Licor de bellota)*, genommen oder ein Kirschschnaps *(Aguardiente de cereza* oder Kirsch*)* aus dem Tal von Jerte. Und natürlich ein *café solo.*

Aktivurlaub, Sport und Wellness

Die Extremadura hat nur wenig mit Regionen gemein, über die sich die großen Touristenströme ergießen. So werden Urlauber hier nicht an jeder Ecke auf Hinweisschilder zur angeblich wirklich schönsten Wanderung, der tatsächlich billigsten Bootsfahrt oder der bestimmt besten Fahrradtour stoßen. Dafür aber tauchen sie ein in eindrucksvolle, unter Naturschutz gestellte Landschaften mit faszinierendem Tier- und Pflanzenreichtum, insbesondere der himmlischen Vogelwelt, die sich auf Schusters Rappen entdecken lassen – meist sogar auf einsamen Wegen.

Die großen Seen und ruhigen Flüsse laden zu Wassersport und Angeln ein, die Berge zum Gleitschirmfliegen. Und zum Relaxen dienen die Wellnessbereiche von behutsam modernisierten Kurbädern, an deren heilenden Wassern sich schon die Römer entspannten.

Angeln

Als Angelgebiet ist die Extremadura im deutschsprachigen Raum wenig bekannt. Doch die Stauseen und Flüsse sind reich an Karpfen und Barben, an Schleien und Forellen, an Aalen und Hechten. Spanische Petrijünger entwickeln besonderen Ehrgeiz darin, einen Schwarzbarsch an Land zu ziehen, ein listiger Gegner. Empfehlenswerte Fischgründe sind die Stauseen in den östlichen Berglandschaften der Siberia und die Embalse de Orellana in der Serena. Hier bieten ein englischer und ein französischer Spezialveranstalter Angelreisen an, die über die Seiten www.pescaextremadura.com und www.extremafishingspain.com zu buchen sind.

Einen Angelschein erteilen die Gemeindeverwaltungen. Ohne Erlaubnis darf man in den Gebirgsbächen von Las Hurdes nordwestlich von Plasencia angeln. Weitere Informationen auch über Wettbewerbe erteilt die **Federación Extremeña de Pesca,** C/ Matías Montero, 18-1 G, 10600 Plasencia, www.fedexpesca.com.

Ballonfahren

Das junge Unternehmen **Extremadura en Globo** bietet Ballonfahrten über die weiten Landschaften und die Städte Cáceres, Mérida und Trujilla an. Die Kosten betragen etwa 150 € pro Person für eine Ausfahrt: Nähere Informationen und Buchung unter Tel. 606 97 56 76 (mobil), www.extrema duraenglobo.com.

Drachen- und Gleitschirmfliegen

In den Bergen und über den Seen gibt es hervorragende Flugmöglichkeiten. Dank der herrlichen Landschaften, der guten Winde und der Flughöhen bis zu 1000 m empfehlen sich folgende Gebiete: El Torno und Cabezabellosa über den Tälern Valle del Jerte und Valle del Ambroz bei Plasencia, außerdem die schmale Sierra de Montánchez südlich von Cáceres und Trujillo sowie die Sierra de Guadalupe.

Nicht nur, aber auch für Anfänger ideal ist La Parra nordwestlich von Zafra. Hier finden Lernwillige zudem die Flugschule **Aerofly** (www.aerofly.es). Sehr hilfsbereit zeigt sich der **Club Parapente Extremadura** in Cáceres (http://parapenteextremadura.web node.com).

Fahrrad und Mountainbike

Radeln ist in der Extremadura angesagt. Mountainbiker fühlen sich auf den ausgeschilderten längeren Strecken *caminos naturales* wohl, die im Süden eher flach verlaufen, im bergigen Norden hingegen oft spürbare Steigungen aufweisen. Ausführliche Auskünfte, teilweise in Englisch, erteilt die Seite des spanischen Umweltministeriums www.magrama.gob.es/en/desarrollo-rural/temas/caminos-naturales.

Besonders faszinierend sind der 74,9 km lange **Camino Natural de Las Villuercas** und der **Camino Natural del Tajo.** Er folgt dem Fluss über 1000 km und quert dabei die Extremadura auf 13 unterschiedlich langen und schweren Abschnitten. Für Streckenradler eignet sich auch der Pilgerweg **Vía de la Plata** (s. S. 63). Ebenfalls sehr lohnenswert ist die stillgelegte Bahntrasse **Vegas del Guadiana,** die über 56 km von Villanueva de la Serena nach Logrosan leicht ansteigend verläuft. Der Radweg wurde 2014 mit großem Aufwand erneuert (www.viasverdes.com).

Kürzere Routen gibt es in den meisten Naturparks, Vogelbeobachtung dann eingeschlossen. Auch fast alle Stauseen werden von schönen Wegen umrundet. Grundsätzlich müssen Radler sich diese Wege mit Wanderern und Spaziergängern teilen.

Radsportler dürfen sich auf viele gut ausgebaute Landstraßen freuen, die kaum Autoverkehr aufweisen. Anspruchsvoll sind die Berge des Nordens, insbesondere der Puerto de Honduras nördlich von Plasencia (s. S. 175). Wer einmal mit einheimischen Radlern unterwegs sein möchte, dem steht die Teilnahme an einem sonntäglichen Ausflug offen, den der regionale Radsportverband organisiert. Den aktuellen Kalender liefert www.ciclismoextremadura.org.

Und in Badajoz kann sich jeder auf dem Drahtesel versuchen, gleich welcher Kondition: Dort gibt es einen städtischen Radverleih nach Pariser Vorbild.

Golfen

Im Gegensatz zu den nachgefragten Nachbarn Andalusien und Portugal steckt in der Extremadura das Golfangebot mit nur fünf 18-Loch-Plätzen noch in den Kinderschuhen. Sie befinden sich in der Nähe von Badajoz und Cáceres sowie im äußersten Nordosten bei El Gordo und Talayuela, Letzterer immerhin von Severiano Ballesteros gestaltet. Das Handicap liegt jeweils bei 72 Par, die Greenfees betragen rund 50 €. Hinzu kommen vier 9-Loch-Plätze.

Informationen: Federación Extremeña de Golf, Tel. 927 21 43 79, www.fexgolf.es.

Mein Tipp

Radeln mit dem Kenner

Der Ornithologe und Umweltwissenschaftler Emilio Peña Morales kennt so ziemlich alle Radrouten in der Extremadura, ob auf der Straße oder im Gelände. Über sein Unternehmen **GrusTours** organisiert er Ausflüge für Gruppen und Einzelreisende und verleiht Fahrräder vom Mountainbike bis zum Carbonrenner, Transport eingeschlossen. Eine Kombination mit Vogelbeobachtungen (s. S. 33) ist ebenfalls möglich.

GrusTours, Tel. 618 87 63 39 (mobil), www.grustours.com.

Ein Paradies für Naturliebhaber: der Nationalpark Monfragüe

Jagen

Die weiten, fast unberührten Landschaften bilden ein populäres Jagdgebiet, und viele Extremeños sind leidenschaftliche Jägersleute. Um selbst zur Jagd auf Hirsche, Wildschweine, Hasen, Füchse, Kaninchen oder Rebhühner zu blasen, ist jeweils eine Erlaubnis der spanischen und regionalen Regierung nötig. Voraussetzungen sind die Vorlage eines Jagdscheins, eine von der spanischen Botschaft beglaubigte Übersetzung und eine Haftpflichtversicherung. Jedes Jahr im Juli veröffentlicht die Regionalregierung die aktuellen Bedingungen für die anstehende Jagdsaison. Auskünfte erteilt der Spanische Jagdverband: **Real Federación Espanola de Caza,** Calle Francos Rodriguez, 70-2°, 28039 Madrid, www.fecaza.com.

Tauchen

Überrascht? Sogar Tauchen ist möglich in der ländlichen Extremadura, und zwar in den tiefen Naturbecken der Bergbäche und den Stauseen. Es zeigt sich eine ungewöhnliche Unterwasserwelt, bewohnt von Aalen, Barben, Schleien und Bergforellen. Spannung

versprechen auch die nächtlichen Ausflüge, die die Tauchvereinigung der Extremadura anbietet (www.buceoenextremadura.com). Weitere Anbieter sind unter www.yumping.com/buceo/extremadura gelistet.

Vogelbeobachtung

Ein Wort reicht: Vogelparadies. Nirgendwo sonst in Europa existiert eine solche Artenvielfalt. Hier taucht ein farbenfroher Eisvogel ins Wasser, dort klappern die Weißstörche auf dem Kirchturm, in den Steineichenhainen überwintern bis zu 80 000 Kraniche. Mit etwas Glück lassen sich auch die weiten Kreise eines herrschaftlichen Kaiseradlers hoch in den Lüften beobachten. Zentrum der Vogelbeobachtung ist der Nationalpark Monfragüe. Doch auch überall sonst werden Naturliebhaber, gleichgültig ob als geübter Birdwatcher oder beiläufiger Beobachter, durch die Pracht der Vogelwelt zum Staunen verleitet. Unterstützung erteilen Infozentren vor Ort und der vom Tourismusverband ins Leben gerufene **Club Birding in Extremadura,** der zahlreiche Angebote zusammenfasst (www.birdinginextremadura.com, in Deutsch, s. a. S. 57).

Wandern

Wanderwege gibt es allerorten, in allen Schwierigkeitsgraden und allen Längen. Oftmals sehr ausführliche Beschreibungen halten die Tourismusämter bereit. Die Wege sind gelb-weiß oder grün-weiß gekennzeichnet.

Bergwanderer bevorzugen die nördliche Extremadura, zahlreich sind die markierten Wege der Region Las Hurdes und in der Umgebung von Hervás. Wer Extremes wagen will: Historischen Boden betreten Wanderer auf der **Travesía Carlos V,** der Kaiser Karl V. im Oktober 1556 auf seiner letzten Reise von Tornavacas nach Jarandilla de la Vera folgte. Auf immerhin 26 km Länge und über drei Bergrücken!

Weniger anstrengend sind die Wanderungen im Nationalpark und Vogelparadies Monfragüe. Einige leichtere bis mittelschwere Bergtouren finden sich in den östlich gelegenen Villuercas bei Guadalupe. Ein attraktiver Weg führt in der südlichen Extremadura durch unterschiedliche Vegetationszonen hinauf zum Kloster von Tentudía. Von West nach Ost geht es auf dem rot-weiß markierten GR 10 von Portugal Richtung Madrid.

Pilgern in der Stille
Der südliche Santiagoweg, die von Sevilla ausgehende Vía de la Plata, führt etwa 300 km durch die Extremadura, vorbei an Zafra, Mérida, Cáceres und Plasencia. Die üblichen Tagesetappen reichen von 11 bis 34 km. Bevorzugt wird diese Route von Pilgern, die Ruhe suchen und dem Andrang auf dem Französischen Weg entgehen wollen (Näheres ab S. 64).

Die Durchquerung von Süd nach Nord auf der **Vía de la Plata** ist allerdings eher eine Sache für kontemplativ schreitende Pilger als für reine Wanderer (s. Mein Tipp oben).

Wassersport

Die Extremadura ist ein Badeparadies – dank zahlreicher Naturschwimmbäder an den vielen sauberen, aber kalten Bächen und Seen im Norden der Extremadura. Und entlang dem Río Guadiana, der allerdings an vielen Stellen in punkto Sauberkeit zu wünschen übrig lässt. Die Spanier schreckt das nicht, im Sommer sind die beliebtesten Badestellen, etwa am Stausee Orellana, dicht bevölkert. Hier wird auch gesegelt und gepaddelt. Boote können vor Ort ausgeliehen werden.

Wellness

Das Wellness-Angebot ist noch ausbaufähig. Selbst die meisten Luxushotels beschränken ihren Spa-Bereich auf den Betrieb einer Sauna und einiger Gymnastikgeräte. In der Vergangenheit war da noch mehr los, als die Römer die heilenden Wasser der Extremadura genossen. Eines ihrer Badezentren war **Alange** südlich von Mérida. Während die nachfolgenden Westgoten keine Vorliebe für das Kuren zeigten, gehörten Körperreinigung und Pflege zum Alltag der Mauren, auch in Alange. Das heutige Heilbad behauptet in seiner Werbung gänzlich unbescheiden, die Tradition des alten Rom mit modernsten Techniken zu verbinden (www.balneario dealange.com).

Auch in den **Baños de Montemayor** nördlich von Plasencia badet man in römischen Traditionen, dort werden die entspannenden Bäder mit römischen Aromen angereichert – direkt neben den Ausgrabungen der Badeanstalten aus dem 2. Jh. v. Chr. (www.balneariodemontemayor.com).

Noch nicht ganz so lange wird in **El Raposo** bei Zafra gekurt. 1860 war es, dass ein Schwein vom Bauernhof El Raposo verschwand. Gefunden wurde es schließlich im Schlamm eines kleinen Baches. Der Hirte hielt es für verendet, doch plötzlich sprang es auf und rannte wie ein junges Ferkel. Schnell verbreitete sich die Kunde von der wundersamen Schweineheilung und lockte mehr und mehr Menschen an, die ihrerseits den heilenden Schlamm gegen ihre Gelenkschmerzen nutzten. Heute können Gäste sich im örtlichen Kurhotel (www.balnea rio.net) erholen, etwa bei Massagen mit Essenzen aus dem heimischen Olivenöl oder sogar mit Schokolade.

Sündhaft teuer, dafür aber erstklassig sind die Spas in den wenigen Luxushotels. Sie sind auch Nicht-Gästen zugänglich. Dazu zählt der hypermoderne Palacio de Arenales bei Cáceres (www.fontecruz.com/palacio-de-arenales/spa/), während das Hotel Tunel del Hada (www.tu neldelhada.com/tratamientos.asp) in Jerte zur Mittelklasse zu rechnen ist. Für einen schmaleren Geldbeutel eignet sich das Spa-Center von Plasencia (www.spaplasencia.com).

Feste und Unterhaltung

Leidenschaftlich zu feiern gibt es immer etwas. Im Wechsel der Jahreszeiten werden die Wintergeister vertrieben, der Frühling empfangen, der Sommer gepriesen oder es wird für die herbstliche Ernte gedankt. Manche Feste wurzeln sogar in vorchristlichen Zeiten oder wenigstens im Mittelalter und vereinen Aberglaube mit Religion. Sie verdanken die ungebrochene Popularität ihrer identitätsstiftenden Wirkung und der Stärkung des Selbstwertgefühls der Menschen in einer abgeschiedenen Region. Doch ist die Extremadura nicht in der Tradition stecken geblieben, inzwischen sind zeitgenössische Kulturfestivals von überregionaler Bedeutung hinzugekommen.

Winteraustreibung und Karneval

Im Januar werden die bösen Mächte der kalten Jahreszeit von den Dorfbewohnern verjagt, wenn sie in furchterregenden Maskeraden oder fröhlichen Kostümen ausgelassen durch die Straßen ziehen.

Im nordöstlichen Bergdorf Piornal stoßen die Gläubigen nach der nächtlichen Messe zu Ehren des hl. Sebastian auf eine groteske Sagenfigur, dem Jarramplas. Überlebensgroß trägt dieser ein Kleid aus farbigen Stoffstreifen und eine gruselige schwarze Maske. Was ihm freilich nichts nützt, wenn er unter einem Bombardement von Winterrüben aus dem Ort getrieben wird.

Auch Acehúche erhofft sich Beistand vom hl. Sebastian, den der römische Kaiser Diokletian im 3. Jh. wegen seines christlichen Glaubens von Pfeilen durchbohren ließ. Sebastian überlebte auf wundersame Weise. Die Männer der kleinen Gemeinde südwestlich von Plasencia hüllen sich in Tierfelle und verneigen sich auf einer Prozession vor dem Heiligen. Wie dieser wurden die Teilnehmer im Mittelalter mit Pfeilen beschossen, inzwischen werden sie weniger martialisch mit Oliven beworfen.

Im Februar und März folgt der Karneval. Besonders attraktiv sind der Umzug in Badajoz und das Faschingsfest El Peropalo in Villanueva de la Vera. Peropalo ist eine lebensgroße Puppe, die auf einem langen Stock zum Haus des Bürgermeisters getragen, dort geköpft und schließlich verbrannt wird. Möglicherweise bilden die Inquisitionsgerichte den historischen Hintergrund.

Semana Santa

Die tiefe Religiosität vieler Extremeños findet ihren Ausdruck in den Umzügen der Semana Santa, der Karwoche. Besonders inbrünstige Züge nehmen sie in Badajoz, Cáceres, Jerez de los Caballeros und Mérida an. In langen Prozessionen tragen weiße, schwarze, rote oder violette Kapuzenmänner blumengeschmückte Madonnen und Christusfiguren (s. auch S. 78).

Stierkämpfe

Ende März beginnt in fast allen Gemeinden die Stierkampfsaison. Die Regeln blieben in den letzten 300 Jahren unverändert. Die größte Veranstaltung richtet Coria aus, wo der Johannestag zum Anlass für blutige Treibjagden durch die Straßen genommen wird. Todesfälle auch bei euphorisierten Besuchern sind nicht ausgeschlossen. Doch inzwischen wird vielerorts die ungleiche Auseinandersetzung zwischen Mensch und Stier als reine Tierquälerei angesehen, mit der auch viele Spanier nicht mehr einverstanden sind.

Mittelalterliche Feste

Mitte August lässt ein Mittelalterfest das kleine Alburquerque nördlich von Badajoz aus allen Nähten platzen. Die Häuser sind geschmückt, in der gotischen Kirche kommt alte Musik zur Aufführung, edle Ritter sitzen zu Pferde.

Ein historisches Drama erwartet den sommerlichen Besucher in Zalamea de la Serena im Südwesten, das als Kulisse für das Schauspiel »Der Bürgermeister von Zalamea« von Lope de Vega dient. Ein flandrischer Hauptmann hatte die Bürgermeisterstochter vergewaltigt und wurde anschließend vom Vater zum Tode verurteilt. König Philipp II. besuchte daraufhin selbst den Ort des Geschehens und verzieh dem leidenden Papa dieses eigenmächtige Handeln.

Heiligenverehrung

Jedes noch so kleine Dorf und selbst die großen Städte erhoffen sich Beistand von einem oder mehreren Schutzheiligen, denen zu Ehren große Feste veranstaltet werden. In der Extremadura besonders verehrt wird der hl. Isodor – kein Wunder, sorgt der um 1070 in Madrid geborene strenggläubige Bauernknecht doch für reiche Ernten. Sein Festtag ist der 15. Mai.

Natürlich wird die Entdeckung Amerikas durch Kolumbus (12. Okt.) gerade in der Region gefeiert, aus der die Schutzpatronin der gesamten spanischen Welt und viele der Eroberer stammen. Schauplatz ist Guadalupe, einer der Höhepunkte die Ankunft hunderter Pilger zu Pferde.

Maria Empfängnis wird in Jarandilla de la Vera und Torrejoncillo stimmungsvoll begangen. Die Männer tragen weiße Umhänge und Kopfbedeckungen. Unter dem Abfeuern von Salutschüssen werden Viva-Rufe ausgestoßen und religiöse Gesänge angestimmt.

Gastronomisches

Unter einer Vielzahl kleiner Gastronomiefestivals finden drei besonderen Zuspruch: Auf der **Fiesta de la Chanfaina** im südlichen Fuente de Cantos werden im April Lämmer und Zicklein zunächst geehrt – und dann im Eintopf Chanfaina verspeist.

Die **Käsemesse** in Trujillo im Mai bietet Feinschmeckern die Gelegenheit, nicht nur sämtliche Käsespezialitäten aus der Extremadura zu probieren, sondern zudem zahlreiche Sorten aus Südamerika zu kosten. Schinkenfreunde fiebern den Tagen des **Jamón de Monesterio** entgegen (Aug./Sept.). Ein Highlight: Der Wettbewerb der Schinkenschneider, denn das Abziehen der hauchdünnen Scheiben mit scharfen Messern will gekonnt sein (www.jamondemonesterio.org).

Kulturfestivals

Die beiden Highlights im Kulturkalender: **WOMAD** in Cáceres (Mai) und Klassisches Theater in Mérida (Juli/Aug.). **WOMAD** steht für World of Music, Art and Dance, wurde von dem englischen Musiker Peter Gabriel ins Leben gerufen und kam 1990 nach Cáceres. Unterschiedliche künstlerische Ausdrucksformen vereinen sich zu einer universellen, gegen Rassismus gerichteten Aktion. Die historischen Plätze und Theater liefern die Bühne (www.womad.org). Kulisse für das **Klassische Musik- und Theaterfestival**

Festkalender

Januar/Februar

Geisteraustreibung El Jarramplas: in Piornal (s. S. 35)
Las Carantoñas: in Acehúche (s. S. 35)
Lichterfest Las Candelas: 1. Febr., in Almendralejo
Karneval: in Badajoz (s. S. 224)
Karneval El Peropalo: in Villanueva de la Vera (s. S. 35)

März/April

Kirschblütenfest: in Valle del Jerte (s. S. 182)
Semana Santa: Karwoche, in zahlreichen Gemeinden (s. S. 35)
Zickleinfest Chanfaina: letzter Aprilsonntag, in Fuente de Cantos (s. S. 36)

Mai

Caravana de Palomos: Anfang Mai, in Badajoz (s. S. 224)
Käsemesse: in Trujillo (s. S. 36)
Wallfahrt zu Ehren des San Isidro: 15. Mai, in der ganzen Extremadura
La Batalla de la Albuera: 16. Mai, in La Albuera (16.). Historisches Schlachtenfest.
WOMAD: Festival World of Music, Art and Dance, in Cáceres (s. S. 36)

Juni

Stierkampf Los Toros de San Juan: 23. Juni, in Coria (s. S. 35)
Theaterfest: in Cáceres (s. S. 36)

Juli/August

Internationales Folklorefestival: im Juli, in Badajoz (s. S. 224)
Klassisches Musik- und Theaterfestival: in Mérida (s. u.)
Jahrmarkt Martes Mayor: Aug., in Plasencia (s. S. 175)
Festival Medieval: Aug., in Alburquerque (s. S. 36)
El Alcaide de Zalamea: Aug., Historientheater in Zalamea de la Serra (s. S. 36)
Laubfest La Enramá: Aug., in Pinofranqueado
Folklorefest: Aug., in Plasencia

September

Schinkenfest: in Monesterio (s. S. 36)
Arabische Festwochen Al-Mossassa: in Badajoz (s. S. 224)

Oktober/November

Fiesta de la Hispanidad: 12. Okt., in Guadalupe (s. S. 36)
Festival Cine Gay & Lésbico Extremadura: Nov., in Badajoz, Cáceres, Mérida und Plasencia (s. u.)

Dezember

Los Escobazos (Maria Empfängnis): 7. Dez., in Jarandilla de la Vera (s. S. 36)
La Encamisá (Maria Empfängnis): 7./8. Dez., in Torrejoncillo (s. S. 36)

in Mérida bildet das römische Theater. Neben antiken Dramen werden Konzerte gegeben und Filme gezeigt (www.festivaldemerida.es). Weitere klassische Theaterfestivals veranstalten die Theater von Cáceres im Juni, Alcántara im August und Badajoz im Oktober.

Das **Festival Cine Gay & Lésbico Extremadura** zeigt im November schwul-lesbische Filme in Badajoz, Cáceres und Mérida. Und zu einem Kulturfest der Toleranz entwickelte sich **Caravana de Palomos,** zu dem sich im Mai Zehntausende in Badajoz einfinden (www.caravanadepalomos.org).

Reiseinfos von A bis Z

Apotheken

Die *farmacias,* die am grünen Kreuz auf weißem Grund erkennbaren Apotheken, haben in der Regel von 9.30–14 und von 17–20 Uhr geöffnet, im Sommer nachmittags 17.30–20.30 Uhr. Zusätzliche Notapotheken, die außerhalb dieser Zeiten einen Bereitschaftsdienst unterhalten, sind per Aushang im Schaufenster jeder Apotheke aufgelistet und in den Tageszeitungen abgedruckt.

Die ausgebildeten Apotheker können auch bei kleineren Gesundheitsproblemen fachkundig beraten.

Ärztliche Versorgung

Bei einer plötzlichen Erkrankung oder einem Unfall haben Bürger aus der EU und der Schweiz Anspruch auf öffentliche Gesundheitsversorgung. Hierfür wird die Europäische Krankenversicherungskarte (EHIC) benötigt, die von der heimischen Krankenkasse ausgestellt wird. Wer einen Arzt aufsuchen muss, wendet sich direkt an eine Praxis *(consultorio)* oder ein Gesundheitszentrum *(centro de salud)*. Nur im unmittelbaren Notfall können Patienten sich selbst in ein Krankenhaus begeben. Entsprechende Adressen halten die Beratungsstellen der Spanischen Sozialversicherung Seguridad Social, aber auch Tourismusämter und Polizeidienststellen bereit.

Behandlungen bei privaten Leistungserbringern müssen in der Regel selbst bezahlt werden. Eine vollständige oder teilweise Rückerstattung der Kosten wird gegen Vorlage der Abrechnungen von der Krankenkasse im Heimatland geprüft. Um jedes Risiko zu vermeiden, empfiehlt sich der Abschluss einer Reisekrankenversicherung, die gegebenenfalls auch den Rücktransport einschließt.

Unter dem Titel »Urlaub in Spanien« haben die deutschen Krankenkassen ein informatives Merkblatt zusammengestellt, das zudem wichtige Adressen vor Ort enthält. Es kann als pdf-Datei aus dem Internet heruntergeladen werden, etwa unter dem Suchbegriff »Spanien« auf www.barmer-gek.

Diplomatische Vertretungen

Die Extremadura fällt in den Konsularbezirk der jeweiligen Botschaften in Madrid. Es gibt keine zusätzlichen Konsulate vor Ort.

Deutsche Botschaft
Calle Fortuny, 8, 28010 Madrid, Tel. 915 57 90 00, www.madrid.diplo.de, nur nach Terminvereinbarung, in Notfällen auch ohne.

Österreichische Botschaft
Paseo de la Castellana, 91, 28028 Madrid, Tel. 915 56 53 15, www.bmeia.gv.at/botschaft/madrid.html, Mo–Fr 10–13 Uhr.

Schweizer Botschaft
Calle de Núñes de Balboa, 35 A – 7. Stock, 28001 Madrid, Tel. 914 36 39 60, www.eda.admin.ch/madrid, Mo–Fr 9–13 Uhr.

Elektrizität

Die Stromspannung in Spanien beträgt 220 Volt bei einer Frequenz von 50 Hertz. Üblich sind Eurosteckdosen, die sich für alle mitteleuropäischen Geräte eignen.

Feiertage

1. Januar: Neujahr *(Año Nuevo)*
6. Januar: Hl. Drei Könige *(Epifanía del Señor)*
Gründonnerstag *(Jueves Santo)*
Karfreitag *(Viernes Santo)*
1. Mai: Tag der Arbeit *(Festividad del Trabajo)*
15. August: Maria Himmelfahrt *(Asunción de la Virgen)*
8. September: Tag der Extremadura *(Día de Extremadura)*
12. Oktober: Nationalfeiertag *(Fiesta Nacional de España, Fiestas del Pilar)*
1. November: Allerheiligen *(Todos los Santos)*
6. Dezember: Verfassungstag *(Día de la Constitución)*
8. Dezember: Maria Empfängnis *(Inmaculada Concepción)*
25. Dezember: Weihnachten *(Día de Navidad)*

Wenn ein gesetzlicher Feiertag auf einen Sonntag fällt, ist häufig der folgende Montag arbeitsfrei. Außerdem darf jede Gemeinde zwei örtliche Feiertage begehen. Viele davon fallen auf den 15. Mai zu Ehren des hl. Isidro und zusätzlich auf einen Tag in den Sommermonaten. Sie werden jährlich neu von der Regierung festgelegt.

Geld

Währung ist der Euro, die Untereinheit heißt im Spanischen *céntimo*. Das Netz an Bargeldautomaten ist dicht. Internationale Kreditkarten (v. a. Visa und Mastercard) sind weit verbreitet. Geldwechsel ist in allen Banken und den seltenen Wechselstuben möglich. Banken sind Mo–Fr 9–14 Uhr geöffnet, von Oktober bis Mai auch samstags.

Internetcafés

Viele Hotels verfügen über oftmals gebührenfreie Wi-Fi-Hotspots. In den Städten finden sich zahlreiche Webcafés, kostenlos surfen (meist bis zu 1 Std.) kann man in fast allen Bibliotheken.

Kinder

Da Spanier häufig im Familienverbund verreisen, sind Hotels auf Kinder eingerichtet und stellen – teilweise gegen Aufpreis – Zustellbetten zur Verfügung. Kleinkinder schlafen kostenlos im Bett der Eltern. Außerhalb der Städte bilden zahlreiche Landhäuser, Ferienanlagen oder Campingplätze mit Bungalows die bessere Alternative. Kindermenüs auf der Speisekarte der Restaurants sind eher die Ausnahme, doch meist zaubert die Küche ein kleines Gericht oder man kann einen zusätzlichen Teller bestellen und die Gerichte der Erwachsenen aufteilen.

Medien

In den überregionalen spanischen Tageszeitungen (El País, ABC, El Mundo) spielt die Berichterstattung über die Extremadura nur eine untergeordnete Rolle. Dafür gibt es eine Reihe von Regional- und Lokalzeitungen. Die gesamte Extremadura decken El Hoy und El Periódico Extremadura ab. Zusätzlich strahlt der regionale Fernseh- und Radiokanal Canal Extremadura sein Programm auch über das Internet aus (www.canalextremadura.es).

Notruf

Notruf: 112
(im Gegensatz zu massentouristischen Gebieten Spaniens nicht in Deutsch)
Medizinischer Notfall: 112

Polizei: 902 10 21 12 (für Urlauber) und 091 (Policía Nacional), 092 (Policía local), 062 (Guardia Civil)
Feuerwehr: 080 (Bomberos)
Sperrung von Handys, EC- und Kreditkarten: Tel. +49 116 116

Öffnungszeiten

Apotheken: s. dort
Banken: s. unter Geld
Einkaufszentren: Mo–Sa 10–21/22 Uhr.
Geschäfte: 9.30/10–13.30/14 und 16.30/ 17–19.30/20 Uhr, Sa teilweise nur vormittags, So meist geschl., in den Städten ist an manchen Sonntagen eine Öffnung erlaubt.
Post: s. dort
Museen: Die meisten Museen haben Mo und an hohen Feiertagen geschlossen.
Restaurants: meist 13–16, 21–23.30 Uhr, So und Mo oft Ruhetag.

Post

Die Postämter *(correos)* sind in großen Städten Mo–Fr 8.30–20.30, Sa 9.30–13 Uhr geöffnet, in kleinen Orten oft nur vormittags. Briefmarken *(sellos)* gibt es auch in Tabakläden *(estancos)*. Sendungen nach Mitteleuropa brauchen etwa drei Tage, beim Porto gibt es keinen Unterschied zwischen Postkarten und Briefen.

Rauchen

In öffentlichen Gebäuden, Hotels, Restaurants, Cafés, Bars und Diskotheken darf nicht geraucht werden.

Reklamationen

Dienstleistungsbetriebe führen ein Beschwerdebuch *(hojas de reclamaciones)*, in das Beanstandungen auch in Englisch eingetragen werden können. Häufig kann schon die Frage danach ein Problem lösen.

Reisen mit Handicap

Erst seit den letzten Jahren werden die Bedürfnisse von Menschen mit Behinderung anerkannt. Auch wenn es derzeit keinen Internationalen Behindertenausweis gibt, hilft die Übersetzung des Behindertenausweises ins Spanische, die die jeweilige Ausgabestelle des deutschen Ausweises ausfertigt. In staatlichen eintrittspflichtigen Sehenswürdigkeiten erhalten Behinderte grundsätzlich Nachlässe oder kostenlosen Eintritt. Dieser positiven Regelung haben sich viele private und kirchliche Einrichtungen leider nicht angeschlossen. Barrierefreie Zimmer bieten meist nur neu gebaute Hotels. Die Tourismusämter erteilen gerne Auskunft.

Sicherheit

Im Vergleich zu anderen europäischen Regionen darf die Extremadura als sicher angesehen werden, doch auch sie ist keine kriminalitätsfreie Zone. Grundsätzlich gilt deshalb, die Wertsachen besser im Hotelsafe zu hinterlegen und Geld möglichst am Körper zu tragen. Auch sollte man nichts im abgestellten Mietauto liegen lassen.

Souvenirs

Als Souvenirs werden von einer Extremadura-Reise gerne gastronomische Spezialitäten wie Schinken, Schafs- oder Ziegenkäse, Honig und Olivenöl mitgebracht. Die breite Auswahl an regionaltypischem Handwerk reicht von Webarbeiten, Spitzen, Keramik sowie Messing- und Kupferprodukten bis zu Flechtkörben. Empfehlenswerte Adressen werden an den jeweiligen Orten im Reiseteil vorgestellt.

Telefonieren

Die Telefonnummern bestehen für Festnetz wie Mobilfunk aus neun Ziffern ohne gesonderte Ortsvorwahl. Die Mobilfunknummern beginnen mit einer 6, die Festnetznummern mit einer 9. Die Nummer 924 steht für die Provinz Badajoz, 927 für die Provinz Cáceres.

Öffentliche Telefonzellen funktionieren mit Münzen oder Telefonkarten, die an Zeitungkiosken und Tabakläden gekauft werden.

Die internationalen Vorwahlen lauten 00 49 (Deutschland), 00 43 (Österreich), 00 41 (Schweiz), danach folgt die Ortskennzahl ohne die 0. Die Vorwahl für Spanien ist 00 34, danach wird die 9 mitgewählt.

Toiletten

Der hygienische Standard in Hotels, Gaststätten und öffentlichen Einrichtungen ist grundsätzlich gut. Die Türen sind mit Señoras (S) für Frauen und Señores oder Caballeros (C) für Männer gekennzeichnet.

Trinkgeld

Trinkgelder für Dienstleistungen in Höhe von 5–10 % der Rechnungssumme sind üblich. In den Restaurants wird der Betrag nach dem Bezahlen auf dem Tisch liegen gelassen.

Umgangsformen

Die Extremeños sind in der Regel freundliche, im Vergleich zu anderen Spaniern eher zurückhaltende Menschen. Trotzdem wirkt der Umgangston oft rauer als in anderen Urlaubsländern – doch die direkte Sprache gehört einfach dazu und ist nicht persönlich gemeint.

Zwar gibt es keine expliziten Kleidungsvorschriften, doch achten viele, vor allem ältere Einheimische auf ein korrektes Äußeres. In Restaurants trägt Mann lange Hosen, auch in den Gotteshäusern sollte auf entsprechende Form geachtet werden. Die Siesta (ca. 14–16 Uhr) gilt der Mehrheit als unantastbar.

Reisekasse und Spartipps

Die Extremadura ist zwar kein billiges Urlaubsziel, dennoch reisen Sie hier günstiger als in Spaniens touristischen Zentren. Die Hauptspeise in einem einfachen Restaurant kommt auf etwa 9–12 €, die Flasche Hauswein gibt es ab 8 €. In einem Restaurant der Mittelklasse beginnt das Hauptgericht bei 12 €, die Flasche Wein bei 10 €. Viele Restaurants bieten preiswerte Mittagsmenüs meist inkl. Getränke *(menú del dia)* um 10 € und Hausmenüs *(menú de la casa)* ab 15 € an. Kuchen ist selten und teuer, weswegen die Spanier die preiswerten kleinen Gebäckstücke vorziehen. Einen *café solo* (Espresso) gibt es ab 1 €, ein kleines Bier ab 1,50 €.

Die Übernachtungspreise beginnen bei 30 € pro Zimmer in einfachen Pensionen, in Mittelklassehotels bei 65 € und in 5-Sterne-Häusern bei 90 €, jeweils bei Buchungen über das Internet. Die Tarife schwanken saisonbedingt und liegen bei Reservierungen im Internet meist deutlich niedriger als vor Ort. Das Frühstück wird oft gesondert berechnet.

In grenznahen Gebieten lässt sich die Reisekasse auch schon mal durch eine Übernachtung in Portugal schonen (Frühstück dort grundsätzlich im Zimmerpreis enthalten). Ebenso können Sie bei Flug und Mietwagen sparen, je nachdem ob Sie Ihre Reise in Madrid oder in Lissabon beginnen.

Panorama – Daten, Essays, Hintergründe

Ziel unzähliger Pilger und Kunstinteressierter: Guadalupe im Osten der Extremadura

Steckbrief Extremadura

Daten und Fakten

Lage und Fläche: Die Extremadura liegt auf halber Strecke zwischen Madrid und Lissabon. Sie wird im Norden von Kastilien-Leon, im Osten von Kastilien-La Mancha und im Süden von Andalusien begrenzt. Im Westen stößt sie an Portugal. Mit 41 635 km^2 bedeckt sie rund 8,25 % der spanischen Landfläche.

Städte: Badajoz (151 000 Einw.), Cáceres (95 000 Einw.), Mérida (58 000 Einw.), Plasencia (40 000 Einw.), Zafra (16 000 Einw.), Trujillo (10 000 Einw.)

Amtssprache: Spanisch

Einwohnerzahl: In der Extremadura leben mit 1,1 Mio. Einwohnern rund 2,5 % aller Spanier.

Währung: Euro. Die Untereinheit heißt *céntimo.*

Zeitzone: MEZ, im Sommer MESZ

Landesvorwahl: 0034

Name: Extremadura stammt aus der Zeit der Reconquista und leitet sich von *extremos del duero* (»Jenseits des Flusses Duero«) ab, aus der Perspektive der christlichen Rückeroberer gesehen.

Regionalflagge: Die grün-weiß-schwarz gestreifte Flagge trägt in der Mitte das Wappen der Extremadura. Es zeigt ein geteiltes Schild mit dem roten Löwen aus dem Stadtwappen von Badajoz und einer Burg aus dem Wappen von Cáceres. Das untere Feld ist der Heraldik Spaniens entnommen und stellt in Erinnerung an die zahlreichen extremenischen Seefahrer die Felsen und Wellen der Meerenge von Gibraltar dar. Auch das im Spruchband genannte Motto *plus ultra* (»immer weiter«) steht für die Seefahrten, wohingegen ein Eichenbaum die Landschaft der Extremadura symbolisiert. Darüber erhebt sich die kastilische Krone.

Geografie und Klima

Umgeben von wilden Gebirgen wechseln im Herzen der Extremadura sanfte Hügelketten mit geschwungenen Weidelandschaften ab, die von Eichen und Olivenbäumen bewachsen sind. Diese *dehesas* sind im Frühjahr und Frühsommer von vielfarbigen Wiesenblumen übersät. **Hauptfluss** ist der Guadiana, höchster **Berg** mit 2401 m der Calvitero an der nordöstlichen Grenze zur Provinz Salamanca. 30 % der Fläche steht unter Naturschutz.

Das Klima der Extremadura wird im Süden und Südwesten vom nahen Mittelmeer und dem Atlantik bestimmt. Die östlichen und nördlichen Landesteile unterliegen Kontinentaleinflüssen. Im Hochsommer steigt das Thermometer nicht selten über 40 °C, Schnee bedeckt im Winter die Berglandschaften des Nordens. Im Juli und August fällt kaum Niederschlag.

Politik und Verwaltung

Spanien bildet eine parlamentarische Monarchie mit dem König als Staatsoberhaupt und einem vom Parlament gewählten Ministerpräsidenten. Die beiden wichtigsten Parteien sind die sozialdemokratisch orientierte Partido Socialista Obrero Español (PSOE) und die konservative Partido Popular (PP). Die Extremadura genießt wie alle

17 spanischen Autonomen Gemeinschaften *(comunidades autónomos)* weitgehenden Autonomiestatus in regionalen Angelegenheiten. Sie gliedert sich in die Provinzen Badajoz und Cáceres. Verwaltungssitz ist Mérida. Der Präsident der Extremadura wird von den 65 Mitgliedern des Regionalparlaments gewählt und vom spanischen König ernannt. Von 1982 bis 2011 stellte die PSOE den Präsidenten, bis zum ersten Mal ein konservativer Regierungschef gewählt wurde.

Wirtschaft und Tourismus

Die Extremadura zählt zu den ärmsten Provinzen Westeuropas. Das Bruttosozialprodukt pro Einwohner beträgt nur 71 % Gesamtspaniens. Die Arbeitslosenrate lag in den vergangenen Jahren etwa 5 % über dem spanischen Durchschnitt. Der wesentliche Grund liegt in der jahrhundertelangen wirtschaftlichen Ausrichtung auf die Landwirtschaft, während Industrie und Tourismus bis heute nur eine untergeordnete Rolle spielen. Wichtiger Erwerbszweig ist die Viehwirtschaft. Der Schinken unter dem Siegel *dehesa de extremadura* genießt Weltruf.

Die größten Zukunftsinvestitionen fließen in den Bau von Solar- und Windenergieanlagen sowie in die Konstruktion einer Schnellzugverbindung, die von Madrid nach Badajoz führen soll. Sie soll den Anschluss der abgelegenen Region an Europa herstellen – auch für Urlauber, die dank der Abgeschiedenheit eine noch weitgehend intakte Natur, unberührte Dörfer und historische Städte genießen wollen. Derzeit besuchen jährlich nur rund 220 000 ausländische Reisende die Extremadura, das sind 0,4 % aller Spanienurlauber.

Bevölkerung, Sprache, Religion

Mit einer Bevölkerungsdichte von 26 Einwohnern pro km^2 zählt die Extremadura zu den am dünnsten besiedelten Gegenden Europas (Spanien: 88, Deutschland: 231). In den letzten 500 Jahren war die Region von der Abwanderung ihrer Bewohner geprägt. Alleine zwischen 1951 und 1980 verließen 700 000 Menschen ihre Heimat, fast 40 % der Bevölkerung. Hauptziele waren die wirtschaftlich stärkeren Regionen in Spanien, Frankreich, Deutschland und die Schweiz.

Die Amtssprache ist Spanisch. Im nordwestlichen Bergland Sierra de la Gata hat sich der Dialekt *fala* mit altgalizischen und frühportugiesischen Elementen erhalten. In der Gegend um Olivenza wird zusätzlich Portugiesisch gesprochen.

Etwa 96 % der Bevölkerung ist katholisch. Eine wichtige Rolle spielt die Marienverehrung, in deren Zentrum die Schwarze Madonna von Guadalupe steht.

Geschichte im Überblick

Frühzeit

25 000. v. Chr	Höhlenzeichnungen in der Cueva de Maltravieso bei Cáceres sind die ältesten menschlichen Spuren.
2500 v. Chr.	Zahlreiche Dolmen (Steingräber) belegen eine blühende Megalithkultur.
um 1000 v. Chr.	Aus dem Norden wandern die Kelten ein und vermischen sich mit den Urstämmen der Iberer (sog. Keltiberer).
ab 8. Jh. v. Chr.	Es entwickelt sich ein lebhafter Handel mit dem tartessischen Reich am Mittelmeer.
600 v. Chr.	Von Galicien drängen erneut Kelten in das Gebiet und errichten Befestigungsanlagen an den großen Flüssen Tajo und Guadiana. Sie vermischen sich mit den Stämmen der Vettonen und Lusitaner.

Römische Herrschaft

193 v. Chr.	Beginn der römischen Invasion in die Extremadura, der sich die Lusitaner entgegenstellen. Es entstehen erste römische Siedlungen.
139 v. Chr.	Der lusitanische Feldherr und Freiheitskämpfer Viriato wird hinterlistig ermordet. Der Widerstand gegen die Römer ist damit gebrochen.
79 v. Chr.	Der Feldherr Metello errichtet in Medellin am Fluss Guadiana die erste römische Befestigungsanlage.
25 v. Chr.	Gründung von Emerita Augusta, dem heutigen Mérida. Hier stößt der zentrale Handelsweg Vía de la Plata von Sevilla nach Norden auf die Straße von Lissabon nach Toledo. Die Stadt entwickelt sich zum wichtigsten Handelsdrehkreuz auf der iberischen Halbinsel.
15 v. Chr.	Mérida wird Hauptstadt von Lusitania, der westlichsten römischen Provinz.
254 n. Chr.	Die Ernennung eines Bischofs in Mérida belegt die Ausbreitung des Christentums.

Germanische Völkerwanderung

409	Germanische Stämme überschreiten die Pyrenäen.
412	Alanen und Vandalen streben in die Region südlich des Flusses Duero (port.: Douro), werden aber von den Westgoten nach Andalusien vertrieben.

Etwa 5000 Jahre alt sind diese Steingräber im Westen der Extremadura

414–418 Die Westgoten beenden das römische Imperium auch im Inneren der iberischen Halbinsel. Mérida wird Bischofssitz.

582 Der Gotenkönig Leovigildo zerstört Cáceres.

589 Unter Leitung des Bischofs von Mérida erhebt das 3. Konzil von Toledo den christlichen Glauben zur Staatsreligion.

711 **Maurische Herrschaft und christliche Rückeroberung**
Der nordafrikanische Feldherr Tariq ibn Ziyad überquert die Meerenge von Gibraltar. Er findet ein zerrüttetes Westgotenreich vor und erobert in nur sieben Jahren fast die gesamte iberische Halbinsel. Die meisten seiner Krieger stammen aus der ehemaligen römischen Provinz Mauretanien in Westafrika, daher der Name Mauren.

713 Mérida fällt in maurische Hände. In der Extremadura siedeln sich vor allem frisch islamisierte Berber aus dem Maghreb an. Zahlreiche westgotische Grundherren konvertieren zum Islam und behalten ihre Machtpositionen. Gleichzeitig bleibt der christliche Glaube erlaubt. Ebenso wird das Judentum toleriert, das unter den Westgoten noch geächtet war.

756 Das andalusische Córdoba wird Hauptstadt eines eigenständigen Emirats auf der iberischen Halbinsel.

ab 834 In Mérida regt sich Widerstand gegen die Herrschenden in Córdoba. Zur Strafe werden die Stadtmauern geschleift und die bis dahin unbedeutende Ansiedlung Badajoz zur mächtigen Festungs- und regionalen Hauptstadt ausgebaut.
Zeitgleich entstehen Wehrburgen in Alcântara, Cáceres, Monfragüe und Trujillo zum Schutz gegen christliche Eindringlinge.

929 Ausrufung des Kalifats von Córdoba, was eine neue Blütezeit auch in der Extremadura nach sich zieht.

ab 1010 Gewaltsame Konflikte um die Erbfolge leiten das Ende der maurischen Herrschaft ein.

1031 Das Kalifat zerfällt in 23 kleine Königreiche *(taifas)*. Badajoz erlebt unter dem Geschlecht der Aftasi einen kulturellen Aufschwung.

1085 Christliche Truppen erobern die alte Königsstadt Toledo.

ab 1086 Die fanatischen Almoraviden und nachfolgend die Almohaden (1146) setzen von Marokko aus auf die iberische Halbinsel über und stoppen vorübergehend die christliche Rückeroberung (Reconquista).

1212 Der Sieg der vereinigten christlichen Heere in der Schlacht von Las Navas de Tolosa bricht den islamischen Widerstand, die christlichen Truppen rücken nach Süden vor.

1230 Badajoz fällt in christliche Hand.

1240 Mit der Eroberung von Azuaga und Montemolin im äußersten Süden ist die Rückeroberung der Extremadura abgeschlossen. Doch in der Folgezeit erschüttern teilweise kriegerische Auseinandersetzungen zwischen den christlichen Adelsfamilien die Region.

1340 Guadalupe wird zum Zentrum des religiösen Lebens, als König Alfonso XI. nach einem Sieg über andalusische Mauren eine Marienkirche zum Kloster ausbauen lässt. An gleicher Stelle war wenige Jahrzehnte früher einem Hirten die Jungfrau erschienen.

1469–1479 **Goldene Zeiten und Niedergang**
Dank der Eheschließung zwischen Ferdinand V. von Aragon und Isabella I. von Kastilien schreitet die Einigung Spaniens voran. Sie werden »Katholische Könige« genannt und führen die Inquisition ein.

1492 Kolumbus entdeckt für Spanien den amerikanischen Kontinent.

1508	In Llerena wird ein Inquisitionsgericht eingerichtet. Das bedeutende jüdische Leben in der Extremadura wird ausgelöscht.
ab 1513	Der Kleinadel in der abgelegenen Extremadura fühlt sich vom Reichtum in den spanischen Zentren abgeschnitten. Deshalb sind es gerade Extremeños, die ihr Glück in den fernen Ländern suchen: Hernán Cortés aus Medellin erobert Mexiko, Pedro de Alvarado aus Badajoz entdeckt Guatemala, Francisco Pizarro aus Trujillo zerschlägt das Aztekenreich in Peru, Hernando de Soto aus Barcarrota findet den Mississippi, Pedro de Valdívia aus Villanueva gründet Santiago de Chile.
Mitte 16. Jh.	Wohlhabende Rückkehrer aus Amerika bauen mächtige Kirchen und herrschaftliche Wohnhäuser. Für kurze Zeit prosperiert die Extremadura wirtschaftlich und kulturell.
1580	Portugal wird mit Spanien vereinigt, die Extremadura ist damit nicht mehr benachteiligtes Randgebiet.
Ende 16. Jh./ 17. Jh.	Unproduktives Verpulvern des schnellen Gewinns, Vernachlässigung der einheimischen Landwirtschaft, Pestepidemien und kriegerische Auseinandersetzungen mit dem um Unabhängigkeit ringenden portugiesischen Adel lassen die Extremadura zum Armenhaus verkommen.
1640–1648	Ein Krieg zwischen Spanien und Portugal verwüstet die Extremadura.
1795–1801	Der in der Extremadura gebürtige Minister Manuel Godoy schließt ein Bündnis mit Frankreich. Die portugiesische Grenzstadt Olivença fällt an die Extremadura.
1808–1814	Der Spanische Unabhängigkeitskrieg gegen Napoleon macht die Grenzregion Extremadura zum Schlachtfeld.
ab 1830	Säkularisierung. Die extremenischen Ländereien der Kirche, religiösen Orden und aufgelösten Inquisition werden an Adelige und reiche Bürger aus Madrid und Andalusien veräußert. Die landwirtschaftlich genutzte Fläche verdoppelt sich.
1833	Die Extremadura wird in die Provinzen Badajoz und Cáceres geteilt.
um 1850	Bauernaufstände gegen soziale Verelendung werden brutal niedergeschlagen.
1898	Spanien verliert seine letzten Kolonien.

Das frühe 20. Jahrhundert und die Diktatur

1917 Aufgrund der unsozialen Verhältnisse kommt es zu vereinzelten revolutionären Erhebungen, u. a. der Minenarbeiter in Azuaga.

1928 Baubeginn der Gleisstrecke Talavera de la Reina nach Villanueva de la Serena, die fast alle Arbeitskräfte bindet und in Zusammenhang mit zahlreichen weiteren Eisenbahnprojekten in Spanien zu hoher Inflation und Verschuldung führt.

1931 Ausrufung der 2. Spanischen Republik mit dem Versprechen einer Agrarreform. Da diese nur sehr schleppend beginnt, kommt es zu teilweise blutigen Auseinandersetzungen zwischen Landarbeitern und der Staatsmacht.

1936 Wahlsieg der linken Volksfront. Militärputsch der Generäle Franco und Mola, der einen dreijährigen Bürgerkrieg auslöst. Die Extremadura fällt bereits am 14. August 1936 in die Hände der Putschisten. In der Stierkampfarena von Badajoz finden Massenerschießungen statt, auch im Gefangenenlager von Castuera werden zahlreiche Menschen ermordet.

ab 1951 Etwa 700 000 Extremeños wandern in den kommenden Jahrzehnten aus, weil ihnen ihre Heimat nicht genug zum Leben gibt.

1973 Gründung der Universität der Extremadura.

Für die Herausforderungen der Zukunft auch architektonisch eindrucksvoll gerüstet: das Kongresszentrum der Provinzhauptstadt Badajoz

Die Demokratie

1975	Tod Francos. König Juan Carlos I. wird Staatsoberhaupt. Es beginnt die demokratische Erneuerung.
1982	Der Sozialist Juan Carlos Rodríguez Ibarra wird mit 34 Jahren zum ersten Präsidenten der Extremadura gewählt, der eine sog. vorläufige Autonomie eingeräumt wird. Er bleibt dies nach sechs weiteren Wahlsiegen bis 2007.
1983	Die Extremadura erhält den vollständigen Autonomiestatus.
1984	Per Regionalgesetz wird der Bau eines Atomkraftwerks bei Valdecaballeros gestoppt, was als erster Ausdruck der Unabhängigkeit von der spanischen Zentralregierung gilt.
1986	Spanischer Beitritt in die Europäische Gemeinschaft.
2002	Die Regionalregierung startet als weltweiter Vorreiter das Projekt LinEx zur Vereinfachung der Verwaltung und für besseren Zugang der Bevölkerung zu den neuen Medien.
2003	Spanien und Portugal vereinbaren den Bau einer Hochgeschwindigkeitsstrecke Madrid–Lissabon durch die Extremadura.
2007	Das Vogelparadies Monfragüe erhält den Status des Nationalparks.
2011	Bei den Regionalwahlen erhält die konservative Volkspartei PP die meisten Stimmen. Ihr Vorsitzender José Antonio Monago wird mit Unterstützung der kommunistisch beeinflussten Izquierda Unida zum Präsidenten gewählt.
2012	Portugal stoppt den Bau der Schnellzugstrecke, die nun in Badajoz enden soll.
2013	In der PISA-Studie bildet die Extremadura das Schlusslicht in Spanien. Investitionen von 1,563 Mrd. € in die Bildung sind die Antwort.
2014	Als Maßnahme gegen den Bevölkerungsrückgang erhalten einkommensschwache Eltern in kleinen Gemeinden 1400 € Zuschuss für die Geburt eines Kindes.
2014–2020	Die Extremadura bekommt knapp 1,5 Mrd. € EU-Regionalförderung, 27 % weniger als im Zeitraum 2007–2013. Die Hälfte soll in technologischen Fortschritt und Bildung fließen.

Naturraum Extremadura – Gefahren im Paradies

Gerne gaukelt die weltweite Tourismuswerbung den Reisenden das Bild einer unberührten Natur vor. In der Extremadura scheint der Traum von einer intakten Umwelt allerdings Wirklichkeit zu sein. Bisher zumindest, denn auch dieser dünn besiedelte und wenig industrialisierte Landstrich kann sich den Gefahren einer zunehmenden Klimaerwärmung nicht ganz entziehen.

Eigentlich hat es die Natur gut in der Extremadura. Die geringe Bevölkerungsdichte von 26 Einwohnern pro km² lässt ihr viel Raum. Mangels großer Industriewerke ist Luft- und Wasserverschmutzung minimal. Die Landwirtschaft wird vielerorts noch extensiv betrieben: Mit Herden heimischer Weidetiere, aufgelockert gepflanzten Eichen- und Olivenhainen und geringem Einsatz landwirtschaftlicher Maschinen.

Nicht nur ökologisch schützenswert: die immergrünen Eichenwälder der dehesa

Immergrüne Eichenwälder …

Ein paradiesischer Anblick: Bis zum Horizont ziehen sich die knorrigen Eichen über weite Ebenen und sanfte Hügel. 35 % der Fläche bedecken die parkähnlichen Landschaften aus überwiegend Stein- und selteneren Korkeichen. Viele sind Jahrhunderte alt. Weit auseinander wachsen sie, nur 10 bis 60 Bäume sind es pro Hektar. Nicht wild, sondern von Menschenhand gepflanzt. Darunter ist Platz für Weidewirtschaft.

Der Schatten der ausladenden Baumkronen schützt Gras und Kräuter vor zu schnellem Austrocknen und Schafe, Ziegen, Rinder, Stiere und Schweine vor den Unbilden des Wetters. Die Eicheln bilden eine wichtige Futterquelle für Weidevieh und viele Vögel, allen voran die Kraniche. Der Dung der Tiere nährt die fruchtbare Erde. Getreide wird angebaut, allerdings nur auf begrenzten Flächen, um die Böden nicht auszulaugen. Nebenbei wird Imkerei betrieben. Ein nachhaltiges System des Wirtschaftens schon seit keltischen Zeiten, bestimmt vom gegenseitigen Geben und Nehmen zwischen Natur und Mensch.

… ökologisch schützenswert

Der Erhalt dieser sogenannten *dehesas* beugt einer Versteppung der

Extremadura vor. Niederschlag verdunstet nicht sofort, sondern füllt das Grundwasser auf. Im Gegensatz zu freien Ackerflächen absorbieren die Wälder das klimaschädliche Kohlendioxid und begrenzen die Folgen der Luftverschmutzung.

Doch die Produktion von hochwertigem Fleisch aus frei laufenden Tieren ist aufwendig, wenig profitabel und folglich rückläufig. Unterstützt von europäischen Förderprogrammen wird die Viehhaltung intensiviert und die Anzahl der Tiere erhöht. Billige, aber gewinnbringende Massenproduktion lautet die Devise. Die Herden bleiben das ganze Jahr auf der Weide und nicht mehr nur in der feuchten Jahreszeit. Den Böden wird dadurch die Zeit zur Regeneration genommen, die Baumbestände überaltern, wildes Buschwerk wird nicht mehr abgeholzt.

Hoffnung gibt allerdings ein *plan nacional de la dehesa,* den die spanische Regierung zum Erhalt dieser einzigartigen Kulturlandschaft entworfen hat. Darin vorgesehen ist auch die finanzielle Unterstützung der kleinbäuerlichen Bewirtschaftung.

Infozentrum La Dehesa
Die deutsche Umweltschutzstiftung Global Nature Fund hat ein Modellprojekt zur traditionellen Weidewanderwirtschaft ins Leben gerufen und in Torrejon el Rubio am Rande des Nationalparks Monfragüe ein Informationszentrum eingerichtet: Calle Gabriel y Galan, 17, Tel. 927 45 51 78, www.globalnature.org, Link »Projekte« und dann »Naturschutz«. Unter »Kulturlandschaften Extremadura« gibt es auch Hinweise zur traditionellen Weidewirtschaft.

Klimaerwärmung und Waldbrände

Es brannte lichterloh in der abgelegenen Bergregion Las Hurdes im Nordwesten der Extremadura. 3040 ha Wald wurden in wenigen Julitagen 2009 vernichtet. Es war ein überdurchschnittlich heißer Sommer gewesen. Wie fast immer im letzten Jahrzehnt, etwa 2012, als noch mehr Naturfläche zerstört wurde. Denn die allgemeine Klimaerwärmung trifft die sonnenreichen südlichen Länder am härtesten.

Das staatliche Meteorologische Institut AEMet prognostiziert für die Extremadura in den nächsten 30 Jahren einen Temperaturanstieg von 1,5 bis 2,5 °C und von 5 bis 7 °C bis zum Jahre 2100, sofern es nicht zu einem spürbaren Umsteuern in der weltweiten Klimaschutzpolitik kommt. Extreme Wettersituationen wie Trockenheit und Starkregen, Kälteperioden und große Hitze dürften sich häufen.

Im Kampf gegen die Veränderungen des Klimas kann die Extremadura selbst nur einen kleinen Beitrag leisten. Stattdessen versuchen die Verantwortlichen die Folgen durch konkrete Maßnahmen zu minimieren. Trotz des erschreckenden Beispiels aus Las Hurdes scheint dies zumindest bei der Waldbrandbekämpfung von Erfolg gekrönt. 1300 Beobachter sind jeden Sommer in den gefährdeten Gebieten der Extremadura postiert, um selbst das kleinste Feuer sofort zu entdecken. Zusätzlich werden Aufklärungssatelliten zur Beobachtung eingesetzt. So kann die Feuerwehr schnell reagieren und die Flammen schon im Keim ersticken.

Ein noch gravierenderes Problem stellt die zunehmende Wasserknappheit dar. Linderung will ein Notprogramm über 140 Mio. € schaffen. Mit dem Geld sollen Stauseen vergrößert und neue Bewässerungskanäle gebaut werden.

Das Ende der Unschuld

La batalla de Extremadura, die Schlacht der Extremadura, war keineswegs ein mittelalterliches Kampfgetümmel. Im Sommer 1979 schlossen sich 130 Bürgermeister unter dieser Losung im Rathaus von Valdecaballeros im bergigen Osten ein, um die Inbetriebnahme einer Nuklearanlage zu verhindern. Mit Erfolg, nur die stillgelegte Bauruine über einem Stausee erinnert noch an die frühe Auseinandersetzung der jungen spanischen Demokratie. Zum Exportschlager wurde stattdessen Strom aus Wasserkraft und Sonne (S. 81). Trotzdem war auch die Extremadura gegen den energiepolitischen Sündenfall nicht gefeit. Am 13. Oktober 1980 wurde das einzige Atomkraftwerk in Alamaraz am Rande des Nationalparks Monfragüe in Betrieb genommen. Nicht erst nach einigen Störfällen forderten Umweltschützer die Schließung. Doch entgegen der ursprünglichen Ankündigung der Regierung wurde die 2010 auslaufende Betriebserlaubnis um weitere 10 Jahre verlängert, einhergehend mit neuen Millioneninvestitionen.

Einen großen Erfolg konnten Naturfreunde dagegen 2012 verbuchen. Nach langjährigen Protesten wurde einer geplanten Erdölraffinerie bei Badajoz und einer 200 km langen Pipeline nach Andalusien vom spanischen Umweltministerium die Bauerlaubnis verweigert.

Zahlreiche Stauseen wie in Monfragüe sollen der Wasserknappheit entgegenwirken

Unter Geiern – im Eldorado der Vögel

Großtrappen bei der Balz gehören zu den begehrtesten Fotomotiven der Birdwatcher

Es war eine wirkliche Überraschung für alle Tierfreunde, die den Vogelzug im Internet verfolgten. Vom Naturschutzbund Nabu mit einem Sender ausgestattet, flog Storch Jonas aus Sachsen-Anhalt nicht wie seine Artgenossen ins Winterquartier nach Afrika, sondern blieb in der Extremadura hängen. Er wusste wohl, wo es Vögeln gut geht.

Dünne Besiedlung, wenig Industrie, saubere Luft und vielgestaltige Naturräume schaffen ideale Lebensbedingungen für die 344 Vogelarten, die in der Extremadura bruten oder überwintern. 60 gelten laut Europäischer Vogelschutzrichtlinie weltweit als höchst gefährdet. Für ihr dauerhaftes Überleben setzt sich inzwischen auch die Regionalregierung ein, u. a. weil sie die touristische Attraktivität erkannt hat. 69 Vogelschutzgebiete sind ausgewiesen, 25 % der gesamten Fläche. Zum Vergleich: In Bayern sind es 7,8 %.

Eine Aufzählung der heimischen Land- und Wasservögel muss lückenhaft bleiben, so viele sind es. In den Eichenhainen leben Sperlingsvögel, etwa Blauelstern, die in Europa nur in Spanien und Portugal vorkommen, Blau- und Kohlmeisen, Buchfinken, Gimpel, Grauschnäpper, Heidelerchen, Orpheusgrasmücken, Rotkehlchen. Zu den Limikolen gehören Kiebitz und Triel. Unter den Rackenvögeln spielt der Wiedehof die Hauptrolle, aber auch Bienenfresser und Blauracke sind häufig zu beobachten.

Spechte nisten in den Mittelmeerwäldern, außerdem Eichelhäher und Nachtigallen. Die landwirtschaftlichen

Anbauflächen und Steppengebiete geben Häherkuckucken, Lerchen, Wachteln, Rebhühnern, Ringel- und Sandflughühnern, Korn- und Wiesenweihen, Steinkäuzen eine Heimstatt.

An den Stauseen und den großen Flüssen Tajo und Guadiana leben Enten, Bachstelzen, Flussregenpfeifer, Haubentaucher, Kormorane, Reiher, Schwalben, Wasserläufer. Die Felsen bieten Platz für die Nester der Raubvögel.

Weiße und schwarze Störche

Mérida wird regiert von einem Storch. Zumindest überwacht er von seinem Nest auf der Spitze des Rathausturmes das Leben auf der Plaza de España. Er zählt zu den fast 24 000 Weißstörchen, die ihre Hochsitze auf Hausdächern, Kirchtürmen und sogar auf Felsbrocken gebaut haben. Nahezu ein Wunder, wie die Nester auf den Steinen halten. Gleich Jonas aus Sachsen-Anhalt verzichtet etwa ein Drittel auf den herbstlichen Flug nach Afrika und ist zu Dauerbewohnern der Extremadura geworden.

Schwarzstörche sind etwas kleiner als ihre weißen Artgenossen und überwiegend metallisch-schwarz gefärbt. Schnabel und Beine sind tiefrot. Die Flügelspannweite kann bis zu 2 m erreichen. Klar, auch der Schwarzstorch klappert. Jedoch selten. Er singt melodisch und in Bedrängnis faucht er sogar. Nur etwa 12 000 Schwarzstorchpaare werden weltweit gezählt. Alte Laub- und Mischwälder in der Nähe von Seen, Fließgewässern und Feuchtwiesen bilden seinen Lebensraum. Selten geworden in Mitteleuropa, typisch aber für die Extremadura. Insofern ist die Chance gar nicht so gering, diesen majestätischen Vogel in natura zu entdecken.

Ansturm der Kraniche

Bertolt Brecht beschreibt den Flug der Kraniche in einem Liebesgedicht. »Wohin Ihr? Nirgendhin. Von wem davon? Von allen.« Biologen hätten auf die Frage nach dem Wohin eine andere Antwort gegeben als der Dichter in seiner Parabel: In die Extremadura! Im Oktober ziehen etwa 80 000 der aschgrauen Vögel zum Überwintern in den Westen Spaniens. Im Februar und März geht es über die Pyrenäen zurück in den Norden. Nahrung finden die würdevollen Vögel mit 2,20 m Flügelspannweite in den Eichenwäldern und Kornfeldern, Schlafplätze an Stauseen und in Sumpfgebieten. Die Aufenthaltsorte werden zum Schutz der empfindlichen Schreitvögel geheim gehalten oder der Zugang bleibt gesperrt, doch sind sie vielfach auf Nahrungssuche und beim faszinie-

Organisierte Vogelbeobachtung
Wer die Vögel der Extremadura unter sachkundiger Führung beobachten will, kommt am studierten Forstwirt Roberto Cabo kaum vorbei. Der Frankfurter hat sich seit über 30 Jahren auf naturkundliche Reisen in seiner zweiten Heimat Spanien spezialisiert. Zu buchen sind sie bei **Birdingtours** (www.birdingtours.de) oder bei **Roberto Cabo Naturreisen** (www.extremadura-natur-reisen.de).
Der Veranstalter **Reisen in die Natur** (www.reisen-in-die-natur.de) legt den Schwerpunkt auf Naturfotografie. **Dr. Koch Tours** (www.drkochtours.de) verbringt während vogelkundlicher Exkursionen nach Andalusien einige zusätzliche Tage in der Extremadura.

Weitere Veranstalter, die ebenfalls Vogelbeobachtungsreisen in der Extremadura organisieren: **Albatros Tours** (www.albatros-tours.com); **Duma Naturreisen** (www.duma-naturreisen.de); **Studiosus** (www.studiosus.com); **Landlust Reisen** (www.landlust-reisen.de); **Naturerlebnis Nationalpark** (www.naturerlebnisse.de); **Ornitour / Liberty Bird** (htttp://ornitour.ch); **Arcatour** (www.arcatour.ch).

renden Anflug auf ihre Schlafplätze zu beobachten.

Gefährdete Großtrappen

Spektakulär gestaltet sich die Balz der Großtrappen im Frühjahr. Die Hähne verwandeln sich in weiße Federkugeln, indem sie Hals und Brust aufblasen und ihre weißen Flügelfedern nach außen kehren. So locken sie die Hennen aus bis zu 30 km Entfernung an. Danach ist ihnen alles egal, sie fühlen sich Weibchen und Nachwuchs in keinster Weise verpflichtet.

Mancher Birdwatcher verzweifelt allerdings beim Versuch, die gefährdeten Vögel vor die Linse zu bekommen. Obwohl in der Extremadura im Winter bis zu 6500 Exemplare gezählt werden, ungefähr 13 % der Weltpopulation. Sie gehören mit einem maximalen Gewicht von 18 kg zu den schwersten flugfähigen Vögeln und finden einen idealen Lebensraum in den Kultursteppen der Extremadura, dem Nebeneinander von Ackerflächen, Feuchtgebieten und Weidelandschaften.

Die Könige der Lüfte

Was für ein faszinierendes Spektakel – ein Felsen voller Gänsegeier, im Nationalpark Monfragüe. Von weltweit nur noch knapp 6000 Mönchsgeierpaaren kreisen 800 über der Extremadura. Willkommene Gesundheitspolizisten, wenn sie die Kadaver verendeter Tiere fressen und potenzielle Seuchengefahren für die Schafherden beseitigen.

Ein bayerischer Prinz, Adalbert Wilhelm, verlieh dem Spanischen Kaiseradler den majestätischen Namen, denn entdeckt wurde der Greifvogel mit einer Flügelspannweite von über 2 m erst 1860 vom Bruder des Prinzen. Deswegen der lateinische Name *alquila alberti.* Von den insgesamt 250 Paaren leben 45 bis 50 in der Extremadura. Auch Habichtsadler, Rote Milane und die grau und weiß gefiederten Gleitaare mit ihren gelb gefärbten Füßen kreisen in den Lüften. Ein beeindruckendes Schauspiel am Himmel über der Extremadura.

Eichelschinken – der lange Marsch des Schweins zum Jamón ibérico

Der jamón ibérico ist der ganze Stolz der extremeñischen landwirtschaftlichen Produktion. Zu Recht! Es erscheint fast unglaublich, welche Hürden ein Schwein nehmen muss, um schließlich als anerkannter Qualitätsschinken etwa auf der Tafel des spanischen Königs zu landen.

Das iberische Schwein, span. *cerdo ibérico,* stammt aus Nordafrika, wurde aber wohl schon in vorrömischen Zeiten in der Extremadura und in Andalusien heimisch. Es besitzt einen lang gezogenen Körper, kleinen Kopf und zeigt sich lauffreudiger als seine jüngeren, rosahäutigen Verwandten aus dem Norden Europas. 500 eher kleine extremenische Bauernhöfe sind auf die Zucht dieser halbwilden Schweinerasse spezialisiert. Die durchschnittliche Größe liegt bei 400 ha, denn ein einziges Tier benötigt 3 bis 5 ha Auslauffläche. Je nach den Wetterbedingungen werden pro Jahr 35 000 bis 65 000 Ferkel geworfen. Zum Vergleich: In Deutschland werden über 27 Mio. Schweine gezüchtet, in manchem Zuchtbetrieb über 200 000 Ferkel pro Jahr produziert.

Dagegen haben es die Frischlinge in der Extremadura richtig gut. Sie

Kulinarischer Höhepunkt eines guten Tapas-Tellers: Jamón iberíco aus der Extremadura

Bis zu 10 kg Eicheln suchen und futtern die halbwilden Iberico-Schweine täglich

bleiben bis zu einem Gewicht von 92 bis 115 kg bei der Muttersau. Danach kommen sie auf die Wiese. Ihr Futter besteht aus Weizen, Hafer und Kräutern. Nach 12 bis 17 Monaten werden sie, meist im Oktober und November, vom Tierarzt mit einer Kontrollmarke versehen und müssen nun selbst ihre Nahrung in den Eichenhainen suchen. Und das verlangt solch einem Schwein einiges ab.

Ein Baum trägt gerade mal 10 bis 25 kg Eicheln und das Tier frisst so 6 bis 10 kg pro Tag, dazu noch 3 kg Kräuter und Gräser. Aufs Schweineleben hochgerechnet bedeutet das 12 bis 15 kg Eicheln pro Kilogramm Gewicht. Das erfordert einen täglichen Halbmarathon durch die Eichenhaine, der die Muskelbildung fördert. Streng sind die behördlichen Auflagen! Nur in tierärztlich genehmigten Ausnahmefällen dürfen Eicheln, ausschließlich aus der Extremadura, zugefüttert werden. Und allerhöchstens zwei Wochen lang.

Ein frisches Bad am Morgen

Zur Entspannung nimmt das Schwein gerne mal ein Bad: am liebsten in der Frühe nach einem erholsamen Schlaf aneinandergekuschelt unter den Eichen, aber auch zur Abkühlung an heißen Tagen. Jeder Bauernhof hat eigene Seen für das Wohlergehen der Tiere angelegt. Hitze und Kälte, Trockenheit und Regen können ihnen nichts anhaben, haben sie sich doch über die Jahrhunderte an das Klima der Extremadura gewöhnt. Nur für den Bauern ist zu viel Niederschlag schlecht. Dann sinken die Schweine auf Schritt und Tritt tief in den aufgeweichten Boden und verlieren Gewicht. Und 160 bis 175 kg müssen sie auf die Waage bringen, um reif für den besonderen Eichelschinken zu sein. In mitteleuropäischen Massenzuchtbetrieben sind es übrigens nur 85 bis 100 kg bei der Schlachtung, die schon nach einem halben Lebensjahr droht.

Ein Schwein mit sechs Beinen

Aber auch in Spanien ist nicht alles Gold, was glänzt. Eine Million *cerdos ibéricos* werden jedes Jahr geschlachtet. Doch sechs Millionen Schinken kommen auf den Markt. Nach Adam Riese müsste das Iberische Schwein folglich sechs Beine haben. Wahrlich inflationär wird der Begriff Pata negra inzwischen verwendet.

Zur Sicherung der Qualität in der Extremadura unterliegt die Aufzucht permanenter Kontrolle. Ein Veterinär beaufsichtigt nur ungefähr 25 Höfe und kennt praktisch jedes Schwein persönlich. Sogar die Exkremente der Tiere werden untersucht, um unerlaubte Nahrungszusätze auszuschließen. Die Schlachtung jedes einzelnen Schweines wird vom Tierarzt vor Ort ebenso überwacht wie der Reifungsprozess des Schinkens, der nur in fünf ausgewiesenen Bezirken der Extremadura erfolgen darf. Er geschieht ausschließlich in Familienbetrieben, Großfabriken gibt es nicht. Eine aufwendige Prozedur, die hochwertige Ware garantiert, aber natürlich auch ihren Preis hat.

Ein Traum von Schinken

Damit sich all die Mühe auszahlt, müssen die Schinken behutsam reifen. Zunächst werden sie bei einer Temperatur von 1 bis 5 °C unter Salz gelegt, etwa einen Tag pro Kilo Fleisch. Das weiße Gold konserviert und entzieht Flüssigkeit.

Nach der Säuberung kommen die Schinken für 40 bis 70 Tage in Kühlkammern, in denen sich das Restsalz im Fleisch verteilen kann. Dann wird der Trocknungsprozess in großen Räumen bei etwa 18 °C und ausreichender Luftzufuhr fortgesetzt. An Haken hängt ein Schinken neben dem anderen. Zwei bis vier lange Jahre! Ein eindrucksvolles Bild. Hin und wieder werden sie mit Olivenöl eingerieben. Das säubert und schützt vor Insektenbefall. Während der Lufttrocknung schrumpft ein Schinken von ursprünglich 13 kg auf 7 bis 8 kg. Das Fett verteilt sich gleichmäßig im Fleisch und sorgt für die charakteristische feine Maserung. Und für den köstlichen Geschmack.

Die Qual der Wahl

Wer einen Schinken ganz oder aufgeschnitten als Souvenir mit nach Hause nehmen will, sollte sich von der beigefügten Plakette leiten lassen, die die Qualität bestätigt. Da wäre das Spitzenprodukt **Jamón Ibérico de Bellota.** Die freilaufenden Schweine ernähren sich ausschließlich von Eicheln und Kräutern, die sie selbst erschnüffeln. Der Preis für einen ganzen Hinterschinken (gut 7 kg) beginnt bei 300 €, aufgeschnitten bei 7 €/ 100 g. Günstiger sind die kleineren Vorderschinken (Paleta Ibérico de Bellota), die aber schwerere Knochen haben.

Jamón und **Paleta Ibérico de Cebo de Campo** stammen von Tieren aus extensiver Haltung, aber Zufütterung mit Mais, Hafer oder Weizen ist erlaubt. Sie kosten ab 5 €/100g. Mit 150 € für den Hinterschinken und 4 € pro 100 g günstiger sind **Jamón** und **Paleta Ibérico de Cebo.** Die reinrassigen extremenischen Tiere werden ohne Eichelfütterung im Stall gehalten. Ein Zentrum der Schinkenproduzenten ist Montánchez (s. S. 115). In der Dorfstraße reihen sich ihre Läden, Probieren erlaubt.

Ein ganzer Schinken hält ein Jahr, nach dem Anschnitt noch einen Monat, der Aufschnitt einige Tage. Bei Bestellung in einem gehobenen Restaurant sollten Sie sich den kompletten Schinken mitsamt Etikett zeigen lassen. Er muss dann ganz fein mit einem Messer frisch geschnitten werden. Maschinenschnitt zerstört die Fettschicht. Die ideale Verzehrtemperatur liegt zwischen 20 und 25 °C.

Vía de la Plata – die iberische Wirbelsäule

Die moderne Autobahn A-66 durch die Extremadura trägt einen antiken Namen: Vía de la Plata. Sie folgt einer römischen Fernstraße, die einst Sevilla im Süden mit Gijon am Kantabrischen Meer verband. Die robuste Straßenpflasterung überdauerte Jahrhunderte und prägte die Region wie kaum ein anderes Bauwerk.

Der Name führt leicht in die Irre. Zwar bedeutet das spanische *plata* Silber, tatsächlich aber stand die arabische Sprache Pate, heißt *balata* doch »gepflasterter Weg«. Denn die Araber liefen voller Hochachtung auf dieser römischen Anlage. Die Pflasterung trotzte im Gegensatz zu den üblichen Wegen aus gestampfter Erde allen Wetterunbilden und den Belastungen von Truppenbewegungen. Nur auf dieser Grundlage hatte den maurischen Heeren im frühen 8. Jh. die rasante Eroberung fast der gesamten iberischen Halbinsel gelingen können.

Juwel antiken Straßenbaus

Kaiser Augustus ließ noch vor Christi Geburt den *Iter ab Emerita ad Asturicam,* den Weg zwischen Mérida und Astorga bauen. Dort im Norden lagerten römische Legionen, die die rebellischen Bergstämme der Kantabrer und Asturier kontrollieren sollten. Erst im 3. Jh. war das inzwischen noch erweiterte kolossale Bauvorhaben von Nord nach Süd vollendet. Die iberische Halbinsel hatte ihr Rückgrat erhalten.

Noch sehr gut erhalten: die Vía de la Plata im römischen Cáparra

Komfort für die Benutzer wurde groß geschrieben. Das römische Längenmaß hieß *passus* und entsprach mit ca. 1,5 m dem Doppelschritt eines Erwachsenen. Alle 1000 *passi* markierte ein Meilenstein die zurückgelegte Wegstrecke. Im Abstand von 25 römischen Meilen (ca. 37 km) entstanden Servicestationen am Straßenrand, gewissermaßen antike Autobahnraststätten. Hier fanden die Reisenden eine stärkende Mahlzeit und Übernachtungsplätze, konnten Kutschen mieten oder ein ermattetes Reittier gegen ein ausgeruhtes tauschen. Diese *mansios* wurden zu Keimzellen für Ortschaften. Kein Wunder, dass viele wichtige extremenische Städte entlang der Verkehrsarterie liegen.

Antriebsmotor der Geschichte

Das römische Straßennetz darf in puncto Kulturtransfer durchaus mit den DSL-Verbindungen der Moderne verglichen werden. Über die Vía de la

Plata wurden Ideen und Güter ausgetauscht. Auf diese Weise verbreiteten sich die hoch entwickelte Zivilisation der Römer und die lateinische Sprache, die den inneren Zusammenhalt der Gesellschaft stärkte. Ein halbes Jahrtausend danach erfolgte die Arabisierung der iberischen Halbinsel ebenfalls über diese Trasse, die später die christlichen Rückeroberer ihrerseits für die Vertreibung der Mauren nutzten.

Der Zug der Weidetiere

Nach der Reconquista wurde die Vía de la Plata als einer von neun königlichen Korridoren für die Fernweidewirtschaft genutzt. Auf der Suche nach den besten Weidegebieten traten jährlich 3 Mio. Schafe eine bis zu 800 km lange Wanderung aus den kühlen Bergen im Norden auf die Winterweiden der wärmeren Extremadura und Andalusiens an. Im Frühsommer ging es wieder zurück.

Im Jahr 1273 wurden *mestas*, die Zünfte der Schafzüchter, vom Herrscherhaus mit weitreichenden Privilegien ausgestattet. Dazu zählte das Nutzungsrecht der einst römischen Trasse, die an manchen Stellen auf 50 m verbreitert wurde. Die spanischen Wanderschafe lieferten besonders feine Merinowolle, die bis nach Florenz und Flandern exportiert wurde. Mit einem Male kam der Vía de la Plata wieder eine ähnliche ökonomische Bedeutung wie in der Antike zu.

Praktische Infos für Pilger
Die 17 Tagesetappen in der Extremadura reichen von 11 bis 34 km. Die auf den Jakobswegen übliche gelbe Markierung ist teilweise auf Grantiquader gemalt und meist gut sichtbar. Elf modernisierte Herbergen wurden in den südlichen und nördlichen Abschnitten des Weges eröffnet, ansonsten muss auf Hotels ausgewichen werden (www.viaplata.org, Link: alojamientos).
Das spanische Tourismusamt hat die 48 Seiten starke **Broschüre »Silberstraße«** herausgegeben (Bestellungen über www.spain.info, Link Prospekte). Allgemeine Hinweise zur Route bietet die Website **www.rutadelaplata.com** (auch auf Deutsch). Über das Pilgern auf dem Jakobsweg informiert **www.jakobus-info.de.**

Besinnliches Pilgern nach Santiago de Compostela

Pilgern ist en vogue, was den französischen Jakobsweg im Norden fast zu einer Pilgerautobahn werden ließ. Wer Einsamkeit sucht, findet auf dem südlichen *camino mozárabe* über die Vía de la Plata die besinnliche Alternative. Jährlich kaum mehr als 5000 Pilger gelangen auf dieser Route in den galicischen Wallfahrtsort.

Die als Mozaraber bezeichneten Christen aus dem arabisch beherrschten Süden der iberischen Halbinsel hatten sie bereits seit der Entdeckung des Grabes des Apostel Jakobus um das Jahr 813 beschritten. An einigen Stellen verläuft die Strecke durch die wunderschönen Landschaften der Extremadura noch auf Originalpflaster. Über Berg und Tal. Wie Perlen aufgefädelt liegen römische Torbögen, Heilbäder, Amphitheater und Tempel am Wegesrand. Eine Wallfahrt wird zum historischen Erlebnis.

Glücksritter, Goldgräber, Eroberer – auf nach Amerika!

Es ist das 16. Jh. und in der Extremadura schreibt das Leben die wahren Abenteuergeschichten. Allein aus dem eher unbedeutenden Trujillo ziehen 56 Eroberer aus, um im fernen Amerika den erhofften Ruhm und Reichtum zu finden. Historische Persönlichkeiten, deren Namen bis heute bekannt blieben. Auch die Mehrzahl der anonymen spanischen Abenteurer stammte aus der abgelegenen Region im Westen. Und das war durchaus kein Zufall.

Ein ganzes Bündel an Beweggründen muss zusammenkommen, damit sich ein Mensch entschließt, in eine vollkommen unbekannte Welt aufzubrechen. Das Schicksal der Inés Suaréz aus Plasencia mag dies verdeutlichen. Wenn die arme Näherin in ihrer Heimatstadt geblieben wäre, hätte sie nie Schreiben und Lesen gelernt und wäre vom vielen Sticken im Kerzenschein früh erblindet. Um diesem Schicksal zu entgehen, verwandelte sie sich an der Seite ihres späteren Geliebten in die lebenstüchtige Eroberin von Chile. Die Schriftstellerin Isabel Allende hat einer der wenigen Frauen unter den Wagemutigen in ihrem Roman »Inés meines Herzens« ein faszinierendes Denkmal gesetzt. Sie zeigt auch, dass sich zu dem Mut der Verzweiflung

Ein Reiterstandbild ehrt den Eroberer Francisco Pizarro in seiner Heimatstadt Trujillo

Lesetipps
Ein bayrischer Eroberer: Von 1534 bis 1554 nahm der Straubinger Landsknecht Ulrich Schmidel (auch Schmidl) an den spanischen Eroberungszügen teil. Seine »Wahrhafte Historie einer wunderbaren Schifffahrt« berichtet über die Raubzüge der Söldner und ihren Kampf ums Überleben (Wiesbaden 2010).
Eine Biografie: Die Wissenschaftlerin Claudine Hartau beschreibt in einer Rowohlt-Monografie das facettenreiche Leben des »Hernando Cortés« (Reinbek 1994).
Eine Kulturgeschichte: Der spanische Journalist und Schriftsteller Juan Goytisolo zeigt in seinem Buch »Spanien und die Spanier« die gesellschaftlichen Hintergründe für die Lebensentwürfe des christlichen *caballero* auf – des Ritters, der sich aufmachte, die neue Welt zu erobern (Frankfurt 1982).

eine gehörige Portion Abenteurergeist gesellte, um die Strapazen einer wochenlangen, gefährlichen Seereise auf überfüllten Barken auf sich zu nehmen.

Das Erbe der Reconquista …

Nach der Rückeroberung von den Mauren wurden viele christlichen Krieger in der Extremadura mit Ländereien belohnt und in den Ritterstand erhoben. Schnell übernahmen die sozialen Aufsteiger jene aristokratische Ethik, die eigenhändige Arbeit und bürgerlichen Erwerbsgeist als wenig standesgemäß achtete. Kaufmännisches Handeln wurde als jüdische Untugend verteufelt, körperliche Tätigkeit als maurisches Metier abgetan. Dem christlichen *caballero* würdig war einzig der Waffengang. Ritterliche Ehre und christliche Reinheit des Blutes wurden zur Richtschnur der spanischen Elite. Ihre legitime Einkommenssicherung sahen die Adligen im Kämpfen, Erobern und Plündern.

Dem Sieg über die Ungläubigen folgten mangels neuer Feinde die Händel zwischen den Nachbarn, bis schließlich das katholische Königspaar die überschüssigen Energien der Ritter in die Eroberung von Granada lenkten. Dieses letzte arabische Königreich auf der iberischen Halbinsel fiel 1492. Im gleichen Jahr wurde mit der Entdeckung Amerikas durch Christoph Kolumbus das Augenmerk auf die fernen Eroberungen gelenkt. Allen voran saßen die extremenischen Adeligen in den Startlöchern.

… und extremenische Sonderbedingungen

Denn die weite und dünn besiedelte Ebene der Extremadura war den Mauren vergleichsweise schnell entrissen worden: Für eine aktive Siedlungspolitik auf dem Lande und die Entwicklung einer effektiven kleinbäuerlichen Wirtschaft fehlten Zeit und Personal. Stattdessen wurden die arabischen Landbewohner, die auch die Extremadura mit neuen Nutzpflanzen und revolutionären Bewässerungsmethoden zum Blühen gebracht hatten, nach Nordafrika verjagt oder zur besseren Kontrolle in die Städte umgesetzt.

Anders als im intensiv bewirtschafteten Aragón und in Altkastilien lagen die Felder der Extremadura brach und wurden in extensiv genutzte Weideflächen umgewandelt. Große Sprünge konnten sich die adligen Besitzer mit den daraus resultierenden geringen Einkünften nicht leisten.

Versorgung der Nachgeborenen

Ein im Jahr 1505 erlassenes Majoratsgesetz setzte den Erstgeborenen als Alleinerben ein. Folglich sprangen für die nachgeborenen oder gar illegitimen Adelssöhnchen nicht einmal mehr kleine Hopser heraus. Gerade diese zu Höherem bestimmte, aber vom Leben bestrafte Personengruppe fand sich besonders häufig unter den Konquistadoren von Mexiko, Peru oder Chile wieder. Die verzweifelte Suche nach dem sagenumwobenen Eldorado entsprang ihrem Wunsch nach Anerkennung, Ruhm, Ehre und Reichtum, dessen Erfüllung ihnen ihr Herkunftsland verwehrte.

Flucht aus der Misere

Die Vernachlässigung der Ländereien und die Förderung der Wollproduktion für den Export führten zur massiven Verschlechterung der Lebensumstände der breiten Bevölkerung. Das für die Versorgung mit Lebensmitteln notwendige Gleichgewicht von Ackerbau und Weidewirtschaft war in der Extremadura empfindlich gestört. Getreide, Obst und Gemüse wurden zur Mangelware.

Die einfachen Menschen fielen in bittere Armut und Rückständigkeit, aus der es kein Entrinnen gab. Begierig lauschten sie den Erzählungen von fruchtbaren Ländern jenseits des Ozeans, wo jeder genug zu essen haben sollte – sogar ohne zu arbeiten.

15 000 Menschen entflohen im 16. Jh. der extremenischen Misere über den Überseehafen von Sevilla. Nur für wenige erfüllten sich die Hoffnungen in der Ferne, doch ihre Heimat behielten sie im Herzen. Etwa 1300 in Süd- und Mittelamerika gegründete Städte erhielten Namen aus der Extremadura.

Eine kurze Ahnengalerie der extremenischen Eroberer

Nicolás de Ovando (*1451, Brozas) wurde 1502 Gouverneur der Antilleninsel Hispaniola, die heute Dominikanische Republik und Haiti vereint.

Vasco Nuñez de Balboa (*1475, Jerez de los Caballeros) erreichte nach einem Gewaltmarsch durch Panama 1513 den Pazifischen Ozean und bewies, dass Amerika ein eigenständiger Kontinent ist.

Francisco Pizarro (*1476, Trujillo) zerschlug 1533 mit 180 Getreuen das Inkareich in Peru.

Hernán Cortés (*1485, Medellín) besiegte 1521 mit angeblich nur 500 Soldaten das Aztekenreich in Mexiko.

Pedro de Alvarado (*1485, Badajoz) eroberte 1524 Guatemala, Honduras und El Salvador.

Hernando de Soto (*1496, Barcarrota) entdeckte 1539 den Mississippi und den mittleren Westen Nordamerikas.

Pedro de Valdívia (*1497, Villanueva de la Serena) besetzte 1541 Chile und gründete Santiago de Chile.

Francisco de Orellana (*1511, Trujillo) befuhr 1541/42 als erster Mensch den Amazonas auf seiner ganzen Länge.

Francos Front – Tod in der Extremadura

Drei Jahre dauerte der blutige Kampf zwischen Franco-Anhängern und Republikanern

Man schrieb den 28. September 1936. Eine ansehnliche Menschenmenge versammelte sich vor einem Stadtpalast in Cáceres. Ans Fenster trat General Franco, schon seit einigen Wochen Gast einer einflussreichen Adelsfamilie. Im Spanischen Bürgerkrieg hatten seine Truppen erste militärische Erfolge erzielt. Nun ließ sich der zukünftige Diktator feiern. Soeben hatten ihn seine engsten Verbündeten zum generalísimo und Staatschef proklamiert.

Die Extremadura spielte eine wichtige Rolle in der Strategie Francos. Im Kampf gegen die demokratisch gewählte Regierung war seinen Truppen schnell die Eroberung des Nordwesten Spaniens bis Cáceres gelungen, im Süden großer Teile Andalusiens. Entscheidend für ihren weiteren Vormarsch war die Schaffung einer Verbindung zwischen den beiden besetzten Gebieten. Diese gelang am 14. August 1936 in der Schlacht von Badajoz.

Das Massaker von Badajoz

6000 republikanische Milizionäre versuchten verzweifelt die Festungsstadt zu halten, hatten aber gegen Francos Panzer und Berufssoldaten keine Chance. Diese schreckten selbst vor der Erschießung von Kindern und massenhaften Vergewaltigungen der Frauen nicht zurück. In den Straßen wurden Widerständler niedergemetzelt. Durch die Calle de Zurbarán nahe der Kathedrale soll das Blut in Strömen geflossen sein. Schließlich trieben Francos Schergen ihre Gegner in der Stierkampfarena zusammen, wo die Massentötungen einen grausamen Höhepunkt erreichten.

Die in Spanien auch Matanza de Badajoz (Massaker von Badajoz) genannten Bluttaten fanden großen Widerhall in der internationalen Presse. Die Chicago Tribune berichtete von 1800 ermordeten Republikanern und Zivilisten alleine in der ersten Nacht. Und Badajoz zählte damals gerade einmal 40 000 Einwohner.

Das Gefangenenlager in Castuera

Am weiteren Verlauf der Ereignisse änderte auch die weltweite Aufmerksamkeit nichts. Die Putschisten verwandelten die nördliche Extremadura in ein nationalistisches Bollwerk und begannen ihren Marsch auf Madrid. Mérida und Don Benito konnten sie rasch einnehmen. Doch erst am 23. Juli 1938 fiel die letzte republikanische Bastion in der Extremadura: Castuera, knapp 160 km östlich von Badajoz. Für ihren erbitterten Widerstand wurden die regierungstreuen Einwohner im April 1939 mit der Errichtung eines Konzentrationslagers bestraft. Spanienweit gab es bis 1947 nachweislich 180 Lager mit bis zu 500 000 Gefangenen.

Nichts erinnert mehr an das Lager von Castuera im Osten des Städtchens. Nur wenige Mauerreste stehen noch. Am Rande des 7 ha großen Geländes wächst eine Solaranlage aus dem Boden. In der Nähe führt die Eisenbahnlinie von Madrid nach Badajoz vorbei, über die viele der Verhafteten hergeschafft wurden. Die Bauern allerdings achten das Gelände auf ihre Weise und verzichten auf dessen landwirtschaftliche Nutzung.

Bis zu 7000 politische Gefangene waren in 92 Baracken eingepfercht. Von einem Graben umgeben und mit doppeltem Stacheldraht umzäunt. Die beiden einzigen Brunnen versiegten unter der Sommerhitze schnell, die Temperaturen im Winter waren oft eisig kalt. Psychische Schikanen machten das Überleben noch schwerer. Immer wieder musste die Hymne der nationalistischen Falange-Bewegung gesungen und Franco gefeiert werden. Willkürliche Erschießungen waren an der Tagesordnung. Eine Aufstellung listet 12 501 Namen von Ermordeten in der Extremadura. In Spanien sollen es über 140 000 gewesen sein.

Aufarbeitung der Geschichte

Bis Oktober 2007 dauerte es, dass sich eine spanische Regierung für die moralische Rehabilitierung der Franco-Opfer und die finanzielle Entschädigung ihrer Hinterbliebenen einsetzte. Das »Gesetz des historischen Andenkens« verurteilt das Franco-Regime und verlangt die Entfernung seiner Symbole. Dennoch gibt es in zahlreichen Gemeinden der Extremadura weiterhin nach Franco benannte Straßen, selbst in einem Vorort von Badajoz. Für ein aktives Gedenken wird von offizieller Seite hingegen wenig unternommen. Inzwischen beschäftigen sich aber zahlreiche Forschungsprojekte an der Universität der Extremadura mit der jüngeren Vergangenheit. An den Massenmord in der Stierkampfarena von Badajoz erinnert eine moderne Skulptur vor dem Kongresszentrum. Reflektierende Metallröhren winden sich so ineinander, dass sie bei starkem Sonnenlicht einer Blume gleichen, Symbol für das ewige Andenken.

Architektur der Extremadura – von Wehranlagen zu Wohnpalästen

In der Extremadura ist Geschichte zu Stein geworden. Über die Jahrhunderte spiegelten sich in Sakralbauten, Festungen, Wohnhäusern und Stadtansichten die kriegerischen Auseinandersetzungen vor Ort. Burgen erzählen von den Kämpfen zwischen den Religionen, von Mauren errichtete christliche Klöster bezeugen die Phase der kulturellen Vermischung, Adelspaläste berichten von den Eroberungen in der Neuen Welt.

Arabische Verteidigungsbauten

Früh schon hatten die Mauren ihre Verteidigungslinien massiv befestigt, sichtbar noch heute in Badajoz, Cáceres, Trujillo und vielen kleinen Gemeinden, etwa Reina oder Medellín. Mächtigen Respekt und leidvolle Opfer verlangten die imposanten Ringmauern den christlichen Rückeroberern ab. Gefürchtet waren die arabischen Vorkehrungen für den Nahkampf.

Vom Wehrgang der Burgen führte eine Verbindungsmauer auf vorgelagerte Türme *(torres albaranas)*, die den Angreifern die Möglichkeit zum Anschleichen im toten Winkel nahmen. Gut erhaltenes Beispiel ist die Torre Bujaco in Cáceres. Aus schmalen Schießscharten wurden Pfeile abgefeuert, durch Öffnungen heiße Flüssigkeiten auf die Angreifer gegossen.

Nicht allein die imposante Größe, sondern auch die kunstvolle Gestaltung der Zisternen *(aljibes)* belegt die Bedeutung ausreichender Trinkwasservorräte im Belagerungszustand. Eine wahre ›Moschee des Wassers‹ ist in Cáceres zu bewundern.

Christlich-arabischer Stilmix

Nach dem Sieg der Reconquista wurden die eroberten Burgen von den christlichen Militärorden ausgebaut und weiter genutzt. An die Stelle der Moscheen traten romanisch-gotische Gotteshäuser. Wie in Plasencia und Trujillo waren die gewaltigen Kirchenmauern aus groben Granitquadern errichtet, fast fensterlos. Immer wehrhaft gegen die Andersgläubigen, deren jahrhundertelange Herrschaft gerade erst beendet worden war. Doch konnten sich die neuen christlichen Machthaber dem Charme der arabischen Architektur nicht ganz entziehen, sie ließen die maurischen Handwerker weiter für sich arbeiten.

Es entstand der Mudéjarstil, gestaltet von den *mudejaren,* »Leute, die bleiben dürfen«. Arabische Hufeisenbögen, stilisierte Pflanzenornamente und Blendarkaden verbanden sich mit der Formensprache der Gotik und der Renaissance. Die geschickten maurischen Hände gestalteten aus Ziegelsteinen, Holz und Gips einige

Überaus elegant wirkt der mudéjare Kreuzgang im Kloster von Guadalupe

der schönsten Bauwerke der Extremadura – besonders im Osten und Süden, wohin die Zentren iberischer Mudéjarkunst, Toledo und Sevilla, ausstrahlten.

Das Kloster von Guadalupe zeigt einen höchst eleganten, der Konvent von Tentudía einen eher rustikalen Mudéjar-Kreuzgang. Hufeisenbögen fassen Innenhöfe in Llerena, im archäologischen Museum von Badajoz oder im Palast der Grafen von Alba in Abadía ein. Mudéjare Kirchenfassaden aus Backstein verzaubern in Azuaga, Hornachos und Llerena.

Aus Festungshäusern werden Paläste

Die gotischen Adelspaläste im 14. und 15. Jh. ähnelten selbst in den Städten kleinen Burgen. Wachtürme und Pechnasen sollten vor den Übergriffen rivalisierender Familien schützen. Erst Königin Isabella gelang es Ende des 15. Jh., den Adel zu disziplinieren und die Zentralmacht zu festigen. Aus ungehobelten Rittern wurden allmählich weltoffene Aristokraten.

Der Abschied vom Mittelalter manifestierte sich alsbald in baulichen Veränderungen. Die abweisenden Wehrpaläste erhielten als unübersehbares Zeugnis der heraufziehenden Neuzeit ein elegantes Outfit. Platereske Fensterumrandungen, filigrane Eckbalkone und imposante Adelswappen wurden angefügt. Ein besonderes Beispiel statuierte die Königin in Cáceres. Kurzerhand ließ sie die hohen Geschlechtertürme, Ausdruck des aristokratischen Herrschaftsstrebens, abreißen. Aus dem Stadtbild verschwanden sie bis auf wenige Ausnahmen.

Dafür erschienen an den Wänden kunstvolle Medaillons im Stile der Renaissance. Sie zeigen manchmal sogar Gesichter von Indianern – Kunst am Bau und stolzes Symbol für die extremenischen Eroberungen in Übersee.

Bildende Kunst – die Emanzipation von Marien und Mönchen

Christliche Rückeroberung, katholische Gegenreformation und blutige Inquisition: Der Kirchenkampf wurde in der Extremadura in aller Schärfe und über Jahrhunderte hinweg geführt. Entsprechend dominierten religiöse Themen die darstellende Kunst. Zwei extremenische Maler, Luis de Morales und Francisco de Zurbarán, beherrschten die christliche Bildersprache meisterhaft und erlangten Weltruhm. Erst im 19. Jh. und sehr zögerlich lösten sich die einheimischen Künstler von religiösen Themen und Auftraggebern.

Wenig ist bekannt aus dem Leben des **Luis de Morales.** Selbst sein Geburtsjahr liegt im Dunkeln. Wohl um das Jahr 1509 – die Vermutungen reichen allerdings von 1500 bis 1520 – erblickte er in Badajoz das Licht der Welt, wo er 1586 auch starb. Wahrscheinlich hat er die Extremadura sein Leben lang nicht verlassen.

Inbrünstige Marienbilder

Seine düsteren Darstellungen biblischer Szenen zieren zahlreiche Altäre in extremenischen Kirchen, vorzugsweise die Pietà, Ecce Homo und Christus am Kreuz. Unerschöpflich scheinen seine erhabenen, rätselhaften Variationen der Maria mit dem Kinde.

Zwar arbeitete Morales scheinbar isoliert vom europäischen Kunstgeschehen, doch ließ er sich von den bedeutenden europäischen Malschulen inspirieren. Zarte Madonnenbilder aus der Frühphase seines Schaffens zeigen italienische Einflüsse, wenn er die von Leonardo da Vinci entwickelte Sfumato-Technik anwendet. Die Farben fließen scheinbar ineinander, die Konturen sind verwischt. Morales' Marien strahlen vor einem schwarzem Hintergrund und ähneln darin denen Raffaels. Allerdings treten sie betont theatralisch und weniger lieblich in Erscheinung.

Mit fortschreitendem Alter wurde der Künstler von einer mystischen Spiritualität ergriffen. Die Körper sind zunehmend verzerrt, die Gliedmaßen überlang, die Farben erscheinen unwirklich, wie dem Diesseits enthoben. Diese Gemälde erinnern an seinen Zeitgenossen El Greco. Doch gab er die von den flämischen Meistern übernommene Sachlichkeit und Genauigkeit nie ganz auf, weswegen sein Stil gefälliger blieb.

Maler des Königs und König der Maler

Ebenfalls in der Extremadura wurde einer der großen Barockkünstler ge-

Verklärt bis mysteriös erscheinen die Madonnenbilder von Luis de Morales

boren. **Francisco de Zurbarán** (1598–1664) lebte während der Gegenreformation, Königshof und Kirche waren die einzigen Themengeber für die Kunst. Und diese hatten reichlich Aufträge zu verteilen. Alleine 52 Klöster mussten in der prosperierenden Hafenstadt Sevilla ausgestaltet werden, wohin der 16-jährige Zurbarán zur Malerlehre geschickt wurde. Dort schloss er lebenslange Freundschaft mit dem künftigen Hofmaler Velasquez, der ihn später mit königlichen Aufträgen in Madrid versorgen sollte. Doch glücklich wurde er am Hofe nicht, obwohl er laut König Philipp IV. der »Maler des Königs und König der Maler« war. Denn mit den von Madrid erwarteten gefälligen Historienbildern und allegorischen Darstellungen konnte und wollte sich der extremenische Künstler nicht anfreunden.

Hauptwerke vor Ort

... von Luis de Morales

Arroyo de la Luz: Pfarrkirche Nuestra Señora de la Asunción (Altar mit 20 Bildtafeln)
Alcántara: Iglesia de Santa María de Almocóvar (fünf Bilder)
Badajoz: Museo Catedralicio (fünf Gemälde)
Higueira la Real: Iglesia de Santa Catalina (Altar mit sechs Bildtafeln)
Valencia de Alcántara: Iglesia de Nuestra Señora de Rocamador (ein Gemälde)
Über sein Leben: Museo de la Ciudad Luis de Morales in Badajoz

... von Francisco de Zurbarán

Badajoz: Museo de Bellas Artes (ein Gemälde)
Guadalupe: El Real Monasterio de Santa María (19 Gemälde)
Llerena: Nuestra Señora de la Granada (ein Gemälde)
Zafra: Nuestra Señora de la Candelaria (neun Gemälde)
Über sein Leben: Centro de Interpretación de Zurbarán in Fuente de Cantos

... Kunst des 19. und 20. Jh.

Badajoz: Museo de Bellas Artes

Weiß gewandete Mönche

Geprägt von der kargen Landschaft seiner Heimat bevorzugte Zurbarán einen asketischen Malstil ohne komplexe Komposition und Perspektive. Beeinflusst von Caravaggio leben seine Bilder vom starken Hell-Dunkel-Kontrast. Bevorzugtes Sujet sind Mönche. Diese thematische Beschränkung durch die klösterlichen Auftraggeber sah Zurbarán als Herausforderung an, die Porträts in immer neuen Facetten auf die Leinwand zu bannen. Sie zeugen von psychologischem Feinsinn und zeigen die Ordensträger in andächtiger Stille und hoher Würde, die schon auf das Jenseits verweisen mag. Ganz so, wie die Klosterbrüder sich selber gerne sahen.

Meisterhaft gelingt die naturalistische Wiedergabe des Faltenwurfs der vorwiegend weißen Mönchsgewänder. Zurbarán arbeitet – gleich seinem Zeitgenossen Rubens – die Stofflichkeit so vollkommen heraus, dass der Betrachter die groben Kutten förmlich auf der eigenen Haut zu spüren meint.

Selbst in seinen Stillleben erzeugt der Meister eine tiefe Feierlichkeit, wenn etwa wie zufällig auf einem Tisch aufgereihte Küchengerätschaften an liturgische Gegenstände auf einem Altar erinnern.

Ankunft im Alltag

Noch zu Lebzeiten Zurbaráns endete in Spanien die Dominanz der religiösen Motive. **Bartolomé Esteban Murillo** (1618–1682) aus Sevilla war es, der mit Abbildungen einfacher, aber scheinbar glücklicher Straßenkinder die Herzen städtisch-bürgerlicher Käuferschichten erweichte. In der rückständigen Extremadura sollte es aber noch bis zum Ende des 19. Jh. dauern, bis die Künstler das alltägliche Leben und die volkstümlichen Sitten als Motiv entdeckten. Unkritisch gegenüber den gesellschaftlichen Entwicklungen entwarfen sie das Bild eines glücklichen Landlebens.

Eine Ausnahme bildete der 1844 in Badajoz geborene **Felipe Checa.** In traditionell anmutenden Bildern entlarvte er die Laster und Doppelmoral seiner Zeit und schloss in seine harte und doch liebenswürdige Kritik den Klerus ein. Hier stibitzen die Messdiener den Wein, dort futtert sich der Geistliche in einer gutbürgerlichen Küche satt.

Erst im 20. Jh. wurde der beschwerliche Alltag der Tagelöhner, denen oft nur die Emigration als Ausweg blieb, als Thema für die bildende Kunst entdeckt. So von **Godofredo Ortega Muñoz,** der einen hageren Landarbeiter malt – mit leerem Blick auf unfruchtbaren Erdkrumen neben einem toten Baum stehend (»Campesino extremeño«, 1939). **Francisco Pedraja Muñoz** hat das Elend in schreiende Farben getaucht. »Emigración« (1970) zeigt drei mutlose Erwachsene, die sich auf ihrem Weg in die Fremde eine Pause gönnen. Unter einer Vogelscheuche! Ein Mädchen allerdings weckt Hoffnung. Ihm zu Füßen wachsen zwei Mohnblumen, die den roten Schleifchen in ihrem Haar entsprechen.

Einer der bedeutendsten Maler des spanischen Barock: Francisco de Zubarán

Maria von Guadalupe – eine Jungfrau erobert die Welt

Als einem Hirten über den Bergen von Guadalupe die Jungfrau Maria erschien, konnte er nicht ahnen, welche Folgen dieses Ereignis für die spanische Welt einmal haben sollte. Dabei war der gute Mensch doch nur auf der Suche nach seiner entlaufenen Kuh. Erst nach drei Tagen fand er sie – scheinbar tot. Doch dann erlebte er die Überraschung seines Lebens.

Natürlich gibt es, wie immer in solchen Fällen, mehrere Versionen der Geschichte. Nicht einmal das genaue Datum der Himmelserscheinung steht fest. Es muss etwa das Jahr 1300 gewesen sein. Als Gil Cordero dem unversehrten Tierkadaver ein Kreuz einritzen wollte, erhob sich die Kuh und stand putzmunter vor ihm. In diesem Augenblick erschien Maria am Firmament. Ihrem Auftrag folgend eilten kirchliche Würdenträger herbei und gruben vor Ort nach ihrem Bildnis.

Die Geschichte der schwarzen Maria

Die Kirchenleute fanden unter den Steinen am Flussufer des Guadalupejo eine festlich gewandete Marienfigur. Der Legende nach hatte sie der Evangelist Lukas eigenhändig aus dunklem Zedernholz geschnitzt. Seiner Grabstätte in Konstantinopel entnahm der

Die Jungfrau Maria schmückt den Klosterhof von Guadalupe als Kachelrelief

spätere Papst Gregor die Statue und brachte sie 582 nach Rom, von wo sie bald nach Sevilla verschifft wurde. Auf ihrem Weg soll sie eine Pestepidemie beendet und einen schweren Sturm beruhigt haben. Aufgrund dieser Verdienste vom Volk sehr verehrt, musste die Maria im Jahr 714 vor den Mauren im unwegsamen Gebirge versteckt werden. Erst nach der christlichen Rückeroberung erblickte sie wieder das Tageslicht und erlangte als Symbol für den Sieg über die Araber wahren Kultstatus.

Guadalupe in der Welt

Christopher Kolumbus betete vor seiner ersten Amerikafahrt zu eben dieser Jungfrau von Guadalupe. Ihren Namen sollte der erste entdeckte Eingeborene erhalten, der sogar im Wallfahrtsort getauft wurde. Und eine Insel, das spätere französische Guadeloupe. Ohne Garantie auf Vollständigkeit tragen je fünf Orte, Inseln oder Flüsse den Namen Guadalupe in Mexiko und im Süden der USA, drei in Kolumbien, zwei in Bolivien und je eine Stadt in Brasilien und Costa Rica.

Im eroberten Mexiko stand es um die Sache der Spanier zunächst gar nicht gut. Die Azteken schwankten zwischen Widerstand gegen die Eroberung und Resignation. Sie sangen ihr Trauerlied: »Wir haben Blutvergießen und Schmerz gesehen, wo es einst Schönheit und Mut gab. Wir sind zu Boden geschlagen. Wir liegen in Trümmern.« Wahrlich keine ideale Grundlage für die Christianisierung.

Da half erneut eine schwarze Madonna. Unter einem Regenbogen in gleißendes Licht getaucht erschien sie dem bereits zum Katholizismus übergetretenen Indio Juan Diego mehrfach zwischen dem 9. und 12. Dezember 1531 und erteilte nun den mexikanischen Würdenträgern den Auftrag zu einem Kirchenbau. Warum auch sie Guadalupe genannt wurde, ist nicht mehr eindeutig zu klären. Allerdings zweifeln einige Kirchenhistoriker bereits die Existenz des Juan Diego an und halten die Himmelserscheinung für eine rein spanische Erfindung.

Mit Maria gegen Spanien

Jedenfalls hatte sie ein Vorbild in der Extremadura und half bei der Durchsetzung der spanischen Interessen. Mit einem Mal schienen es nicht mehr die Eroberer zu sein, die den Indios die neue Religion aufdrängten, sondern Maria höchstpersönlich rief ein offensichtlich auserwähltes Volk zum Christentum. In kürzester Zeit nahmen fast 10 Mio. Azteken den katholischen Glauben an, Grundlage für die Mestizierung, die Vermischung der Indios mit den Weißen. Deren Machterhalt war für die nächsten drei Jahrhunderte gesichert.

Doch dann wendete sich das Blatt. Die Maria von Guadalupe wurde zu einem Symbol, unter dem sich die unterdrückte einheimische Bevölkerung gegen die spanischen Gebieter vereinigte. »Es lebe Amerika, es lebe die Jungfrau von Guadalupe« wurde zum Schlachtruf des Befreiungskriegs von 1810. Der Kreis vom Beginn der spanischen Vorherrschaft zu ihrer Beendigung hatte sich geschlossen. Eine Gemeinsamkeit aber blieb beiden Ländern. Ihre Schutzheiligen heißen Guadalupe, in Spanien gefeiert am 12. Oktober, in Lateinamerika auf den Tag genau zwei Monate später.

Semana Santa – Prozession der Kapuzenträger

Die fast gespenstische Finsternis wird von Fackeln erhellt. Eine einsame Schelle bimmelt. Plötzlich öffnet sich die Pforte der Kathedrale. Zum traurigen Gesang einer tiefen Männerstimme treten schwarz gekleidete Gestalten vor die Kirche, die Kapuzen tief ins Gesicht geschoben. Die Prozession des Schwarzen Christus beginnt.

Es wird überliefert, dass die Karwoche in Cáceres bereits im 13. Jh. mit Fackeln begangen wurde. 1464 gründete sich die erste der heute 14 Bruderschaften, 1470 und 1490 folgten die nächsten. Noch in den Jahren 2008 und 2009 bildeten sich weitere, sodass über 15 000 Brüder alleine in dieser Stadt gezählt werden.

Religiöses Theater

Seit der christlichen Rückeroberung nahmen Ketzerei und Irrglauben aus Sicht der katholischen Kirche stetig zu. Sie reagierte zunächst mit Abschreckung. Wer am christlichen Dogma zweifelte, landete in den Kerkern der Inquisition. Eine große Gefahr bildete im frühen 16. Jh. der aufkommende Protestantismus. Die papsttreuen Kleriker reagierten mit einer effektvollen Inszenierung des Glaubens, etwa durch die Verzierung der Gotteshäuser mit religiösen Gemälden und Krippenfiguren. Und sie schürten die Frömmigkeit im leseunkundigen Volke mittels der Aufwertung des gesprochenen Wortes. Der Glaube sollte im Tiefsten gefühlt und verinnerlicht werden.

Eine wichtige Rolle kam den Bilderpredigten zu, die meist von Laien gegründete, karitativ tätige Bruderschaften aufwendig in Szene setzten. Als Bühne dienten Straßen und öffentliche Plätze rund um die Kirchen. Die Bevölkerung verließ die Rolle des passiven Betrachters und wurde ins unmittelbare Geschehen einbezogen. Die Vermittlung der religiösen Botschaft gelang auf spielerische, wenn auch streng reglementierte Weise. In den extremenischen Umzügen zur Semana Santa lebt dieses alte christliche Ritual in der Gegenwart fort.

Der Bilderreigen der Pasos

Fast jede Pfarrkirche veranstaltet ihre eigene Prozession, die den Leidensweg Christi zur Darstellung bringt. Hauptdarsteller sind die als Büßer *(nazarenos)* in Hemd und Kapuze gewandeten Mitglieder der *confradías.* Sie

Ausdruck tiefster Religiosität: die Prozessionen in der Karwoche

vereinen sich mit Tausenden von Zuschauern am Wegesrand in andächtigem Schweigen oder frommen Klagegesängen, die häufig von getragener Blasmusik und harten Trommelschlägen unterstützt werden. Viele Umzüge finden in tiefer Nacht statt, was die Dramatik noch erhöht. Die Straßenlaternen bleiben ausgeschaltet, einzig Kerzen leuchten den Weg.

Wichtigster Bestandteil sind die *pasos,* aus Holz geschnitzte Passionsszenen, die auf einem prunkvoll geschmückten Tragegestell – wie auf einer Bühne – vorgestellt und durch die engen Altstadtgassen getragen werden. Der Schmerz und die Einsamkeit auf seinem Kreuzweg stehen dem Heiland plastisch ins Gesicht geschrieben. Doch auch die Erlösung, wenn er von einem Engel in die Lüfte geführt oder von der festlich gekleideten Himmelsmutter mit goldenem Strahlenkranz voll gütigem Erbarmen angeschaut wird. In dieser sanftmütigen Erscheinung findet die katholische Marienverehrung ihren bildlichen Ausdruck.

Orte und Termine

Fast jede Kirchengemeinde feiert ihre Semana Santa von Palmsonntag bis Ostern. In Badajoz, Cáceres, Jerez de los Caballeros und Mérida finden dann fast täglich mehrere Prozessionen statt.

Termine:

29. März–5. April 2015
20. März–27. März 2016
9.–16. April 2017

Nur alle fünf Jahre kommt es zum größten aller Umzüge, der *procesión magna* auf der Plaza Mayor von Cáceres, die nächsten Male 2015 und 2020.

Die Prozessionswege und Abläufe blieben seit dem 17. Jh. unverändert, selbst die Holzskulpturen stammen nicht selten aus den Gründungszeiten der Bruderschaften. Allerdings wurden sie immer wieder den gerade herrschenden Modeströmungen angepasst und Schönheitsoperationen unterzogen. So mussten bei der Restaurierung des *cristo negro* von Cáceres acht Farbschichten abgetragen und das Gesicht korrigiert werden, um den Originalzustand des 14. Jh. wieder herzustellen. Schmuckvolle Tragegestelle sind im Museum San Vicente Ferrer in Plasencia zu bewundern.

Kuttenträger vorneweg

Im 17. Jh. wurden erstmals Frauen zu den Prozessionen zugelassen. Getragen wird der Bilderreigen allerdings weiterhin von kräftigen Männern. Langsam und bedächtig, denn das Gewicht der *paso* lastet schwer auf ihren Schultern. Im Museum zur Semana Santa in Cáceres (s. S. 125) darf sich jeder Besucher und jede Besucherin selbst daran versuchen.

Die Brüder sind in lange Kutten gehüllt. Die einzelnen *confrarías* unterscheiden sich in den Emblemen, den Tragefiguren und den Farben der Gewänder: Strahlendes Weiß, tiefes Blau, Violett, Rot oder Schwarz. Häufig leuchten sie mit Fackeln und Kerzen den Weg oder schultern zur Buße das Kreuz. Vorneweg schreiten die Kapuzenträger, die ihr Gesicht unter einer spitz zulaufenden Mütze *(capirote)* verbergen. Dieser Brauch geht auf das Verbot jeglicher öffentlichen Züchtigung zurück, das der Papst bereits im 14. Jh. erlassen hatte. Wer sich weiterhin kasteien wollte, durfte nicht erkannt werden.

Modernisierte Wirtschaft – Hoffnung auf ein besseres Leben

Abwanderung, Abwanderung, Abwanderung. Die Suche nach einer besseren Zukunft in der Fremde bestimmte das Leben der Extremeñer über fünf Jahrhunderte. Zuerst war's die Aussicht auf Goldfunde im gerade eroberten Amerika, dann die Suche nach Arbeit in wohlhabenderen Gebieten Spaniens und Europas. Kein Wunder, zählt die Extremadura doch zu den ärmsten Regionen des alten Europa. Allerdings mit Entwicklungspotenzial.

Nicht vergessen sind die Jahre 1951 bis 1980, als 700 000 Menschen ihrer Heimat den Rücken kehren mussten, nahezu 40 % der Bevölkerung. Inzwischen ist, wenn auch nur zögerlich, der wirtschaftliche und gesellschaftliche Aufschwung in der Extremadura angekommen. Vorbei sind die Zeiten, da sich ein Fünftel der Menschen als Tagelöhner verdingen musste, die Dörfer nur auf Schotterpisten erreichbar waren, Häuser weder Wasser- noch Stromanschluss hatten und Reisende in abgelegene Gebiete eine Notration mitnehmen mussten.

Das heutige Wirtschaftsleben

Dennoch hinkt die Extremadura der allgemeinen Entwicklung Spaniens weiterhin hinterher. Das Bruttosozialprodukt pro Einwohner beträgt 15 000 € im Jahr, nicht einmal die Hälfte von Madrid. Die Geburtenrate liegt mit 8,55 pro 1000 Einwohner etwa 12 % unter dem spanischen Durchschnitt. An erster Stelle steht die Extremadura hingegen bei den öffentlichen Ausgaben: 27 % des Bruttosozialprodukts. In Katalonien sind es 15 %.

Die Arbeitslosenrate lag in den letzten Jahren durchgängig etwa 5 % über der spanischen. Zwar gab es 2013 genau 63 353 Betriebe, doch 33 505 beschäftigten keine Angestellten, nur acht zählten mehr als 500 Mitarbeiter.

Der größte Handelspartner ist Portugal. Das Nachbarland liefert jährlich Waren im Wert von 503 Mio. € in die Extremadura und importiert in einer Größenordnung von 455 Mio. €. Dann schon folgt Deutschland, das vor allem Maschinen und technische Geräte für 400 Mio. € exportiert, aber nur Waren im Wert von 242 Mio. aus dieser spanischen Region einführt, vorzugsweise Nahrungsmittel, Getränke und Tabak.

Wasser im Mittelpunkt

Die Idee entstand schon 1902. Die natürlichen Ressourcen, besonders die Wasserkraft, sollten die Grundlage für einen Wirtschaftsaufschwung in der Extremadura bilden. Allerdings geschah zunächst nichts. 1948 dann wies eine Untersuchung im Auftrag der Franco-Regierung auf die unhaltbaren sozialen Zustände hin. Zwar

Nachhaltig: Die extremenische Wirtschaft setzt unter anderem auf riesige Solaranlagen

wurde die Studie geheim gehalten, aber die Angst vor Aufständen der Landarbeiter führte zu einer vorsichtigen Agrarreform. Den Kleinbauern wurden bessere Pachtmöglichkeiten eingeräumt und mehr Wasser für ihre Minifundien zugeteilt.

Grundlegenderes geschah ab 1952, kurioserweise genau in der Zeit, als die große Abwanderungswelle einsetzte. Das spanische Oberhaus verabschiedete den Plan Badajoz. Kernpunkt war der Bau von Straßen, Brücken und Stauseen am Río Guadiana. Durch die Regulierung des Flusses wurden neue Anbauflächen erschlossen und die Bewässerung sichergestellt. Die Intensivierung der Landwirtschaft sollte den steigenden Bedarf an Lebensmitteln in Spanien decken und Hungersnöten vorbeugen. Vor dem Hintergrund einer langsam wachsenden Industrialisierung des politisch isolierten Spaniens zielte der Plan zusätzlich auf die Energiegewinnung aus Wasserkraft ab. Zwischen 1956 und 1963 wurden die ersten drei Stauseen mit einer Kapazität von 134 480 Kilowattstunden fertiggestellt, über 100 000 ha landwirtschaftliche Fläche gewonnen. In der Folge stieg die Extremadura, durchaus überraschend, zum größten Reisproduzenten in Spanien auf. Die Anbaufläche beträgt 35 000 ha.

Sonne und Schatten

Der nächste Entwicklungsschritt bleibt bei einer Fahrt über Land nicht unbemerkt. Auf großflächigen Feldern, die einst von Mais oder Weizen bewachsen waren, stehen inzwischen riesige Solarstromanlagen aus Tausenden von Photovoltaikmodulen. Umweltfreundliches Wirtschaften und der Export von Ökostrom sollten für ein nachhaltiges Entkommen aus dem Armenhaus sorgen.

Doch inzwischen ist ein Schatten auf die Extremadura gefallen. Die spanische Zentralregierung hat im Jahre 2013 Förderkürzungen für erneuerbare Energien von bis zu 28 % beschlossen. Diese Maßnahme trifft die Region nicht nur ökologisch, sondern auch ökonomisch, stellt sie doch die 3,5-fache Menge des Stroms her, die sie selbst verbraucht. Ein wichtiges Exportgut ist bedroht.

Bei der Software vorneweg

2002 erhielt die Regionalregierung für das sogenannte Projekt LinEx weltweite Anerkennung. Sie stattete über 80 000 Computer in Behörden, Unternehmen und Schulen mit einer angepassten Version des freien Betriebssystem Debian aus, das den Linux-Betriebssystemkern verwendet. Dieser verfügt über alle für Wissenschaft und Verwaltung notwendigen Anwendungsprogramme. Zusätzlich stehen Fachleute in eigens eröffneten Computerzentren der Bevölkerung mit Rat und Tat zur Seite.

Öffentliche Einrichtungen in ganz Europa folgten dem extremenischen Vorbild. 2013 wurde in München die Einführung dss Systems LiMux erfolgreich vollendet. Der Erfolg in der Extremadura zeigte sich rasch. 97 % der 10- bis 14-Jährigen benutzen einen Computer, 80 % schauen ins Internet. Ihre Großeltern hatten häufig nicht einmal lesen und schreiben gelernt.

Förderung durch die Europäische Union

Im Haushaltsplan 2014 bis 2020 der Europäischen Kommission sind 500 Mio. € aus europäischen Sonderprogrammen speziell für die Extremadura vorgesehen – zusätzlich zur normalen EU-Förderung für Spanien. Denn weiterhin ist die Extremadura die einzige spanische Region, die aufgrund ihrer Rückständigkeit in die höchste Förderstufe fällt. Im Mittelpunkt steht ein Regionalplan zur Innovations- und Technologieförderung. Bildungseinrichtungen, Wissenschaftler und Unternehmen werden bis 2017 mit 394 Mio. € unterstützt.

Einen weiteren Schwerpunkt bildet der »Plan de Bioenergía de Extremadura«. Für den Bau von Biogasanlagen sind 50 Mio. € bereitgestellt. Auf diese Weise soll besonders die kränkelnde Landwirtschaft unterstützt und der Abwanderung in die Städte entgegengewirkt werden.

Hintergrundinformationen
Über die Aufgaben, Ziele und praktische Umsetzung der Regionalförderung berichtet die EU auf ihrer Webseite http://europa.eu unter den Suchbegriffen »Operationelles Programm Extremadura« oder allgemein »Kohäsionspolitik«.
In ihrem umfassenden Handbuch »Spanien: Wirtschaft–Gesellschaft–Politik« (Wiesbaden 2005) legen Dieter Nohlen und Andreas Hildenbrand einen Schwerpunkt auf die jüngste ökonomische Entwicklung insbesondere der spanischen Regionen.

Unterwegs in der Extremadura

Das Städtchen Jerez de los Caballeros liegt malerisch inmitten grüner Hügel

Das Beste auf einen Blick

Mérida und Umgebung

Highlight!

Mérida: In Saus und Braus sollten die römischen Veteranen in der Extremadura die Friedenszeiten erleben. Kaiser Augustus ließ für sie eine moderne Hauptstadt mit Vergnügungszentrum erbauen. Heute wird das grandiose archäologische Ensemble neu zusammengesetzt. S. 88

Auf Entdeckungstour

Naturpark Cornalvo: Zunächst erklärt ein Informationszentrum die Naturlandschaften, durch die diese Wander- oder Radtour führt. Dann schwingen Sie sich auf den Sattel und fahren um einen römischen Stausee und durch Korkeichenwälder, beäugt von den Vögeln in den Lüften. S. 110

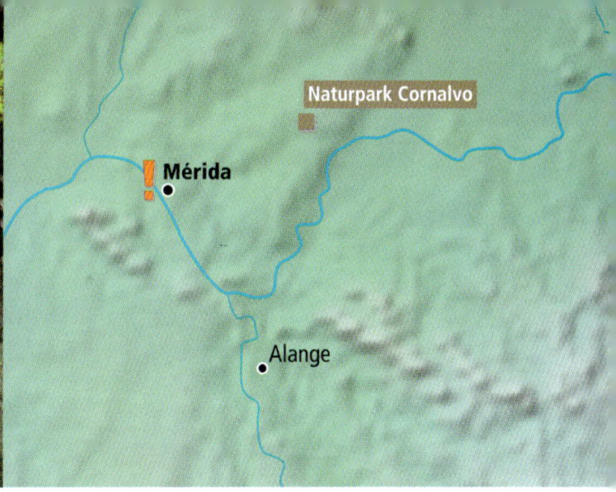

Kultur & Sehenswertes

Museo Nacional de Arte Romano: Im faszinierenden Museumsbau erwarten Sie Masken mit offenen Mündern, Lanzenträger im Kampf mit Löwen, Glasbehälter für vergossene Tränen und die üblichen Statuen. S. 95

Casa del Mitreo: Angenehm ließ es sich im Luxus schon immer leben – so auch in diesem römischen Palast mit Bodenmosaiken, auf denen die Sonne einen Strahlenkranz trägt. S. 104

Zu Fuß unterwegs

Paseo de Roma: Eine Flusspromenade richtig schön zum Spazieren und Joggen. Thymian wächst am Weg, Oleander blüht rosa und der Blick fällt auf zwei beeindruckende Brücken. S. 91

Den Burgfels erklimmen: Klettertouren unterschiedlicher Schwierigkeitsgrade führen im Kurort Alange durch Granitgestein auf die arabische Befestigungsanlage. S. 108

Genießen & Atmosphäre

Frühstück in der Bar: Mit kräftiger Schweineleberpastete oder einer süßen Hefeteigschnecke beginnt der Tag in den Bars von Mérida. Dazu gibt es natürlich einen aromatischen *café solo*. S. 106

Gaumenkitzel: Gegenüber dem römischen Museum von Mérida läuft einem schon beim Betreten des Delikatessladens Despensa del Castúo das Wasser im Munde zusammen. S. 99

Abends & Nachts

Centro Cultural Alcazaba: Über römischen Ausgrabungen sind zeitgenössische Kunstausstellungen zu sehen – und anspruchsvolle Filme im Original mit Untertiteln. S. 94

Plaza de España: Die Bars und Cafés um den zentralen städtischen Platz haben lange geöffnet und sind Ausgangspunkt für weitere nächtliche Unternehmungen. S. 103

Die römische Extremadura

Mérida ist der Inbegriff des Römischen in der Extremadura. Mit Superlativen wie »das spanische Rom« wird die Stadt überschüttet. 1993 erfuhr sie mit der Anerkennung als Welterbe der Menschheit die allerhöchste Würdigung durch die UNESCO. Und es ist wirklich so! Auf Schritt und Tritt stoßen Besucher in der Hauptstadt des einstigen Lusitanien auf Geschichte. Aber nicht nur dort. Im südlich gelegenen Badeort Alange kurten einst die Römer. Trinkwasser schöpften sie aus zwei Stauseen in der Umgebung. Eine lang gezogene römische Staumauer liegt inmitten des Naturparks Cornalvo mit zahlreichen Posten zur Vogelbeobachtung und schönen Rad- und Spazierwegen (s. Auf Entdeckungstour S. 110).

Der Río Guadiana, an dem auch Mérida liegt, durchzieht die Gegend von Ost nach West. Wellige Weidelandschaften, die von immergrünen Eichenhainen bestanden sind, prägen die Landschaft. Nur nach Süden hin durchbrechen vereinzelt verkarstete Felsformationen das sanfte Bild.

Mérida ! ▶ E 8

Anschaulicher vermittelt wohl keine andere spanische Stadt so tiefe Einblicke in das römische Leben. Römisches Theater und Nationalmuseum für Rö-

Infobox

Reisekarte: ▶ E 7/8

Tourismusbüros in Mérida
Oficina de Turismo del Teatro Romano: Paseo José Alvárez Saenz de Buruaga, o. Nr., Tel. 924 33 07 22, www.turismomerida.org, Di–Fr 10–14, 16–20 Uhr, Sa/So 10–13, 16–19 Uhr.
Oficina de Turismo de la Puerta de la Villa: C/ Santa Eulalia, 62, Tel. 924 38 01 91, Mo–Sa 9.30–14, 17–20 Uhr.

Kombiticket für Méridas Ausgrabungsstätten
Wer sich für die antiken Zeugnisse Méridas interessiert: Die Ausgrabungsstätten der Stadt sind nur mit einer gemeinsamen Eintrittskarte zu besichtigen. Diese ist an allen Kassen zum Preis von ca. 12 € erhältlich und beinhaltet: Alcazaba, Teatro Romano, Anfiteatro, Casa del Anfiteatro, Circo Romano, Basílica de Santa Eulalia, Restos Arqueológicos de Morería, Casa del Mitreo.

Anfahrt und Weiterkommen
Mérida bildet bereits seit römischen Zeiten einen wichtigen Verkehrsknotenpunkt. Mit dem Auto ist die Stadt von Badajoz, Madrid und Lissabon über die Autobahn A-5 zu erreichen, aus Salamanca, Plasencia, Cáceres und Sevilla über die A-66. In die Umgebung führen gut ausgebaute National- und Regionalstraßen. Per Zug ist Mérida mehrmals pro Tag mit Badajoz, Cáceres und Madrid sowie 1 x tgl. mit Sevilla verbunden. Häufiger sind Busverbindungen. Nach **Alange** geht es per Bus, der **Naturpark Cornalvo** ist nur mit dem Privatauto zu erreichen.

mische Kunst bilden ohne Zweifel kulturelle Highlights einer jeden Reise in die Extremadura.

Eine solche Aufmerksamkeit fand Mérida nach dem Abzug der Römer allerdings nicht immer. Das belanglose Provinznest des frühen 20. Jh. zählte gerade einmal 12 000 Einwohner. Die antiken Schätze waren, man mag es heute kaum glauben, unter Kichererbsenfeldern und Müllhalden verborgen. Doch so ganz in Vergessenheit geraten war die glorreiche Geschichte nun auch wieder nicht, und 1910 begannen groß angelegte Ausgrabungsarbeiten. Seitdem wird das grandiose archäologische Ensemble neu zusammengesetzt. Stück für Stück.

Inzwischen zählt Mérida wieder 58 000 Einwohner, etwa so viele wie zu römischen Zeiten. 1983 wurde es Hauptstadt der neu geschaffenen autonomen Region Extremadura. Es gab dafür keinen besseren Ort, denn die beiden größten Städte Badajoz und Cáceres neideten sich gegenseitig diesen Titel. Da kam ein geschichtsträchtiges Städtchen, zumal ziemlich in der Mitte der Extremadura gelegen, gerade recht.

Avangardistische Glaskästen entstanden am Ufer des Río Guadiana für die neue Verwaltung. Doch die große Vergangenheit blieb allgegenwärtig. Nahezu allen modernen Bauvorhaben gehen archäologische Ausgrabungen voraus. Wie auf Stelzen stehen viele Gebäude auf ihren römischen Fundamenten, nicht nur die erwähnten Verwaltungsbauten.

Einen spannenden Balanceakt müssen die Planer bewältigen. Denn diese Stadt lebt nur dank ihrer Ruinen, sie lebt mit ihnen und gleichzeitig ihnen zum Trotze! Ohne jeden Zweifel gäbe es noch allerlei Überraschendes dem Dunkel der Geschichte bzw. dem städtischen Untergrund zu entreißen. Aber dafür müsste man wohl die Bewohner vertreiben, die lieber selbst auf Schatzsuche gehen und manch eigenen Fund stolz präsentieren, etwa als Dekoration eines Restaurants oder im Innenhof eines Wohnhauses. Das Arrangement zwischen Antik und Neu ist gelungen. Mérida wirkt sympathisch in seiner Bescheidenheit, die nicht die Klischees einer modernen Hauptstadt bedienen will.

Geschichte

Die Menschen vor zwei Jahrtausenden hatten das noch anders gehalten, sie wollten in Saus und Braus leben und ihren Prunk zeigen. Kaiser Augustus hatte die iberische Halbinsel endgültig dem Römischen Reich einverleibt, nachdem der erbitterte Widerstand der einheimischen Lusitaner und Vettonen nach zwei kriegerischen Jahrhunderten endlich gebrochen war. Nun standen zivile Maßnahmen der Herrschaftssicherung auf der römischen Agenda. Zunächst galt es, die Veteranen der siegreichen Legionen zu versorgen. Für sie ließ Augustus 25 v. Chr. eine komplett neue Stadt aus dem Boden stampfen. Klotzen nicht Kleckern war angesagt.

Emerita Augusta, wie die Modellstadt genannt wurde, war mit allen Errungenschaften der römischen Zivilisation gesegnet. In wenigen Jahrzehnten entstanden kolossale Vergnügungsstätten – Theater, Amphitheater und Rennbahn. Schmucke Bäder wurden angelegt. Das Wasser kam aus Stauseen der Umgebung und lief über Aquädukte. Es wurden Tempel, zwei Foren und Villen gebaut. So sahen sich die verdienten Veteranen mit einem genussvollen Lebensabend belohnt. Gleichzeitig sollte die monumentale Architektur die römische

Im Römischen Museum schreiten die Besucher wie auf einer antiken Hauptstraße

Überlegenheit auch in Friedenszeiten demonstrieren. Um die Legitimität seiner Herrschaft zu unterstreichen, zog Kaiser Augustus schließlich die ultimative Trumpfkarte und ließ sich in den Tempeln von Mérida als göttliches Wesen feiern.

Das römische Imperium basierte auf einem hoch effizienten Kommunikationssystem, auch und gerade in der neu geschaffenen Provinz Lusitanien, deren Hauptstadt Mérida bald sein sollte. Anlässlich ihrer Gründung wurde eine mächtige Brücke über den Río Guadiana gebaut. Moderne gepflasterte Straßen führten nach Asturien, nach Andalusien, nach Lissabon und Toledo. Emerita Augusta wurde zu einem zentralen Verkehrsknotenpunkt auf der iberischen Halbinsel. Die Stadt hatte ihren Zenit erreicht.

Mit der Verbreitung des Christentums verwaisten zwar die Prachtbauten der heidnischen Spektakel, allerdings blieb Mérida auch im 5. und 6. Jh. unter der Herrschaft zunächst der Sueben und dann der Westgoten Hauptstadt. Nach langer Belagerung mussten sich diese im Jahr 713 dem arabischen Feldherrn Musa Ibn Nusayr ergeben. Der Verfall begann und der Rest der Geschichte ist schnell erzählt. Das erfolgsverwöhnte Mérida tat sich schwer mit dem Abstieg in die Regionalliga und zettelte Aufstände gegen die arabische Hauptstadt Córdoba an, die allerdings massiv niedergeschlagen wurden.

Während der Reconquista gelang dem König von Leon, Alfonso IX., 1230 die Einnahme der Stadt. Er übergab sie dem Santiago-Orden. Trotz eines kurzen Aufschwungs im 15. Jh. unter der katholischen Königin Isabella blieb Mérida ein Schatten seiner majestätischen Vergangenheit im Imperium romanum – und das bei aller Wertschätzung irgendwie bis heute.

Rundgang durch das Zentrum

Alle Sehenswürdigkeiten im Stadtgebiet sind gut zu Fuß zu erreichen. Wer das Auto auf dem kostenlosen Parkplatz hinter dem Touristischen Empfangszentrums MAM an der Calle Cabo Verde abgestellt hat, kann gleich am Römischen Theater und im Nationalmuseum für Römische Kunst mit der Besichtigung beginnen. Schöner ist allerdings der Auftakt am Fluss, von wo aus sich die Stadt allmählich erschließt.

Puente Romana

Plaza de Roma

Eine Besonderheit zeichnet Mérida vor den meisten Nachbarstädten aus. Nicht trutzig-abweisende Stadtmauern erblicken Besucher bei der Anfahrt, sondern die gesamte Stadtkulisse jenseits des Río Guadiana, den die Römer Ana genannt hatten. Seit über 2000 Jahren führt die weit ausladende **Puente Romana** 1 hinüber. Mit ihren beachtlichen 792 m gilt sie als längste römische Brücke weltweit. 60 Rundbögen überspannen den Fluss, etwa 12 m hebt sie sich über den durchschnittlichen Wasserstand.

Robust wirkt sie auf den Betrachter, revolutionär war die Bauweise. Ein Betonkern wurde mit hervorstehenden Quadersteinen aus Granit verkleidet. Schmale Öffnungen zwischen den Bögen und halbrunde Wellenbrecher vor den Pfeilern reduzieren die Wucht der anströmenden Fluten. Gleichwohl musste der Übergang regelmäßig ausgebessert werden, denn nicht nur das winterliche Hochwasser riss Lücken. Aufgrund der strategischen Bedeutung stand der Übergang im Mittelpunkt zahlreicher kriegerischer Auseinandersetzungen, zuletzt im Spanischen Bürgerkrieg.

Eine umfangreiche Sanierung erfolgte im 17. Jh., wofür Granitblöcke aus dem römischen Theater verwendet wurden. Halbwegs erhalten zeigt sich der stadtnahe Abschnitt unterhalb der Festung. Hier stieß die Brücke direkt auf den *decumanus maximus,* die römische Hauptstraße von Ost nach West. Eine **Bronzestatue der römischen Wölfin** erinnert an das »kleine Rom«, wie Mérida auch liebevoll genannt wurde.

Vom Brückensteg schweift der Blick hinüber zur modernen **Puente Lusitania** 2 flussabwärts. In strahlendem Weiß baute sie der spanische Stararchitekt Santiago Calatrava. Ihr schwungvoller Bogen schwebt geradezu über dem Wasser. Seit 1993 nimmt sie den Autoverkehr auf, erst danach wurde die altgediente Puente Romana zur Fußgängerzone.

Paseo de Roma

Ein paar Stufen führen von der Brücke zur reizenden Flusspromenade Paseo de Roma hinab. Von rosablühendem Oleander gesäumt verläuft sie unter schattenspendenden Platanen zur Puente Lusitania und noch ein Stückchen darüber hinaus durch die Flussauen. Wie zu römischen Zeiten wächst Thymian am Wegesrand. Familien gehen spazieren, Jogger absolvieren ihr Training. Des Nachts turteln verliebte Pärchen.

Alcazaba 3

Paseo de Roma, o. Nr., tgl. 9.30–13.45, 17–19.15 Uhr, im Winter 9.30–18.30 Uhr, Eintritt mit Kombiticket 12 €

Zur Kontrolle von Brücke und Fluss hob sich die arabische Festung über das Ufer. Zudem bot sie den maurischen Machteliten und Militärführern Schutz vor lokalen Revolten. Mit der Alcazaba von Mérida entstand 835 die erste arabische Wehranlage auf

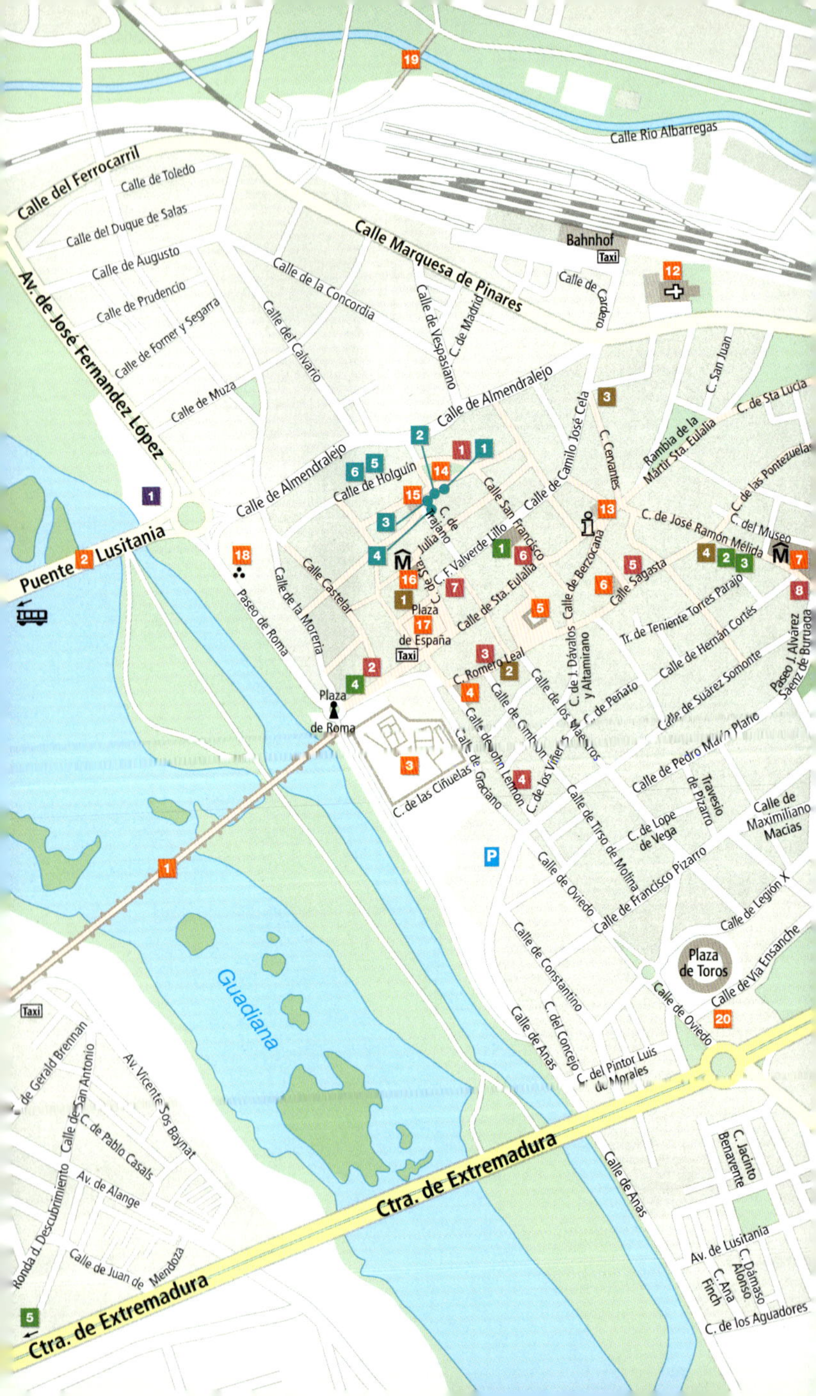

Calle Rio Albarregas
Bahnhof
Taxi
Calle del Ferrocarril
Calle de Toledo
Calle del Duque de Salas
Calle de Augusto
Calle de Prudencio
Calle de Forner y Segarra
Calle de Muza
Av. de José Fernandez López
Calle Marquesa de Pinares
Calle de la Concordia
Calle del Calvario
Calle de Vespasiano
C. de Madrid
Calle de Cardero
Calle de Almendralejo
C. San Juan
C. de Sta Lucia
Rambla de la Mártir Sta. Eulalia
C. de las Pontezuelas
C. del Museo
C. Cervantes
Calle de Camilo José Cela
Calle de Holguín
C. de Trajano
Calle San Francisco
C. F. Valverde Lillo
C. de José Ramón Mélida
Puente Lusitania
Paseo de Roma
Calle de la Moreria
Calle Castelar
Julia
C. de Sta.
Plaza de España
Calle de Sta. Eulalia
Calle de Berzocana
Calle Sagasta
Tr. de Teniente Torres Parajo
Calle de Hernán Cortés
Paseo J. Alvarez Saenz de Buruaga
C. Romero Leal
C. de J. Dávalos y Altamirano
C. de Peñato
Calle de Suárez Somonte
Plaza de Roma
Calle de Cimbrón
Calle de los Maestros
Calle de John Lennon
Calle de Graciano
C. de las Ciñuelas
C. de los Viñer
Calle de Tirso de Molina
Calle de Pedro María Plano
Travesio de Pizarro
C. de Lope de Vega
Calle de Maximiliano Macias
Calle de Oviedo
Calle de Francisco Pizarro
Calle de Legión X
Calle de Constantino
Plaza de Toros
Calle de Via Ensanche
Calle de Anas
C. del Concejo
C. del Pintor Luis de Morales
Guadiana
Ctra. de Extremadura
C. de Gerald Brennan
Calle de San Antonio
Av. Vicente Sos Baynat
C. de Pablo Casals
Av. de Alange
Ronda d. Descubrimiento
Calle de Juan de Mendoza
C. Jacinto Benavente
Av. de Lusitania
C. Dámaso Alonso
C. Ana Finch
C. de los Aguadores
1
2
3
4
5
6
7
8
12
13
14
15
16
17
18
19
20
P

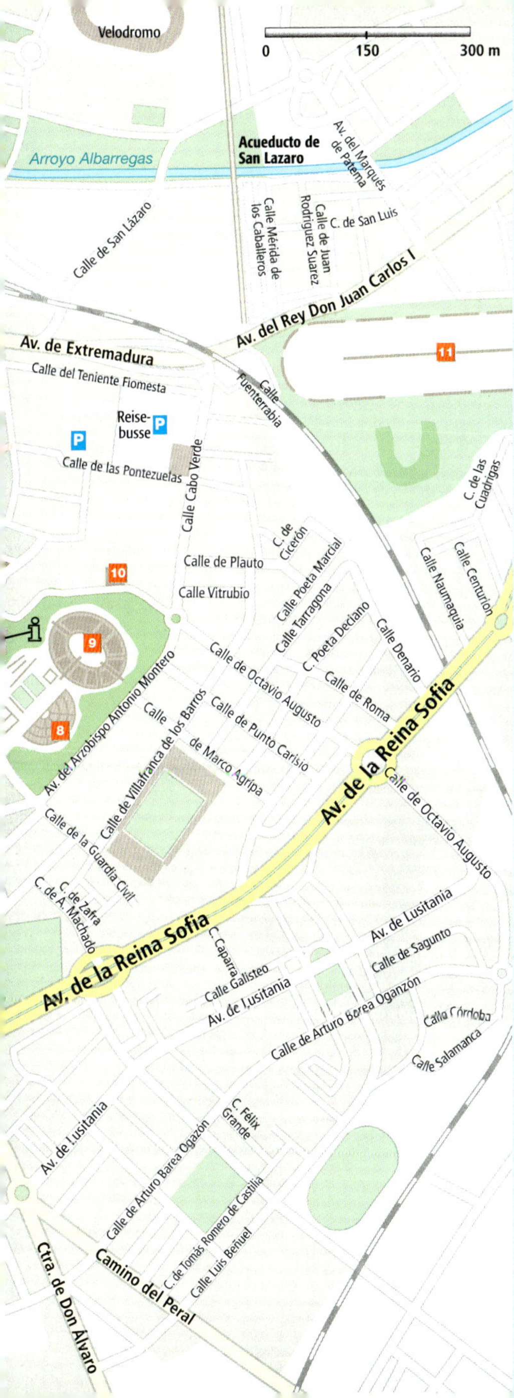

Mérida

Sehenswert

1 Puente Romana
2 Puente Lusitania
3 Alcazaba
4 Centro Cultural Alcazaba
5 Templo de Diana
6 Foro Municipal
7 Museo Nacional de Arte Romano
8 Teatro Romano
9 Anfiteatro
10 Casa del Anfiteatro
11 Circo romano
12 Basílica de Santa Eulalia
13 Reste der römischen Hauptstraße
14 Plaza de la Constitución
15 Arco de Trajano
16 Museo de Arte Visigodo
17 Plaza de España
18 Restos Arqueológicos de Morería
19 Acueducto de Los Milagros
20 Casa del Mitreo

Übernachten

1 Bluecity Mérida Palace
2 Adealba
3 Capitolio
4 El Alfarero

Essen & Trinken

1 Parador
2 Rex Numitor
3 Tábula Calda
4 La Taberna del Sole
5 Shangri-La
6 Casa Benito / Asador Casa Benito
7 Entrecañas
8 La Despensa del Castúo

Forstsetzung S. 94

Einkaufen
1 Mercado
2 Nico Jimenez
3 Joaquín Luna
4 La Esparteria
5 Centro Comercial El Foro

Aktiv
1 Radverleih Ciclos Lusitania

Abends & Nachts
1 Barocco
2 Maruja Limón
3 Jazz Bar
4 Bow Café & Lounge Bar
5 Garoa Copas
6 El Bujio

der iberischen Halbinsel. Sie gilt als wichtigste architektonische Hinterlassenschaft dieser Epoche. Die monumentale Anlage war durch 25 quadratische Wachtürme gesichert und von einer 550 m langen und etwa 10 m hohen Mauer umgeben. Zwei Portale in Form eines Hufeisens führen hinein. Unbekümmert griffen die Baumeister auf vorgefundenes Baumaterial früherer Epochen zurück. So fanden für die Mauern 135 römische Grabsteine neue Verwendung. Sie lassen sich an ihren Inschriften erkennen. Den Zugang zur arabischen Zisterne bilden Säulen und Türstürze mit Pflanzenmotiven aus westgotischer Zeit. Einen auffallend ockerfarbigen Porticus errichtete ein Privatmann im 14. Jh. über dem Pulverturm.

Von den Burgmauern, auf die Stufen führen, öffnet sich der Blick über den Fluss. Kein Wunder, dass die Ritter des Santiago-Ordens diese Festung nach der Rückeroberung zu ihrer Kommandozentrale machten. Im 16. Jh. erbauten sie im nördlichen Bereich ein Kloster, von dem vor 100 Jahren nicht viel mehr als ein Haufen Steine übrig war. Nach aufwendiger Restaurierung werden aber nun erneut die Geschicke der Region von hier aus gelenkt, denn das extremenische Regierungspräsidium ist eingezogen. Bei freundlicher Bitte gestatten die Wachen am Haupteingang in der Calle Graciano meist einen kurzen Blick in den Klosterhof. An den Säulen im Patio und den Quadern der Außenmauern lässt sich unschwer erkennen, an welchen Stellen die ursprünglichen Baumaterialien durch neue ersetzt wurden.

Centro Cultural Alcazaba 4

C/ John Lennon, 5, Mo–Fr 8.30–15, 17–20.30 Uhr, Eintritt frei, für Veranstaltungen länger geöffnet

Gegenüber beginnt die Calle Romero Leal. Das Eckgebäude zur John-Lennon-Straße, die wirklich und ganz offiziell so heißt, ist ein gelungenes Beispiel für die Einbeziehung römischer Funde in die zeitgenössische Architektur. Im Erdgeschoss des Kulturzentrums Alcazaba sind römische Ruinen und Ausstellungen aktueller Kunst zu bestaunen, außerdem ist im Gebäude das städtische Kino untergebracht.

Templo de Diana 5

C/ Romero Leal, Ecke C/ Santa Catalina

Nach einigen Schritten die Calle Romero Leal hinab erhebt sich eine römische Kultstätte, die seit dem 17. Jh. als Diana-Tempel bezeichnet wird. Fälschlicherweise, denn laut jüngsten Forschungen wurde dort dem Kaiser Augustus gehuldigt. Kurios ist die Ursache für den hervorragenden baulichen Zustand des Heiligtums. Die reiche Familie Los Corbos ließ im 16. Jh. ihren Palast über dem Sockel entstehen und die römischen Säulen in die Fassade integrieren. Inzwischen stehen diese Säulen wieder frei, weitere bei Ausgrabungen entdeckte Teile des Tempels wurden hinzugefügt. Die rückwärtigen Abschnitte des Renaissancepalastes blieben stehen. 2010 wurde nach weiteren Grabungen das frühere Umfeld rekonstruiert. Allerdings stört ein umlaufendes modernes Gebäude die historische Ansicht.

Foro Municipal 6

Weiter auf der Calle Sagasta sind bald die rekonstruierten Überreste des Forums erreicht, um das sich Tempel, Thermen und Gärten gruppierten. Entsprechend den Regeln der römischen Stadtplanung lag dieses soziale und politische Zentrum an jener Stelle, an der sich die Hauptstraße von Ost nach West *(decumanus maximus)* mit der Verbindung von Nord nach Süd *(kardo maximus)* kreuzte. Die rückwärtige Wand der Säulenhalle, verziert mit zwei Statuen, konnte wieder aufgebaut werden. Die vorgelagerten korinthischen Säulen tragen ein breites Fries, das von zwei Medaillon-Repliken geschmückt wird. Das linke zeigt den Kopf von Medusa, das rechte Jupiter. Die Originale hängen im römischen Nationalmuseum in unmittelbarer Nachbarschaft.

Museo Nacional de Arte Romano 7

C/ José Ramón Mélida, o. Nr., http://museoarteromano.mcu.es, April–Sept. Di–Sa 9.30–20 Uhr, Okt.–März Di–Sa 9.30–18.30 Uhr, So ganzjährig 10–15 Uhr, Eintritt 3 €, Sa Nachmittag und So Vormittag frei

Auf der 2000-Jahr-Feier der Stadtgründung 1975 wurde der Bau des Nationalmuseums für römische Kunst beschlossen. 1986 öffnete das einzige spanische Museum seine Tore, das ausschließlich der römischen Kunst und Kultur gewidmet ist. Architekt Rafael Moneo, der auch den spektakulären Erweiterungsbau des Prado in Madrid verantwortet, katapultierte sich bereits mit diesem frühen Werk in Mérida in die Oberliga der Museumsbauer. In Nachbarschaft zum Amphitheater schuf er ein avantgardistisches Gebäude, das sich von der römischen Architektur inspirieren ließ. Das Ergebnis ist eine harmonische Entsprechung von Form und Inhalt, von Gebäude und Ausstellungsstücken.

Auch diesem Vorhaben gingen archäologische Grabungen voran. Die Funde wurden sogleich in den Neubau integriert. So sind im Eingangsbereich Teile einer antiken Wasserleitung, Gräber und Ruinen eines früheren Handwerkerviertels zu sehen. Und über die originale römische Straßenpflasterung geht es in die Haupthalle.

Tageslicht durchflutet eine ungewöhnliche Weite. Keine Zwischendecken verstellen den Blick in die Höhe. Die Wände aus flachen, hellbraunroten Ziegelsteinen kommen fast ohne Mörtel aus und entsprechen den Baustoffen der römischen Antike. Der Bau vermittelt jene würdevolle Stimmung, die den römischen Schätzen aus Mérida angemessen scheint.

Überspannt wird die Haupthalle von neun Rundbögen, deren Formung und Höhe dem Trajansbogen der Stadt (s. u.) gleichen. Darunter schreiten Museumsbesucher wie auf einer römischen Hauptstraße auf die rückwärtige Backsteinmauer zu, die Bezüge zum römischen Forum herstellt. Vier Toga tragende Marmorskulpturen ruhen auf ihren Sockeln. Darüber sind in ursprünglicher Höhe jeweils drei Medaillons und Karyatiden angebracht. Sie schmückten einst den Fries des Säulengangs im Forum.

In den linken Nischen der Haupthalle stehen vor allem römische Götterstatuen. Auf der rechten Seite vermit-

Lieblingsort

Authentisch und urig: die Tapasbar Casa Benito 6

Ein Schwätzchen halten die Einheimischen hier gern am Tresen bei einem Appetithappen und einem Bier. Hauptspeisen gibt's auf kleinen Tischen unter Stierkampfplakaten. Spezialitäten sind *chorizo infierno* in würziger Sauce und *rabo de toro* (Ochsenschwanz). Und wenn der Trubel in der Traditionsbar (s. S. 107) einmal zu viel wird, findet sich bei schönem Wetter immer ein Plätzchen auf der Terrasse neben der Markthalle 1. Ihr munteres Treiben liefert ein anregendes Schauspiel im Hintergrund.

teln jeweils zehn Säle auf drei Etagen ein komplexes Bild der römischen Kunst und Kultur. Die ersten drei Säle im Erdgeschoss sind dem Theater und Zirkus gewidmet. Die Wandfresken in Saal I, auf denen ein einzelner Lanzenträger den Kampf mit einem Löwen aufnimmt, stammen aus dem Amphitheater. In Saal II (Erdgeschoss) veblüffen die **Funde aus dem Theaterbereich.** Manche Masken zeigen offene Münder, denn die Schauspieler sollten frei sprechen und sogar Kritik üben. Zusätzlich kann der vortrefflich skulptierte Kopf des Stadtgründers Kaiser Augustus bewundert werden. Der Marmor stammt nicht wie bei den übrigen Statuen aus dem portugiesischen Estremoz, sondern aus dem italienischen Carrara. Anschaulich präsentiert Saal VII (EG) ein **römisches Wohnzimmer** mit rotem Wandanstrich. Die Fenster waren durch Metallgitter geschützt. Schmucke Fresken zeigen die Lieblingsbeschäftigungen der römischen Veteranen: Jagd und rasante Wagen auf der Rennbahn.

Unterhaltsame Einzelheiten aus dem **Alltagsleben** erfahren Besucher in den oberen Etagen. Kostbare Glasbehälter (Saal IV, 1. OG) nahmen wahlweise Salben, Duftöle oder die Tränen der Trauernden auf. Die Menge der vergossenen Tränenflüssigkeit stand für die Tiefe der Trauer. Knöpfe, Löffel und Würfelspiele stellt der benachbarte Saal V aus. Amulette aus Terrakotta nehmen die Form von Köpfen an. Sie sollten die Fruchtbarkeit steigern, Schmerzen lindern und allgemein Glück bringen. Fast modern wirken zahlreiche Werkzeuge (Saal IV, 2. OG), etwa der Meißel eines Steinmetzes, die Axt eines Bergmanns oder der Zirkel eines Architekten. Das Fürchten lehren allerdings die Zangen eines Zahnarztes. Brote aus dem Gemeinschaftsofen wurden mit Stempeln markiert, ein Brauch, der sich in den Dörfern der Extremadura bis ins 20. Jh. gehalten hat (s. Entdeckungstour S. 260).

Highlights des Museums bilden zwei großflächige **Bodenmosaike,** die an den Querwänden befestigt wurden. Vom oberen Stockwerk des Saals I ist ein armes Wildschwein zu sehen, das unter einer Korkeiche erlegt wurde – welch realitätsnahes Motiv noch für die heutige Extremadura! Formvollendet umlaufen Bänder allegorische Darstellungen der vier Jahreszeiten.

Auf dem Mosaik neben Saal X treten die christlichen Heiligen Marcian und Paulus als römische Wagenlenker auf. Als Zeichen des Sieges halten sie einen Palmzweig in der Hand. Die Frage bleibt, ob damit wohl der Ausgang des Rennens oder der Siegeszug des Christentums gemeint war. Meisterhaft verwoben sind die geometrischen und vegetativen Muster der Umrandung. Bei Grabungen vor Baubeginn des Museums wurden die Reste von Häusern und einem Friedhof freigelegt. Sie befanden sich an einer Straße außerhalb der Stadtmauer. Sie sind in der Krypta des Museums zu bewundern, die für sich bereits ein architektonisches Schmuckstück bildet.

Teatro Romano 8

Plaza Margarita Xirgu, o. Nr., tgl. 9.30–13.45, 17–19.15 Uhr, im Winter 9–18 Uhr, Eintritt mit Kombiticket, 12 €

Das römische Theater in Mérida ist einzigartig auf der iberischen Halbinsel und zählt mit seinem Pendant im südfranzösischen Orange zu den großartigsten römischen Theaterbauten überhaupt. Marcus Agrippa, Freund und Schwiegersohn von Augustus, ließ die gewaltige Anlage mit der Stadtgründung zunächst aus Holz errichten. Erst unter Kaiser Hadrian entstand im 2. Jh. der massive Bau aus Granit und Marmor. Über die Jahrhunderte als Steinbruch missbraucht und zugeschüttet, begannen 1910 erste Ausgrabungen, Steine und Säulen wurden wieder zusammengesetzt. Zu neuem Leben erweckte das erste **Festival de Teatro Clásico** dieses Schmuckstück im Sommer 1933. Damit erhielt das antike Bauwerk seine ursprüngliche Bestimmung zurück. Allerdings findet heute auf den steinernen Rängen nur noch gut ein Drittel der ursprünglich 6000 Zuschauer Platz.

Der freistehende, nach hinten ansteigende **Zuschauerraum** ruht auf komplexen Gewölbeunterbauten. Die griechischen Vorbilder hatten sich aus statischen Gründen noch an einen Hügel lehnen müssen. Die Sitzreihen erheben sich halbkreisförmig um den zentralen Chorraum, aus dem die politischen Würdenträger auf gepolsterten Ehrenplätzen die Spektakel verfolgten. Auf den mit Marmor verkleideten Bankreihen nahmen die weniger privilegierten Zuschauer ihre Plätze ein. Entsprechend ihrem sozialen Stand wurden sie streng separiert. Unten und somit nahe der Bühne saß das Militär, auf halber Höhe die Priester und Kaufleute und ganz oben einfaches Volk und Frauen.

Die **Bühne** war 60 m lang und mit Holzbrettern verkleidet, ein großes Segel schützte die Schauspieler vor der sengenden Sonne. Sie mussten mehrere Stücke nacheinander in Szene setzen, nonstop von morgens bis abends. Als rückwärtige Begrenzung diente die 17 m hohe und 7 m breite Fassade des **Bühnenhauses.** Es war aus reinem Marmor errichtet, der von nachfolgenden Generationen eifrig geplündert wurde. Weitgehend original sind die zwei übereinander stehenden Reihen korinthischer Säulen aus bläulich schimmerndem portugiesischem Marmor. Nur wer genau hinschaut, wird die jeweils dritte Säule von links und rechts als Remake des Wiederaufbaus erkennen. Der Farbton unterscheidet sich, und sie sind aus drei Teilen zusammengesetzt. Im Säulenwald verbergen sich die Repliken der Säulen der Fruchtbarkeitsgöttin Ceres, ihrer Tochter Proserpina und des Gottes Pluto, der die Schöne in die Unterwelt entführte und zur Gemahlin machte. Die Erinnerung an ihre Abenteuer regte die Fantasie der Zuschauer schon vor Beginn der Aufführungen an. Drei Kaiserfiguren komplementieren die steinerne Szenerie. Ihre Köpfe waren auswechselbar, je nachdem, welcher Kaiser gerade regierte.

Hinter dem Bühnenhaus wurde der ursprüngliche **Garten** rekonstruiert. Säulengänge sind von Pflanzen umrankt, plätschernde Wasserkanäle tragen fast arabische Züge. Die Anlage diente der Erholung der Schauspieler, allgemeiner Kontemplation und kulturellen Debatten. Zahlreiche Origi-

Mein Tipp

La Despensa del Castúo 8

Auf einer verkehrsberuhigten Straße neben dem Museum breitet sich die Terrasse einer tollen Tapasbar aus. Morgens gibt es Toasts mit acht verschiedenen Aufstrichen plus Kaffee für ca. 2 €, später Tapas ab 1,90 € oder *raciones* und Salate um 12 €. Aber natürlich auch nur einen *café solo.* Angeschlossen ist ein kleiner Laden mit hauseigenen Delikatessen, die als Appetithappen an der Theke im Innenraum probiert werden können (C/ José Ramón Mélida, 48, Tel. 924 30 22 51, tgl. 9.30–23.30 Uhr).

Aus reinem Marmor wurde das Bühnenhaus des römischen Theaters errichtet

nalsäulen fanden später beim Bau der großen Moschee von Córdoba eine Wiederverwendung. Fast unbeschädigt bargen Archäologen den Kopf von Augustus im zentralen Bereich des Peristyls. Er ist im römischen Museum zu bewundern. Gemeißelt aus kostbarem Marmor aus Carrara sollte er die Bevölkerung auf den Kaiser einstimmen, denn das Theater diente als moralische Anstalt.

Anfiteatro 9

Plaza Margarita Xirgu, o. Nr., gleiche Öffnungszeiten wie das römische Theater, Eintritt mit Kombiticket, 12 €

Gerade deswegen strömten die Zuschauer lieber zur *action* in das benachbarte Amphitheater. Da gab es spannende Gladiatorenkämpfe, blutige Tierhatzen oder gefährliche Kämpfe zwischen Mensch und Tier. Unterirdische Raubtierzwinger wurden im zentralen Bereich ausgegraben. Es war gleichzeitig mit dem Theater geplant und für 14 000 Zuschauer ausgelegt. Auch sie saßen gemäß ihrem sozialen Stand auf unterschiedlichen Rängen rund um die ovale Kampfarena. Die politischen Würdenträger hatten ihre Plätze am Haupteingang, die privaten Finanziers der Spiele ihnen gegenüber. Mosaike und Fresken mit realistischen Kampfszenen verzierten die untere Innenwand. Heute hängen sie im römischen Museum.

Die unteren Ränge sind erhalten, die Steine der oberen wurden über Jahrhunderte abgebaut. Manch eine hochwertige Marmorverkleidung fand sich später als Grabstein auf einem Friedhof wieder. Kurios sind die Löcher in den Granitquadern, die bei genauerem Hinsehen zu entdecken sind. Es handelt sich um antike Dübellöcher zur Befestigung der Marmorplatten.

Casa del Anfiteatro 10

Plaza Margarita Xirgu, o. Nr., tgl. 9.30–13.45, 17–19.15 Uhr, im Winter 9–18.30 Uhr, bis 2015 wegen Sanierung geschl., mit Kombiticket

Nur einen Steinwurf entfernt wurden unter einem westgotischen Friedhof die Überreste einer weitläufigen Villa aus dem 1. bis 3. Jh. n. Chr. entdeckt. Die Grabungen förderten zudem einen Teil des **Aquädukts San Lázaro** zutage, das Wasser in die komfortablen Thermen führte. Sie wurden mittels einer Fußbodenheizung erwärmt, indem in flachen Bogengängen aus Ziegelsteinen heiße Luft zirkulierte. Neben Wandbemalungen gefallen zwei Bodenmosaike. Eines schmückt den Speisesaal und zeigt drei Männer, die barfuß frische Weintrauben zertreten. Das andere ist mit Meeresfischen dekoriert. Brassen, Muränen, Weißfische, Seezungen, Zackenbarsche oder Meeraale waren begehrte Delikatessen in einer Stadt im Landesinneren und Ausdruck von großem Luxus, dem sich die Besitzer hingaben. Zugleich sollten sie ein gutes Lebensumfeld schaffen, denn nach römischen Vorstellungen schützten Fische ein Haus vor negativen Einflüssen.

Circo romano 11

Avda. Juan Carlos I, o. Nr., tgl. 9.30–13.45, 17–19.15 Uhr, im Winter 9.30–14, 16–18.30 Uhr, Eintritt mit Kombiticket, 12 €

Damit hat sich die römische Antike in Mérida allerdings noch längst nicht erschöpft. Nach nur zehn Fußminuten ist außerhalb des Stadtzentrums der Circo romano erreicht. Die Pferderennbahn bildete gemeinsam mit Theater und Amphitheater den Dreiklang der römischen Vergnügungsstätten. Von der Terrasse des Infozentrums lässt sich die wahre Größe des Veranstaltungsortes erfassen. Elf Sitzreihen umgaben eine Fläche, die viermal so lang wie ein Fußballplatz war und fast doppelt so breit. Viel ist allerdings nicht mehr zu sehen, eher ein weites, reichlich staubiges Feld.

30 000 Zuschauer fasste das Stadion. Ganz ohne Zweifel waren Wagenrennen der absolute Publikumsknaller, noch vor den blutigen Gladiatorenkämpfen und uneinholbar für die pädagogisierenden Theaterstücke. Sogar der berühmteste römische Wagenlenker aller Zeiten, der Lusitaner Caius Apuleius Diocles, eine Art Michael Schumacher der Antike, verdiente sich seine ersten Sporen in Mérida. Insgesamt sieben Runden musste er fahren, immer um die mit Statuen geschmückte, etwa 1 m hohe und 250 m lange Mittelmauer herum, von der Reste erhalten blieben.

Basílica de Santa Eulalia 12

Avda. de Extremadura, 13, Ausstellungsstätte: tgl. 9.30–13.45, 17–19.15 Uhr, im Winter 9.30–14, 16–18.30 Uhr, Eintritt mit Kombiticket, 12 €

Auf dem Rückweg in die Innenstadt führt die Avenida de Extremadura an einem **Kirchlein** von großer lokaler Bedeutung vorbei. Es ist der hl. Eulalia geweiht, der Schutzpatronin Méridas. Angeblich demonstrierte das junge Mädchen aus gutem Hause gegen die Christenverfolgung, wurde unter Diokletian verhaftet, gefoltert und im Jahre 304 n. Chr. bei lebendigem Leibe in einem Ofen verbrannt. Ihre Verehrung begann im 6. Jh. nach der vollständigen Christianisierung der iberischen Halbinsel. Die Kapelle aus dem 17. Jh. schmiegt sich in barocker Pracht strahlend weiß an einen römischen Marstempel. Höchst originell! Der nicht gerade zimperliche Volksmund von Mérida nennt sie *Hornito de Santa Eulalia*, zu dt. »Kleiner Ofen der Heiligen«.

Das Innere enthält mehr, als die schlichte Fassade erwarten ließe. Umfangreiche Ausgrabungen haben die wechselhafte Nutzung dieses Ortes zutage gefördert. Bis ins dritte nachchristliche Jahrhundert standen hier römische Wohnhäuser, die einem Friedhof weichen mussten, auf dem sich auch das erste Mausoleum für Eulalia befand. Im 5. Jh. wurde dieses Grabmal mit einer frühchristlichen **Basilika** überbaut, die jedoch nach dem Einzug der Araber im Jahr 835 zerstört wurde. Nicht aber verschwand die Erinnerung an den geheiligten Platz, weswegen die Kirche sofort nach der christlichen Reconquista errichtet wurde.

Sie öffnet nur zu Gottesdiensten. Doch das ist nicht weiter schlimm, denn die eigentliche Ausstellungsstätte liegt im Kellergeschoss unter dem Gebäude. Eine Rampe führt durch einen seitlichen Nebeneingang hinab und weiter durch ein etwas verwirrendes Ruinenfeld, das illustrative Skizzen und spanische Texte zu erklären versuchen. Das Besondere aber besteht darin, dass Besucher durch einen Spalt in der Decke in die Kirche darüber schauen können. Eine Ausstellung im Eingangsbereich beleuchtet anhand langer Erläuterungen, Bilddokumenten und Modellen die wechselhafte Geschichte.

Calle Santa Eulalia

Der Rückweg führt über die Rambla Mártir Santa Eulalia, die bald zur schmalen Fußgängerzone wird. Genau an dieser Stelle, beim Bankgebäude der Caja Madrid (C/ Eulália, 41), ist ein Stückchen des Originalpflasters der **römischen Hauptstraße** 13, *decumanus maximus,* ausgegraben worden. Darüber erhebt sich ein neues **Wohn- und Geschäftsgebäude** 5, das Modernität in die provinzielle Einkaufszone bringen soll. Denn auch diese zeigt sich dem Lebensstil der Einwohner entsprechend bescheiden. Meist zweistöckige Häuser beherbergen kleine Zeitschriften-, Bekleidungs- oder Brillenläden. Hoffentlich können sie sich künftig gegenüber den modernen Kettenläden behaupten. Ein spanisches Modelabel hat jedenfalls bereits mehrere Geschäfte eröffnet. Luxuriöses Prêt-a-porter ist freilich nicht im Angebot.

Plaza de la Constitución 14

Bald führt die Calle San Francisco nach rechts an der Terrasse der Tapasbar **Casa Benito** 6 (s. Lieblingsort S. 96) und der Markthalle vorbei zur reizenden Plaza de la Constitución. In der Mitte erheben sich Palmen auf einer kleinen Grünfläche, die von Orangenbäumen eingefasst ist. Hier wird Méridas zweites Forum vermutet, das **Foro provincial** mit Verwaltungsgebäuden der römischen Provinzregierung. Reste eines vermutlich größeren Tempels kamen in einer Baugrube in der abzweigenden Calle Holguín zum Vorschein.

An der Ostseite des Platzes bezog der staatliche **Parador** 1 einen früheren Jesuitenkonvent aus dem 18. Jh. Auch Nichtgästen ist ein Blick in den Innenhof gestattet. Die Säulen aus römischer und westgotischer Herstellung haben die Araber mit kufischen Inschriften verziert.

Arco de Trajano 15

Das entgegengesetzte Platzende hat sich dank mehrerer Bars zum neuen Zentrum des Nachtlebens gemausert. Gleich dahinter erhebt sich in der Calle Trajano der einzeln stehende Trajansbogen über die angrenzenden Häuser und weitere Bars. Einzig der Gegendruck der Granitsteine ermöglicht seine beeindruckende Höhe von 15 m. So sicher man heute weiß, dass der Name nichts mit Kaiser Trajan zu tun hatte, so rätselt man noch über die ursprüngliche Funktion. Allerdings führte hier der *cardo maximus* vorbei, die Nord-Süd-Achse einer römischen Stadt. Der Bogen könnte ein geheiligtes Tempelgebiet eingegrenzt haben, dessen Überreste heute im Boden unter der Calle Holguín schlummern.

Museo de Arte Visigodo 16

C/ Santa Julia, 1, http://museoarteromano.mcu.es/museo_arte_visigodo.html, Di–Sa 9.30–20, So 10–15 Uhr, im Winter Di–Sa 9.30–18.30, So 10–15 Uhr, Eintritt frei

Bei aller augenfälligen Dominanz der römischen Geschichte bietet Mérida doch auch einen wertvollen Schatz an Funden aus der westgotischen Epoche. Nur wenige Schritte hinter dem Trajansbogen werden sie derzeit in der Kirche des früheren Klarissenklosters ausgestellt. Ein größeres Museum befindet sich im Bau. Auf Säulen, Friesen, Reliefs und Mauernischen sind geometrische Motive und Pflanzenabbildungen zu bewundern, ein Kennzeichen der westgotischen Kunst. Sie war von Byzanz und Nordafrika beeinflusst, wohin die wohlhabende Handels- und Bischofsstadt kulturelle und kommerzielle Verbindungen pflegte. Mérida wird daher sogar als Wiege der westgotischen Kunst auf der iberischen Halbinsel bezeichnet. Die hohe Qualität der ausgestellten Steinmetzarbeiten lässt auf eine erkleckliche Zahl luxuriös ausgestatteter Paläste und Kirchen schließen. Leider erklärt die Ausstellung kaum die einstige Funktion der wertvollen Fundstücke.

Plaza de España 17

Rechts des Ausgangs stößt man auf den verkehrsberuhigten städtischen Hauptplatz. Zahlreiche Getränkekioske verlocken zum Ausruhen und Beobachten des lebendigen Treibens. In der warmen Jahreszeit pulsiert noch spät nachts das pralle Leben. Reichlich uneinheitlich zeigt sich indessen das Häuserensemble. Alle Stile und Epochen sind vorhanden – nur diesmal gar nichts Römisches! Ein prächtiger Renaissancepalast, heute das wunderschöne Hotel **Mérida Palace** 1, nimmt die Längsseite ein, umgeben von romantischem Eklektizismus, buntem Regionalismus, hässlichen Beton- und einfachen Wohnbauten. Alltag pur. Allerdings überrascht unangenehm ein Überbleibsel aus der Franco-Zeit. Auf der Fassade der Iglesia de Santa María La Mayor prangt der Name von José Antonio Primo de Rivera, eingemeißelt im frühgotischen Gemäuer. Er war 1933 Gründer der faschistischen Falange. Nur ein kleiner roter Farbfleck erinnert an deren blutige Spuren.

Restos Arqueológicos de Morería 18

Paseo de Roma, o. Nr., tgl. 9.30–13.45, 17–19.15 Uhr, im Winter 9.30–14, 16–18.30 Uhr, Eintritt mit Kombiticket, 12 €

Bald ist das Flussufer erreicht. Nahe der Puente Lusitania wurden die Reste eines offensichtlich beliebten Wohnviertels ausgegraben, war es doch kontinuierlich von der römischen Epoche bis zur Reconquista besiedelt. Etwas irreführend wird es Morería (Maurenviertel) genannt. Denn der Rundgang, der mit spanischsprachigen Infotafeln beschildert ist, zeigt hauptsächlich römische Mauern.

Über diesen wurde der weiße Stelzenbau des **Verwaltungsgebäudes** für die autonome Region der Extremadura errichtet. Neben der Kasse lohnt ein Blick in das **Infozentrum zur Vía de la Plata** (gleiche Öffnungszeiten wie das Ausgrabungsgelände), das erhellende Erläuterungen zur antiken Konstruktionsweise, der touristischen Infrastruktur und dem Verlauf dieses Jahrtausende alten Verkehrswegs bietet.

Außerhalb des Stadtzentrums

Acueducto de Los Milagros 19

Avda. Vía de la Plata, o. Nr.

Wasser ist nicht nur heute eine Grundbedingung für das menschliche Überleben, auch die Römer benötigten das kostbare Nass für die Gründung ihrer Stadt und wegen ihrer luxuriösen Lebensweise in rauen Mengen – auch für ihre Badevergnügen. Sie bauten die zwei Stauseen Proserpina und Cornalvo in der nahen Umgebung und zwei getrennte Leitungssysteme nach Mérida: neben dem bereits erwähnten Acueducto San Lázaro (s. S. 101) im Norden der Stadt auch das Acueducto de Los Milagros. Von diesem ursprünglich 10 km langen Aquädukt blieb ein 830 m langes Teilstück stehen. In dreistöckigen Bogengängen überquert es den Río Albarregas in einer Höhe von bis zu 25 m. Ein Betonkern wird von Granit- und Backsteinen verkleidet, die für eine interessante Farbwirkung sorgen. Allerdings – so imposant wie auf manchem Werbefoto im Abendlicht wirkt die römische Wasserleitung, die heute vor modernen Wohnhäusern steht, nun doch nicht.

Casa del Mitreo 20

C/ Oviedo, o. Nr., tgl. 9.30–13.45, 17–19.15 Uhr, im Winter 9.30–14, 16–18.30 Uhr, Eintritt mit Kombiticket, 12 €

Nahe der Stierkampfarena wurde am südlichen Rand der Altstadt ein weiteres luxuriöses Herrenhaus aus dem späten 1. Jh. ausgegraben. Die Ausmaße und dekorativen Verzierungen beeindrucken. Mehr als zehn Wohn- und Geschäftsräume gruppieren sich um drei Innenhöfe. Einige Räume lagen im Untergeschoss. Sie wurden dank ihrer kühleren Temperaturen im Sommer bewohnt. An manchen Stellen sind Reste einer Wandbemalung und geometrische Bodenmosaike erhalten. Einfach brillant: Auf einem erscheinen das römische Weltbild und die Naturkräfte als allegorische Figuren. So lässt sich der Mond an seinem sichelähnlichen runden Rücken erkennen, die Sonne trägt einen Strahlenkranz um ihr Haupt, das Chaos mit langem Bart

Mittelpunkt der Stadt: die verkehrsberuhigte Plaza España

lächelt im Hintergrund. Außerdem gestaltet der Bilderreigen die Naturelemente Wind, Wolken, Blitz, Donner und Schnee sowie die vier Jahreszeiten in unglaublich farbiger Strahlkraft.

Übernachten

Wunderschöner Stadtpalast – **Bluecity Mérida Palace** **1**: Pza. de España, 19, Tel. 924 38 38 00, www.bluebayresorts.com, Internetpreise ab 60 €, Normalpreise bis 200 €. Ihr Haupt betten Sie unter neorömische Mosaike, das Planschen in der Badewanne wird von einem römischen Medaillonkopf überwacht, und die Utensilien des modernen Hotellebens wie TV und Minibar verstecken sich in einem stilvollen Schrank. Einige Zimmer im Palast aus dem 16. Jh. gehen auf den verkehrsberuhigten, im Sommer aber menschenvollen, spanisch-lauten Platz. Empfehlenswert sind Nr. 118 und 218. Kleiner Außenpool, Sauna, Fitnessraum.

Design im Herrenhaus – **Adealba** 2: C/ Romero Leal, 18, Tel. 924 38 83 08, www.hoteladealba.com, DZ 65–200 € inkl. Frühstück. Die 18 Zimmer des noblen Stadthauses aus dem 19. Jh. sind cool durchgestylt und leben vom Kontrast der tiefdunklen Möbel und strahlend weißen Wände.

Schicke Apartments – **Capitolio** 3: Travesía de Cervantes, 2, Tel. 924 30 31 63, www.capitolia.es, 60–150 € je nach Saison und Größe. 18 farbenfroh gestaltete, 37 m² große und schön ausgestattete Studios und Apartments (bis 4 Pers.) nahe der Fußgängerzone.

Einfach, aber zentral – **El Alfarero** 4: C/ Sagasta, 40, Tel. 924 30 31 83 www.hostalelalfarero.com, DZ 40–60 €. 15 schlichte, saubere Zimmer mit Klimaanlage gruppieren sich um schmale Innenhöfe.

Essen & Trinken

Traditionell gut – **Parador** 1: Pza. de la Constitución, 3, Tel. 924 31 38 00, tgl. 13.30–16, 20.30–23 Uhr, Hauptspeisen ab 19 €, Mittagsmenü ca. 22,50 €, Abendmenüs ab 33 €. Kleine Auswahl an traditionellen Gerichten bestens zubereitet und im gediegenen Ambiente eines Klosters aus dem 18. Jh. gereicht – schön!

Ambitioniert – **Rex Numitor** 2: C/ Castelar, 1, Tel. 924 31 86 54, tgl. 13–16.30, 20–23.30 Uhr, Hauptspeisen ab 14 €, Menüs ab 16 € (mittags). Der Teigrand einer halbierten Semmel wird mit Gemüse und Obst gefüllt, darüber wird aus einem Kännchen die extremenische Tomatensuppe geschenkt. Und die entspannte Atmosphäre gleicht aus, wenn vielleicht nicht jedes Gericht voll den Erwartungen gerecht wird.

Beim Tausendsassa – **Tábula Calda** 3: C/ Romero Leal, 11, Tel. 924 30 49 50, www.tabulacalda.com, tgl. außer So abend 13–16.30, 20–0.30 Uhr, Hauptspeisen ab 14 €, Tagesmenü ca. 13,50 € (Mo–Fr), Hausmenü Saporis Terrae ca. 27 €. Der Besitzer Sr. Manuel liebt sein mittelalterliches Haus, in das Sie durch einen echten römischen Bogen treten. Außerdem schätzt er neorömische Fresken und Reproduktionen von Chagall an den Wänden. Und arabische Traditionen, an die das Wasserspiel im Speiseraum erinnert. Serviert werden besondere Rezepte seiner Mutter, etwa die *salada sefardi* als Appetizer: Orangensalat mit Zucker, Zimt und Olivenöl. Oder das Lammragout *caldereta de cordero.* Das Gemüse stammt aus eigenem Anbau. Alles in allem: ein Unikum!

Junge Szene – **La Taberna del Sole** 4: C/ John Lennon, 27, Tel. 924 30 31 72, www.lataberna.com, Di–Sa 13–16.30, 21–1 Uhr, So nur mittags. Hauptspeisen ab 10 €, Menüs ab 13 €. Gemütlich lässt sich diese Taverne im Nightlife-Viertel nicht nennen, aber vielleicht trifft sich gerade deshalb das junge Publikum hier zu Tapas, Wursttellern und extremenischen Hauptspeisen, darunter viele mit Stockfisch.

Mein Tipp

Frühstück in der Bar

Wenn Ihnen das Frühstück im Hotel zu teuer erscheint, bietet sich gerade in Mérida eine gute Alternative. Fast alle Bars bieten für ca. 2 € einen Café und einen Toast an, etwa die *tostada de cachuela.* Das ist eine kräftige Pastete aus Schweineleber, Eiern, Zwiebeln, Knoblauch und Paprika. Wer es lieber süß mag: *Ensaimada* – eine ausgebackene, mit Puderzucker bestreute Schnecke aus lockerem Hefeteig.

Vegetarisch – **Shangri-La** 5: C/ Sagasta, 21, Tel. 636 75 28 37 (mobil), Di–Sa 13.30–16.30, 19–24 Uhr, So nur mittags, um 10 €. Außergewöhnlich ist es schon, in der fleischorientierten Extremadura mit Salaten, Seitan und Crêpes punkten zu wollen, aber sehr schmackhaft.

Authentisch – **Casa Benito** 6: C/ San Francisco, 3, Tel. 924 33 07 69, tgl. 13–16, 20.30–23, im Sommer bis 24 Uhr, Tapas ab 3,45 €, Tellergerichte ab 12 €, 10 % Zuschlag auf der Terrasse (s. Lieblingsort S. 96). Im angeschlossenen Restaurant **Asador Casa Benito** (über einen gesonderten Eingang erreichbar) steht viel Gegrilltes ab 14 € auf der Karte.

Tapas & Topfgerichte – **Entrecañas** 7: C/ Félix Valverde Lillo, 4, Tel. 924 30 17 42, So–Fr 8–0 Uhr, Sa 9–1 Uhr, Tapas ab 2,50 €, Salate ab 5 € und Tellergerichte um 9 €. Für eine Tapasbar recht modernes Ambiente.

Einheimische Delikatessen – **La Despensa del Castúo** 8: Winziger Laden in der C/ José Ramón Mélida mit Schinken, Würsten, Wein, Brotaufstrichen, Olivenöl aus eigener Herstellung. Auch gute Tapas (s. Mein Tipp S. 99).

Einkaufen

Frisches vom Markt – **Mercado** 1: C/ San Francisco, o. Nr., Mo–Sa 8–12.30 Uhr. Zwar wurde die klassische Eisen-Glas-Konstruktion wenig geschmackvoll unter einer Betondecke erweitert, doch gibt es eine schöne Auswahl frischer Waren, vielfach von heimischen Bauern.

Für Gourmets – **Nico Jimenez** 2: C/ José Ramón Mélida, 24. Der Besitzer ist ein Star in Spanien, auch weil er laut Guinness-Buch mit 13,90 m die längste hauchdünne Schinkenscheibe geschnitten hat. Dazu gibt es weitere Spezialitäten aus der Extremadura.

Schinken satt – **Joaquín Luna** 3: C/ José Ramón Mélida, 42. Gute Auswahl an extremenischen Schinken aus eigener Produktion. Während des Einkaufs kann man auf einem Bildschirm die Herstellung von Schinken und Wurst bestaunen.

Kunsthandwerk – **La Esparteria** 4: C/ El Puente, 24, gegenüber der Alcazaba. Der Schwerpunkt liegt auf Produkten aus dem heimischen Espartogras, etwa Hüte und Körbe. Auch Tonwaren oder Spazierstöcke sind im Angebot.

Modernes Einkaufszentrum – **Centro Comercial El Foro** 5: Avda. Portugal, o. Nr. Geboten wird vieles: Lebensmittel, Kleidung, Bars, Discos – praktisch, aber mit wenig Atmosphäre.

Aktiv

Stadterkundung per Rad – **Ciclos Lusitania** 1: Parque Molina Pan Caliente (unter der Lusitania-Brücke), Tel. 924 30 06 75, www.cicloslusitania.blogspot.pt.

Abends & Nachts

Das neue Zentrum des Nachtlebens gruppiert sich um den Trajansbogen. Im entsprechend dem Namen opulent eingerichteten **Barocco** 1 (Plaza de la Constitución, 8) gibt's ebenso hin und wieder kleine Konzerte wie im benachbarten **Maruja Limón** 2 und in der schon mehr als 30 Jahre alten **Jazz Bar** 3 (Nr. 10). Die **Bow Café & Lounge Bar** 4 (Plaza del Arco de Trajano, o. Nr.) trägt rot-violetten Szenechic, während **Garoa Copas** 5 in der Calle Holguín, 32 eher schlicht daherkommt. **El Bujio** 6 ein paar Schritte weiter bietet oft Garagenrock.

Ganz junge Leute zieht es in das Einkaufszentrum **Centro Comercial El Foro** 5 an der Avenida Portugal mit zahlreichen, allerdings austauschbaren Bars und Discos.

Haus der Kultur – **Centro Cultural Alcazaba** 4: C/ John Lennon, 5, Tel. 924 33 06 80. Konzerte, anspruchsvolle Filme im Original mit Untertiteln sowie eine Bibliothek mit kostenlosem Internetanschluss.

Infos & Termine

Infos

Touristenbüros s. Infobox S. 88.

Termine

An allen Festtagen finden nächtliche Führungen durch das römische Theater statt, das dann beleuchtet ist. Infos beim Tourismusamt.

Semana Santa: Prozessionen in der Karwoche, Höhepunkt ist die Aufführung der Passion Christi im römischen Theater (Nacht zum Karfreitag).

Festival de Mérida: Juli/Aug. Klassisches Theaterfestival im römischen Theater (www.festivaldemerida.es).

Feria de Mérida: Vier Tage um den 3. Sept. Volks- und Folklorefest auf dem Recinto Ferial.

Santa Eulalia: um den 10. Dez. Kulturfeste zu Ehren der Stadtheiligen.

Verkehr

Auf den wichtigsten Einfahrtsstraßen weisen Schilder zu den innerstädtischen Hotels und Sehenswürdigkeiten, die im Stadtzentrum allerdings leider nur noch minimalistisch aufgestellt sind. Wer dort keine Unterkunft gebucht hat, sollte die Autofahrt in die Innenstadt meiden.

Parken: Nur mit viel Glück findet man einen Platz an der Uferstraße Avenida de Roma (gebührenpflichtig). Empfehlenswert sind die zentrumsnahe Tiefgarage Avda. José Fernández López und der kostenlose Parkplatz des Museu Abierto de Mérida (MAM) in der Calle Cabo Verde unweit des römischen Theaters.

Bahnhof: Calle Carderos, Tel. 902 43 23 43. Verbindungen s. Infobox S. 88.

Busbahnhof: Avda. de la Libertad, o. Nr., Tel. 924 37 14 04. Auf der gegenüberliegenden Flussseite an der Puente Lusitania. Regelmäßig in alle großen Städte der Extremadura, nach Madrid und ins Umland.

Alange ▸ E 8

Die römische Spurensuche lässt sich im Heilbad Alange mit Wellness verbinden, etwa 20 km südöstlich von Mérida und durchaus einen Abstecher lohnend. Gerade wenn sich der Blick so langsam an die weiten Landschaften gewöhnt hat, erhebt sich plötzlich auf einem freistehenden Granitfelsen eine arabische Festungsanlage. Strategisch eminent bedeutsam war dieses **Castillo de la Culebra** für die Kontrolle der Vía de la Plata. Und hart umkämpft. Zunächst bei Berberaufständen, dann zwischen Mauren und Christen. Mehrfach wechselte die Burg ihren Besitzer, bis 1243 die Reconquista endgültig den Sieg davontrug. Bis heute herrscht der quadratische Wehrturm über die Ebene. Erhalten blieben zudem Zisternen und Mauerreste. Der Fels hat sich inzwischen in ein Kletterparadies gewandelt. Auch ein Wanderweg führt hinauf.

Mit der christlichen Rückeroberung verlor Alange zunächst seine Funktion als Badeort, die es seit römischen Zeiten erfüllte, da die Christen weniger die säubernden oder heilenden Wirkungen des Wassers achteten als Römer und Mauren vor ihnen.

Römische Thermen
März–Nov., Mo–Fr 13 und 19 Uhr, So 12 Uhr, Eintritt frei
Im 3. und 4. Jh. n. Chr. entdeckten die Römer das Thermalwasser, das mit einer Temperatur von knapp 28 °C aus der Quelle schießt, 316 l pro Minute. Was die Römer noch nicht wussten: Es handelt sich um radioaktives Wasser mit metallischen Spurenelementen. Was sie hingegen durchaus wussten: Es hilft gegen Gelenkentzündungen, Erkrankungen der Atemwege, des Nervensystems und bei Kreislaufproblemen.

In den großzügigen Ausbau der Kur- und Wellnessanlagen unserer Zeit wurden zwei römische Originalbäder einbezogen. Eines hatten die Männer genutzt, das andere die Frauen. Über steinerne Stufen schritten sie ins Wasser. Im wahrsten Sinne des Wortes kann man hier also baden wie die Römer.

Die Weiterfahrt nach Süden führt über die beeindruckende 720 m lange und 67,35 m hohe Staumauer des **Embalse de Alange,** der sich mit einer Fläche von etwa 50 km² immer wieder ins Blickfeld schiebt. Nahe den Kureinrichtungen liegen ein kleiner Badestrand, Anlegestellen für Ruderboote und ein Solarium. Auch Angler können hier ihrer Leidenschaft frönen.

Übernachten

Im Kurpark – **Gran Hotel Aqualange:** Paseo de las Huertas, 3, Tel. 924 36 56 08, www.granhotelaqualange.com, DZ 100–125 €, Mitte Dez.–Mitte März geschl. Modernisierte Zimmer im ehrwürdigen Kurhotel. Zahlreiche Kur- und Wellnessangebote.
Preiswert – **La Cordobesa:** C/ Nueva, 8, Tel. 924 36 53 23, www.hotellacordobesa.es, DZ 40–45 €. 15 einfache Zimmer in einem Stadthaus nahe Ortskern und Badeanstalt.

Aktiv

Baden wie die Römer – **Balneario de Alange:** C/ Baños, 58, Tel. 924 36 51 06, www.balneariodealange.com, Mitte März–Mitte Nov. 9.30–13.30, 17–20 Uhr, Mi nur vormittags. Das Thermalwasser ist reich an Radon, Lithium, Magnesium und Kalzium und wirkt sich positiv auf Nervensystem, Herz, Lunge und Bewegungsapparat aus. Ein den Körper und Seele belebendes Bad in abwechselnd heißem und kaltem Quellwasser kostet 19 € (20 Min.), das Schwimmbad und den Garten kann man halbtägig für 6 €, Sa/So 8 € nutzen. Diverse Massagen, Anwendungen und Packungen für 9–60 €.
Wandern – Das Tourismusamt hält Beschreibungen zu mehreren Wanderungen bereit, eine davon zur Burgruine.
Klettern – Unterschiedlich schwere Kletterrouten im Burgfelsen, Infos u. a. unter www.worldtopo.com.

Infos & Termine

Infos

Oficina de Turismo: C/ Trinidad, 19, Tel. 924 36 52 19, www.alange.es (auf Spanisch), Di–Fr 10–14, 16–19, Sa/So 10– 13.30 Uhr.

Termine

Semana Santa: Karwoche. Die volkstümliche Alternative zu den riesigen Prozessionen in Mérida.
Fiestas Patronales a La Virgen Milagrosa: Mehrere Tage um den 12. Sept. Stadtfest zu Ehren der Schutzheiligen.

Verkehr

S. Infobox S. 88.

Auf Entdeckungstour: Cornalvo – per Rad oder zu Fuß durch den Naturpark

Sanft hügelige Wiesen, soweit das Auge reicht, bewachsen mit Stein- und Korkeichen, fast menschenleer. Vögel schweben in den Lüften. Dazwischen ein See mit der Staumauer aus römischen Zeiten. Worauf also warten? Mit Schwung in den Sattel und kräftig in die Pedale getreten!

Reisekarte: ▶ E 7

Planung: Mittelschwere Tour über 20 km zum und rund um den See von Cornalvo. Radverleih: Ciclos Lusitania (s. S. 107, mit Radanlieferung!) Alternativ kann der See zu Fuß umrundet werden (7 km, leicht).
Start: Trujillanos, 10 km nordöstl. von Mérida an der Autobahn E-90, am Centro de Interpretación del Parque Natural de Cornalvo (Ctra. Trujillanos, o. Nr., Tel. 924 32 74 00).

Bevor Sie die Tour beginnen, sollten Sie einen Blick ins benachbarte **Zentrum der Parkverwaltung** werfen. In einer kleinen, schön aufbereiteten Ausstellung über den Naturpark gibt es Landschaftsmodelle, heimische Baumrinden und ausgestopfte Vögel zu sehen. Weitere Informationen liefert ein Film. Auch eine Übersichtskarte zum Park ist kostenlos erhältlich (tgl. 9–15 Uhr, im Winter 9–14.30, 16–18 Uhr). Aber dann geht es auch schon in den Sattel.

Der Auftakt der Radtour lässt Raum zum Betrachten der Landschaft – dank der meist flachen Teerstraße. Über eine Fläche von 10 570 ha erstrecken sich saftige Wiesen, die vom Frühjahr bis in den Sommer hinein ein farbenfrohes Kleid aus bunten Blumen tragen. Nur wenige Steineichen verstellen die Blicke auf dieses Wunderwerk der Natur. Umliegende Felder bieten Nahrung für zahlreiche Vogelarten. Dennoch braucht es sehr viel Glück, um einen Schwarzstorch in den Lüften zu entdecken. Dieses inoffizielle Wappentier des Parks nistet in den dichteren Korkeichenwäldern, die sich die Hügel am Horizont hinaufziehen. Häufiger kreisen Weißstörche, auch Zwerg- oder Schlangenadler und hin und wieder ein Mönchsgeier über den Köpfen der Ausflügler.

Einmal um den See herum

Nach 6 km weist das Schild »Presa de Cornalvo« nach rechts. Hier, oder wegen der guten Parkmöglichkeiten auch bereits beim Landgut **Cortijo de Campomanes** 1,1 km davor, sind gute Ausgangspunkte für die Umrundung auf Schusters Rappen. Alternativ kann per Auto auch direkt zum See gefahren werden. Die Teerdecke wird rau, an manchen Stellen durchsetzt von Schlaglöchern. Dicht stehen Eichen. Lackzistrosen blühen weiß im Frühjahr. Im Spätherbst und Winter zeigt der eine oder andere Erdbeerbaum seine roten Früchte. Aus ihnen wird köstlicher Schnaps destilliert.

Nur noch ein paar kurze, aber steile Anstiege trennen Sie vom Erreichen des **Embalse de Cornalvo.** Bereits die Römer stauten an dieser Stelle das Wasser. Sie waren es, die den 220 m langen und 18 m hohen Damm bauten, um über einen Kanal Mérida mit Wasser zu versorgen (S. 104).

Hier beginnt der schönste Teil der Tour: In 7 km geht es auf einem befestigten Erdweg um den See herum, am besten entgegen dem Uhrzeigersinn. Die Überfahrt der Staumauer folgt so als Höhepunkt zum Schluss. Auf der entgegengesetzten Seeseite ist Kurioses zu entdecken, allerdings nur bei niedrigem Wasserstand. Dann ragt der Bogen eines frühen Brunnens aus den Fluten. Korkeichen, Eschen und sogar rot blühender Oleander begleiten die Fahrt. Am Ufer finden sich zahlreiche Plätze fürs Picknick oder zum Baden.

Bird Watching am Embalse del Muelas

Vom Staudamm geht es schließlich den gleichen Weg zurück zum Ausgangspunkt. Oder Sie verlängern zur Vogelbeobachtungsstation am 10 km entfernten **Embalse del Muelas.** Dazu allerdings bedarf es wegen der Steigungen guter Kondition und aufgrund heftiger Schlaglöcher einer passablen Beherrschung des Rades. Zwei Abzweigungen sind zu beachten: Bei Coto Rias nach 4,6 km geht es auf dem Hauptweg geradeaus, nach links hingegen 2 km später bei zwei frei stehenden Häusern und hinter einer in den Boden eingelassenen Viehsperre. Eine kräftesparende Alternative gibt es aber auch: per Auto vom Informationszentrum zur Vogelbeobachtungstation.

Das Beste auf einen Blick

Cáceres und Umgebung

Highlights!

Montánchez: Das weiße Städtchen nennt sich Balkon der Extremadura. Und es ist wirklich wahr: Das Panorama ist erste Klasse – ebenso wie der Schinken aus örtlicher Produktion. S. 115

Cáceres: Das pralle extremenische Leben tobt in den Gassen und auf den Plätzen einer mittelalterlichen Ritterstadt, die in puncto Schönheit keine Konkurrenz zu fürchten braucht. S. 117

Auf Entdeckungstour

Museo Vostell: Auf Raketenflügeln schweben zwei alte Autos über einer Landschaft, die von Granitbrocken übersät scheint. Nein, ein normales Museum bildet die Sammlung Vostell nahe dem Dorf Malpartida de Cáceres bestimmt nicht! In den historischen Räumen einer Wollwäscherei warten viele Überraschungen. Und in die urwüchsige Umgebung führt ein halbstündiger Spaziergang. S. 134

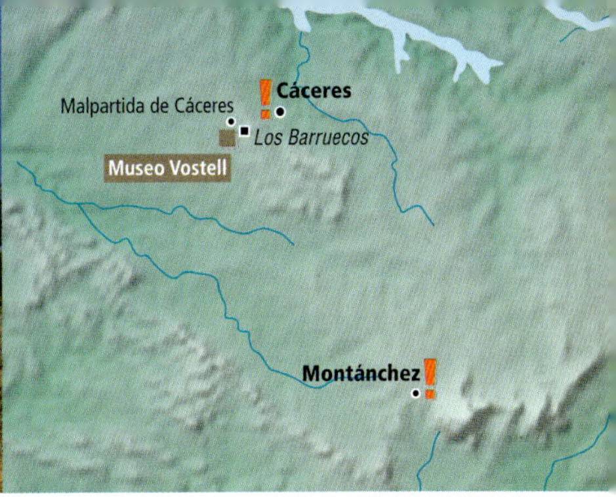

Kultur & Sehenswertes

Semana Santa mit allen Sinnen: Im Centro Semana Santa in Cáceres erschnuppern Sie die Gerüche der österlichen Prozessionen und tragen das Gewicht der Christusfiguren. S. 125

Eine arabische Zisterne: Einer Moschee des Wassers gleicht die gewaltige Zisterne unter dem Museo de Cáceres. S. 128

Zu Fuß unterwegs

Auf Pilzsuche: In den Mischwäldern rund um den Bergort Montánchez wachsen während des ganzen Jahres wunderbare Speisepilze. Früh morgens geht's hinaus! S. 117

Los Barruecos – Kunst in der Natur erlaufen: Grüne Weiden umgeben kleine Seen, wie dazwischengeworfen wirken urzeitliche Granitbrocken und moderne Kunstwerke. Mitten hindurch führen drei Wanderwege. S. 139

Genießen & Atmosphäre

Essen in Cáceres: Einmalig ist die Qualität der Restaurants! Urlauber haben die Wahl zwischen der urigen Tapasbar, dem beliebten Traditionslokal und dem Gourmettempel der Extremadura schlechthin: das Atrio. S. 132

Kunsthandwerk im Adelspalast: Im Centro Provincial de Artesanía können Besucher zugleich die Erzeugnisse heimischer Handwerker und einen Adelspalast von innen bewundern. S. 133

Abends & Nachts

Rund um die Calle Pizzaro: Nachtschwärmer finden in Cáceres in der Calle Pizzaro und den angrenzenden Gassen eine große Auswahl an Bars mit Livemusik und DJs. S. 137

Gran Teatro: Das Stadttheater con Cáceres veranstaltet viele nächtliche Konzerte aller Stilrichtungen. Natürlich häufig Klassik, aber auch regional beeinflusste Musik. S. 138

Mittelalter mit Zukunft

Spieglein, Spieglein an der Wand ... unparteiische Beobachter dürften kaum zweifeln. Das historische Stadtbild von Cáceres braucht in punkto Schönheit keine Konkurrenz zu fürchten. Hinter mittelalterlichen Wehrmauern erheben sich die Paläste der reichsten Adelsfamilien. Fast mächtiger als der Klerus waren sie. Das legt zumindest der Vergleich ihrer Prachtbauten mit den Gotteshäusern nahe. Moderne wäre hier fehl am Platz. Als ein Madrider Architektenbüro eine Ruine in einen avantgardistischen Kubus verwandeln wollte, verhinderte dies ein Proteststurm der Bevölkerung. Moderne und Zukunft dieser Stadt verkörpern junge Familien und Hochschüler der regionalen Universität. Sie tragen das Selbstbewusstsein einer sich neu erfindenden Stadt zur Schau. Auf den lebendigen Plätzen außerhalb der Befestigungsmauern mit ihren vielfältigen Einkaufsmöglichkeiten und in den angesagten Bars des neuen Zentrums tummeln sich auch viele europäische Austauschstudenten.

Seiner Zeit voraus war der deutsche Künstler Wolf Vostell. Ins benachbarte Malpartida de Cáceres stellte er ein Museum, das den Gleichklang aus avantgardistischem Kunstschaffen und einer archaischen, von Granitbrocken übersäten Landschaft komponierte. Ein atemberaubendes Experiment.

Und noch etwas Atemberaubendes: das Panorama im südlichen Montánchez, das sich »Balkon der Extremadura« nennt. Wie von einer Kanzel fällt der Blick hinab auf ausgedehnte Berg- und Weidelandschaften. So weit das Auge reicht. In den Trockenräumen des Gebirgsortes reifen feine Schinken nach traditionellen Methoden. Vielleicht deswegen gehört dem heimischen Produkt die Zukunft, wird es doch in Geschmack und Zartheit niemals von moderner Industrieware erreicht werden.

Infobox

Reisekarte: ▶ D/E 5–8

Informationen

In **Cáceres** gibt es neben dem städtischen Oficina de Turismo zwei regionale Ämter, die zusammengelegt werden sollen und dann in das Centro Virtual de Cáceres in der Calle Tiendas einziehen. Bis es so weit ist:

Regionales Amt: Pza. Mayor, 10, Tel. 927 01 08 34, tgl. 9–20 Uhr.

Provinzbüro: C/ Amargura, 1, Tel. 927 25 55 97, Mo–Fr 8–21, Sa 10–24, 17–20, So 10–14 Uhr.

Städtisches Amt: C/ Torremojada, 1, Tel. 927 24 71 72, Di–So 10–14, 17.30–20.30 Uhr, im Winter Di–So 10–14, 16.30–19.30 Uhr.

... im Internet:

www.turismo.caceres.es: Die Website bietet praktische Informationen für Urlauber in Cáceres.

Anfahrt und Weiterkommen

Cáceres liegt an der Autobahn A-66 von Sevilla über Mérida und Plasencia nach Salamanca. Die A-58 nach Trujillo verbindet die Stadt mit der Autobahn nach Madrid. Nach Badajoz führt die gut ausgebaute Regionalstraße EX-100. Cáceres ist per Eisenbahn an Mérida, Badajoz und Madrid angebunden, 3–5 Mal tgl. verkehren Züge. Häufiger fahren Busse, auch in die nähere Umgebung.

Dólmen de Lácara

▸ D 7

Wer sich für megalithische Grabstätten interessiert, sollte auf der Fahrt von Mérida Richtung Cáceres den kolossalen Dolmen von Lácara einen Besuch abstatten. Bei Aljucén etwa 19 km nördlich von Mérida zweigt die regionale EX-214 Richtung La Nave de Santiago von der Hauptstraße ab. Die Zufahrt ist zwischen Km 24 und 25 ausgeschildert. Ein letztes Stück muss zu Fuß zurückgelegt werden. Aber es lohnt sich.

Das Steingrab vermutlich aus der Kalk- und Bronzezeit liegt inmitten einer sanften Weidelandschaft. Ein bestens erhaltener Zugang von 1,7 m Breite und 4,7 m Länge führt in die runde Grabkammer. Einer der einst acht gut 5 m hohen Tragsteine steht noch aufrecht, die Deckplatte ist zerstört. Wuchtige Steine bilden einen äußeren Ring um den Dolmen.

Santa Lucía del Trampal ▸ E 6

Auf halber Höhe zwischen Mérida und Cáceres liegt der Abzweig der EX-382 Richtung Montánchez. An der Ortsausfahrt von Alcuéscar weist ein Schild den 4 km langen Weg durch anmutige Korkeichenhaine zu einer **westgotisch-mozarabischen Kirche** aus dem 7. bis 8. Jh., die einzig erhaltene südlich des Río Tajo. Ins Auge springen die wuchtigen Grundmauern. Römische Inschriften belegen, dass die verwendeten Steine aus Vorgängerbauten stammen. Der Innenraum in Form eines T-förmigen Kreuzes ist leer. Die wertvolle Ausstattung wurde vermutlich im 9. Jh. geraubt.

Die Anlage verfiel, bis das Langhaus nach der Festigung der christlichen Herrschaft im 15. Jh. neu errichtet wurde. Vergitterte Fenster ermöglichen Einblicke. Eintritt gewährt nur eine Führung durch Mitarbeiter des **Informationszentrums.** Gut aufbereitete Schautafeln erläutern dort die damalige Bau- und Lebensweise (http://alcuescar.com, tgl. 10–14, 16–19 Uhr, 15. Juni–30. Sept. 10–14, 17–20 Uhr, Eintritt frei).

Montánchez ! ▸ E 6

Balkon der Extremadura! In steilen Kurven windet sich die Straße die knapp 1000 m hohen Berge hinauf, die ganz plötzlich aus der Ebene zwischen Mérida, Cáceres und Trujillo emporsteigen. Die weißen Häuser von Montánchez schmiegen sich harmonisch an den Burghügel. Dort thront die Festung aus dem 12. Jh., die später vom Santiago-Orden erweitert und verstärkt wurde. Drei halbwegs erhaltene Zisternen stammen noch aus der arabischen Epoche.

All diese Historie aber verblasst vor den aufsehenerregenden Ausblicken von den Mauern auf die nahen Bergtäler in östlicher Himmelsrichtung und die endlosen Weidelandschaften, die erst weit hinten im Westen von neuen Gebirgszügen unterbrochen werden. Und unmittelbar zu Füßen liegt das hübsche Dorf, von schmalen Gassen durchzogen, die auf kleine wohlgestaltete Plätze münden. Auf der **Plaza del Altozano** wachsen um ein Brünnlein sogar Palmen. Manch ein Haus ist blumengeschmückt.

Städtisches Gravitationszentrum ist die bescheidene **Plaza Mayor.** An der Längsseite steht das Rathaus, rundherum reihen sich einige Bars, Schinkengeschäfte, Banken. So wirkt dieser

Balkon der Extremadura: Rund 700 m hoch liegt der Burghügel von Montánchez

Platz eher uneinheitlich, wenig romantisch. Aber er ist Treff für Jung und Alt Von hier aus lässt sich zwar nicht in die Ferne schauen, dafür das bunte Treiben beobachten. Das einfache Terrassencafé bildet somit eine weitere Art von Balkon der Extremadura.

Die umliegenden dichten Mischwälder ziehen Wanderer an. Auch viele Pilzsammler versuchen ihr Glück, das ganze Jahr über mit Erfolg. Noch bekannter ist Montánchez für seine Schinkenproduktion. Im Ortskern befinden sich die Läden der örtlichen Produzenten, die sogar das Königshaus beliefern. Probieren vor dem Kauf ist erlaubt.

Übernachten

Neben dem hübschen **Hotel Nogales,** das aber auch nur fünf Zimmer zählt (C/ Virgen de los Remedios, 11, Tel. 927 38 05 67), gibt es einige kleine Privatpensionen im Ortszentrum. Die Preise liegen jeweils bei 50 € pro DZ.

Rustikal – **El Fontano:** C/ Santo Domingo, 17, Tel. 927 30 01 73, www.casaruralfontano.com, DZ 45–55 €. Nur drei unterschiedlich große Zimmer in einem Steinhaus von 1890.

Essen & Trinken

Ländlich – **La Posada:** Pza. del Altozano, 6, Tel. 927 38 00 45, tgl. 10–16 Uhr, Hauptspeisen und Tagesmenü ab 8 €. Einfache Taverne mit schöner Auswahl an regionalen Gerichten, bei denen natürlich der Schinken nicht zu kurz kommt. Außerdem Spanferkel- und Lammgerichte.

Einkaufen

Feinster Schinken – **Casa Bautista:** C/ Mártires, 18 und Pza. de España, 7, www.jamonescasabautista.com. Einer der vielen örtlichen Hersteller mit großer Tradition und zahlreichen Auszeichnungen.

Aktiv

Wandern – Ein Spaziergang sowie zwei mittelschwere Wanderungen von 8 und 10 km Länge führen von Montánchez in die Eichen- und Kastanienwälder. Höhenunterschiede 250 und 150 m. Zahlreiche weitere Wege in der Umgebung. Infos erteilt das Bürgermeisteramt.
Pilzsuche – Im Frühjahr und Herbst verwandeln sich die Wälder der Sierra de Montánchez in ein Paradies für Pilzsammler. Wohlschmeckende Steinpilze, Pfifferlinge, Täublinge, aber auch Riesenschirmpilz, Schopftintling und Austernseitling sind heimisch.

Infos & Termine

Infos

Ayuntamiento: Plaza de España, 1, Tel. 927 38 07 63, www.montanchez.es. Nach der Schließung des Tourismusamts erteilt bei etwas Glück das Bürgermeisteramt einige Auskünfte.

Termine

Jornadas Gastronómicas del Cerdo Ibérico: Anfang Dez. Schlachtfest mit Theateraufführungen, Musik und natürlich Essen.

Verkehr

Mehrmals tgl. nach Cáceres und Mérida.

Cáceres ! ▸ E 5

Das Schmuckstück Cáceres hebt sich unerwartet über die endlose, fast menschenleere Landschaft. Schnell sind die Neubausiedlungen der aufstrebenden Provinzhauptstadt durchquert. Die Plaza Mayor wird erreicht, Schnittstelle zwischen Zukunft und Geschichte. Nach Süden laufen schmale Einkaufsstraßen mit Traditionsgeschäften auf den verkehrsreichen Paseo de España zu, der von Filialen der großen Modeketten gesäumt ist. Hier spult die Neuzeit ihren immer gleichen Film ab.

Schnitt! Der Blick schwenkt nun hinüber zur Längsseite der Plaza Mayor und fängt die arabische Wehrmauer mit ihren Festungstürmen ein. Sie schützt die mittelalterliche Ritterstadt, nahezu unberührt seit einem halben Jahrtausend. Es bereitet immenses Vergnügen, ziellos die engen Gassen zu durchstreifen und schmale Treppen auf und ab zu steigen. Zu bestaunen sind die wappenverzierten Fassaden zahlloser Adelspaläste und wehrhafte Kirchengebäude. Kleine Plätze laden zur Rast bei leckeren Keksen aus Nonnenklöstern ein. Oder einfach nur zum Schauen und Träumen.

Cáceres vermag jedem Regisseur von Mantel- und Degenfilmen wahre Jubelschreie zu entlocken. Und ist doch nicht nur Kulisse. 600 Menschen leben noch hinter den schweren mittelalterlichen Mauern. Viele Herrenhäuser beherbergen öffentlich zugängliche Behörden. Auch Touristen erhalten dadurch die Möglichkeit, in einen reizenden Patio zu treten, die schweren Treppenaufgänge aus Granit zu bestaunen und manchmal sogar einen der repräsentativen Empfangssalons. Nachts lässt gezieltes Scheinwerferlicht die Gebäude magisch aus der Dunkelheit treten.

1986 hat die UNESCO diese Altstadt zum Welterbe erklärt. Dabei entwickelt sich Cáceres weiter und bleibt nicht, wie etwa Trujillo, in der Zeit der Konquistadoren stehen. Die Universitätsstadt ist jung und lebendig, ein Ort der Kultur. Aber hierbei zweigeteilt. Den traditionellen Prozessionen der Semana Santa folgt das avantgardistische Festival World of Music, Arts

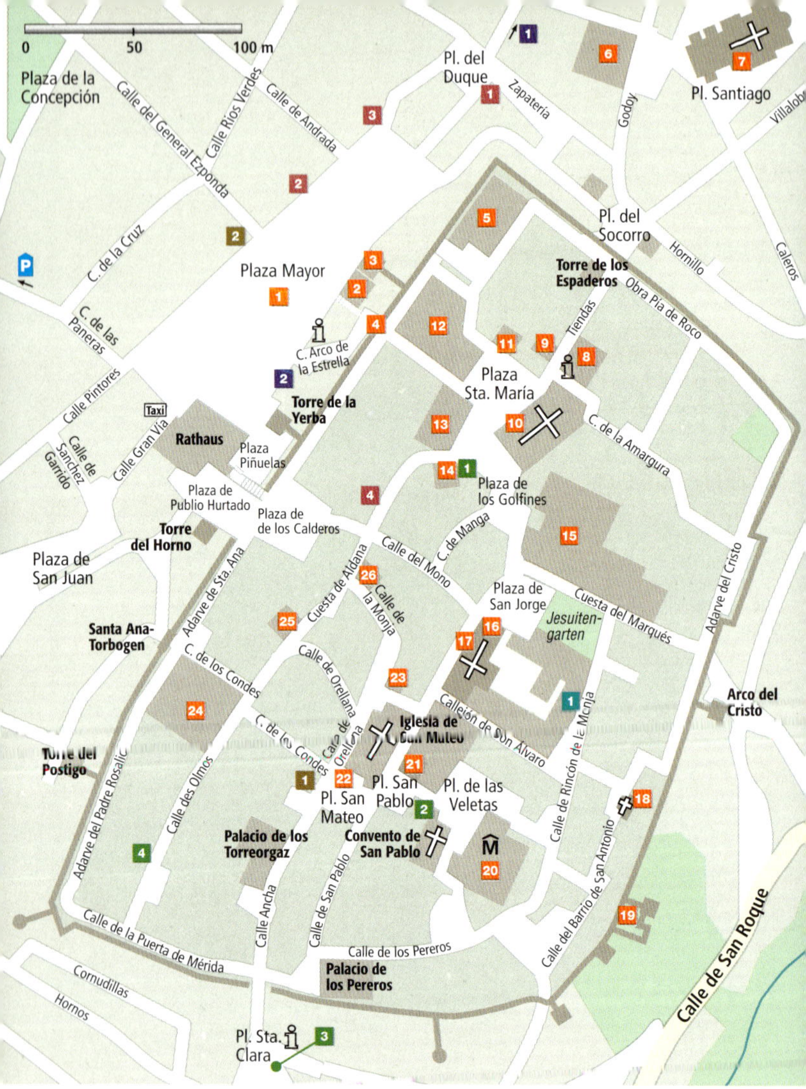

and Dance. Das von Peter Gabriel 1982 gegründete Spektakel zieht jährlich zehntausende junge Menschen an.

Die hohe Lebensqualität ließ die Einwohnerzahl von 82 000 im Jahre 2000 auf aktuell 95 000 steigen. Bürgermeisterin und Bewohner wagten sogar – wenn auch erfolglos – die Bewerbung zur Europäischen Kulturhauptstadt 2016. Viel hat die Stadt dadurch gewonnen. Neue Museen sind entstanden und in die alten Paläste gezogen, ebenso wie durchgestylte Hotels. Das historische Zentrum wurde

Cáceres: Altstadt

Sehenswert
1 Plaza Mayor
2 Ermita de la Paz
3 Torre Bujaco
4 Arco de la Estrella
5 Casa de los Toledo-Moctezuma
6 Palacio de Godoy
7 Iglesia de Santiago
8 Palacio de Carvajal
9 Centro de Cultura Virtual de Cáceres
10 Catedral de Santa María
11 Casa de Ovando
12 Bischofspalast
13 Palacio Mayoralgo
14 Casa Moraga
15 Palacio de los Golfínes de Abajo
16 Iglesia de San Francisco Javier
17 Centro de Divulgación Semana Santa de Cáceres
18 Ermita de San Antonio
19 Baluarte de los Pozos
20 Museo de Cáceres
21 Casa de la Cigüeña
22 Plaza de San Mateo
23 Casa del Sol
24 Palacio de los Golfínes de Arriba
25 Casa Mudéjar
26 Casa del Mono

Übernachten
1 Atrio Hotel Relais & Chateaux
2 Casa Don Fernando

Essen & Trinken
1 Madruelo
2 Laminerva
3 La Tetería
4 El Corral de las Cigüeñas

Einkaufen
1 Centro Pr. de Artesanía
2 San Mateo
3 St. Clara
4 Convento de las Jerónimas

Aktiv
1 Baños Arabes
2 Oficina de Guías

Abends & Nachts
1 Filmoteca

Neustadt: s. Karte S. 131

verkehrsberuhigt. Urlauber wie Einheimische dürften sich freuen. Auch über die lebendigen Bars, die Kneipen mit guter einheimischer Kost und das beste Restaurant der Extremadura.

Geschichte

78 v. Chr. richteten die Römer ein erstes Truppenlager ein, um den Widerstand des ansässigen Stammes der Vettonen zu brechen. Eine Colonia Norba Caesarina wurde 25 v. Chr. zeitgleich mit Mérida gegründet. Gelegen an der Vía de la Plata (s. S. 63), entwickelte sich Cáceres zur blühenden Handelsstadt. Doch mit dem Niedergang des römischen Reiches schwand die Bedeutung. Der Ort wurde von den arabischen Invasoren zunächst kaum wahrgenommen.

Dies änderte sich mit Beginn der christlichen Reconquista. Abermals bestimmten Militärstrategen die Geschicke der Stadt. Almoraviden und später Almohaden, zur Verstärkung der arabischen Truppen aus Nordafrika herbeigeeilt, nutzten Überreste einer römischen Stadtbefestigung zur eigenen Verteidigung. Qarci, so der neue Name, war ab 1166 hart umkämpft und wurde mehrmals erobert und rückerobert. Der Feldzug des Glaubens stand gegen den Jihad.

Eine Schar kampferprobter christlicher Ritter nannte sich ›Brüder von Cáceres‹. Sie machten den hl. Jakobus (span. San Tiago) zu ihrem Schutzheiligen und gründeten im 12. Jh. den bald einflussreichen Santiago-Orden. König Alfonso IX. aus León glückte schließlich 1229 der endgültige Sieg über die Mauren. Mit der großzügigen Zuteilung von Privilegien und Ländereien lockte er Adelsfamilien aus nordspanischen Provinzen, die zwischen dem 14. und 16. Jh. die wehrhaften Paläste innerhalb der Stadtmauern erbauten. Cáceres blieb direkt dem kastilischen

Königshaus unterstellt und nicht, wie so viele andere Orte, den Militärorden.

Adelige buhlten um die königliche Gunst, beäugten einander misstrauisch und suchten den eigenen Ruhm und Einfluss mit Intrigen oder Waffengängen zu mehren. Mit Schießscharten und Pechnasen wurde das eigene Stammhaus verstärkt. Rund 30 Wehr- oder Geschlechtertürme bestimmten die mittelalterliche Silhouette – ein San Gimignano der Extremadura.

Das Stadtbild sollte sich bald ändern, denn Königin Isabella wies die ungestümen Feudalbarone in ihre Grenzen, politisch wie architektonisch. Die Wehrtürme mussten sie abreißen. Als Ausgleich erhielten ihre Festungshäuser ein elegantes Festkleid. Platereske oder Mudéjar-Fenster, Gitterbalkone und durchbrochene Steinbordüren zeigen die Weltoffenheit der heraufziehenden Renaissance.

Rundgang durch die Altstadt

Auf den ersten Blick wirkt die Altstadt wie eine einträchtige Ansammlung von Palästen, die sich irgendwie ähneln. Und doch besitzt jedes Gebäude nicht nur architektonisch seine ›individuelle‹ Geschichte. Die jeweiligen Schicksale in und um die Herrscherhäuser erzählen die allgemeine Entwicklung von Cáceres seit dem ausgehenden Mittelalter.

Plaza Mayor

Ausgangspunkt für die Erkundung der Alt- wie der Neustadt, aber auch für den nächtlichen Zug durch die Kneipen ist die großzügig angelegte **Plaza Mayor** 1. Was hat dieses Zentrum des städtischen Lebens seit dem 13. Jh. nicht schon alles gesehen. Stierkämpfe, Feste, Theater, Konzerte, Prozessionen, Märkte, Ratsversammlungen. Im Sommer verwandelt sie sich in ein riesiges Open-Air-Café, zum großflächigen Weihnachtsmarkt wird sie im Dezember.

Im 16. Jh. wurden an drei Seiten Arkadengänge zum Schutz vor Sonne und Regen errichtet. Die kleinen, mit Metallgitter verzierten Balkone in oberen Stockwerken wurden im 18. Jh. hinzugefügt und als Logenplätze während der Veranstaltungen vermietet. Und jüngst wurde ihr durch Stahlträger am Rande und Pflasterung mit modernen Schiefer- und Granitplatten ein aktuelles Outfit verpasst.

Das Rathaus begrenzt die schmale Südseite, die arabische Stadtmauer und ihre Türme schließen die Längsseite ab. Treppen führen vorbei an der **Ermita de la Paz** 2 (Plaza Mayor, o. Nr.) ins Mittelalter. Ein eleganter Habsburger Doppeladler schmückt ihr Eisengitter.

Torre Bujaco 3

Plaza Mayor, o. Nr., Di–So 10–14, 17.30–20.30 Uhr, im Winter 10–14, 16.30–19.30 Uhr, Eintritt 2,50 €

Zu dem 25 m hohen, rechteckigen Wehrturm führt ein schmaler Zugang, der direkt vor dem Stadttor nach links zweigt. Die arabische Torre Bujaco wurde im 12. Jh. aus Bruchsteinen erbaut. Sie war der Stadtmauer vorgelagert, um Angreifer effizienter stoppen zu können. Die Kanten sind mit Granit verstärkt. Der ungewöhnliche Name ehrt den Feldherrn Abu Yacub. Dieser hatte Santiago-Ordensritter, die 1173 den Turm verteidigten, gefangen genommen und hingerichtet.

Einige Schautafeln unter einem imposanten Mudéjargewölbe im Innenraum erzählen vom Alltag des römischen, arabischen und mittelalterlichen Cáceres. Eine schmale Treppe führt auf die Plattform, deren Zinnen lustige Hütchen aus Stein aufgesetzt wurden, Panoramatafeln helfen bei der Orientierung.

Vom Ausstellungsraum aus existiert eine Verbindung zum begehbaren Wehrgang. Von dort lassen sich weitere arabische Verteidigungstechniken am Turm erkennen. Dazu gehören schmale Schießscharten für Pfeilschützen und ein kleiner Vorbau mit Öffnungen an der Unterseite, die Pechnasen. Durch diese goss man heißes Wasser, Olivenöl oder Pech auf die Angreifer hinab. Übrigens kommt daher der Ausdruck »Pech haben«. Ganz friedlich lässt sich mit etwas Glück gegen Sonnenuntergang der Zug der Kuhreiher von den Feldern in ihr Nachtquartier beobachten.

Arco de la Estrella 4

Plaza Mayor, o. Nr.

Vorhang auf für den elegantesten Eingang in die Altstadt! Einst stand hier eine bescheidene gotische Pforte. Doch Kirchenfürsten und Adel wollten endlich per Kutsche zu ihren Palästen vorfahren. Und dafür sorgte der Barockarchitekt Manuel de Larra Churriguera mit einer Verbreiterung der Durchfahrt. Auf der Rückseite verabschiedet die *virgen de la estrella,* die Sternmarie, in einem Wandaltar diejenigen, die die Stadt verlassen. Direkt hinter der Stadtmauer empfiehlt sich der Weg nach links.

Casa de los Toledo-Moctezuma 5

Plaza del Conde de Canilleros, o. Nr.

Liest man Moctezuma (eingedeutscht Montezuma), denkt man unwillkürlich an dessen Rache, aber kaum an den Namen eines Königsgeschlechtes. Moctezuma war der letzte Herrscher der Azteken. Und tatsächlich floss in den Adern des Palastherrn, Juan Cano de Saavedra y Moctezuma, aztekisches Blut. Sein Großvater war bei der Eroberung Mexikos in den Jahren 1519–21 dabei gewesen und hatte Tecuichpoch, die Tochter des Aztekenkönigs, geheiratet. Inzwischen bergen die wehrhaften Mauern aus dem 14.–16. Jh. das Provinzarchiv. Manchmal öffnen sich die schweren Tore für Kunstausstellungen. Dann lassen sich die schönen Fresken in den Festsälen bewundern, die römische Kaiser und aztekische Könige gleichermaßen in Szene setzen.

Palacio de Godoy 6

C/ Francisco de Godoy, 1

Der Prachtpalast wurde Mitte des 16. Jh. vor den Toren der Stadt errichtet. Denn sein Erbauer, Francisco de Godoy, war ein Emporkömmling, der bei der alteingesessenen Aristokratenrunde innerhalb der Stadtmauern keinen Platz mehr fand. Die Baufinanzierung sicherte sich der Hauptmann an der Seite von Francisco Pizarro durch südamerikanisches Gold. Nach seiner Rückkehr wollte er den frisch erworbenen Reichtum zeigen. Fast königlich wirkt sein Wappen über einem Eckbalkon. Der Adelspalast soll zu einem Konservatorium umgebaut werden. Bis es soweit ist, kann man den zweistöckigen Innenhof durch ein Fenster im Vorraum einsehen.

Iglesia de Santiago 7

Plazuela de Santiago, o. Nr.

Die gotische Kirche entstand ebenfalls Mitte des 16. Jh. Die gröber gearbeiteten Grundmauern des Vorgängerbaus aus dem 12. Jh. sind neben dem Kirchenportal erhalten. Das ungewöhnlich breite Hauptschiff wird von Licht durchflutet, nichts ist mehr von einer mittelalterlichen Wehrhaftigkeit zu spüren. Das geschnitzte Holzretabel im Hauptaltar entstand in der gleichen Zeit wie sein Pendant in der Kathedrale, beide sind vom Geist der Renaissance geprägt. Doch wie verschieden ist der jeweilige künstlerische Ausdruck! In der Kathedrale (s. u.) waren unbekannte Holzschnitzer tätig, in der Iglesia de Santiago der berühmte Bildhauer Alonso de Berruguete. Er hatte sein Handwerk bei Michelangelo erlernt. Seine Hauptwerke hinterließ er in Salamanca, Sevilla und Toledo. Während das Retabel in der Kathedrale unbemalt blieb, ließ Berruguete polychrome Holzskulpturen raffiniert aus einem gemalten Hintergrund treten. Der Meister verstarb vor Beendigung des Auftrags, und seine Gesellen mussten das Werk alleine vollenden. So erklärt sich die unterschiedliche Qualität der einzelnen Tafelbilder. Man vergleiche etwa die dynamische Bildkomposition der Heiligen Drei Könige links unten mit den steifen Darstellungen der oberen Reihe.

Palacio de Carvajal und Centro de Cultura Virtual de Cáceres

Der Weg von der Iglesia de Santiago Richtung zentralem Altstadtplatz Santa María führt durch die von Granitmauern eingefasste Calle Tiendas. In der Eingangshalle des Tourismusbüros im **Palacio de Carvajal** 8 (C/ Tiendas/Ecke C/ Amargura) steht ein Modell der Altstadt. In Nebenräumen werden die einzelnen touristischen Regionen der Provinz computeranimiert präsentiert.

Sehr viel peppiger geht es auf der anderen Straßenseite zu. Im **Centro de Cultura Virtual de Cáceres** 9 und neuem Tourismusamt (C/ Tiendas, 1) werden die Medien des 21. Jh. eingesetzt, um junge und jung gebliebene Besucher für die Stadtgeschichte zu begeistern. Geschichte einmal nicht trocken und verstaubt! Computerbildschirme lassen sich vor und über dem Kopf hin und her schwenken, um einzelne Bauwerke aus allen nur erdenklichen Perspektiven zu begutachten. Per Joystick zappt man durch virtuelle Geschichtswelten. Fast wie aus vergangenen Medienwelten wirkt dagegen ein Film zur Stadthistorie, wenn auch computeranimiert (bis zum Einzug des Tourismusamts geschl.).

Catedral de Santa María 10

Plaza de Santa María, o. Nr., tgl. 10–14, 16–20.30 Uhr, Eintritt 1 €

Ein glücksbringender Franziskanermönch, ein mehrstöckiger Altar, ein

Gezielt eingesetztes Scheinwerferlicht verleiht der Altstadt abends etwas Magisches

schwarzer Jesus. Die Kathedrale von Cáceres hat einiges zu bieten. Doch der Reihe nach. Das Gotteshaus aus dem späten 15. Jh. markiert den Übergang von der Romanik zur Gotik. Die schweren Außenwände aus groben Granitquadern werden von den gotischen Spitzbögen der beiden Portale optisch aufgelockert. Rechts am Eck steht der Glücksbringer – Sie müssen nur die Füße der Bronzefigur des hl. Pedro de Alcántara berühren. Entsprechend blank poliert sind die Zehen des Franziskanermönchs und Ratgebers der hl. Teresa von Ávila.

Ein gotisches Kreuzgewölbe überspannt den dreischiffigen Innenraum. In Pestzeiten trugen die Wände wegen der desinfizierenden Wirkung einen weißen Kalkanstrich, der erst vor einem halben Jahrhundert abgeschlagen wurde. Der im 16. Jh. formvollendet geschnitzte Hauptaltar erzählt auf zwölf Tafeln die Geschichte Marias und der Passion Jesu, wobei das dunkle Zedernholz nicht hinter

Blattgold oder Farbe verschwindet. Die Wehrhaftigkeit des christlichen Glaubens als Leitmotiv des mittelalterlichen Cáceres findet ihren künstlerischen Ausdruck in zwei kämpfenden Heiligenfiguren. Links unten der Maurentöter Jakobus, rechts unten der Stadtheilige und Drachentöter Georg.

Die Ebenholzfigur eines schwarzen Christus am Kreuz (14./15. Jh.) soll aus einem einzigen Baumstamm geschnitzt worden sein. Sie verbirgt sich in der Seitenkapelle rechts vom Hauptaltar. Die große Stunde dieses *cristo negro* schlägt im Morgengrauen des Gründonnerstags. Dann führt ihn eine Prozession hinaus auf die Gassen. Nach alter Regel darf die Statue die Altstadt aber nicht verlassen. Deswegen nimmt die ehrwürdige Bruderschaft Cofradía Cristo Negro nicht an der großen *procesión magna* teil, die alle fünf Jahre auf der Plaza Mayor stattfindet.

Paläste an der Plaza Santa María

Leider fehlt auf dem unregelmäßig geschnittenen Platz ein Terrassencafé oder wenigstens Bänke, um die Fassaden der umliegenden Paläste in Ruhe betrachten zu können. Dafür kann man durch die meist geöffnete schwere Eingangstür der **Casa de Ovando** 11 (Plaza de Santa María, 2) an der östlichen Seite schlüpfen und einen Blick in den Innenhof werfen. Er ist vollgestellt mit Blumen, denn die alten Gemäuer sind weiterhin bewohnt, und zwar höchstpersönlich von der Gräfin Canilleros aus uraltem Geschlecht. Angeblich nächtigt sie in einem Himmelbett aus dem 15. Jh., allerdings auf neuer Matratze. Erbauen ließ den Palast Hernando de Ovando, Bruder des ersten Gouverneurs auf Hispaniola, der von Kolumbus entdeckten westindischen Insel.

Der Grundstein zum benachbarten **Bischofspalast** 12 (Plaza de Santa María, o. Nr.) wurde unmittelbar nach der Reconquista gelegt. Während der folgenden Jahrhunderte wurde er verschönert und erweitert. So riesig ist er, dass die Rückfront an das Stadttor Arco de la Estrella grenzt! Eintreten ist nicht erlaubt. Eine besondere Aufmerksamkeit gebührt den beiden Medaillons über dem Renaissance-Portal. Sie zeigen die Gesichter von Indios, deren Missionierung ein früherer Bischof vorantrieb.

Links davon erhebt sich der **Palacio Mayoralgo** 13 (Plaza de Santa María, o. Nr.) aus dem 15./16. Jh. Zwei Zwillingsfenster über dem Portal rahmen das von floralen Ornamenten eingefasste Familienwappen ein. Die Fassade sieht fast wie geleckt aus. Sie wurde im Spanischen Bürgerkrieg von einer Bombe getroffen und neu aufgebaut. Einst besaß die Familie der Mayoralgos ein bedeutendes Majorat, das erste der Extremadura. Die Nachfahren versilberten den Palast. Römische Mauerreste wurden jüngst im Inneren entdeckt und sollen zugänglich gemacht werden, bis dahin ermöglicht eine Glastür den Blick in den Innenhof.

Frei zugänglich ist jedoch die **Casa Moraga** 14 schräg gegenüber. Dort genießen Sie den Charme eines kleinen Innenhofes, wenn Sie über Stufen zur oberen Galerie steigen. In den Verkaufsräumen des Handwerkszentrums **Centro Provincial de Artesanía** 1 erklärt ein Film die fast vergessenen Gewerke.

Palacio de los Golfínes de Abajo 15

Plaza de los Golfines, o. Nr., Di–So 10–14, 17–19 Uhr, Eintritt frei

Ein Palast der Superlative schiebt sich zwischen die Plätze Santa María und San Jorge. 6000 m² Wohnfläche.

Dreimal so groß wie die meisten anderen Herrschaftshäuser. Doch damit nicht genug. Das Adelsgeschlecht der Golfínes baute sich in der Oberstadt gar noch einen zweiten Palast. Kein Zweifel, die Adelssippe machte gute Geschäfte und verfügte über beste politische Verbindungen. Für den König stand immer ein Gästebett bereit.

Die Außenwände zeigen die Metamorphose eines Wehrpalastes aus dem frühen 15. Jh. zur schmucken Residenz. Von der kriegerischen Vergangenheit zeugt der robuste Eckturm mit Ausguckterrasse und einer Pechnase ebenso wie die wuchtige Fassade aus Bruchsteinen und Granit. Sie wurde aber bereits einige Jahrzehnte später durch platereske Fensterumrandungen und den Aufsatz einer filigranen Steinbordüre auf den eleganten Stil der Renaissance getrimmt. Charakteristisch für viele Stadtpaläste sind die strahlenförmigen Keilsteine, die das Eingangstor umrahmen.

Iglesia de San Francisco Javier 16

Cuesta de la Compañia, o. Nr., Di–So 10–14, 17.30–20.30 Uhr, im Winter 10–14, 16.30–19.30 Uhr, Eintritt 1 € inkl. Turmbesteigung

Nach ein paar Schritten ist die Plaza de San Jorge erreicht, der Platz des hl. Georg. Eine Metallskulptur zeigt den Drachentöter am Fuße einer doppelseitigen Treppe, die zur Iglesia de San Francisco Javier hinauf steigt. Die barocke Jesuitenkirche aus dem 18. Jh. wirkt mit zwei himmelstürmenden Türmen und weißer Fassade wie ein Störfaktor unter den Adelspalästen aus behauenem Granitstein. Ein angebautes überdimensioniertes Kolleg dokumentierte die Geltungssucht der Jesuiten. Gemäß ihren architektonischen Vorgaben wölbt sich eine Rundkuppel über das Kirchenschiff (s. auch Lieblingsort S. 127).

Centro de Divulgación Semana Santa de Cáceres 17

Cuesta de la Compañia, o. Nr., www.semanasantadecaceres.org, Di–So 10–14, 17.30–20.30 Uhr, im Winter 10–14, 16.30–19.30 Uhr, Eintritt 2,50 €

Eine wunderbare Ausstellung wurde in der düsteren Krypta der Jesuitenkirche realisiert. Sie vermittelt die Faszination der *semana santa* auch außerhalb der Karwoche. Auf einem Rundgang für alle Sinne können Besucher die Gerüche der Prozessionen schnuppern: Weihrauch, Rosmarin und Kerzenwachs. Sie hören die Bußgesänge im Kopfhörer, dürfen sich eine der schwarzen Kapuzen der Bruderschaften überstülpen und das Gewicht der Prozessionsfiguren auf die eigenen Schultern laden. Kaum zu glauben, dass dies stundenlang zu (er)tragen ist.

Im rückwärtigen Raum stimmen Infotafeln zur Wasserversorgung auf den Abstieg in die **Zisterne des Jesuitenkollegs** ein. Sie ist eine der fast hundert Wasserreservoirs, die sich unter den historischen Palästen verbergen, als Ausgleich dafür, dass kein größerer Fluss durch die Stadt fließt. Sollte es während der Besichtigung regnen, entschädigt ein fulminantes Konzert der durch die Deckenlöcher fallenden Tropfen für dieses Malheur.

Calle Barrio de San Antonio

Hinter dem Jesuitenkomplex nach links führt die winzige Callejón Don Álvaro hinab in die Welt der bescheidenen Häuser. Dort wo die steile Hanglage den Bau großer Paläste verhinderte, versteckte sich das **alte Judenviertel.** Die Spuren jüdischen Lebens wurden durch die Inquisition fast beseitigt. Der jüdische Grund fiel der Familie Golfínes zu. Doch die Gebäude atmen noch ein wenig den alten jüdischen Geist. Im Gegensatz zu den christlichen Herrscherhäusern

Lieblingsort

Ideal zum Entspannen: der Jesuitengarten
Ein verwunschener Paradiesgarten versteckt sich hinter einem schmalen Gittertor inmitten der Altstadt von Cáceres. Der ehemalige Klostergarten neben der **Iglesia de San Francisco Javier** 16 bildet den idealen Ort zum Entspannen während der Entdeckungstouren durch das extremenische Mittelalter. Kühlung im Sommer bringt ein kleines Wasserspiel, und Picknick auf den Steinbänken ist durchaus erlaubt.

aus Naturstein sind sie weiß gekalkt. Der graue Anstrich am unteren Mauerwerk sollte gegen Ungeziefer schützen. An die Stelle der Synagoge allerdings wurde im 15. Jh. die katholische **Ermita de San Antonio** 18 (Barrio de San Antonio, o. Nr.) gesetzt.

Baluarte de los Pozos 19

Barrio de San Antonio, o. Nr., Di–So 10–14, 17.30–20.30 Uhr, im Winter 10–14, 16.30–19.30 Uhr, Eintritt frei

Ebenso schlicht scheint das Haus Nr. 17. Ein im Boden eingelassener Fußabdruck aus Messing weist es als jüdisches Kulturgut aus. Der jüdische Besitzer wollte oder musste seinen Reichtum nach außen verbergen. Repräsentativ hingegen waren die Innenräume, gekrönt von einem Mudéjargewölbe. Am Fuß des Turmes wurden die Grundmauern eines römischen Hauses mit Zisterne gefunden. Ein Informationszentrum dokumentiert die Ausgrabungen und stellt Modelle der wichtigsten Stadthäuser aus. Zudem gibt es einen direkten Zugang zu Stadtmauer und Wehrturm, der bestiegen werden kann. Auf dem Hügel gegenüber, immerhin 600 m hoch, steht der barocke Wallfahrtsort Santuario de Nuestra Señora de la Montaña.

Museo de Cáceres 20

Plaza de las Veletas, o. Nr., Di–Sa 9–14.30, 17–20.15 Uhr, So 10.15–14.30 Uhr, Okt.–Mitte April Di–Sa 9–14.30, 16–19.15 Uhr, So 10.15–14.30 Uhr, Kunstsammlung nur Di–Sa 9–14.30 Uhr, Eintritt für EU-Bürger frei, sonst 1,20 €

Es war wie überall während der christlichen Rückeroberung: Alles Arabische wurde zerstört. Alles? Nein, im maurischen Herrscherpalast von Cáceres hatte man offensichtlich den unterirdischen Wasserspeicher übersehen. Diese zweitgrößte **arabische Zisterne** in Europa nach Istanbul bildet die Hauptattraktion des Regionalmuseums. Das Becken misst etwa 15 x 10 m. Das Gewölbe ruht auf römischen und westgotischen Säulen und arabischen Hufeisenbögen: fast eine Moschee des Wassers.

Darüber hebt sich seit dem 15. Jh. die **Casa de las Veletas** (Wetterfahnen) und beherbergt den reichen Museumsschatz. Für jeden ist etwas dabei. Im Erdgeschoss sind archäologische Funde von der Steinzeit bis zur westgotischen Epoche zu sehen. Hervorzuheben sind frühgeschichtliche Grabsteine mit kreisförmigen Ritzzeichnungen, drei vettonische Granitschweine und zeitlos schöner keltiberischer Goldschmuck (4./5. Jh. v. Chr.), der orientalische Einflüsse offenbart.

Umfangreich ist die volkskundliche Sammlung im Obergeschoss, wenn auch etwas hausbacken in der Präsentation. Sie zeigt, was die Menschen beschäftigte: Flussfischerei, Jagd, Wanderweidewirtschaft, Ackerbau, Weben, Kunsthandwerk. Zwei seltsame Gestalten stehen in Saal 14 hinter Glas. Es sind Jarramplos und Carantoña, archaische Figuren auf winterlichen Festen. Die Abteilung Bellas Artes widmet sich in drei Sälen der spanischen Kunst seit dem 13. Jh., mit Werken u. a. von El Greco, Picasso, Miró und Tápies.

Casa de la Cigüeña 21

Plaza de San Pablo, o. Nr.

Der zinnenbewehrte Palastturm gegenüber dem Museum scheint fast in den Himmel zu wachsen und überragt die Silhouette der Stadt. Als 1467 die Königin den Abriss der etwa 30 städtischen Türme verfügte, war ihr treuer Vasall und Hauptmann Diego de Ovando gerade fleißig am Bauen. Als Dank für seine Dienste erhielt er die Erlaubnis, seinen Turm so hoch zu bauen, wie es ihm beliebte. Was er denn auch tat. Inzwischen ist die Militärbehörde eingezogen und zeigt eine kleine historische Waffensammlung.

Plaza de San Mateo 22

Hier stand einst die Moschee. Heute umrahmen die Iglesia de San Mateo, der Convento de San Pablo und als weltliches Gegenstück das beste Restaurant der Extremadura, **Atrio** 1, den Platz (s. Mein Tipp S. 132). Allerdings ist Konkurrenz nah. Das Gebäck der Klarissen aus dem Kloster wird in der ganzen Stadt gerühmt und vor Ort durch ein Drehfenster verkauft. Verjagt wurden die Störche vom Dach. Bis zu einer Tonne wiegt ein Nest, zu schwer für die mittelalterliche Konstruktion.

In der **Iglesia de San Mateo** (Plaza de San Mateo, o. Nr.) aus dem 16. Jh. liegen die großen Geschlechter der Stadt begraben.

Casa del Sol 23

Callejón de la Monja, 2

Die Calle Orellana führt entlang der Kirchenwand zur Casa del Sol aus dem 16. Jh. Eine originelle Idee hatte die Gründerfamilie Solis für ihr Wappen. Das männliche Sonnengesicht sendet schlangenförmige Strahlen. Darüber wacht der behelmte Kopf eines Ritters des Alcántara-Ordens. Sollte dies zur psychologischen Abschreckung der Feinde nicht gereicht haben, konnten noch die Pechnasen eingesetzt werden!

Palacio de los Golfínes de Arriba 24

C/ del Olmo, 2

So mächtig waren die Familienzweige der Golfínes, dass sie sich nicht mit nur einem Palast in der Unterstadt begnügen wollten. Auch oben, *arriba*, wollte man herrschen. Könige übernachteten hier und erlaubten einen hohen Geschlechterturm. General Franco richtete zu Beginn des spanischen Bürgerkriegs für 38 Tage sein Hauptquartier in den alten Mauern ein, um sich am 28. September 1936 zum *generalísimo* und Staatschef ernennen zu lassen. Am offenen Fenster wurde er von einer Menschenmenge gefeiert.

Calle Cuesta de Aldana

Die Gasse verbindet den Palast mit der Plaza de Santa María oberhalb der Plaza Mayor, dem Ausgangs- und Endpunkt des Rundgangs. Auf der linken Seite steht die **Casa Mudéjar** 25 (Nr. 14) mit einem Zwillingsfenster in einer Backsteinfassade. Hinter ein paar Stufen abwärts hängt rechts ein Affe vor dem Haus. Allerdings aus Metall. Ein amüsantes Namensiegel für die **Casa del Mono** 26 (Nr. 5), dem Haus des Affen. Und so geht die Legende: Ein Ehemann hatte seiner bis dahin kinderlosen Gattin als Ersatz einen kleinen Affen von einer seiner Reisen mitgebracht. Als er wieder einmal aus der Ferne zurückkam, war sie endlich schwanger. Freilich von einem anderen, aber das behielt sie wohlweislich für sich. Überglücklich war der vermeintliche Vater über den Nachwuchs. Nur der inzwischen vernachlässigte Affe spielte nicht mit und warf empört das Baby aus dem Fenster. Über solche oder ähnliche Wirrnisse des Lebens lässt sich von früh morgens bis spät nachts gegenüber in der Bar **El Corral de las Cigüeñas** 4 philosophieren. Ganz exotisch unter einer hohen Palme im Innenhof.

Durch die Neustadt

Zurück auf der Plaza Mayor geht es über die Gran Vía auf die schmucke **Plaza Don Juan** mit dem für seine

Av. de las Delicias
Ctra A. Casar
Av. de las Lavanderas
Plaza de Argel
Calle de Moraleja
Calle de Ceclavin
Calle de Ceclavin
C. de Sta Rosa de Lima
Calle de la Encinilla
Calle de Las Navas de Tolosa
Travesía de hernán Cortés
C. del Padre Bayle
C. de Sta Gertrudis
Calle de Martin Cerezo
Calle de Berrocala
Calle del General Margallo
Calle de San Justo
Calle de Henry Tissier
Calle del Barrio Nuevo
Calle Eulogio Blasco
Calle de Juan Caldera
Calle de Trajano
Calle de la Peña Redonda
Calle Trabajo
C. de Diana
Calle San José
Calle de Zurbarán
Details s. S. 118
Cityplan Cáceres Altstadt
C. de Rios Verdes
Calle de Andrada
Avenida de la Hernán Cortés
Calle de la Batalla del Salado
Calle Independencia
C. de Vicente Barrantes
Calle de Numancia
Plaza de Antonio Canales
Calle de la Reconquista
Calle de García Holguín
C. de San Felipe
Pl. Obispo Galarza
Calle de Piedad
Plaza de la Concepción
C. del General Ezponda
C. de la Cruz
Plaza Mayor
Adarve de la Estrella
C. de las Paneras
Calle de García de Paredes
C. de Viriato
Oquendo
C. de los Fueros
Católicos
C. de Francisco Paniagua
Jorge
San
C. de Cayo Norbano Flaco
C. del Comandante I. Gonzáles
C. de Marqués de
Reyes
los
Calle de Alfonso IX
Calle de los Ceres
Calle de Pedro Corbacho
Calle de Busquet
Calle de Moret
Cuesta de Espandán
5
C. de Carvajal Lancaster
C. de
C. de
Calle del Consul Lucio Balbo
Calle de los Ceres
Calle de Parras
Calle Los Pintores
5
Plaza de los Caldereros
Calle de San Pedro
7
Plaza de San Juan
Adarve de Sta Ana
5
6
Calle San Antón
Calle Clavellinas
Calle de Roso de Luna
C. de Sergio Sánchez
4
4
Calle D. Cortés
C. Dr. Fleming
8
Plaza de Hernán Cortés
Av. Primo de Rivera
Av. de España
Parque de Calva Sotelo
Av. de España
Plaza del Marrón
3
Calle de los Gallegos
C. de la Puerta de Mérida
27
3
Calle de Pizarro
6
Plaza de Sta Clara
2
C. del Obispo Segura Sáez
Ciriaco Benavente
C. de Clemente S. Ramos
Calle S. Pedro de Alc
Calle del Obispo
Avenida de España
Paseo de Cánovas
Avenida de España
28
Av. de la Virgen de la Montaña
Calle de Diego María Crehuet
Calle de Hernando de Soto
Camino Llano
Calle de Fuente Nueva
Camino Llano
Calle de Colón
C. del Antonio Silva
Plaza de los Conquistadores
Calle del Profesor Hernández Pacheco
C. de la Carrera
Calle de Jesús Asunción
Bahnhof, Busbahnhof
0
100
200 m

Cáceres: Neustadt

Sehenswert
1–26 s. Karte S. 119
27 Centro de Artes Visuales Fundación Helga de Alvear
28 Paseo de Cánovas

Übernachten
1–2 s. Karte S. 119
3 Hotel Albarragena
4 Don Carlos
5 Iberia Plaza Mayor

Essen & Trinken
1–4 s. Karte S. 119
5 El Figón de Eustaquío
6 Hornos 25
7 San Juan
8 Carpe Diem

Einkaufen
1–4 s. Karte S. 119
5 Gabriel Mostazo

Abends & Nachts
1 s. Karte S. 119
2 Mastro Piero
3 La Habana
4 La Traviata
5 Boogaloo
6 Gran Teatro

bodenständige extremenische Küche gerühmten Restaurant **El Figón de Eustaquío** 5. Das anschließende Geviert der Calle Sánchez, Gallegos und Pizarro lebt durch seine Musikbars. **Mastro Piero** 2, **Traviata** 4 und **Habana** 3 sind derzeit angesagt. Die Gebäude sind ein- oder zweistöckig und wirken neben der aristokratischen Wucht der Altstadt angenehm bescheiden. Dazwischen schieben sich sichtbar Wohnhäuser einst wohlhabender Familien.

Centro de Artes Visuales Fundación Helga de Alvear 27

C/ Pizarro, 8, www.fundacionhelgadealvear.es, Di–Sa 10–14, 18–21, im Winter 10–14, 17–20 Uhr, So jeweils 10–14.30 Uhr, Eintritt frei

Als Sensation werteten Kunstkreise 2010 die Eröffnung des Kunstzentrums in einem von Grund auf restaurierten Bürgerhaus in der Calle Pizarro 8. Die in Deutschland gebürtige Helga de Alvear betreibt eine angesehene Galerie in Madrid und betätigt sich als Sammlerin. Sie stellte mit gutem Auge, profunder Kenntnis und künstlerischem Spürsinn ein wahres Best-of der Avantgardebewegungen des 20. Jh. in Europa und Nordamerika zusammen. So erlauben die regelmäßig wechselnden Ausstellungen, die jeweils einen Teil der rund 2000 Werke zeigen, einen umfassenden Überblick über die moderne und zeitgenössische Kunst. Der Fundus reicht von Marcel Duchamp, Pablo Picasso, Sonja Delaunay und Wassily Kandinsky über Joan Miró, Jean Dubuffet, Francis Bacon, Paul Thek und Mark Tobey bis hin zu noch aktiven Künstlern wie Stephan Balkenhol, Gerhard Richter, Frances Alÿs, Rachel Whiteread, Wolfgang Laib und Miquel Barceló.

Zum Paseo de Cánovas

In den angrenzenden verkehrsberuhigten Straßen Los Pintores, San Pedro, Roso de Luna und Clavellinas gibt es kleinere Geschäfte für Kleider, Schmuck, Delikatessen, Ramsch. Und einfache Bars. Das **Gran Teatro** 6 bildet den Übergang zum modernen Cáceres an der Avenida de España, um die sich neuzeitliche Geschäfts-, Ausgeh- und Wohnviertel gruppieren. Die Hauptverkehrsstraße umläuft den parkähnlichen **Paseo de Cánovas** 28. Gnädig verstecken sich die hässlichen Betonbauten hinter Platanen und Palmen. Hier tobt das Leben. Tagsüber hetzen Spanier im Kaufrausch vorbei an den alten Männern, die gemächlich ihre Zeitung auf der Parkbank lesen. Bei Einbruch der Dunkelheit trifft sich

Mein Tipp

Höchster Genuss: Restaurante Atrio 1

Besser als bei José Polo und Toño Pérez lässt es sich in der Extremadura wohl nicht speisen. Die verfeinerte Küche verbindet Einflüsse aus der Region und dem Mittelmeerraum. Ein Beispiel, das Gourmets das Wasser im Munde zusammenlaufen lassen dürfte, ist schon die Vorspeise *Careta de cerdo ibérico, cigala y jugo cremosos de ave.* Drei Lebenselemente sind harmonisch vereint in der Verbindung von iberischem Schwein (Erde), Languste (Wasser) und Crème vom Geflügel (Luft). Die Kombination unterschiedlicher Zutaten ist Programm des Küchenchefs. Zum Essen werden feine Weine aus dem vielleicht reichhaltigsten Weinkeller Spaniens kredenzt, der immerhin 350 000 Flaschen zahlt (im Hotel Atrio, Pza. San Mateo 1, Tel. 927 24 29 28, www.restauranteatrio.com, tgl. 14–16, 21–24 Uhr, Menüs ca. 109–119 €).

ganz Cáceres zur abendlichen *marcha.* Schüler und Studenten in größeren Gruppen, frisch Verliebte, Familien mit Kind und Kegel. Zum Sehen und Gesehen werden, zum Trinken, zum Essen, ins Konzert. Es zieht sie in die Calle Pizarro, auf die Plaza Mayor oder durch die Calle Primo de Rivera ins neue, fünf Minuten entfernte Ausgehviertel La Madrila nach Osten.

Übernachten

In den letzten Jahren wurden zahlreiche Stadthäuser restauriert und in geschmackvolle Hotels umgewandelt.

In der Altstadt

Erste Adresse – **Atrio Hotel Relais & Chateaux 1**: Pza. San Mateo 1, Tel. 927 24 29 28, www.restauranteatrio.com, DZ ab 265 €. Unumstritten war die Modernisierung eines Adelspalastes durch die Stararchitekten Emilio Tuñón und Luis Moreno Mansilla und seine Umwandlung in ein Hotel nicht. Aber das Ergebnis lässt sich sehen: Luxus pur und jedes Zimmer individuell designed. Gay-friendly.

Stilvoll – **Casa Don Fernando 2**: Pza. Mayor, 30, Tel. 927 21 42 79, www.casadonfernando.com, DZ ab 70 €. Neues Hotel in historischem Gebäude und toller Lage. Die behutsame Renovierung erfolgte mit viel Stilgefühl, die 36 farbenfroh gestalteten Zimmer sind allerdings etwas klein. Teurere Premiumzimmer zeigen auf den Platz.

In der Neustadt

Wohnlich – **Hotel Albarragena 3**: C/ Pizarro 10, Tel. 927 22 06 57, www.albarragena.com, DZ ab 55 €. Drei unterschiedliche Zimmertypen in einem 2009 restaurierten, historischen Wohnhaus fünf Fußminuten von der Plaza Mayor und im Zentrum des Nachtlebens. Die behagliche Atmosphäre zeigt sich auch in den Salons, wo ein herrlich altes Klavier glänzt.

Geschmackvoll – **Don Carlos 4**: C/ Donoso Cortés, 15, Tel. 927 22 55 27, www.hoteldoncarloscaceres.net, DZ ab 42 €. Gepflegtes Hotel im verkehrsberuhigten Zentrum, die Einrichtung ist in unterschiedlichen Brauntönen gehalten.

Plüschig und modern – **Iberia Plaza Mayor 5**: C/ Pintores 2, Tel. 927 21 09 06, www.iberiahotel.com, DZ ab 45 € inkl. Frühstück. Spanischer Plüsch im Treppenaufgang verträgt sich mit den modernisierten Zimmern. Allerdings ohne Klimaanlage. Empfehlenswert ist Zimmer Nr. 103.

Essen & Trinken

In der Altstadt

Höchster Genuss – **Restaurante Atrio:** im gleichnamigen Hotel **1**, s. Mein Tipp s. S. 132.

Beste Tradition – **Madruelo** **1**: C/ de Camberos, 2, Tel. 927 24 36 76, www.madruelo.com, tgl. 13.30–16 Uhr, Mi–Sa auch 21.15–23.30 Uhr, Hauptspeisen ab 16 €, Menüs ab 36 € inkl. Getränken. Besitzer Francisco Javier schwört auf sein *solomillo* von freilaufenden Schweinen und verfeinert überlieferte Familienrezepte. Genüsslich kredenzt er etwa die Hausspezialität *lomo de orza.* Orza ist ein Tontopf, in dem das Schweinefleisch in eigenem Fett, dazu mit Olivenöl, Kräutern und Gewürzen auf natürliche Art konserviert wird.

Cafés und Bars:

Die **Plaza Mayor** säumen zahlreiche Restaurants und Bars. Oft versuchen Kellner, die Gäste anzulocken. Aber man sitzt wunderschön. Sehr ordentlich, wenn auch vielleicht etwas überteuert, ist **Laminerva** **2** (Nr. 26, tgl. geöffnet, Tapas ab 4,50 €, Tagesmenüs ab 12 €, Hauptspeisen ab 15 €). In den Gassen rundherum verstecken sich zahlreiche empfehlenswerte Einkehrmöglichkeiten.

Arabisch – **La Tetería** **3**: Pza. Mayor, o. Nr., Tel. 927 22 00 65, tgl. 10–24, Fr/Sa bis 1 Uhr. Teehaus in arabischem Stil mit kleinem Patio um ein Wasser spiel. Auch Vermietung arabisch ausgestatteter Gästezimmer.

Passt immer – **El Corral de las Cigüeñas** **4**: C/ Cuesta de Aldana, 6, Tel. 647 75 82 45 (Handy), www.elcorralcc.com, Di–So 8–13, 19–2 Uhr, Mo nur vormittags. Musikbar für alle Gelegenheiten: Frühstück, nachmittägliches Kaffeetrinken, abendliche Cocktails, bei schönem Wetter im Freien unter einer großen Palme. Manchmal Livemusik.

In der Neustadt

Institution – **El Figón de Eustaquío** **5**: Pza. de San Juan, 12–14, Tel. 927 24 81 94, www.elfigondeeustaquio.com, tgl. 13.30–16, 20–24 Uhr. Hauptspeisen ab 11 €, Menü ab 19 €, Regionalmenü ca. 22 €. Eine Institution für regionale Küche. Spezialitäten sind die *sopa El Figón* (auf Tomatenbasis mit Brot, Knoblauch und Ei), *frite extremeño* (geschmortes Lammfleisch) und *venedo en guiso de setas* (Hirschragout in Pilzsauce).

Cafés und Bars:

Moderne Tapas – **Hornos 25** **6**: C/ Hornos, 25, Tel. 671 68 70 50 (mobil), Do–So 12–16, 20–24 Uhr, im Sommer tlw. tgl. Tapas fast von der Größe von halben *raciones* ab 4,50 €. Gestyltes Ambiente, aktuelle Küche, wie Lachstatar auf Kopfsalat oder Auberginen in Blätterteig mit Parmesan.

Authentisch – **San Juan** **7**: Pza. de San Juan, 9, Tel. 927 62 66 48, Di–Sa 13.30–16, 21–24 Uhr, So 13.30–16 Uhr. Empfehlenswert ist die urige Tapasbar im Erdgeschoss, in der Rafael Arnáiz seine kleinen Speisen (ab 2 €) anbietet.

Hip – **Carpe Diem** **8**: C/ Doctor Fleming, 11. Tel. 927 21 01 98, www.cafebarcarpediem.com, wochentags ab 9, Sa/So ab mittags, Fr/Sa bis 3 Uhr, sonst bis 2 Uhr. Bar im modernen Ausgehviertel, Frühstück, Toasts, Tees, Cocktails und manchmal Konzerte. Auch Jazz und Blues.

Einkaufen

Die besten Einkaufsmöglichkeiten gibt es zwischen Avenida de España und Plaza Mayor.

In der Altstadt

Kunsthandwerk – **Centro Provincial de Artesanía** **1**: C/ Cuesta de Aldana, 1, www.extremadurartesana. ▷ S. 137

Auf Entdeckungstour: Museo Vostell – Kunstwelten und archaische Landschaften

Auf Raketenflügeln schweben zwei alte Autos über der von Granitbrocken übersäten Landschaft. Nein, ein stinknormales Museum bildet die Sammlung von Wolf und Mercedes Vostell mit Schwerpunkt Fluxus bestimmt nicht. In den historischen Räumen einer Wollwäscherei warten viele Überraschungen.

Reisekarte: ▶ D 5

Dauer: Zweistündiger Museumsbesuch mit anschließendem halbstündigen Spaziergang.

Planung: Museo Vostell, 3,5 km südl. von Malpartida de Cáceres, http://museovostell.gobex.es, Di–So 21. März–20. Juni 9.30–13.30, 17–20, 21. Juni–20. März 9.30–13.30, 16–18.30 Uhr, So von Juni–Jan. nur 9.30–14.30 Uhr, Eintritt 2,50 €, Mi frei.

Wie vom Blitz getroffen fühlte sich der Leverkusener Experimentalkünstler Wolf Vostell (1932–1998) bei seiner ersten Begegnung mit der Wildnis der Barruecos. In der urwüchsigen Landschaft der Heimat seiner Frau Mercedes stieß er auf eine verlassene Wollwäscherei. Im kreativen Kopf des Künstlers entwickelte sich eine faszinierende Idee. Welch einen produktiven Dreiklang könnten doch die Urgewalten der Natur, die verfallenen Industriegebäude und die zeitgenössische Kunst formen. Hier sollte sein Museum entstehen!

Man zählte das Jahr 1974, als Vostell hier erste Wurzeln schlug. Noch herrschte Diktatur in Spanien. Kein gutes Pflaster für jemanden, der bereits die bundesdeutsche Gesellschaft mit kritischen Videoinstallationen und dem Happening »Miss Vietnam« provoziert hatte. So sollte es nach einer ersten Einweihung 1976 noch 20 Jahre bis zur endgültigen Eröffnung dauern, denn auch die bald folgenden, demokratisch legitimierten Kulturpolitiker konnten sich nur schwer mit einbetonierten Cadillacs in ihrer ruhigen Gegend anfreunden. Und die waren nun mal das Markenzeichen Vostells.

Entfremdet oder einbetoniert: der Cadillac als Kunstobjekt

Die alte Industriearchitektur weiß ästhetisch zu beeindrucken. Einfach schön wirkt der erste Saal, in dem Vostells eigene Werke unter Rundbögen ausgestellt sind. Es glänzt und funkelt, es lärmt und tönt. Aus einem dunklen Cadillac stoßen geräuschvoll sechs Schrubber zwischen weißen Porzellantellern vor und zurück. Wie Heuschreckenbeine. »Autofieber« (1973) transportiert die sieben biblischen Plagen in die Neuzeit. Gott hatte einst die Heuschrecken über Ägypten geschickt. Sie fraßen alles Grün und brachten tiefes Elend. Die leeren Teller und am Boden liegende Figuren kritisieren den Hunger in der Dritten Welt. Das Auto erweist sich als neue Plage in der entwickelten Gesellschaft. Schon 1976 hatte Vostell für Aufregung gesorgt, als er sein eigenes Gefährt einbetonierte. Viele Nachbarn empfanden die Aufstellung des Werkes als persönlichen Angriff, besaßen damals doch nur ganze vier Einwohner einen eigenen Wagen.

Überraschung! Ein Cadillac links vom Eingang besitzt ein Klavier unter der Motorhaube. Musik wird heute nicht mehr durch Instrumente, sondern durch Autogeräusche erzeugt.

Amüsant und schockierend: Vostells Systemkritik

Bei aller Ernsthaftigkeit des Anliegens erzeugen viele Kunstwerke doch auch ein Schmunzeln. Die Sinne des Betrachters öffnen sich so für die Botschaft. Etwa für das blutrote Objektbild an der linken Schmalseite. »Mythos von Berlin« wurde vom Berliner Senat 1987 anlässlich der 750-Jahrfeier der Stadtgründung in Auftrag gegeben. Pferdeknochen symbolisieren das Leid der Weltkriege. Zwei Bildschirme zeigen je vier Stunden Fernsehen der DDR und der BRD, die zur gleichen Zeit ausgestrahlt wurden. Links unten repräsentieren Hammer und Sichel die DDR, die eine schwarze Mauer von der BRD trennt. Dass sie nicht durchgezogen ist, zeugt von des Künstlers Hoffnung auf die Wiedervereinigung – zwei Jahre vor dem Mauerfall.

Im rechten Teil des Ausstellungsraumes wartet die »Innere Depression« (1978). Auf den verschmutzten Tischen einer Dorfschule stehen Fernseher und Radios der Einwohner. Darauf liegen symbolisch einbetonierte Gehirne. Lehrer gibt es nicht mehr. Die Menschheit lernt, reist, spricht und

kleidet sich entsprechend der Vorgaben aus den neuen Medien.

Eine Idee Salvador Dalís

1977 hatten sich Dalí und Vostell kennengelernt und sich gegenseitig eines ihrer Werke geschenkt. Dalí war der Gedanke zu einem Vorhang voller Fahrräder gekommen, als der Bühnenvorhang nach einer Wagneroper fiel. »Der Schluss von Parzifal« sollte der Titel lauten. Vostell verwirklichte die Idee auf seine Weise. Er kaufte auf einem Madrider Autofriedhof die originalen Motorräder von Francos letzter Leibgarde und hängte sie fernab der Hauptstadt in die Provinz. Sie sind kaputt und schmutzig. Sie bedeuten nichts mehr. Der Vorhang für die Diktatur ist gefallen, wie er für jede Diktatur einmal fallen wird. Die Machtherrschaft endet im Museum.

Kontrastprogramm Natur

In den Augen Vostells kommen Sie nun zum wichtigsten Teil des Museums. Kein Kunstwerk! Nein, es handelt sich bloß um eine schmale Tür gegenüber dem Eingang. Doch sie trennt abrupt zwei Klangwelten. Innen das Gedröhne der Moderne. Und außen? Die Musik der Natur. Quakende Frösche, blökende Schafe, singende Vögel. Störche haben ihre Nester gebaut. Die endlose Weidelandschaft ist mit urzeitlichen Granitbrocken übersät. Ein See ist 10 m tief, sammelt Regenwasser und versorgte die Wollwäscherei. Entspannung pur!

Irgendwann müssen Sie allerdings durch die Pforte in die heutige Gesellschaft zurückkehren. Doch nach dem Museumsrundgang hätten Sie die Möglichkeit zu einem etwa halbstündigen Spaziergang durch die Landschaft. Vor dem Museumsausgang geht's los.

Küche mit Klavier

Der zweite Ausstellungssaal wird über einen Hof erreicht. Der einstige Lagerraum für Wolle beinhaltet im linken Flügel 31 Werke von Künstlern der Fluxusbewegung. Sie fühlte sich dem Dadaismus nahe und pries *no sense*. Allerdings bezieht sie sich nicht auf ein literarisches, sondern ein ästhetisch-klangliches Umfeld. Beispiel ist eine Küche mit Klavier. Manche der Tasten sind schwarz beklebt. Durch das Anschlagen können Sie die Geräte einschalten: Kühlschrank, Staubsauger, Lampe, Ventilator, Fernseher. Jedes erzeugt ein eigenes Geräusch. So kreieren Sie Ihre speziellen Klangwelten.

Kunst = Leben, Leben = Kunst. Diesem Leitsatz der Fluxusbewegung folgend lässt Yoko Ono aus einer weißen Leinwand eine Efeuranke wachsen. Sie muss wöchentlich gegossen werden.

Wasser für die Wolle

Rechts vom Eingang befinden sich die Reste der früheren Wollwäscherei. Ein Informationszentrum beschreibt anhand von Modellen, Schautafeln und Gerätschaften die Geschichte der Schafzucht in der Extremadura und die Arbeitsabläufe in der Fabrik. Seit 1790 in Betrieb, ging sie zu Beginn des 20. Jh. wegen sinkender Wollpreise auf dem Weltmarkt bankrott.

Ein Wasserschöpfrad ist auf der Gebäuderückseite im Freien erhalten. Hier endet der Rundgang vor zwei Skulpturen. Yoko Onos Installation »Painting to hammer a nail in cross version« (2000) vereint drei Holzkreuze mit kleinen Leitern und Metalleimern. Und Wolf Vostell nennt seine letzte Installation (1997) »Warum hat der Prozess von Pilatus mit Jesus nur 2 Minuten gedauert?« Zu sehen ist eine reichlich ramponierte Rakete, die zwei Autos trägt.

com. Dank der großen Auswahl sehr empfehlenswert, auch wenn mancher Kitsch darunter ist. Und wer begeistert von der Reise sein eigenes Zuhause mit handgeschreinerten extremenischen Möbeln einrichten will, findet diese im Obergeschoss (s. auch S. 124).

Klösterliche Süßspeisen – Die Klarissen in ihren Klöstern an der Plaza de **San Mateo** 2 und der Plaza de **Santa Clara** 3 sowie die Nonnen des **Convento de las Jerónimas** 4 (C/ Olmo, 8) verkaufen ihr köstliches selbstgemachtes Gebäck.

In der Neustadt

Lecker – **Gabriel Mostazo** 5: C/ San Antón, 6. Riesige, hochwertige Auswahl an allem Essbaren, was die Extremadura hervorbringt, darunter auch die *mermelada de pimentón* – Paprikamarmelade.

Aktiv

In der Altstadt

Wellness – **Baños Arabes** 1: C/ Peña, 5, Tel. 927 22 32 56, www.hammamcaceres.com. Massagen und Bäder von 1,5 Std. Dauer jeweils um 10, 12, 18 und 20 Uhr, Fr/Sa auch 22 Uhr. Außerdem werden Aromatherapien angeboten. Voranmeldung sinnvoll, Programme ab 18 €.

Stadtführungen – **Oficina de Guías** 2: Pza. Mayor, 2, Tel. 927 21 72 37, Mo–Sa um 11, 12.30, 18 Uhr, im Winter um 11, 12.30, 17 Uhr, So jeweils nur vormittags.

Abends & Nachts

Es gibt drei Zentren des Nachtlebens. Für Urlauber interessant dürften die Angebote rund um die Plaza Mayor und um die Calle Pizarro sein. Zudem treffen sich Nachtschwärmer im Bezirk La Madrila westlich der Avenida de España, rund um die Calle Dr. Fleming und Plaza de Albatros.

Mein Tipp

Stadtführungen mit Señora Evangelina

Die Stadtführerin María Evangelina Pérez hat in Heidelberg studiert und kennt ihre Heimatstadt Cáceres aus dem FF. Ihre Stadtführungen auf Badensisch sind ebenso informativ wie unterhaltsam (Evangelina_cc@hotmail.com).

In der Altstadt

Filmkunst – **Filmoteca** 1: C/ Rincón de la Monja, 6, Tel. 927 00 54 80, www.filmotecaextremadura.com. Anspruchsvolle Filme in Originalfassung.

In der Neustadt

Vielfältig – **Mastro Piero** 2: C/ Fuente Nueva, 4, Tel. 927 21 48 37, www.mastropierogastrobar.es, Do–So 13–2 Uhr. Tapasbar, Ginclub, Lounge und Gartenanlage in einem, in farbiges Neonlicht getaucht. Und die Musik? Von Flamenco bis Pop und Hiphop, je nach Wochentag und Uhrzeit.

Latino – **La Habana** 3: C/ Pizarro,1, Tel. 927 22 58 98, www.lahabanabar.com, tgl. 16–3 Uhr. Angesehenes Kunstcafé mit Ausstellungen und kulturellen Veranstaltungen. Dazu Musik, allerdings eher Shakira denn rein lateinamerikanisch.

Funky – **La Traviata** 4: C/ Luis Sergio Sánchez, 8, Tel. 927 21 13 74, tgl. 17–3 Uhr. Musikcafé in dunklen Farben mit Kunstausstellungen und manchmal DJs. Musikrichtung: Funky und House.

Funky – **Boogaloo** 5: Avda. Hernán Cortés, 10, Tel. 645 07 13 70 (mobil), tgl. 16–4.30 Uhr. Vinylplatten und Retro-Künstlerfotos zieren den Jazzclub, in dem auch mal Rock und Soul gespielt werden, Fr/Sa auch live.

Konzerte – **Gran Teatro 6:** C/ San Antón, o. Nr., Tel. 927 01 08 84, www.granteatrocc.com. Neben Theaterstücken werden viele Konzerte unterschiedlicher Musikrichtungen gegeben.

Infos & Termine

Infos

S. Infobox S. 114.

Termine

Semana Santa: Karwoche. Größtes religiöses Fest in der Extremadura mit tgl. mehreren Prozessionen durch die engen Altstadtgassen (www.semanasantadecaceres.org).

WOMAD: Mai. Das Festival World of Music, Arts and Dance wird weltweit in verschiedenen Städten ausgetragen. Die Universalität der Kunst soll zur Verständigung aller Menschen beitragen. Größte Kulturveranstaltung der Extremadura (http://womad.org).

Festival de Teatro Clásico: Juni. Theaterfest auch auf städtischen Plätzen und in historischen Gebäuden (www.granteatrocc.com).

Festival Cine Gay & Lésbico Extremadura: Anfang/Mitte Nov. Spanische und internationale Schwulen- und Lesbenfilme werden in der Filmoteca (s. o.) gezeigt. Der symbolische Eintrittspreis von ca. 1 € kommt gleichgeschlechtlichen Projekten in aller Welt zugute (www.fancinegay.com).

Mercado Medieval: Anfang Dez. Gaukler, Musiker und Kunsthandwerker gestalten den Mittelaltermarkt in den Gassen und auf den Plätzen des historischen Zentrums. Islamische, jüdische und christliche Traditionen leben auf, deswegen heißt die Veranstaltung bei den Einwohnern Dreikulturenmarkt. Viele Buden bieten Essbares.

Verkehr

Bahnhof: Avda. de Alemania (südwestlicher Stadtrand), Tel. 927 23 37

Ungewöhnliche Brutstätte: die glatten Granitfelsen von Los Barruecos

61. Mehrmals tgl. Verbindungen nach Madrid, Mérida, Badajoz und Lissabon.
Busbahnhof: C/ de Túnez, o. Nr. (südwestlicher Stadtrand), Tel. 927 23 25 50. Regelmäßig in die Umgebung und die großen Städte.
Parken: Das Zentrum ist verkehrsberuhigt. Autofahrer, die dort eine Unterkunft gebucht haben, erhalten Durchlass, wenn sie deren Namen an den Sprechanlagen an den Zufahrten nennen. Sonst empfiehlt sich das Parkhaus Plaza del Obispo Galarza, nur fünf Fußminuten von der historischen Altstadt entfernt.
Taxi: Gran Vía, bei der Plaza Mayor.

Malpartida de Cáceres und Los Barruecos ▸ D 5

Ein Muss für Liebhaber moderner Kunst wie für Naturfreunde ist der Ausflug nach Malpartida. Erstere finden eine berauschende Kunstsammlung, die anderen ein Naturdenkmal. Das Städtchen mit seinen knapp 4500 Einwohnern an der N 521 nur 14 km westlich von Cáceres hat selbst allerdings nichts Aufregendes zu bieten. Die Umgebung macht's: 3,5 km südlich des Ortes schuf sich der deutsche Künstler Wolf Vostell sein zweites Domizil und hinterließ das **Museo Vostell Malpartida** (s. Entdeckungstour S. 134).

Entflammt war der Berliner Großstädter für die Urkraft der **Los Barruecos.** Welch gewaltige Natur! Jahrhundertelange Erosion hat wunderliche Granittürme aus dem kargen Boden wachsen lassen. Genügsamer Ginster und Geißklee überziehen den frühlingshaften Boden mit sattem Gelb. Dazwischen wachsen knorrige Stein- und Korkeichen. Eine ungebändigte, archaische Landschaft. Weißstörche finden reichlich Nahrung in Stauseen. Die Vögel nisten nicht auf Kaminen oder Dächern, sondern auf den Felsblöcken. Es grenzt an ein Wunder, dass ihre Nester auf dem glattgewaschenen Granit halten.

Aktiv

Wandern – Drei Wanderwege erschließen das naturgeschützte Gebiet Los Barruecos. Der beliebteste von nur 30 Minuten Dauer beginnt am Museum Vostell.

Infos

Infos

Infozentrum Los Barruecos: Ctra. Los Barruecos, o. Nr., Tel. 927 276 236, tgl. 9–12, 17–19.30 Uhr, im Winter 9–12, 14–18.30 Uhr.

Verkehr

Sehr häufige Busverbindungen von Cáceres nach Malpartida de Cáceres, von dort nur zu Fuß oder per Taxi zum Museo Vostell und Infozentrum.

Arroyo de la Luz ▸ D 5

Einen Schatz birgt in der Nachbargemeinde Arroyo de la Luz die einschiffige Pfarrkirche **Nuestra Señora de la Asunción.** Der Altar im plateresken Stil vereint mit 20 Bildtafeln den umfangreichsten Bilderzyklus des Malers Luis de Morales außerhalb eines Museums. Der Zyklus »El Divino (Der Göttliche)« entstand zwischen 1560 und 1563 (Schlüssel im Tourismusamt neben der Kirche, Plaza de la Constitución, 21, Mi–Sa 9.30–14, 16.30–20 Uhr, So 10–14 Uhr, Tel. 927 27 04 37).

Das Beste auf einen Blick

Trujillo & Parque Nacional de Monfragüe

Highlights!

Trujillo: Eine bezaubernde Provinzstadt! Oben thront die arabische Festung, darunter das romanisch-gotische Mittelalter und um die Plaza Mayor reihen sich die Renaissancepaläste der Eroberer Südamerikas. S. 143

Parque Nacional de Monfragüe: Das Rückzugsgebiet für über 300 Vogelarten und der größte, fast unberührte Mittelmeerwald mit seltenen Pflanzen ziehen Naturfreunde und Birdwatcher in ihren Bann. S. 157

Auf Entdeckungstour

Iglesia de Santiago: In dem kleinen Gotteshaus in Trujillo begegnen Ihnen reiche Sponsoren aus dem Mittelalter, ein pilgernder Jesus, ein durstiger Christus und allerlei Geschichten aus dem, auch jüdischen, Alltag der letzten Jahrhunderte – eine Kirche wird zum Museum! S. 154

Kultur & Sehenswertes

Alcazaba: Auf der arabischen Festung in Trujillo mit umwerfendem Ausblick in alle Himmelsrichtungen wacht die katholische Stadtheilige. Und gegen einen kleinen Obolus schenkt Sie Ihnen persönlich ein Lächeln. S. 149

Ein Juwel sakraler Kunst: So erscheint das Kirchenschiff der Iglesia de Santa María la Mayor mit 25 goldgerahmten Tafelbildern des Hochaltars. S. 152

Aktiv unterwegs

Tanz auf der Plaza Mayor: Wollten Sie schon immer mal mit Tausenden fröhlichen Menschen auf einem mittelalterlichen Platz tanzen? Dann hoch die Beine zum Osterfest Chíviri in Trujillo. S. 157

Zum Aussichtspunkt La Umbría: Erdbeerbäume, baumhohes Heidekraut und tote Wälder erleben Wanderer auf dem abwechslungsreichen Rundweg im Naturpark Monfragüe. S. 160

Genießen & Atmosphäre

Klösterliche Kekse: Zuerst zeigen Ihnen die liebenswürdigen Nonnen stolz die Klosterkirche ihres Stammsitzes und anschließend genießen Sie die süßen Kekse, die diese eigenhändig gebacken haben. S. 149

Tuch aus anderen Zeiten: Der Besuch des originellen Stoff- und Oberbekleidungsladens Pedro Marcos in Trujillo entführt Sie in alte Zeiten. S. 153

Abends & Nachts

Bars am Platze: Trujillo ist eher ein verschlafenes Nest und kaum etwas für Nachtschwärmer. Doch manche Konzerte im La Abadía gelten schon als legendär. S. 157

Mond über Monfragüe: Keine Luftverschmutzung verstellt den klaren Blick auf das nächtliche, von Sternen übersäte Himmelszelt über dem *castillo* im Parque Nacional de Monfragüe. S. 159

Das Land der Eroberer

Weltweit verbreitet ist der Name dieser kleinen Stadt: Trujillo gibt es in Peru, Honduras, der Dominikanischen Republik oder Venezuela. Sogar eine Bar in Gelsenkirchen trägt den Namen. Denn hier, mitten in der Extremadura, lag der Ausgangspunkt für die spanischen Eroberungen in Amerika. *Conquistadores* nahmen die Ortsbezeichnung mit in die fernen Welten und schenkten ihrer Heimat nach der Rückkehr mittelalterliche Wehrburgen und festliche Adelspaläste. Nicht ganz so atemberaubend

Infobox

Reisekarte: ▶ F/G 3–5

Informationen

Trujillo: Oficina de Turismo, Pza. Mayor, o. Nr., Tel. 927 32 26 77, www.turismotrujillo.com, tgl. 10–14, 17–20 Uhr, im Winter 16–19 Uhr.

Nationalpark Monfragüe: Centro de Visitantes, Villarreal de San Carlos, EX-208, km 23, Tel. 927 19 91 34, www.magrama.gob.es/es/red-parques-nacionales/nuestros-parques/monfrague, tgl. 9.30–19.30 Uhr, im Winter 9.30–18 Uhr.

Stadtführungen

Das Tourismusamt organisiert Stadtführungen von ca. 2 Stunden Dauer. Tgl. 11 und 17.30 Uhr, im Winter 11 und 16.30 Uhr, 7 € inkl. Eintrittspreis für die Sehenswürdigkeiten.

Hinweise zum Besuch des Nationalparks Monfragüe

Nur ein kleiner Teil des Parks ist für Besucher offen. Wege dürfen nicht verlassen werden. Für Autofahrer gibt es zwei asphaltierte Straßen: Die Regionalstraße EX-208 von Trujillo und Plasencia führt zu Besucherzentrum, Burg, Wanderwegen und Salto del Gitano. Vom Besucherzentrum besteht eine Zufahrt zur Vogelbeobachtungsstation Portilla del Tiétar.

Beste Reisezeit ist März bis Mai, wenn die Natur erblüht und die Vögel bei der Balz zu beobachten sind; sehr voll wird es allerdings zur Osterzeit. Empfehlenswert sind auch Oktober bis Dezember. Dann überwintern viele Zugvögel im Park, und nur wenige Reisende sind unterwegs. Der Aufenthalt sollte im Centro de Visitantes (s. o.) in Villarreal de San Carlos beginnen. Hier gibt es alle wichtigen Informationen inkl. Kartenmaterial. Die Dorfstraße hinab finden sich zwei weitere, themenorientierte Informationszentren.

Anfahrt und Weiterkommen

Trujillo liegt an der Autobahn A-5 von Madrid nach Lissabon über Mérida und Badajoz. Es bestehen zahlreiche Busverbindungen nach Madrid und Mérida, seltener nach Cáceres und Sevilla.

Die öffentliche Anbindung an den **Naturpark Monfragüe** ist schlecht. Nur wochentags verkehrt ein Bus von Plasencia und Torrejón. Der Bahnhof Monfragüe an der Strecke Madrid–Lissabon liegt 18 km vom Zentrum des Naturparks entfernt (s. auch S. 161).

wie in Cáceres wirkt die Altstadt, dafür anmutiger. Auch vielfältiger, sind doch die arabischen Stadtfundamente noch bestens erhalten.

Ein weiterer Trumpf der Region liegt knapp 50 km nördlich im Parque Nacional de Monfragüe. Vogelkundler bringt der einzige Nationalpark der Extremadura ins Schwärmen. Für viele bildet er den eigentlichen Anlass für eine Reise in den Westen Spaniens. Denn hier sind es die Vögel, die sich die wasserreichen Naturlandschaften vom Menschen zurückerobert haben. Rund 300 verschiedene Arten werden gezählt.

Trujillo ! ▶ F 5

Die bezaubernde Provinzstadt mit knapp 10 000 Einwohnern besitzt Ausstrahlung. Im wahrsten Sinne des Wortes, denn schon von der Autobahn ist meilenweit zu sehen, wie das historische Gemäuer ganz allmählich aus der weiten Ebene des Weidelandes zur Festung auf des Berges Spitze strebt. Seine Leichtigkeit verdankt Trujillo gerade dieser Hügellage. Die blumengeschmückten Gassen sind oft zu schmal für den Autoverkehr. Umso schöner ist es, einfach ohne Ziel herumzustreifen.

Der Blick in die Ferne hat die Entwicklung bestimmt. Trujillo wurde zur Wiege der Eroberer. Der berühmteste von ihnen war Francisco Pizarro. Er bezwang 1533 das Inkareich in Peru. Seine drei Brüder Hernando, Juan und Gonzalo waren mit dabei. Diego García de Paredes (s. Entdeckungstour S. 154) legte 1557 den Grundstein zu einem neuen Trujillo in Venezuela. Francisco de las Casas eroberte weite Teile Mexicos und taufte einen Ort in Honduras auf den Namen seines Geburtsorts. Nicht vergessen ist der wagemutige Francisco de Orellana. Auf der Suche nach dem magischen Goldland Eldorado befuhr er 1541/42 den Amazonas auf seiner ganzen Länge von 6000 km. Auch wenn er das sagenumwobene Land nicht fand, wurde das 16. Jh. zur goldenen Zeit Trujillos. Doch dann waren Ruhm und Reichtum auch schon vorbei. Oder aus einer anderen Perspektive betrachtet: Trujillos Geschichte setzte sich in Süd- und Mittelamerika fort.

Die Wurzeln der Stadt reichen allerdings weiter zurück. Eine Siedlung aus vorrömischer Zeit war als Turgalium bekannt, die Römer gründeten Castra Iuliae. Die Araber befestigten den Hügel. Erst im zweiten Anlauf konnte ihr Torgiela von den christlichen Heeren im Jahr 1232 zurückerobert werden.

Bei genauerem Hinsehen lassen sich diese drei prägenden Geschichtsetappen im dreigeteilten Stadtbild erkennen. Die arabische Festung thront ganz oben. Darunter wird die romanisch-gotische Oberstadt, die *villa medieval,* von einer mächtigen Mauer geschützt. Für die Eroberer blieb die Unterstadt. Sie bauten ihre Paläste im Geist der Renaissance rund um die Plaza Mayor. Kurz gesagt: oben arabisch, unten Aufbruch und dazwischen Mittelalter.

Seit dem 17. Jh. ruht nun der Ort eingefroren im Zustand seiner höchsten Blüte. Der Blick vom Burghügel zeigt einen recht kleinen historischen Stadtkern, gleich dahinter beginnen die umliegenden Felder. Wenig Raum benötigt die gesichtslose Neustadt.

Die Nähe zur Natur hat aus der Hauptstadt der lärmenden und brandschatzenden Eroberer eine Hauptstadt der stillen und friedlichen Störche gemacht. Sie nisten auf Dächern, Kaminen, Kirch- und Festungstürmen. Sie scheinen zu wissen, wo es schön ist – in der Altstadt von Trujillo.

Wiege der Eroberer: aus Trujillo zogen gleich mehrere Konquistadoren in die weite Welt

Stadtrundgang

Die historische Entwicklung würde den Beginn des Stadtrundgangs an der arabischen Festung nahelegen. Doch zäumen wir lieber das Pferd von hinten auf und starten den Spaziergang in der Unterstadt an der **Plaza Mayor** 1 . Hier lebten einst Handwerker und Händler, Araber und Juden, die sich mit Bauland vor den Toren der mittelalterlichen Siedlung begnügen mussten. Erkennungszeichen ist ein origineller **Reiterstandbild** an der nördlichen Platzseite. Sie zeigt einen heroischen Francisco Pizarro unter einer allerdings Harlekin-ähnlichen Kopfbedeckung. Sein reich verziertes Streitross traktiert er mit martialischen Sporen. Die Bronzestatue bringt immerhin 6500 kg auf die Waage und wurde vom amerikanischen Bildhauer Charles Cary Rumsey geschaffen. Seine Witwe Mary Harriman stiftete sie 1929 der Stadt. Eine Kopie steht in der vom Ritter gegründeten Stadt Lima in Peru.

Die südlich abzweigende **Calle Tiendas** bildete das Zentrum der *judería,* die von der Inquisition Ende des 15. Jh. ausgemerzt wurde. Licht und Schatten lagen nah beieinander. Nur wenige Jahre später begann die Eroberung der Neuen Welt. Der zunehmende Wohlstand ließ Trujillo aus allen Nähten seiner mittelalterlichen Stadtmauer platzen. Da blieb auch für die Renaissancepaläste der Adelsfamilien, erbaut mit dem Gold und Silber aus Amerika, nur mehr das Viertel rund um den Hauptplatz. Die Fassaden zieren großspurige Adelswappen gleich überdimensionierter Namensschilder. Die typischen Eckbalkone gewährten der lokalen Aristokratie eine

perfekte Sicht auf die kirchlichen Prozessionen oder weltlichen Spektakel.

Iglesia de San Martín 2

Plaza Mayor, o. Nr., tgl. 10–14, 16–18.30 Uhr, Eintritt 1,40 €

Ebenfalls außerhalb der Stadtmauern begann im 14. Jh. der Bau dieses Gotteshauses, der sich über zwei Jahrhunderte hinzog. Vor der strengen gotischen Puerta de las Limas an der Südfassade versammelte sich im Mittelalter der Rat der Stadt. Über das Hauptportal im schlichten Stil der Renaissance hebt sich in Stein gemeißelt das Stadtwappen. Darin umrahmen Burgtürme die Stadtheilige *virgen de la victoria,* die milde auf die Kirchgänger hinabschaut.

Über den einschiffigen Kirchenraum spannt sich in überraschender Eleganz ein spätgotisches Gewölbe. Der so farbenfroh bemalte und vergoldete Rokokoaltar in einer ersten Seitenkapelle rechts lässt fast die zeitlos schöne Kostbarkeit gegenüber übersehen: Intensiv blicken die Augen einer hölzernen Marienfigur (13. Jh.) auf die Besucher. Aufrecht auf ihrem Schoß stehend hebt Jesus fast lässig zwei Finger zum Gruße. Es ist nicht der Säugling, sondern der bereits gekrönte Himmelskönig!

Die kunstvollen Dekorationen der Barockorgel darüber lassen sich im Detail betrachten, sobald man die Treppe rechts des Eingangs zur Empore erstiegen hat. Zwei flankierende Engel scheinen auf ihren Posaunen die Orgelmusik tatkräftig zu unterstützen. Die untere Reihe der Orgelpfeifen ragt horizontal in den Raum. Sie werden Spanische Trompeten genannt, gibt es diese Variante des Orgelbaus doch nur auf der iberischen Halbinsel. So sollten die zumeist sehr großen Gotteshäuser klanglich gefüllt werden. Die vertikalen Pfeifen tragen ihren Ton durch die Münder von bärtigen Gestalten in das Kirchenschiff.

Palacio de los Duques de San Carlos 3

C/ García de Paredes, 17

Gegenüber der Kirche liefern die geteilten Wappen an der Ecke eines repräsentativen Renaissancepalastes einen Hinweis zu seiner Entstehungsgeschichte. Der Bau wurde möglich dank der ehelichen Verbindung der einflussreichen Familien Vargas und Carvajal. Beide Wappen sind gekrönt vom Habsburger Doppeladler. Kaiser Karl V. erteilte die Erlaubnis zur Verwendung dieses Hoheitszeichens als Dank für militärische oder politische Unterstützung.

Auf Höhe des ersten Stocks hebt sich ein Eckbalkon über die Straße, wie er an vielen extremenischen Adelspa-

lästen zu finden ist. Ebenso Ausdruck des weltzugewandten Zeitgeistes ist die elegante Loggia. Sie durchbricht die Seitenwand und verdeutlicht, dass die Adeligen keine wehrhafte Behausung mehr wünschten.

Seit 1960 wurde der Palast von den Schwestern des Hieronymitenordens bewohnt. Seitdem sie 2013 in ihr Stammkloster etwas hügelaufwärts umgezogen sind, kann die Besonderheit des Kreuzgangs leider nur noch während kultureller Veranstaltungen besichtigt werden: ein ›Klosterhof mit Herz‹. Denn die vier Ecksäulen stehen auf einem herzförmigen Grundriss! Einen Blick dürfen Besucher auch in das imposante Treppenhaus werfen, dessen Decke ein weiterer Habsburger Doppeladler ziert. Eine einfache Kapel-

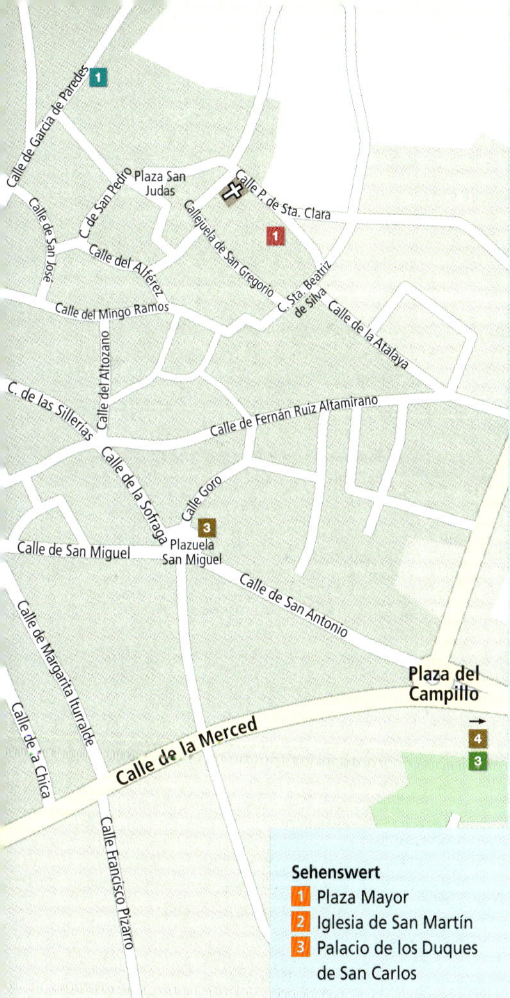

Trujillo

4 Palacio de los Orellana Toledo
5 Palacio de la Conquista
6 Palacio de Juan Pizarro de Orellana
7 Alcázar de Luis de Chaves
8 Iglesia de Santiago
9 Convento de Jerónimas
10 Casa Museo de Pizarro
11 Alcazaba
12 Iglesia de Santa María la Mayor

Sehenswert

1 Plaza Mayor
2 Iglesia de San Martín
3 Palacio de los Duques de San Carlos

Übernachten

1 NH Palacio de Santa Marta
2 Dos Orillas
3 Hostal San Miguel
4 Viña las Torres

Essen & Trinken

1 Parador
2 Bizcocho Plaza
3 Mesón Hueso
4 La Cadena
5 La Victoria

Einkaufen

1 Santaolaria
2 Pastelería Basilio
3 Casa Bautista
4 Pedro Marcos

Abends & Nachts

1 La Abadía

le für die Nonnen wurde nachträglich im Salon des Palastes eingerichtet.

Palacio de los Orellana Toledo (Palacio de Piedras Albas) 4

Die Bauwerke der Plaza Mayor im Uhrzeigersinn betrachtend, folgt als nächstes der Palast der Albas, der allerdings nur von außen zu bewundern ist. Die Arkadengänge im Erdgeschoss sind dem Platz zugewandt, darüber erhebt sich eine offene Loggia. Vorbilder waren in Florenz zu finden. Eine elegant in Stein gemeißelte Bordüre schließt die Fassade kunstvoll nach oben ab.

Palacio de la Conquista 5

C/ Hernando Pizarro, 2

Ein echter Hingucker! Dieses Herrenhaus ist wahrlich das prunkvollste unter den Adelspalästen von Trujillo. Erbauen ließ es Hernando Pizarro, der einzige der vier in die Ferne ausgezogenen Brüder, der in die Heimat zurückkehrte. Allerdings musste er erst 21 Jahre in einer kargen Gefängniszelle ausharren, bevor er die Annehmlichkeiten seines repräsentativen Palastes genießen durfte, hatte er doch Diego de Almagro, den Eroberer von Chile ermorden lassen. Nach seiner Begnadigung wollte es Hernando noch einmal wissen. Mit 51 Jahren nahm er seine 18-jährige Nichte Francisca Pizarro y Yupanqui zur Frau und zeugte noch viele legale Nachfahren. Sie entstammte der Verbindung seines berühmten Bruders Francisco mit der Inka-Prinzessin Hualas Yupanqui. Beide spanisch-peruanischen Paare sind rechts und links vom Eckbalkon abgebildet. Das überbordende platereske Wappen darüber zeigt die Eroberung Südamerikas in seltener Ehrlichkeit. Mit schweren Metallketten um den Hals sind die Indios aneinander gebunden und ertragen ihre Knechtschaft mit versteinerten Mienen. Auch die zwölf auf dem Dachfries dargestellten Figuren sollen Indiogesichter tragen. Diese sind allerdings nur mit Fernglas erkennbar.

Palacio de Juan Pizarro de Orellana 6

Plazuela de D. Juantena, 1, Mo–Fr 10–13, 16–18 Uhr, Sa/So 11–14, 16.30–19 Uhr, Eintritt gegen Spende, bei verschlossener Pforte klingeln!

Am seitlichen Ende des Palacio de la Conquista führt ein schmaler Durchgang beim Palacio de Justicia, dem früheren Rathausgebäude, zu einem weiteren Adelspalast des Pizarro-Clans. Diese Residenz bezog Juan Pizarro de Orellana, der erste spanische Vizegouverneur der Inkahauptstadt Cuzco, nach seiner Heimkehr Ende des 16. Jh. Zwei Familienwappen an der Fassade werden von etwas staksigen Engeln gehalten. Die Orellanas führen zehn Münzen oder Medaillons in ihrem Schild, die Pizarros zwei Bären. Sie halten sich an einer Kiefer fest, an der goldene Zapfen hängen.

Unter dem ausladenden Rundbogen gelangt man in einen schlichten, doppelstöckigen Innenhof. Die historischen Räume werden inzwischen vom Colegio Sagrada Corazón de Jesus genutzt, der 17 Waisen ein Zuhause gibt. Davor beherbergte der Palast die Casa de Contratación. In dieser Art von Auswandererbehörde trug sich in Listen ein, wer nach Peru wollte. Nur auf der Durchreise nach Guadalupe war der Dichter Cervantes, als er bei der Familie Orellana Quartier bezog.

Nach diesem kleinen Abstecher geht es wieder zurück zur Plaza Mayor.

Palacio de Santa Marta

Von der eingangs besuchten Iglesia de San Martin führt die Calle Ballesteros hinauf zur Festung. Nach wenigen Metern passiert man den Palast des Francisco de las Casas, einer der Eroberer Mexicos. Die Renaissancemauern waren bereits halb verfallen, als sie restauriert und zu einem der schönsten Hotels in der Extremadura umgewandelt wurden, das **NH Palacio de Santa Marta** 1. Die gelungene Verbindung von ehrwürdigen Granitbögen und modernem Design können auch Nichtgäste in einem Hotelbistro bewundern, bevor sie sich der steil ansteigenden Pflastergasse anvertrauen.

Die dank ihrer kunstvoll gestalteten Rundkuppel auffällige **Torre del Alfiler** schräg gegenüber kann bestiegen werden. Ein Dokumentationszentrum zeigt einige archäologische Funde, Stadtansichten und Modelle von Palästen (tgl. 10–14, 17–20 Uhr, im Winter 10–14, 16–19 Uhr, Eintritt

1,40 €). Das obere Ende der Gasse markiert unübersehbar der imposante Wachturm eines weiteren Grafenpalastes, des **Alcázar de Luis de Chaves** 7 (Cuesta de la Sangre, 12). Daneben blieb das zinnenverzierte Stadttor **Puerta de Santiago** (Puerto de Santiago, o. Nr.) erhalten. Hier beginnt das mittelalterliche Trujillo, gleich rechts liegt die älteste Kirche der Stadt, die **Iglesia de Santiago** 8 (s. Entdeckungstour S. 154).

Convento de Jerónimas de Santa María Magdalena 9

C/ del Convento de las Jerónimas, 4, tgl. 10–13, Mo–Sa 16.30–18.30 Uhr, Eintritt 1 €, am Eingang kräftig klingeln

Das wuchtige Gebäude, errichtet im 14. und 15. Jh., wird von den Schwestern des Hieronymitenordens bewohnt. Die redseligen Nonnen zeigen gerne die gotische Klosterkirche aus dem 15. Jh., sind sie doch sehr stolz auf eine Kopie der Jungfrau von Guadalupe und eine kunstvolle Jesusfigur am Kreuz, die im 17. Jh. gefertigt wurde. Zum Abschluss der Privatführung kann man sich noch etwas Süßes gönnen: Die Schwestern backen und verkaufen wunderbare Kekse mit so herrlichen Namen wie *tocinillos de cielo*, zu Deusch ›Himmelsspeck‹.

Casa Museo de Pizarro 10

C/ de los Mártires, o. Nr., tgl. 10–14, 17–20 Uhr, im Winter 10–14, 16–19 Uhr, Eintritt 1,40 €

In einem bescheidenen Haus schräg gegenüber lebte hinter dicken Granitmauern der adlige Landbesitzer Gonzalo Pizarro. Hier wurde Hernando, sein einziger ehelicher Sohn geboren. Die drei illegitimen Söhne wuchsen hingegen in den ärmlichen Behausungen ihrer Mütter auf. Ein Museum beleuchtet Herkunft und Wirken der Konquistadoren. Die Wohnräume im Erdgeschoss sind nach dem Geschmack der Kleinadeligen eingerichtet und zeigen Gebrauchsgegenstände des 16. Jh. Im ersten Stock werden Francisco Pizarros Lebensweg und die Mühen seiner Exkursionen nachgezeichnet. Auch die unterworfene Kultur der Inkas ist anhand zahlreicher originaler Fundstücke beschrieben. Das Museum dürfte Erinnerungen bei jenen Besuchern wecken, die bereits einmal das Spanisch sprechende Südamerika bereist haben.

Alcazaba 11

Plaza del Castillo, 1, tgl. 10–14, 17–20 Uhr, im Winter 10–14, 16–19 Uhr, Eintritt 1,40 €

Ein markanter Hufeisenbogen gibt den Durchgang zu einem Meisterwerk der defensiven Militärtechnik frei, das die Kalifen von Córdoba im 10./11. Jh. errichten ließen. Die mit Zinnen bekränzten Mauern aus grob gehauenen Steinen und die vorgelagerten Verteidigungstürme können bestiegen werden. Die Ausblicke in alle vier Himmelsrichtungen streifen über die Dächer von Trujillo und das flache Land bis zu den Bergketten vor Guadalupe und dem Nationalpark von Monfragüe. Hinab schaut man in die rückwärtigen Überreste einer sechseckigen Burgerweiterung. Dieser sogenannte *albacar* war ebenfalls von Mauern und mehreren Wachtürmen gesichert.

Im viereckigen Waffenhof weist ein schlichter Bogen aus Backstein den Weg zum wertvollsten Gut einer Festung, dem Trinkwasser. Stufen führen hinab zur schummrigen Zisterne. Gegenüber führt ein Aufgang in eine Kapelle auf der Höhe des oberen Wehrgangs, in der seit dem 16. Jh. der Stadtheiligen *virgen de la victoria* gehuldigt wird. Um ihrer Aufgabe als Schutzpatronin gerecht zu werden, schaut sie für gewöhnlich wachend

Lieblingsort

Einer der schönsten Plätze der Extremadura: die Plaza Mayor 1 in Trujillo

Ein Urlaubstag in Trujillo lässt sich kaum schöner beginnen als in einem der Terrassencafés an der Ostseite der Plaza Mayor, etwa im Café Victoria. Bei *café solo* und *tostada* (Toast wahlweise mit Marmelade oder kräftigem Aufstrich) oder *pincho de tortilla* (Tortilla-Spießchen). Der Blick schweift zum Reiterstandbild des Eroberers Francisco Pizarro. Die Morgensonne taucht die Kirchen, Adelspaläste und das arabische Castillo in sanftes Licht. Der Geist öffnet sich langsam für die große Geschichte der Stadt (s. S. 144).

auf ihre Gemeinde herab. Allerdings genügt schon die Investition von 0,50 €, um den Schwenkmechanismus in Gang zu setzen und die Jungfrau ganz für sich alleine lächeln zu sehen.

Vom Hof aus können die Burgmauern bestiegen und komplett umlaufen werden. Dann führt die Calle del Castillo nahe der Stadtmauer zurück ins Zentrum. In arabischer Zeit war diese mit 17 Wachtürmen bestückt, für deren Bau sogar römische Quadersteine recycelt wurden. Von den ursprünglich sieben Stadttoren blieben vier erhalten.

Iglesia de Santa María la Mayor 12

C/ Santa María, o. Nr., tgl. 10–14, 17–20 Uhr, im Winter 10–14, 16–19 Uhr, Eintritt 1,50 €

Die Pfarrkirche wurde vom 13.–16. Jh. über der Moschee errichtet. Die massiven romanischen Mauern verbergen ein Juwel sakraler Kunst. Der elegante Innenraum wird von einem grazilen plateresken Sternengewölbe abgeschlossen. Ein Meisterwerk der kastilischen Malerei stellt der Hochaltar dar. 1480 schuf Fernando Gallego aus Salamanca die 25 goldgerahmten Tafelbilder. Die realistischen Darstellungen sind flämisch beeinflusst. Kunstgeschichtlich Interessierte sollten für 1 € die Altarbeleuchtung aktivieren, um die Farbkraft zu erleben und die Details besser zu erkennen.

Kein Wunder, dass sich die reichen Rittersfamilien in einem derartig schönen Gotteshaus ihre Grabstätten kauften und so die weitere Ausgestaltung finanzierten. Links vom Hauptaltar liegt Pizarro Senior begraben, während sein berühmtester Sohn Francisco in der fernen Erde Perus, in Lima ruht. Rechts vom Altar schmückt das Adelswappen mit zehn Münzen die Familiengruft der Orellana. Rechts vom Eingang befindet sich die letzte Ruhestätte des Diego García de Paredes, der wegen seiner schier unerschöpflichen Kräfte auch »Samson der Extremadura« genannt wurde. Er stritt für die Katholischen Könige und für Kaiser Karl V. auf italienischen, türkischen und französischen Schlachtfeldern. Eine lateinische Grabinschrift rühmt seine Heldentaten.

Der ältere, romanische Turm wurde jüngst restauriert, kann allerdings nicht bestiegen werden. Dagegen führen etwa 100 sehr schmale Stufen auf den Glockenturm aus dem 16. Jh. Das Panorama lohnt die Mühe.

Gegenüber dem Kirchenportal führt die Calle Palomas zurück in den unteren Teil der Altstadt, vorbei an den typischen Wehrhäusern des Mittelalters, von denen manch junger unbekannter Ritter in die Fremde zog. Durch die **Puerta de San Andrés** geht es wieder in die Unterstadt der Renaissance.

Übernachten

Juwel am Platze – **NH Palacio de Santa Marta 1**: C/ Ballesteros, 6, Tel. 927 65 91 90, www.nh-hotels.com, DZ ab 95 €, Angebote ab 60 €. Traumhafter Stadtpalast mit 50 geräumigen Zimmern ruhig über der Plaza Mayor. Die teureren Premiumzimmer schauen auf den Platz, besonders schön ist Nr. 304. Dazu Pool mit Ausblick.

Kleinod – **Dos Orillas 2**: C/ Cambrones, 6, Tel. 927 65 90 79, www.dosorillas.com, DZ ab 60 €. Schnuckelige Unterkunft mit 13 unterschiedlich gestalteten Zimmern in der mittelalterlichen Altstadt. Gefrühstückt wird bei schönem Wetter im Innenhof.

Zweckmäßig und gut – **Hostal San Miguel 3**: Plazuela San Miguel, 3, Tel. 927 32 25 71,www.hostalsanmiguel.es, DZ ca. 50 €. Am Rande der Unterstadt,

fünf Fußminuten zur Plaza Mayor. Spärlich möblierte, geräumige Zimmer in kräftigen Wandfarben, moderne Bäder. Nettes Familienunternehmen.
Auf dem Lande – **Viña las Torres 4:** San Clemente, EX-208, km 87,6, Tel. 927 31 93 50, www.vinalastorres.com, DZ 70–80 € inkl. Frühstück. Acht Zimmer in einem ruhig gelegenen Herrenhaus mit wunderschönem Garten, Pool und Sauna ca. 12 km südöstlich von Trujillo. Die Zimmer im Turm haben Aussicht.

Essen & Trinken

Viele Restaurants liegen um die Plaza Mayor und sind auf Touristen eingestellt. Deswegen müssen sie nicht schlecht sein und die Speisekarten gibt es auch auf Englisch.
Ungewöhnlich – **Parador 1:** Sta. Beatriz de Silva, 1, Tel. 927 32 13 50, www.parador.es, tgl. ab 12 Uhr, Essen 13.30–16, 20.30–22.30 Uhr, halbe *ración* ab 4 €, Hauptspeisen ab 12 €. Vielleicht nicht jedermanns Sache, aber der Parador wagt eine spannende Symbiose aus Restaurant, Tapasbar und Café-Lounge. Verschiedene Bereiche einer historischen Klosterkapelle sind unterschiedlich gestaltet, vom legeren Sofa bis zum vornehm eingedeckten Esstisch. Und alles vor vergoldeten Altären unter gotischen Bögen. Auch Hotelbetrieb.
Authentisch – **Bizcocho Plaza 2:** Pza. Mayor, 9, Tel. 927 32 20 17, www.restaurantebizcochotrujillo.com, tgl. 13–16.30, 20.30–23.30 Uhr, Hauptspeisen ab 16 €, extremenisches Menü ca. 21 €, Degustationsmenü ca. 52 €. Im kleinen Speisesaal mit nur 28 Gedecken behandelt der distinguierte Patron Señor Antonio alle Gäste mit ausgesuchter Höflichkeit und erklärt gerne die Speisen, etwa das geschmorte Rebhuhn *perdiz estufada* oder *carzuela de cochinillo.* Das sind auf Salat angerichtete Teile vom Spanferkel.
Vielfältig – **Mesón Hueso 3:** C/ Arquillo, 4, Tel. 927 32 28 20, www.hostalhueso.com, tgl. 13.15–16, 20–22 Uhr, Hauptspeisen ab 9 €, Regionalmenü ca. 15 €. Das kleine Restaurant bietet eine große Auswahl an ortstypischen Gerichten, von Eierspeisen bis zu *moraga,* Schweinefleischstücke auf Holzkohle gegrillt.
Reell – **La Cadena 4:** Pza. Mayor, 8, Tel. 927 32 14 63, tgl. 13–16, 20.30–23.30 Uhr, Hauptspeisen ab 7 €, Menüs ab 12 €. Schlichtes Restaurant mit preisgünstigen Hauptspeisen.
Auch Platos Combinados – **La Victoria 5:** Pza. Mayor, 26, Tel. 927 65 93 52, Cafébetrieb tgl. ab 8.30 Uhr, Restaurantbetrieb 13–16, 20.30–23.30 Uhr, Toasts ab 1,50 €, Salta ab 6,50 €, auch Menüs und Hauptspeisen. Große Terrasse mit Blick auf Altstadt und Burg.

Einkaufen

Klostergebäck – **Convento de Jerónimas 9:** C/ del Convento de las Jerónimas, 4, s. S. 149.
Aus der Extremadura – **Santaolaria 1:** Pza. Mayor, 6. Schmaler Laden mit extremenischen Spezialitäten meist von kleinen Erzeugern: Wein, Likör, Gebäck, Käse, Olivenöl, Würste.
Süß und Salzig – **Pastelería Basilio 2:** C/ de los Herreros,1. Feinkostladen mit Kuchen und Gebäck, Wein und Pralinen, aber auch mit Schinken und Käse.
Beste Schinken – **Casa Bautista 3:** Av. Virgen de Guadalupe, 3. Hochwertiger Schinken in der Filiale des Produzenten aus Montánchez, auch aufgeschnitten in Vakuumverpackung.
Tuch aus anderen Zeiten – **Pedro Marcos 4:** Pza. Mayor 23/24. Auch wenn man wahrscheinlich nichts kaufen wird, lohnt ein Blick in diesen Stoff- und Oberbekleidungsladen ▷ S. 157

Auf Entdeckungstour: Iglesia de Santiago – eine Kirche wird zum Museum

Fast könnte man an den fensterlosen Mauern aus groben Granitquadern achtlos vorbeigehen. Lediglich ein filigranes Eisenkreuz auf dem Giebeldach weist auf ein Gotteshaus hin. Die künstlerische Ausgestaltung des Kircheninneren dokumentiert eine spannende Phase der extremenischen Geschichte: Sie erzählt von der Festigung der christlichen Herrschaft nach der Reconquista und von wagemutigen Eroberern aus Trujillo.

Reisekarte: ▶ F 5

Infos: Iglesia de Santiago 8, Plaza de Santiago, o. Nr., am Stadttor Puerta de Santiago, tgl. 10–14, 17–20 Uhr, im Winter 10–14, 16–19 Uhr, Eintritt 1,40 €.

Klein, schlicht, einfach, wehrhaft. So war die erste Kirche in Trujillo, 1232 an der Stadtmauer erbaut. Ein arabischer Wachturm wurde gar als Kirchturm zweckentfremdet. Schnell musste der Bau ausgeführt werden, denn solch ein Gotteshaus besaß politische Symbolkraft für die neue christliche Herrschaft. Der hl. Jakob (span. San Tiago) war eine Symbolfigur, galt er doch als Maurentöter. Später sollte der Schlachtruf »Santiago hilf« vor den Kämpfen der Konquistadoren mit mexikanischen Azteken, peruanischen Inkas oder chilenischen Mapuchos erschallen. Doch zunächst zählten Gottesfurcht, Bescheidenheit und Improvisationsgeist zu den Tugenden der Reconquista. Also wurde das Kirchlein multifunktional genutzt – als Gebetsstätte, Zufluchtsort für die Christen und Tagungsort für den Stadtrat. Und inzwischen ist es ein originelles Heimatmuseum.

Reiche Sponsoren

Weit entfernt von ihren späteren Pfründen, Privilegien und Reichtümern war die katholische Kirche anfangs auf privates Engagement angewiesen. Die Iglesia de Santiago von Trujillo machte da keine Ausnahme. Es war die Familie Tapias, die den Bau finanzierte. Und gemäß der Devise »Tue Gutes und rede darüber« verewigte sie sich gleich mehrfach mit ihrem Wappen, das immerhin sechs Adler zieren. Durchaus ein wenig hochtrabend!

Schon am Eingang laufen Sie über ein Familiengrab mit dem Hoheitssymbol, das von den vielen Fußtritten allerdings schon reichlich abgeschrubbt ist. In den Seitenkapellen sehen Sie das Wappen oftmals zweigeteilt. So trägt es an der linken Seitenwand zusätzlich die Wellen, die das Adelsgeschlecht der Vargas anzeigen. Auf diese Weise wurden Hochzeiten mit Mitgliedern anderer adeliger Clans sowie der eigene Bedeutungs- und Machtzuwachs manifestiert.

Ein Altar voller Geschichten

Da Bescheidenheit nicht eben ihre Zier war, verewigten sich die Tapias auch am wichtigsten Ort in einer Kirche, dem Hauptaltar. Vielleicht nehmen Sie also nun Platz in der vorderen Bankreihe, um sich den Altar genauer anzusehen. Auf dem Gemälde aus dem frühen 17. Jh. wird Jesus, passend zum Schutzheiligen der Kirche, als Santiagopilger dargestellt. Er trägt als unverwechselbare Kennzeichen einen Pilgerstab und einen ausgehöhlten Kürbis für das Trinkwasser. Links davon und sehr weit oben in der halbrunden Apsis erscheint erneut das Wappen der Tapias – also bereits auf dem besten Weg ins Paradies und zum ewigen Seelenfrieden!

Auch das prächtige Wappen gegenüber steckt voller Familiengeschichten. Die Paredes galten als besonders kämpferische Ritter. Diego García de Paredes, der als legendäres Energiebündel den Beinamen »Samson der Extremadura« erhielt, war an der Einnahme von Granada beteiligt, mit der die christliche Rückeroberung auf der iberischen Halbinsel ihren Abschluss fand. Sein Sohn schlug in Südamerika manch wagemutige Schlacht für Glauben und spanische Krone und gründete ein Trujillo in Venezuela. Welch nahtloser Übergang von Reconquista zur Conquista bei Vater und Sohn! Doch zu anderen Tätigkeiten als Kämpfen, Morden, Huren oder Plündern taugten die extremenischen Ritter damals auch kaum. Der über dem Familienwappen thronende Habsburger Doppeladler symbolisiert den kaiserlichen Dank für ihren Einsatz.

Die Enkelin von Diego García de Paredes schließlich heiratete ein Mitglied der Familie Tapias, die sich mit einer solchen Schwiegertochter wahrlich schmücken konnte. Flugs wurde ein Platz für ihr Wappen am Altar frei gemacht und die Paredes durften sich in Stein gemeißelt verewigen.

Ein dürstender Christus

Doch nun genug der blutigen Geschichte, es sei der Sprung in die Gegenwart gewagt. Im linken Seitenschiff nahe dem Hauptaltar wird in den Augen der gegenwärtigen Bewohner die wichtigste Statue dieser Kirche angestrahlt. Bereits 1372 wurde der schmerzverzerrte Jesus am Kreuz geschnitzt. Voller Dramatik treten die Knochen des ausgemergelten Körpers unter der Haut hervor. Der Mund ist halb geöffnet, die Zähne stehen hervor. Kein Zweifel, dieser Mann leidet ganz entsetzlich. An Durst! Und wenn die Einwohner von Trujillo in Zeiten großer Trockenheit selbigen erdulden, tragen sie den Cristo de las Aguas in einer Prozession durch den Ort, um den Himmel mit vielen Bitten und Gebeten um Regen anzuflehen.

Bildung und Alltag jenseits der Bibel

Nur wenige Meter dahinter öffnet sich ein Portal zur **Sakristei,** das ebenso von einer Jakobsmuschel geziert ist wie die Säulenkapitelle und von schwarz-weißen Fresken umrandet wird. Hier hatten die letzten beiden Pastoren die Hausbibliothek aufbewahrt. Die Interessen dieser Herren unter der Soutane reichten weit über einen engen klerikalen Horizont hinaus, lasen sie doch auch einschlägige Werke zu Geografie, Pflanzenheilkunde und Literatur. Ihrem persönlichen Einsatz ist es zu verdanken, dass das Gotteshaus nach den Zerstörungen durch napoleonische Soldaten im 19. Jh. restauriert wurde. Allerdings wurde bereits 1896 der letzte Gottesdienst gefeiert und der Sakralbau in ein Heimatmuseum verwandelt.

Arbeitslos wurde damit der Küster, zu dessen anspruchsloser Junggesellenwohnung unter dem Kirchendach schmale Treppen steigen. Immer vor Ort, blieb er in Rufbereitschaft, um etwa in Notzeiten die Sturmglocke zu läuten. Schmal war seine Bettstatt. Die metallene Bettpfanne sorgte im Winter mit Kohlenglut für einige Wärme. Vergleichsweise geräumig war die Dienstwohnung, ausgerüstet mit offener Feuerstelle, Kochgeschirr aus Metall, Tisch und Stuhl, Essbesteck und Vorratsbehältern. Für alles war gesorgt! Allerdings fiel nur wenig Licht durch die beiden schmalen Fenster, die an Schießscharten der frühen kriegerischen Jahre erinnern.

Vom Hochchor bietet sich ein schöner Überblick über das Kircheninnere, während der Glockenturm im Vergleich zu anderen Aussichtspunkten von Trujillo nur ein bescheidenes Panorama eröffnet. Er ist einfach nicht hoch genug.

Zeugnisse jüdischen Lebens

Lange Zeit wurden in dem Gotteshaus Alltagsgegenstände ausgestellt, die im Haus einer jüdischen Familie an der Plaza Mayor gefunden wurden. Die kunstvollen Keramikteller, orientalischen Teppiche und hebräischen Bücher wurden zumindest vorübergehend entfernt. Ein Platz für jene in Trujillo einst bedeutende Bevölkerungsgruppe, deren brutale Verfolgung die katholische Inquisition zu verantworten hatte, ist den aktuellen Verantwortlichen vielleicht doch ein zu weitgehender Beitrag zu einer späten Versöhnung geworden.

wie aus einer anderen Zeit. Das Angebot reicht von Strampelanzügen über Kurzwaren bis zu feinem Tuch.

Abends & Nachts

Trujillo ist ein verschlafenes Städtchen, und ein Nachtleben, das diesen Namen verdient hätte, beschränkt sich auf die Umgebung der Plaza Mayor. Das fast schon historische **La Abadía** 1 in einem ehemaligen Klosterkrankenhaus bildet das Aushängeschild (C/ García de Paredes, www.facebook.com/LaAbadiaTrujillo, Fr/Sa geöffnet für Konzerte verschiedener Stilrichtungen, meist ab Mitternacht).

Infos & Termine

Infos

S. Infobox S. 142.

Termine

Semana Santa: In der Karwoche. Die Prozessionen am Mittwoch, Donnerstag und Freitag werden von lautem Trommeln begleitet.

Chíviri: Ostersonntag. Abschluss der Semana Santa. In historischen Schäferkostümen tanzen Tausende auf der Plaza Mayor zu einem Vers aus dem frühen 19. Jh.: »Ay! Chíviri, chíviri, chíviri! Ay! Chíviri, chíviri, chón!« Am Ostermontag mündet das Fest in eine Prozession in La Dehesilla wenig außerhalb Richtung Cáceres.

Feria del Queso: Ende April/Anfang Mai. Die Plaza Mayor ist voll mit Verkaufsständen. Ein Schwerpunkt liegt auf südamerikanischem Käse, den einst die extremenischen Eroberer in ihre Heimat mitbrachten (www.feriadelquesotrujillo.es).

Christi Himmelfahrt: Seit dem 15. Jh. wird die Figur Christi unter einem Baldachin auf der Plaza Mayor aufgestellt. Schon damals wurden Sänger und Tänzer zur Begleitung des Festaktes angestellt.

Stadtfest Virgen de la Victoria: Ende Aug./Anfang Sept. Prozession und festliches Treiben zu Ehren der Schutzheiligen Trujillos.

Verkehr

Parken: Die Altstadtgassen sind sehr eng. Auch die Anfahrt zu den Innenstadthotels ist v. a. mit großen Autos nicht ganz einfach. Unter dem Paseo Ruiz de Mendoza liegt die Tiefgarage Parking Centro.

Busbahnhof: Av. de Miajadas, o. Nr., Tel. 927 32 12 02. Verbindungen u. a. nach Cáceres, Guadalupe, Mérida, Madrid und Salamanca.

Parque Nacional de Monfragüe ! ▸ F/G 3/4

Einige Superlative vorweg. Monfragüe ist der einzige Nationalpark in der Extremadura und einer von nur 14 Spaniens. Er umfasst den größten, fast unberührten Mittelmeerwald der Welt und ist umgeben von Weide- und Wiesenlandschaften. Zahlreiche vom Aussterben bedrohte Vogelarten finden hier eines der letzten Rückzugsgebiete. In einer schmalen Felsfront nisten hunderte Gänsegeier.

Versperrt von zwei steilen Felsgraten waren die tiefen Täler der Flüsse Tajo und Tiétar lange Zeit nahezu unzugänglich. Kein Wunder, dass die Römer nur einen Namen kannten: unwegsames Gebirge – Monsfragorum. Kaum überrascht da, dass Monfragüe noch im 18. Jh. als Räuberversteck diente. 1966 schließlich wurden die Flüsse durch Staumauern gezähmt. Doch noch heute ist das Vorwärtskommen nur auf einer engkurvigen Straße möglich.

Bis 1979 waren die verantwortlichen Politiker nahe dran, die unberührte Natur zugunsten gewinnbringender Eukalyptuspflanzungen zu zerstören. Doch Proteste von Umweltschützern zeigten in der jungen spanischen Demokratie rasche Erfolge und führten zur Ausweisung eines Naturparks auf 18 396 ha Fläche. 2003 folgte die Anerkennung als UNO-Biosphärenreservat. 2007 schließlich wurde der Nationalpark gebildet und der Zugang zu weiten Gebieten zum Schutz von Flora und Fauna untersagt. Bereits gepflanzte Eukalyptushaine wurden zurückgebaut. Das einzige Atomkraftwerk der Extremadura bei Almaraz an der östlichen Grenze, das durch die Kühlwasser zur Erhitzung des Río Tajo beiträgt, soll nach Versprechungen der spanischen Regierung stillgelegt werden. Die Betreiber fordern dagegen eine Verlängerung der Lizenz.

Flora und Fauna

Über 300 Vogelarten finden im Nationalpark ihre Heimat oder ihr Winterquartier. Dazu gehören zwölf Paare des Iberischen Kaiseradlers, mehr als 500 Paare des Gänsegeiers und an die 30 Schwarzstorchpaare. Inoffizielles Wappentier aber ist der Mönchsgeier. Laut letzter Zählung leben über 300 Paare in den bewaldeten Hügeln. Oft überfliegen sie die Ebenen auf Nahrungssuche. Schlangen- und Zwergadler sind keine Seltenheit oder Uhus und Eulen. Wiedehopfe, Bienenfresser, Alpensegler, Pirole, Blauelstern, Blaumerle, Nachtigallen, verschiedene Arten von Grasmücken und Lerchen leben im Park.

Zur Artenvielfalt in der Luft kommen seltene Tiere am Boden. Der fast ausgestorbene Iberische Luchs wird derzeit ausgewildert. Manchmal kreuzt ein Rothirsch mit seinem mächtigen Geweih den Weg. Oder eine Horde Wildschweine. Die nachtaktiven Ginsterkatzen allerdings bekommt man kaum zu Gesicht. Kaninchen werden ausgesetzt, um den Raubvögeln Nahrung zu geben. Hiervon profitieren auch die Füchse. Amphibien und Reptilien leben bevorzugt in den Feuchtgebieten, darunter der Feuersalamander. Hier fühlen sich auch Fischotter heimisch.

Fast ebenso prächtig zeigt sich die Flora. Eichenhaine erstrecken sich über die gesamten Fläche. Erdbeerbäume wachsen zahlreich, auch Ahorn, Eschen und der Wilde Ölbaum. Charakteristisch ist der selten gewordene Zürgelbaum, ein Hanfgewächs. Lackzistrosen blühen im Frühjahr strahlend weiß, das Heidekraut wird mehr als mannshoch, dazwischen zeigt sich Myrte. Ein Schmaus für mitteleuropäische Augen.

Erkundung des Parks

Steinzeitzeichnungen

Zeitweise wegen Felsabbrüchen geschl., Anfragen im Centro de Visitantes

Trotz oder gerade wegen der Abgeschiedenheit und dank des Fisch- und Wildreichtums diente die Gegend bereits vor 5000 Jahren als Rückzugsgebiet unserer Vorfahren. In einer 10 m tiefen Höhle auf dem Weg zur Burgruine im Südwesten des Nationalparks wurden Ritzzeichnungen entdeckt. Sie zeigen menschliche Figuren, Tiere, Linien, Punkte und abstrakte Zeichen. Vorherrschend ist die rote Farbe, daneben weiß und schwarz. Die Entstehungszeit reicht vom 3. Jt. bis etwa 500 v. Chr.

Burgruine

Ex-208, km 31, frei zugänglich

Das *castillo* auf 465 m Höhe ist über einen Abzweig von der Verbindungsstraße Trujillo–Plasencia zu erreichen. Von Mauren gebaut ging es nach der christlichen Rückeroberung nacheinander in den Besitz verschiedener Orden über. Mehrfach umgestaltet, gelangte die Burg im 15. Jh. in adeligen Familiensitz. Im Unabhängigkeitskrieg gegen Napoleon wurde sie schließlich geschleift. Die einstige strategische Bedeutung erschließt sich von oben. Von hier bietet sich ein unverstellter Fünf-Sterne-Blick in alle vier Himmelsrichtungen. Angreifer konnten sich einst kaum verbergen.

Heute wird die Anlage zum Treffpunkt in lauen Sommernächten. Verliebte suchen die Romantik nahe dem klaren Sternenhimmel, manche Flasche Sekt wird bei einer Geburtstagsfeier geköpft, Familien verlängern ihr abendliches Picknick bis nach Mitternacht. Auch so mancher Urlauber findet herauf.

Mein Tipp

Birdwatching – die besten Plätze

Die spektakulärste Stelle ist zweifellos der **Salto del Gitano,** insbesondere zum Betrachten der Gänsegeierkolonie (s. Lieblingsort S. 163). Drei weitere empfehlenswerte Vogelbeobachtungsstationen befinden sich am Flusslauf des Tiétar an der Parkstraße. Es sind dies **La Tajadilla, La Higuerillo** und ganz besonders **Portilla del Tiétar.** Doch auch abseits dieser ausgewiesenen Plätze erleben Sie überall im Nationalpark die großartige Vogelwelt. Wer sich lieber einer sachkundigen Führung anschließen möchte: **Extremadurabirds** bietet halb- und ganztägige Beobachtungstouren ab zwei Personen an (Handy 676 78 42 21, www.extremadurabirds.net; weitere Anbieter s. unter Aktiv S. 161).

Centro de Interpretación de la Naturaleza

Mo–Fr 9.30–18, Sa/So ab 9 Uhr, im Sommer bis 19.30 Uhr, Eintritt frei

Diese Einrichtung bringt Erwachsenen und Kindern die Natur wirklich nahe, auf vielfältige Art und sehr lebendig! Natürlich gibt es auch die üblichen Schautafeln, etwa zum Tier- und Pflanzenreichtum im Nationalpark. Das Ökosystem wird vorgestellt und die Bedrohungen. Dazu werden Naturmodelle ausgestellt. Echte Bäume wachsen und werden erklärt. Und ein originales Geiernest gibt es zu sehen. Der darauf thronende Vogel ist allerdings nachgebildet. Und schließlich lockt das dunkle **Labyrinth der Sinne.** In schwarzen Gängen werden Neugierige durch Sehen, Hören und Tasten zu den Geheimnissen der Natur geführt. Manchmal ist es richtig gruselig, etwa wenn das Kreischen der Geier beim Äsen ertönt, dem man durch ein kleines Guckloch zuschaut. Allerdings nur auf Film.

Centro de Interpretación del Agua

Mo–Fr 9.30–18, Sa/So ab 9 Uhr, im Sommer bis 19.30 Uhr, Eintritt frei

Das Zentrum zu den Wasserressourcen des Parks und ihrer Verwendung hingegen ist mit seinen vielen Schautafeln etwas fantasielos gestaltet. Ein Umzug in ein neues Gebäude soll dies ändern. Interessant ist auf jeden Fall ein 17-minütiger Film (auch in Englisch) über den Nationalpark, der jeweils zur vollen Stunde gezeigt wird, im Winter nachmittags häufiger.

Wanderung durch den Naturpark

Ausgangspunkt: Parkplatz an der Fuente del Francés, EX-208, nahe km 25, mittelschwer, Länge: 5 km, knapp 1,5 Std., teilweise rot markiert

Zunächst geht es auf einem Teerweg am Fluss entlang zur **Casa de los Camineros** (Hinweisschild). Eschen und Erdbeerbäume, aus deren Früchten der scharfe Aguardiente de Madroños gewonnen wird, säumen den Weg. Nach einigen Minuten weist ein Schild nach rechts. Die Hausruine der *camineros,* der Straßenarbeiter, die einst hier nächtigten, wird passiert. Zwischen Stein- und Kermeseichen, Thymian, Schopflavendel und weiß blühendem Heidekraut schlängelt sich der schmale Pfad entlang rot markierter Holzpfosten bergauf. Etwa eine halbe Stunde ist vergangen und die **Fuente de la Parra** wird erreicht. Die kleine Quelle liefert Trinkwasser für durstige Wandersleute, denn es geht, jetzt noch etwas steiler, weiter hinauf. Die nach einer Gabelung nun zwei Pfade vereinen sich später wieder. Heidekraut wächst so hoch, dass es selbst einen gestandenen Basketballer überragt. Zistrosen kommen hinzu. Nach knapp 10 Min., die Höhe ist erreicht, wechseln den Hang entlang kurze Anstiege mit Abstiegen. Romantisch, fast urtümlich wirken dunkle Wälder aus teilweise abgestorbenen Bäumen.

Schließlich zeigt sich vom Aussichtspunkt **Mirador La Umbria** ein wunderbares Panorama. Unten fließt der Río Tajo, der Ausgangspunkt der Wanderung ist zu sehen, ebenso die weiten Hügelketten im Westen und Norden. Zwar wird der Gipfel des 513 m hohen **Monfragüe** nicht bestiegen, dennoch folgt, nach einer Kehre, die nächste ,sogar deftige Steigung. 5 Min. noch, und plötzlich stürzt sich der Weg ins Tal, manchmal durch im Boden eingelassene Holzbohlen treppenartig abgemildert.

Ungefähr eine Viertelstunde später verlangt eine Weggabelung Ihre Entscheidung. Nach rechts geht's in 5 Min. direkt zum Ausgangspunkt zurück. Wer noch Lust und Power in sich fühlt, kann auch einen Umweg nach links zum **Castillo** (s. S. 159) nehmen; 45 Min. dauert es bis dorthin.

Wanderung durch den Parque Nacional de Monfragüe

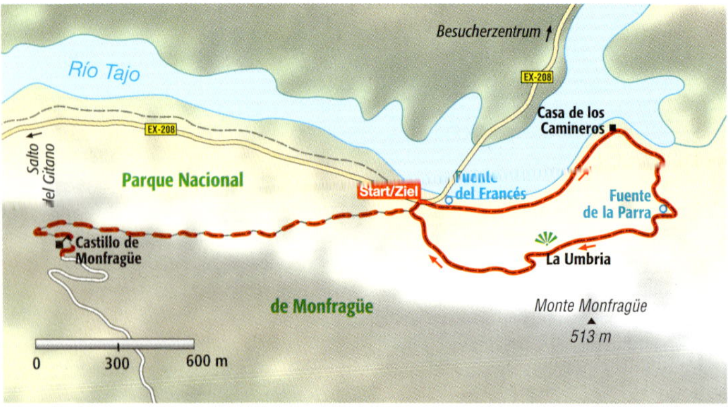

Übernachten

In freier Natur – **Las Corchuelas:** Ctra. Plasencia–Trujillo, EX-208, km 32,100, Tel. 608 82 19 61 (Handy), www.lascorchuelas.com, DZ ca. 110 € inkl. Frühstück, Halbpension ca. 150 €. Traumhaft in die Landschaft eingebettetes, 200 Jahre altes Landhaus mit sechs Zimmern. Moderne Bäder, schöner Garten. Gut 2 km von der Hauptstraße über einen Erdweg erreichbar.

In Dorfnähe – **Hospedería Parque de Monfragüe:** Torrejón el Rubio, Ctra. Plasencia–Trujillo, EX-208, km 37, Tel. 927 45 52 79, www.hospederiasdeextremadura.es, je nach Saison DZ 63–120 €. Der architektonische Versuch, Rustikales mit Modernem zu verbinden, scheiterte an manchen Stellen an der handwerklichen Umsetzung. Doch werden die Gäste durch die Nähe zum Nationalpark entschädigt.

Mitten im Park – **Casa Rural El Cabrerín:** Villarreal de San Carlos, Tel. 927 19 90 02, www.elcabrerin.com, Auskünfte in der Bar Casa Paqui (s. u.), DZ 55–60 € inkl. Frühstück, Nachlass bei längerem Aufenthalt. Eine der wenigen Unterkünfte im Nationalpark. Vier rustikale Zimmer mit Klimaanlage in einem Haus im regionalen Stil.

Essen & Trinken

Im Hotel – **Hospedería Parque de Monfragüe:** s. o., tgl. 13–16, 21–23 Uhr, Hauptspeisen ab 14 €, Menü ca. 18 €. Bessere regionale Küche mit manch kreativer Note. Der Speisesaal ist allerdings sehr von Beton bestimmt.

Einfach – **Casa Paqui:** Villarreal de San Carlos, Tel. 927 19 90 02, tgl. 13–15.45, 19.30–21 Uhr, Hauptspeisen ab 8 €. Einfaches Essen in einem sympathischen Speisesaal hinter der Bar. Am Tresen gibt es Tapas. Für das Abendessen empfiehlt sich eine Anmeldung.

Aktiv

Organisierte Ausflüge – Mehrere Unternehmen führen thematische Ausflüge in den Nationalpark durch, darunter natürlich auch Vogelbeobachtung: **Monfragüe Natural,** Tel. 927 45 94 75, www.monfraguenatural.com; **Monfragüe Vivo,** Tel. 620 94 17 78 (Handy), www.monfraguevivo.com; **En Ruta Monfragüe,** Tel. 927 40 41 13, www.rutaspormonfrague.com. Ausgangspunkt ist das Besucherzentrum.

Vogelbeobachtung – s. Mein Tipp S. 159.

Reiten – **Laurel Ecuestre** (Tel. 927 40 74 81, http://hotellaurel.com) bietet Ausritte in den Park an.

Wandern – Drei Wanderwege sind im Park ausgeschildert: Großer Beliebtheit erfreut sich die 7,5 km lange Rundtour auf den 372 m hohen Aussichtspunkt **Cerro Gimio,** die am Besucherzentrum beginnt. In die entgegengesetzte Richtung zum Aussichtspunkt **La Tajadilla** führt eine Wanderung über 8,5 km (hin- und zurück). Für Wanderer, die in aller Ruhe die vielfältige mediterrane Pflanzenwelt beobachten wollen, empfiehlt sich die **Route Umbría del Castillo** ab der Brücke **Fuente del Francés** (s. links). Karten hält das Besucherzentrum bereit.

Infos

Infos

S. Infobox S. 142.

Verkehr

Der Bahnhof Monfragüe an der Strecke Madrid–Lissabon liegt 18 km von Villarreal entfernt (3 x tgl. Verbindung nach Madrid). Busse verkehren Mo–Fr 1 x tgl. von Plasencia und Torrejón. Nach Trujillo existiert keine Anbindung.

Lieblingsort

Für Vogelkundler ein Muss: der Geierfelsen im Nationalpark Monfragüe ► F 4
Fernglas scharf gestellt und Kamera ausgepackt! Über dem legendenumwobenen Felsvorsprung Salto del Gitano (EX-208, km 29) kreisen Dutzende von Geiern in majestätischem Fluge, mit über 2,50 m Flügelspannweite. In den Steilhang haben sie ihre Horste gebaut. Manchmal mischt sich sogar ein Schwarzstorch unter sie. Der im Tal fließende Río Tajo trennt die Vogelbeobachtungsstelle an der Parkstraße von den Vögeln. Das gibt ihnen Sicherheit. Auch wenn es manchmal sehr voll wird und die Fotoapparate der Birdwatcher im Akkord klicken (s. S. 159).

Das Beste auf einen Blick

Plasencia und der Norden

Highlights!

Hervás: Die Häuser aus dem 15. Jh. schmiegen sich im jüdischen Viertel des schmucken Städtchens aneinander, das außerdem Wanderwege in die Bergwelt, saubere Naturschwimmbäder und schöne Einkehrmöglichkeiten bietet. S. 182

Las Hurdes: Wanderer finden Erfrischung in den klaren Seen und Bächen des magischen Berglandes von Las Hurdes, über das Regisseur Buñuel einst seinen Skandalfilm »Land ohne Brot« drehte. S. 189

Auf Entdeckungstour

Ein kritisches Chorgestühl: Frivole Blicke aufs Alltagsleben und beißende Kritik am Klerus zeigen sich in der Kathedrale von Plasencia. Seltsame Szenerie in einer Kirche. Doch auch Heilige, Erzengel und Kirchenväter treten auf. S. 172

Das Ende eines Kaisers: Der Rundgang durch El Monasterio de Yuste, den Alterssitz des mächtigen Karl V. zeigt die Inszenierung eines kaiserlichen Abgangs, der durchaus einer Groteske glich. S. 178

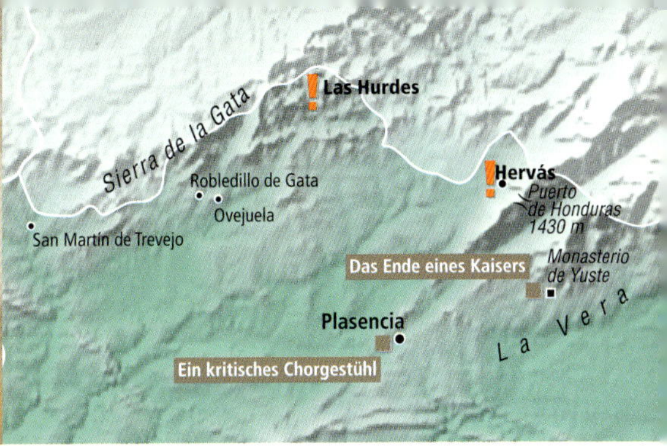

Kultur & Sehenswertes

Faszinierende Textilien: In die Welt der Stoffe und Kleidung, mal festlich, mal alltagstauglich, entführt das Museo Etnográfico Textil von Plasencia. S. 170

Arabische Ölmühle: Im abgeschiedenen Bergdorf Robledillo de Gata erklärt das Olivenölmuseum in einer Presse aus dem 11. Jh. die Entwicklung eines der wichtigsten Wirtschaftszweige der Region. S. 194

Zu Fuß & mit dem Rad

Über den mythischen Pass: Per Rad geht es auf den 1430 m hohen Puerto de Honduras. S. 175

Mit Panorama: Viele Ausblicke gewährt der Weg um Hervás. S. 186

Im Kastanienwald: Eine Bergwanderung in der Sierra de la Gata führt von San Martín de Trevejo durch den Forst. S. 195

Genießen & Atmosphäre

Markt in Plasencia: Immer dienstags wird in Plasencia der größte Freiluftmarkt der nördlichen Extremadura veranstaltet. Das Angebot reicht von Gemüse bis Kleidung. S. 174

Baden unter dem Wasserfall: Den Fels hinab stürzt die Cascada del Chorrito nahe Ovejuela und sammelt sich zu einem kleinen See. Ein spektakulärer Ort zum Baden und Planschen inmitten unberührter Natur! S. 193

Abends & Nachts

Tapa-Tour: Es dürfte schon stimmen, was vor Ort behauptet wird: Die Bars in Plasencia können fast mit denen in Madrid mithalten. Auf geht's zur nächtlichen Tour. S. 171

Nightlife in den Bergen: Fast jedes zweite Haus in der Calle Pizarro von Hervás, mitten im Bergland des Nordens, beherbergt eine Musik- oder Tapasbar. S. 184

Erholsame Berglandschaften

Die nördlichen Landesteile versprechen vor allem eines: reichlich Entspannung. Sie beginnt in den Tapasbars von Plasencia. So viele Gaststätten so nah beieinander mit so unterschiedlichen Appetithäppchen finden sich nirgends sonst in der Extremadura. Das Provinzstädtchen bildet das Tor zu stillen, über 2000 m hohen Gebirgszügen.

Infobox

Reisekarte: ▶ C–G 1–3

Touristeninformationen
Plasencia leistet sich zwei Tourismusämter (s. S. 174). Alle für Urlauber interessanten Orte in den Tälern unterhalten eigene Büros, so auch Jarandilla de la Vera, Jerte, Hervás und Coria. Dagegen gibt es nur wenige Informationsstellen in den abgelegenen Berglandschaften Las Hurdes und Gata, dort z. B. in Caminomorisco und San Martín de Trevejo.

Anfahrt und Weiterkommen
Plasencia bildet den Verkehrsknotenpunkt der nördlichen Extremadura. Hauptstraßen führen in die Täler Vera, Jerte und Ambroz. Die vierspurige EX-A1 reicht von Moralejo über Coria und Plasencia bis zur Autobahn nach Madrid mit Abzweig in den Nationalpark Monfragüe. Kurvenreich und eng sind die Straßen in den Bergregionen Las Hurdes und Gata. Plasencia, Hervás und Coria sind von Cáceres, Madrid und Salamanca per Bus zu erreichen. Regionalbusse fahren selten. Plasencia liegt an der Zuglinie von Madrid nach Cáceres.

Schneebedeckt zeigen sich die Gipfel im Winter. Den Mischwald dominieren Kastanienbäume. Von Wasserläufen durchzogen sind die fruchtbaren Täler Vera, Jerte und Ambroz, in denen Oliven- und Kirschbäume wachsen. Tabak und Paprika wird angepflanzt. Bäche und kleine Seen laden zum romantischen Bad ein, markierte Wege zum Wandern. Berühmtheit erlangte ein besonderer Gebirgspfad, auf dem sich 1554 Kaiser Karl V. in einer Sänfte zu seinem Alterssitz im Kloster Yuste tragen ließ (s. Entdeckungstour S. 178).

Vier Jahrhunderte später kam die nordöstliche Region Las Hurdes zu allerdings trauriger Bekanntheit. Luis Buñuels Film »Land ohne Brot« führte die bittere Armut und menschliche Verzweiflung in einem verlassenen Landstrich einer breiten Öffentlichkeit vor Augen. Im Vergleich sieht der Besucher von heute einen enormen Fortschritt. Gleichermaßen geliebt und gehasst wird das römisch-mittelalterliche Coria. Zehntausende pilgern zu blutigen sommerlichen Stierkämpfen. Die Ablehnung des Spektakels dürfte kaum weniger Unterstützung erhalten.

Plasencia ▶ F 3

Plasencias Bevölkerung wächst: in den letzten zehn Jahren um 10 % auf über 41 000 Einwohner, in den letzten 50 Jahren hat sie sich verdoppelt. Eigentlich ein gutes Zeichen in einer Region mit chronischer Abwanderung. Aber das bedeutet zugleich, dass bei der Anfahrt einige Neubausiedlungen durchquert werden müssen. Dahinter verbirgt sich ein historisches Zentrum, das bescheiden, vielleicht sogar ein bisschen spröde wirkt und dabei weitgehend unberührt bleibt vom Strom der Touristen. Zumal die neue Autobahn den Fernverkehr an der Stadt vorbeiführt.

Dank der Vía de la Plata (s. S. 63) sorgte der Warenaustauch über die Jahrhunderte für Wohlstand, der in mächtigen Adelspalästen seinen architektonischen Ausdruck fand. Viele sind älter als jene in Cáceres. Aber der entscheidende Unterschied ist, dass sie kein abgetrenntes Viertel bilden, sondern sich organisch ins Stadtbild einfügen. Auch der an jedem Dienstag abgehaltene Markt wurzelt im Mittelalter. Seiner alten Tradition folgend, hat sich die Gemeinde in den letzten Jahrzehnten zum modernen Handelszentrum der nördlichen Extremadura gemausert, was den Anstieg der Einwohnerzahl begründet.

Wo Handel betrieben wurde, ließen sich auch Handwerker nieder. Sie lebten in den geradlinigen Gassen, die sternförmig von der Plaza Mayor abzweigen. Manche führen jene Gewerke im Namen, die hier ausgeübt wurden, etwa die Rua Zapatería (dt.: Schuhladen).

Man schrieb das Jahr 1186, als Plasencia auf Befehl des Königs Alfonso VIII. mitten im Kampfgebiet der Reconquista als Militärstützpunkt und kulturelles Zentrum gegründet wurde, die erste Siedlung der kastilischen Ritter in der Extremadura. Zur Absicherung entstand bis 1201 die Stadtmauer.

In der Folgezeit ließen sich viele Juden in Plasencia nieder und bildeten eine der bedeutendsten Gemeinden Spaniens. Ihre Synagoge stand zunächst an der Stelle des heutigen Parador, ab 1482 dann in der Calle Trujillo. Auf dem ersten Höhepunkt der Judenverfolgung 1492 flohen sie ins nahe Portugal. Seit wenigen Jahren erinnert die Stadt an ihre jüdische Vergangenheit und gedenkt der früheren

Beliebter Treffpunkt am Abend: die Tapasbars auf der Plaza Mayor

Wohnorte der Juden mit Marmorsteinen im Straßenpflaster. Das Wohnhaus des Rabbi Salomon etwa stand einst in der Calle Zapatería 4 nahe der Plaza Mayor, in deren Umgebung sehr viele Juden lebten.

Stadtrundgang

Plaza Mayor 1

Die Plaza Mayor ist idealer Ausgangspunkt für eine Stadterkundung. Auch sie zeigt sich bescheiden im Vergleich zu den Hauptplätzen von Cáceres oder Trujillo. Und doch bietet sie Besonderes. Hier schlägt das Herz der Tapa-Kultur in der Extremadura, so zahlreich sind die authentischen Bars. Ja, sie können sogar mit Madrid mithalten. Zumindest zeigt man sich in Plasencia davon überzeugt.

Doch zunächst lohnt – vielleicht vom Straßencafé – ein genauer Blick auf den Uhrenturm des Rathauses (Nr. 47) an der Stirnseite des Platzes. Sehen Sie hoch oben die grün gekleidete Figur mit Rauschebart? Seit Menschengedenken erinnert **Großvater Mayorga** die Bürger per Glockenschlag an die Aufgaben des Tages. Der Palast mit seinen Doppelarkaden im Renaissancestil wurde im 16. Jh. erbaut.

In kaum fünf Fußminuten sind alle Sehenswürdigkeiten durch die hübschen Gassen zu erreichen. Die Rua Santa Clara führt zur Bischofskirche. Auf dem Weg dorthin passiert man das **ehemalige Kloster Santa Clara** (o. Nr.) mit gotischer Flamboyantfassade, das das städtische Tourismusamt mit angeschlossener Ausstellung zur Stadtgeschichte (s. unter Infos S. 174) beherbergt.

Plasencia

Sehenswert
1 Plaza Mayor
2 Alte und Neue Kathedrale
3 Museo Etnográfico Textil Pérez Enciso
4 Historische Weinkellerei
5 Stadtmauer/Centro de Interpretación de la Ciudad Mediaval
6 Convento de San Vicente Ferrer
7 Palacio de los Monroy
8 Parque de los Pinos

Übernachten
1 Dona Maria »La Brava«
2 Hotel Dora

Essen & Trinken
1 Casa Juan
2 Chamizo
3 Ambrosia
4 Tentempié
5 Globo
6 Cafe Torero
7 Succo

Einkaufen
1 Wochenmarkt
2 El Rincón del Jamón

Aktiv
1 Naturschwimmbad La Isla
2 GR-100 Sports

Abends & Nachts
1 Teatro Alkázar
2 Sala Impacto

Alte und Neue Kathedrale 2

Plaza de la Catedral, 1, Di–Sa 11–14, 17–20 Uhr, im Winter 11–14, 16–19 Uhr, Eintritt 4 € inkl. Sakralmuseum

Solch eine Kathedrale sieht man selten. Genauer gesagt: Eigentlich sind es gleich zwei Kathedralen in einer. Die Steinbänke auf dem Vorplatz, der anmutig von Orangenbäumen bewachsen ist, laden zu einer Verschnaufpause vor der Besichtigung ein. Das Wasser eines Brunnens plätschert dazu. Davor erhebt sich die mächtige platereske Fassade der sogenannten Neuen Kirche, gebaut an die romanisch gotische Kathedrale aus dem 13. Jh. Eine wehmütige Stimmung geht von dieser aus, wie sie dort so unvollendet steht. Es gibt Seitenmauern mit einem verschlossenen Eingangsportal und einen Glockenturm. Erhalten blieben außerdem ein quadratischer Kreuzgang und ein unfertiges Gewölbe.

In das Innere gelangen Besucher über die dreischiffige Neue Kathedrale aus dem 16. und 17. Jh. Herausragende Architekten aus Andalusien und Kastilien schufen mit Unterstützung des deutschstämmigen Francisco de Colonia einen Renaissancebau im Sinne der Gegenreformation. Göttliche Allmacht sollte durch die Wucht der äußeren Fassade und den Glanz im Kircheninneren demonstriert werden. Gold, Gold, Gold! Selbst die Säulen, die in ein reiches Netzgewölbe münden, sind mit dem Edelmetall überzogen. Erst recht zieht der gewaltige, natürlich ebenfalls vergoldete Hochalter von 23 m Höhe und 13 m Breite den Blick auf sich. Seit seiner Restaurierung 2009 erstrahlt er in neuem Glanze, der sich besonders während der Messe verbreitet. Dann nämlich wird er angestrahlt. Plastisch treten barocke Figuren aus dem Altar hervor, etwa die himmelfahrende Maria. Die flankierenden Bilder zeigen die Verkündigung und Szenen der Geburt Christi. Etwas bizarr wirken Adam und Eva auf seitlichen Pfeilern rechts und links vor dem Altar. denn sie zeigen sich splitterfasernackt, ohne den üblichen Schutz durchs Feigenblatt.

Angesichts der überschwänglichen, vielleicht auch etwas aufdringlichen Pracht des Hochaltars tritt das Schnitzwerk des Chorgestühls fast ein wenig in den Hintergrund. Trotzdem ein Höhepunkt! (s. Entdeckungstour S. 172). Ein angeschlossenes **Kathedralmuseum** hat 2014 vier Säle rund um den Kreuzgang bezogen. Zum Fundus gehören Choralbücher und Bibeln, Heiligenfiguren und sakrale Gemälde vom 13. bis 17. Jh. Darunter befinden sich vier Werke des großen Renaissancemalers Luis de Morales (s. S. 73). Das Schmuckstück des Museums bildet ein kunstvoll gestalteter Altar aus dem 16. Jh., zusammengesetzt aus *azulejos* aus Talavera de la Reina, einem Zentrum der spanischen Kachelkunst.

Museo Etnográfico Textil Pérez Enciso 3

Plazuela del Marqués de la Puebla, o. Nr., Mi–Sa 11–14, 17–20 Uhr, So 11–14 Uhr, Juli–Mitte Sept. Mo–Sa 9.30–14.30 Uhr, Eintritt frei

Eine faszinierende Welt der Textilien erwartet Interessierte im Volkskundemuseum. Es versteckt sich wenig entfernt im Gebäude des früheren Hospitals Santa María aus dem 13. Jh. Was man nicht alles aus Stoffen machen konnte! Im Saal IV des Obergeschosses etwa sind Fragmente eines Messgewandes aus Damast und Brokat zu bewundern, das mit feinsten Fäden aus Seide, Gold und Silber bestickt wurde. Ein farbenprächtiges Meisterwerk aus dem Jahre 1756. Der Schwerpunkt der Sammlung aber liegt auf Alltagskleidung und Festgewändern. Darunter gefallen kunstvoll durchbrochene Strickstrümpfe über bunt bemaltem Schuhwerk. Ja, man war schon eitel damals.

Weitere Sehenswürdigkeiten

Zurück auf der Plaza Mayor lohnen die paar Schritte in die Calle del Rey. In Haus Nr. 10 öffnen Glasfenster den Blick auf die **alte Weinkellerei** 4 der reichen Familie Pulido. Seit dem 13. Jh. schon wurde in Plasencia Wein gekeltert. Weiter führt die Straße zur mittelalterlichen **Stadtmauer** 5. Zwei Wehrtürme über dem **Centro de Interpretación de la Ciudad Mediaval** (s. unter Infos S. 174) können bestiegen werden. Der Blick reicht über die Neustadt zu den umliegenden Bergen. Auch ein kurzer Mauerabschnitt ist begehbar.

Von der Plaza Mayor in westliche Richtung steuert die Rua Zapatería den **Convento de San Vicente Ferrer** 6 an, der im 15. Jh. über der ersten Synagoge erbaut wurde. Eine Ausstellung in der Klosterkirche widmet sich der Semana Santa (tgl. 11.30–14, 17–21 Uhr, Eintritt frei). In das Klostergebäude ist der **Parador** eingezogen, das nobelste Hotel der Stadt. Auch im nur wenige Schritte entfernten **Palacio de los Monroy** 7, auch Casa de las Dos Torres genannt (Rincón de San Nicolas, o. Nr.), nächtigten schon illustre Gäste, unter ihnen Könige und Ordensritter. Immerhin handelt es sich um den ältesten Palast der Stadt. Die romanische Fassade stammt aus dem 13. Jh.

Außerhalb der Stadtmauern wartet Erholung. Im **Parque de los Pinos** 8 (Avenida de la Hispanidad, o. Nr.) begannen die Stadtväter 1918 mit ersten Anpflanzungen. Daraus entwickelte sich eine weitläufige Gartenanlage mit Seen, Quellen und Tieren. Viele Eltern mit kleinen Kindern flanieren auf den Wegen (Mo–Fr 9–19, Sa/So ab 10 Uhr, im Hochsommer bis 21 Uhr). Das **Aquädukt** stammt aus dem 16. Jh. und löste eine Wasserleitung aus maurischen Zeiten ab.

Übernachten

Historisch – **Parador de Plasencia:** im Convento de San Vicente Ferrer 6, Tel. 927 42 58 70, www.parador.es, DZ 115–165 €, häufig Angebote. 64 edel-traditionell eingerichtete Zimmer in einer so großzügigen Klosteranlage aus dem 16. Jh., dass man sich darin leicht verläuft. Ein kleiner Fitnessraum ist unter Gewölben im Mudéjarstil eingerichtet. Hotelgäste mit Auto steuern besser gleich die ausgeschilderte Tiefgarage (kostenpflichtig) und nicht die Rezeption an.

Apartments – **Dona Maria »La Brava«** 1: C/ Trujillo, 26, Tel. 927 42 18 16, www.marialabrava.com, Apartments für bis zu 4 Personen ab 70 € (Zuschlag am Wochenende). In einem uralten Stadthaus sind drei geschmackvoll eingerichtete Apartments mit Küche untergebracht.

Praktisch – **Hotel Dora** 2: Ronda del Salvador, 37, Tel. 927 41 10 34, www.hotel-dora.com, DZ 48–60 €. Einfache, kleine Zimmer mit Bad und Klimaanlage in einem Neubau an der Außenseite der Stadtmauer.

Essen & Trinken

Auch Koscher – **Casa Juan** 1: C/ Arenillas, 2, Tel. 927 42 40 42, www.restaurantecasajuan.com, Fr–Mi 13.30–16, 20.20–23 Uhr, Hauptspeisen ab 14 €. Auf der Karte stehen viele Fischgerichte, aber auch Ochsenschwanz *(rabo de buey)* und Lamm in Rotweinsauce *(cordero confitado)*. Daneben werden koschere Speisen gekocht.

Auch Ausgefallenes – **Chamizo** 2: Pza. de Ansano, 1, Tel. 927 41 50 46, Mo–Sa 13–16, 20.30–23 Uhr, Hauptspeisen ab 12 €. Die Karte ist eigentlich traditionell ausgerichtet, bringt aber auch mal eine Überraschung wie Spieß vom Seehecht *(merluza)* mit Mango.

Alles Bio – **Ambrosia** 3: Puerta de Coria, 8, Tel. 618 94 63 06 (mobil). Der kleine Ökoladen serviert mittags ein vegetarisches und ein nicht vegetarisches Menü ab 12 €, auch Toasts. Außerdem gibt's ganztags gesundes Obst, Gemüse und Brot.

Tapasbars

Plasencia wird gerühmt für seine Tapasbars, die meisten liegen in der Gegend der Plaza Mayor. Besonders empfehlenswert sind:

Moderne Tapas – **Tentempié** 4: C/ Santa María, 13, Tel. 927 41 73 64, facebook.com/tentempie ▷ S. 174

Mein Tipp

Eine süße Spezialität

Perunilla heißt das einheimische Gebäck. Dabei handelt es sich um sehr leckere Mürbeteigplätzchen, die Sie in jeder Konditorei finden. Das Geheimnis liegt in der üppigen Verwendung von Schweineschmalz. Die Zutaten zum Selberbacken: 500 g Mehl, 250 g Schmalz, 150 g Zucker, 6 Eigelb, ein wenig geriebene Zitronenschale und fürs Aroma noch Anispulver und Zimt. Nach 20 Min. Backzeit bei 180 °C ist der süße Traum vollendet.

Auf Entdeckungstour: Plasencia – ein kritisches Chorgestühl in der Kathedrale

Oben sehen Sie die üblichen Heiligen und Bibelszenen ins Chorgestühl geschnitzt. Aber unten stoßen Sie auf offenherzige Szenen aus dem Alltagsleben und beißende Kritik am Klerus. Verantwortlich zeichnete im Jahr 1497 der begnadete Künstler Rodrigo Alemán, eine Art Hieronymus Bosch unter den Holzbildhauern. Sein Werk gilt als bedeutendste Bildhauerarbeit der Extremadura im ausgehenden Mittelalter und hat die Inquisition überlebt.

Reisekarte: ▶ F 3

Planung: Neue Kathedrale 2, Plaza de la Catedral, 1, Di–Sa 11–14, 17–20 Uhr, im Winter 11–14, 16–19 Uhr, Eintritt 4 € inkl. Alte Kathedrale und Sakralmuseum.

Holzschnitzer Rodrigo Alemán hatte bereits die Kathedrale von Toledo geschmückt. Er wusste um seinen Wert und vermochte in Plasencia einen hohen Lohn vom Domkapitel auszuhandeln, das auf seinen Bänken Platz zu nehmen gedachte. Das Handwerk hatte er vermutlich in den Niederlanden gelernt, wohingegen der Künstlername Alemán auf deutsche Abstammung verweist. Jedenfalls brachte er deutschen Einfluss in die iberische Bildhauerkunst, etwa die figürlichen Intarsienarbeiten.

Irdische und himmlische Regenten

Solche Einlegearbeiten zieren die Rückwände der oberen Sitzreihe. Die Katholische Königin Isabella vorne links und ihr Gatte Ferdinand vorne rechts lassen den Bischof in der Mitte in den Hintergrund treten. Zwischen ihnen tummeln sich Heilige, Kirchenväter und Erzengel. Unter dem Bischof hat sich Meister Rodrigo beim Hobeln selbst in Szene gesetzt, zu sehen auf einer Miserikordie (dt. Gnade), also jenem Konsolenstück an der Unterseite eines Klappsitzes, das gnädigerweise ein unauffälliges Abstützen beim Stehen während der Messe erlaubt.

Pflichtprogramm erfüllt: die Welt der Bibel

Ehrte der Künstler gemäß dem Auftrag im oberen Abschnitt des Gestühls die höchsten Herrscher, widmete er sich in der Mitte biblischen Themen. Bei genauem Hinsehen finden Sie auf den schmalen Holzreliefs über den Sitzen Szenen aus Altem und Neuem Testament: Davids Kampf gegen Goliath, das letzte Abendmahl oder die Auferstehung Jesu. Vorne links erstarrt Lots Frau beim Zurückblicken auf das zerstörte Sodom zur Säule. Oben ist sie noch Mensch, unten schon Säule.

Offenherzige Alltagsszenen

Gerade auf den Miserikordien, an die die Domherren ihren Allerwertesten lehnten, hat der Holzschnitzer frivole Szenen verewigt. Eine Frau schürzt freizügig ihre Röcke und zeigt die wohl geformten Beine im Waschtrog. Ein Mann versohlt der Gattin den entblößten Hintern, aber auch eine Frau verdrischt ihren Mann. Dass es anders geht, beweist ein liebkosendes Paar, ein Hund symbolisiert Treue. Kinder werden beim Spielen gezeigt, Bäcker und Schmid bei der Arbeit, ein Stierkämpfer in Aktion!

Von gefallenen Mönchen und skurrilen Fabelwesen

Ebenfalls hier unten erscheinen die Mönche, meist trunken und lüstern. Ein Kuttenträger erbettelt von einer Frau sexuelle Gefälligkeiten, ein anderer erteilt einer jungen Hübschen mit einer Hand die Absolution und betatscht sie mit der anderen. Und das alles in einem Gotteshaus! Grund mag sein, dass die Domherren ein Hühnchen mit den freizügigen Franziskanern zu rupfen hatten und ihre Bloßstellung hinnahmen.

Große Imaginationskraft bewies Rodrigo Alemán im Figurenschmuck der Bänke. Eine lesende Katze, eine tanzende Wildsau, eine langhaarige Wilde, Fabelwesen und Affen mit obszönen Gesten. Sexualität wird, im Mittelalter nicht unüblich, gänzlich ungeniert als Mittel der menschlichen Fortpflanzung dargestellt. Die Abbildung eines Rabbiners mit langem Bart und eines angeketteten Mauren stützt eine andere These, wonach einige der ausführenden Handwerker zwangsgetaufte Juden oder Moslems waren, die mit der lästerlichen Darstellung des Klerus eigentlich die Inquisition aufs Korn nahmen.

plasencia. Als gastronomisch bezeichnet Rodrigo Rebate seine Tapas (ab 3,50 €), und das durchaus nicht übertrieben, etwa wenn der rosa gebratene Thunfisch auf Linsen, Sprossen und Mango serviert wird. Atmosphäre: Chill-out, trotz der wohl unvermeidlichen Fernseher.

Bierbar – **Globo** 5 : Pza. Mayor, 15, Tel. 927 41 14 08, tgl. 8–24 Uhr. 16 Biersorten, darunter auch Franziskaner, werden von rot livrierten ›Barstehern‹ ausgeschenkt. Dazu gibt es *platos combinados* ab 6 €.

Schinken – **Cafe Torero** 6 : Pza. Mayor, 26, Tel. 927 42 40 07, tgl. 8.30–23 Uhr, Küche zwischen 16 und 20 Uhr geschl., Toasts ab 2,20 €, außerdem verschiedene *raciones* ab 6 €.

Gestylt – **Succo** 7 : C/ Vidrieras, 7, Tel. 927 41 29 32, www.restaurantesucco.es, Toasts ab 2 €, *raciones* ab 10 €, auch Restaurantbetrieb. Mal etwas anderes: eine durchgestylte Tapasbar. Auch die Speisen liegen modern angerichtet auf dem Teller, auch Vegetarisches, wie die Gemüseplatte *Parrillada de Verduras con Salsa Romesco.*

Einkaufen

Alles frisch – **Wochenmarkt** 1 : Dienstags wird rund um die Avenida de la Hispanidad ein Markt abgehalten. Es gibt frisches Obst und Gemüse aus der Umgebung, Käse und Würste von einheimischen Produzenten. Aber den Schwerpunkt bilden Kleidung, Stoffe, Tücher – nicht unbedingt der besten Qualität, aber preiswert.

Feinkost – **El Rincón del Jamón** 2 : C/ Zapatería, 15. Geräumiger, heller Laden mit großer Auswahl an extremenischen Genüssen, dazu Champagner. Laut Eigenwerbung gibt es »Precios de fábrica« – Fabrikpreise. Zwei weitere Delikatessläden finden sich in direkter Nachbarschaft.

Aktiv

Baden – **Naturschwimmbad La Isla** 1 : Im Sommer tummeln sich Jung und Alt auf der Flussinsel im Südosten. Mit Strandbars.

Fahrradverleih – **GR-100 Sports** 2 : Pasaje de la Salvador (Einkaufspassage), Tel. 917 09 90 10, www.gr-100.com.

Wandern – Eine Rund- und eine Streckenwanderung von 4 bzw. 6 km Länge führen auf die umliegenden Hügel. Ausschilderung weiß-grün, Infos beim Tourismusamt.

Abends & Nachts

Musik – **Teatro Alkázar** 1 : C/ Cruz de Santa Ana, o. Nr., Tel. 927 42 52 69. Im modernen Theatergebäude werden häufig Konzerte gegeben.

Mainstream – **Sala Impacto** 2 : C/ Santa Clara, 8, Tel. 927 42 56 63. Am Wochenende oft Konzerte, Stilrichtung Pop und Rock.

Infos & Termine

Infos

Oficina de Turismo Municipal: C/ Santa Clara, o. Nr., Tel. 927 42 38 43, www.aytoplasencia.es (offiziell), www.plasenciaweb.com (privat), tgl. 10–14, 16–19 Uhr, im Jan. Mo zu. Durch das Städtische Tourismusamt gelangt man in einen Raum aus dem 15. Jh. mit einigen Schautafeln zur Stadtgeschichte.

Centro de Interpretación de la Ciudad Mediaval: Pza. de la Torre Lucía, o. Nr., Tel. 927 01 78 40, Mo–Fr 8–13 Uhr, im Winter Mo–Fr 8.30–14.30, 16–18 Uhr, Sa/So jeweils 10–14 Uhr. Auch dem staatlichen Tourismusamt sind Räume mit Schautafeln und einem Film zur mittelalterlichen Stadtgeschichte angeschlossen, ergänzt durch einen Panoramablick vom Stadtturm.

Termine

Martes Mayor: Erster Di im Aug. Mittelalterfest mit Handwerkerständen auf den städtischen Plätzen. Folklore, Gastronomiewettbewerbe.

Festival Internacional de Música Folk: Letztes Aug.-Wochenende. Moderner Folk und traditionelle Volksmusik treffen aufeinander.

Verkehr

Parken: Außer Di (Markttag) gibt es genügend kostenlose Parkplätze rund um die Avenida de la Hispanidad ca. zehn Fußminuten von der Plaza Mayor. Eine kostenpflichtige Tiefgarage liegt unter der zentralen Plaza San Francisco.

Bahnhof: C/ Alfonso Camargo, o. Nr., Tel. 902 24 02 02. Mehrmals tgl. Züge nach Madrid und Mérida.

Busbahnhof: Av. de Tornavacas, o. Nr., Tel. 927 41 45 50. Sehr gute Verbindungen in alle großen Orte der Extremadura, seltener nach Madrid, Salamanca und in die Täler und Berglandschaften der Umgebung.

Mit dem Rad über den Pass Puerto de Honduras

110 bzw. 130 km lange Rundtour von Plasencia über den Puerto de Honduras, Passstrecke 16,9 km, durchschnittliche Steigung 5,17 %, Radverleih s. Plasencia

Wenn es so etwas gibt wie einen mystischen Bergpass der Extremadura, so ist es der Puerto de Honduras, Kategorie 1 bei der Spanienrundfahrt. Der Pass für sich alleine kann direkt von Jerte oder Hervás erklommen werden, Ausgangspunkt für unsere Rundtour ist **Plasencia:** Nordöstlich geht es aus der Stadt heraus (Ausschilderung Salamanca), dann ein kurzes Stück auf der EX-203 zur **N-110.** Sie ist meist nicht allzu sehr befahren, auch wenn es sich um die Verbindung nach Salamanca handelt.

Eine etwas anstrengendere, aber fast autofreie und wunderschöne Alternative bietet die lokale, durch welliges Gelände führende **CCV-18.** Sie zweigt etwa 10 km hinter Plasencia von der EX-203 ab und berührt einsame Landschaften. Das unspektakuläre Städtchen **Gargüera** wird passiert und über die **CCV-137** und **CCV-134** schließlich ebenfalls die N-110 erreicht. Bis dorthin sind es auf dem direkten Weg etwa 42 km, über Gargüera knapp 20 km mehr. Nach weiteren 13 km zweigt die Passstraße links ab.

Steil steigt das Bergsträßlein aus dem Jerte-Tal, gesäumt von Eichen und Kirschbäumen. Die mit 10 % steilsten Abschnitte beginnen nach 4 km und enden nach 7 km. Nach weiteren 6 km (Straßenkennzeichnung km 19) zeigt sich die Baumgrenze, Niedergewächs schiebt sich zwischen den Granitfels. 1390 m an Höhe sind bereits erklommen, sodass die fehlenden 4 km bis zur **Passhöhe** auf 1430 m nach einer zwischenzeitlichen Abfahrt nur noch geringe Steigungsprozente aufweisen.

Rundfahrt über den Puerto de Honduras

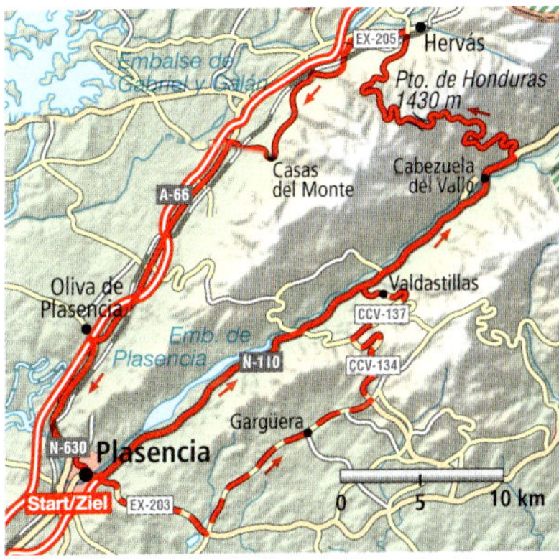

Der Panoramablick ist im Winter und zu Beginn des Frühjahrs besonders schön, wenn die umliegenden Bergspitzen vom Schnee bedeckt sind. Aber dann ist die Strecke vielleicht eher etwas für Autofahrer. Die Straße stürzt sich schon bald ins Tal, erreicht bei km 11 erneut die Baumgrenze und führt schließlich ins Zentrum von **Hervás.** Von hier geht's auf der **EX-205** und dann auf der **N-630,** parallel zur Autobahn und deswegen auch nicht allzu sehr befahren, zurück nach Plasencia.

La Vera ▸ G 2

Von Plasencia führen drei Täler in die nordöstlichen Grenzregionen der Extremadura. Die landschaftlich reizvolle EX-203 durchzieht das Haupttal der bergigen Region La Vera. Kastanienbäume ziehen sich die Hänge hinan, die sich in der Ferne bis über 2000 m erheben. In den Tälern wird Paprika angebaut. Ob frisch oder fein gemahlen, *pimentón de la Vera* ist unverzichtbare Zutat zu vielen extremenischen Gerichten. Kolumbus hatte die ersten Pflanzen aus Amerika eingeführt. In **Jaraíz de la Vera** ist dem Gewürz das kleine Museo del Pimentón gewidmet (Plaza Mayor, 7).

Nach einer knappen Fahrstunde ist **Cuacos de Yuste** erreicht. In dieser lieblichen Bergwelt suchte der deutsche Kaiser Karl V. zu seinem Lebensende das Paradies auf Erden und fand es im **Monasterio de Yuste** (s. Entdeckungstour S. 178). Während seiner Anreise überquerte er in einer Sänfte drei Bergrücken. Seine 26 km lange Route durch die Sierra ist inzwischen zum ausgeschilderten, wenn auch anstrengenden Wanderweg geworden. Ausgangspunkt dieser **Ruta del Emperador** ist Tornavacas im benachbarten Valle del Jerte, Ziel ist das freundliche Jarandilla de la Vera. Sie kann auch organisiert, in kürzeren Abschnitten oder auf dem Rücken eines Pferdes bewältigt werden (Infos s. u.).

Jarandilla de la Vera ▸ G 2

Das touristische Zentrum von La Vera zählt rund 3000 Einwohner. Naturfreunde finden sich in der warmen Jahreszeit ein, um zu wandern oder in den nahen Naturschwimmbädern zu plantschen. Den Kaiser hatte es aus ganz anderen Gründen hierher gezogen, so weiß zumindest die Legende. Denn er hatte Folgendes vernommen: »Das Beste von Spanien ist La Vera, das Beste von La Vera ist Jarandilla, das Beste von Jarandilla ist der Weinkeller von Pedro Acedo. Und hier möchte ich begraben sein, um in den Himmel zu gelangen.«

Es schien dem Kaiser gemundet zu haben, wohnte er doch monatelang im **Castillo de los Condes de Oropesa** am Ortsrand, bevor er nach Abschluss der dortigen Umbauarbeiten ins Kloster von Yuste einziehen konnte. Die Burgmauern mit ihren Festungstürmen umlaufen einen Kasernenhof mit gotisch dekorierter Galerie. Auch heute lässt sich dort kaiserlich nächtigen, denn inzwischen ist ein Paradorhotel eingezogen.

Übernachten

Entlang der Hauptstraße reihen sich Hotels aller Preiskategorien.

Kaiserlich logieren – **Parador:** Jarandilla de la Vera, Avda. Garcia Prieto, 1, Tel. 927 56 01 17, www.parador.es, DZ ab 80 €, häufig Sonderangebote. Sehr nobel und etwas abseits des Trubels. Mauern und Innenhof stammen noch aus kaiserlichen Zeiten. Manche Zimmer sind allerdings etwas klein.

In der Natur – **La Casona de Valfrío:** Ctra. Cuacos-Valfrío, km 4, Cuacos de Yuste, Tel. 927 19 42 22, www.lacasonadevalfrio.com, DZ 90–120 €. Traumhaft in unberührter Landschaft gelegenes Landhaus mit sechs Zimmern etwa 4,5 km südlich von Cuacos de Yuste.
Natur & Ruhe – **La Casa del Holandés:** ca. 30 km westl. in Madrigal de la Vera, C/ Fuente Viejo, o. Nr., Tel. 696 06 92 90 (mobil), www.lacasadelholondes.es, DZ 60–80 €. Hans Polak vermietet drei feine Apartments in einem ruhigen Haus fernab der Touristenströme. Persönliche Betreuung ist eingeschlossen.

Essen & Trinken

Einfach – **La Botica:** Plaza de la Constitución, 3, Tel. 927 56 06 39, Do–Di 13–16, 20.30–23 Uhr, Hauptspeisen ab 7 €, Tagesmenü ca. 9 €. Angenehmer Speisesaal mit nur acht Tischen (nicht von der weniger ansprechenden Bar hinter dem Eingang abschrecken lassen!) Schlicht zubereitete extremenische Kost.
Auch Meeresfrüchte – **El Labrador:** Jarandilla de la Vera, Avda. Soledad Vega Ortiz, 133, Tel. 927 56 07 91, Mi–Mo 13–15.30, 21–23.30 Uhr, Hauptspeisen ab 12 €, Menü ca. 10 €. Gute Fleischgerichte, aber Spezialität sind Meeresfrüchte.

Aktiv

Reiten – **El Pasil:** EX-392, P.K. 15, Jaraíz de la Vera, Tel. 686 48 58 01 (Handy), www.ecupasil.com. Die Pferde wurden vor dem Schlachten gerettet und stehen nun für Ausritte unterschiedlicher Länge zur Verfügung. Dazu Einführungs- und Fortgeschrittenenkurse, auch für Kinder.
Baden – Es gibt viele Naturschwimmbäder an den Bergbächen, z. B. am Ortsrand von Jarandilla de la Vera, bei der mittelalterlichen ▷ S. 181

Bis zu 2000 m hoch erheben sich die Ausläufer der Sierra de Gredos über La Vera

Auf Entdeckungstour: El Monasterio de Yuste – das Ende eines Kaisers

Der deutsche Kaiser und spanische König Karl V., einer der mächtigsten Männer seiner Epoche, fühlte das Ende nahen. Im abgeschiedenen Kloster verbrachte er seine letzten 20 Monate. Ein Rundgang durch den kaiserlichen Alterssitz lässt den geläuterten Privatmann zum Vorschein kommen und präsentiert die Inszenierung eines frommen Abgangs, die phasenweise einer Groteske glich.

Reisekarte: ▶ G 2
Planung: Von Cuacos do Yuste (s. S. 176) verläuft ein markierter, ca. halbstündiger Wanderweg zum Kloster von Yuste (Tel. 927 17 21 97, www.patrimonionacional.es, Di–So 10–19 Uhr, im Winter bis 17 Uhr, Eintritt 9 €, Mi/Do nachm. für EU-Bürger frei. Spannende Führungen auf Deutsch mit viel Hintergründigem leitet Julia Paz García (buchbar vor Ort, 4 €/Person).

Seine allerletzte Reise auf Erden sollte es werden, im Herbst 1556. Der Winter nahte und der einst mächtigste Herrscher der Welt fühlte seinen Tod nicht mehr fern. Mehrere Monate war er per Schiff, Kutsche und Sänfte unterwegs, von seiner Machtzentrale in Brüssel ins abgelegene Yuste. Immer wieder wurde die Fahrt von zeitraubenden Zwischenstopps, Audienzen und Zeremonien unterbrochen. Aber das war Karl V. als letzter mittelalterlicher »Reisekaiser« mit stets wechselnden Aufenthalts- und Residenzorten ja gewohnt. Immer nur auf Achse war er in seinem Riesenreich gewesen. Damit sollte nun Schluss sein. Der 56-Jährige, von schrecklichen Gichtanfällen und allerlei Zipperleins geplagt, wollte endlich ankommen.

Bereits Jahre zuvor hatte er Ausschau gehalten nach einem passenden Alterssitz. Seine letzten Jahre wollte er in Frömmigkeit verbringen. Obwohl er selbst kein Ordensbruder werden wollte, sollte es ein Kloster sein. 1553 fiel die Entscheidung für das nahe Plasencia gelegene Kloster des Hieronymitenordens, mit dem das spanische Königshaus – auch als Grablege – eng verbunden war. Drei Jahre später war der Rückzug aus der Politik bewerkstelligt. Sein Weltreich, »in dem die Sonne nie unterging«, hatte er zwischen seinem Bruder Ferdinand und seinem Sohn Philipp aufgeteilt.

Beschauliche Landidylle

Ein Weg für Besucher führt geradeaus zunächst in den Klosterbereich. Nach rechts hingegen gelangen Sie über eine bequeme Rampe, einst für den gehbehinderten Karl geschaffen, direkt auf die Terrasse, die seine Bronzebüste, klassische toskanische Säulen und Wandfresken zieren. Sie erinnern an die weltoffene Atmosphäre der Renaissance, die seine Jugend geprägt hatte. Als er beseelt vom Geist des Humanismus zwischen katholischer Kirche und protestantischem Aufbegehren vermittelte und dem unter Reichsbann stehenden Martin Luther freies Geleit zum Reichstag nach Worms gewährte.

Diesen beschaulichen Platz suchte der Ruheständler, inzwischen ein unnachgiebiger und wenig toleranter Katholik, gerne auf. Geschrumpft war seine Welt. Auch die Zeiten, da Tizian ihn hoch zu Ross als großartigen Schlachtensieger über protestantische deutsche Kleinfürsten gemalt hatte, waren längst vorbei. Nun liebte er den Blick auf den grünen Garten mit Springbrunnen, angelte im Wassertank und erfreute sich am Mischwald der Umgebung. Die Eichen, Kastanien- und Walnussbäume, deren Blätter sich im Herbst färbten, dürften ihn an seine Heimat Gent erinnert haben, wo er 1500 geboren wurde.

Ein bescheidener Empfang

Der erste und letzte feste Wohnsitz des gichtkranken Kaisers sollte vor allem eines sein: warm! Deshalb wurde auf sein Geheiß hin das Klostergebäude auf der sonnigen Südseite um die bescheidenen Zimmer mit Feuerstellen erweitert. Die Einrichtung mit Gemälden und Stilmöbeln ist nicht original, sondern erfolgte nach alten Inventarlisten. Trotzdem erlaubt sie eine aufschlussreiche Annäherung an Karl, den Privatmann.

Höfischen Gepflogenheiten entsprechend treten Sie zunächst in den Audienzsaal. Großartiger Name, doch handelt es sich eher um einen normal großen Wohnraum, und Besuch stellte sich auch selten ein. Der Witwer trauerte hier um seine große Liebe, Isabel von Portugal. Während seiner häufigen Abwesenheit nahm sie umsichtig die Rolle seiner Stellvertreterin in Spa-

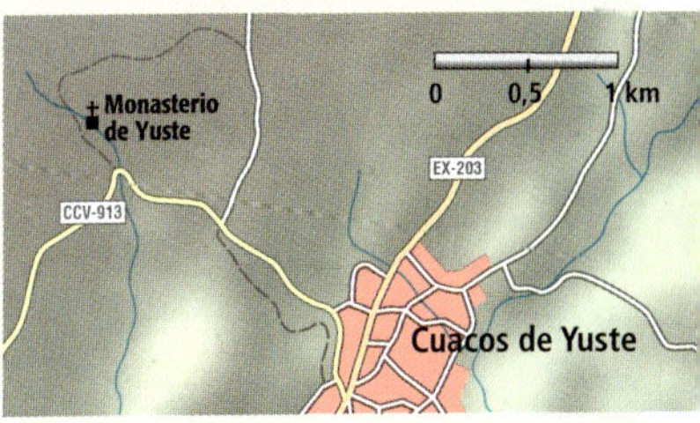

nien ein. Im Alter von 36 starb sie 1539 bei der Geburt ihres Sohnes. Die Kopie ihres Porträts beherrscht das Zimmer. Karl verlor damals bereits die Lust am Regieren und dachte an Rückzug.

Bis es soweit war, mussten allerdings noch 13 Jahre ins Land gehen und eine allerletzte Hürde genommen werden. Der 1600 m hohe, Schnee bedeckte Pass Las Encinillas vor Yuste. Unter dem Bildnis der Portugiesin steht die kaiserliche Sänfte, in der sich Karl über das Gebirge tragen ließ, angeblich um ein zeitraubendes Begrüßungszeremoniell in der Bischofsstadt Plasencia zu vermeiden, vielleicht aber auch als letzte Lebensprüfung. Nach dieser anstrengenden Bergetappe sollte Karl auf Spanisch sagen: »Ya no franquearé otro puerto – que el de la muerte«: Ich überschreite keine andere Schwelle mehr – außer der des Todes.

Völlerei im Wohnzimmer

Im folgenden Raum wohnte der Kaiser. Fast schon modernen ergonomischen Ansprüchen würde sein Ruhestuhl im sonnenbeschienenen Erker genügen. Die Lehne ist verstellbar, zwei Fußbänke sind ausfahrbar, die Polsterung angenehm weich. Am Schreibtisch mit Gartenblick erledigte er die Korrespondenz. Und wenn Sie die bescheidenen Ausmaße des Esstisches erblicken, werden Sie kaum glauben, dass er der Last der oft 20-gängigen Mittagmenüs standhielt. Der Esslust hatte Karl auch im hohen Alter nicht abgeschworen. Selbst wenn ihn anschließend entsetzliche Verdauungsbeschwerden plagten. Von seiner 50-köpfigen Dienerschaft waren etwa 20 Personen für Beschaffung der Zutaten und Zubereitung der Spezialitäten verantwortlich. Der einzige Deutsche unter den Bediensteten war übrigens einer von drei Bäckern!

Eine wichtige Position am Hofe nahm der italienische Uhrmacher Gianello Torriano ein. Die Chronometer waren Karls großes Hobby und seine Sammlung, die leider nicht erhalten ist, trug er stets bei sich. Angeblich aus 1800 Rädern war ein Astrarium, sein größtes Stück, zusammengesetzt.

Ein düsteres Schlafgemach

Das Schlafzimmer sollte dunkel wirken und wohl an das baldige Ende erinnern. Die Wände sind mit schwarzem Samt ausgeschlagen. Von seinem Bett sah Karl durch ein Fenster auf den Altar der angrenzenden Klosterkirche und auf das Gemälde »Das Jüngste Gericht«, das Tizian 1554 schuf und heute in Kopie hier hängt. Das Original wird im Madrider Prado ausgestellt. Es zeigt Karl und Isabel ganz ohne Insignien weltlicher Macht und Reichtum. Auf Knien und im weißen Büßerhemd erbitten sie von der hl. Dreifaltigkeit demütig den Eintritt ins Himmelreich. Karl hing sehr an diesem Bild und ließ es sich oft von nahe in seinem Schlafzimmer zeigen.

Unerfüllt: der letzte Wille

Der befehlsgewaltige Herrscher hatte auch genaueste Vorstellungen von seiner eigenen Bestattung. In der Krypta unter dem Altar wollte er begraben werden, den Kopf zum Kirchenraum gerichtet. Der Pastor sollte ihn bei jeder Predigt mit Füßen treten, denn der Kaiser zählte jetzt nichts mehr hienieden auf Erden. Diesem makabren Wunsch hat sein Sohn Philipp nie entsprochen. Nachdem Karl, von einem Sumpffieber geschwächt, am 21. September 1558 verstarb, wurde sein Leichnam zunächst hinter dem Altar aufgebahrt und 1574 in den Königspalast von El Escorial überführt: Endstation eines kaiserlichen Abgangs.

Brücke. Besonders anmutig liegt 6 km nördlich die allerdings sehr steinige **Garganta de Jaranda.**

Wandern – Zahlreiche markierte Wanderwege in der gesamten Region, auch um Jarandilla und das Kloster von Yuste. Das Tourismusamt hält Beschreibungen bereit, auch als QR-Code fürs Smartphone.

Infos & Termine

Infos

Oficina de Turismo: Holzhaus an der Durchgangsstraße EX-203, o. Nr., nahe Parador, Postanschrift: Pza. de la Constitución, 1, Tel. 927 56 04 60, www.jarandilla.com, Di–Sa 10–14, 16.30–19.30, So 10–14 Uhr.

Termine

Peropalo: Faschingsfest in Villanueva de la Vera (s. S. 35).

Los Escobaz: 7. Dezember. Am Tag der Unbefleckten Empfängnis kamen bereits im 7. Jh. die Hirten aus den Bergen, doch bei Dunkelheit stolperten sie auf den unbefestigten Wegen. Deswegen leuchteten sie sich mit Fackeln aus Reisig. In dieser Tradition zünden die Menschen ihre Besen (span. *escobón)* an.

Verkehr

Busse: 1 x tgl. ab Plasencia in die Orte entlang der Hauptstraße EX-203.

Valle del Jerte ▸ G 2

Das fruchtbare Nachbartal ist für seine Kirschen berühmt. *Cerezas del Jerte* sind spanienweit ein Begriff. Auch Obstler wird destilliert. Der forellenreiche Río Jerte gibt den Verlauf der Nationalstraße 110 von Plasencia in Richtung Ávila vor. Ungebändigt stürzt er in die Ebene, schlängelt sich durch das Tal und wird schließlich bei Plasencia in einem See gestaut. Die Berge nach Westen sind stark verkarstet. Die Hügel an der östlichen Seite wurden terrassiert und mit Oliven- und Kirschbäumen bepflanzt. Am Horizont erhebt sich die **Sierra de Gredos,** Grenzgebirge zu Kastilien.

Die Orte am Wegesrand sind zunächst nur von geringem Interesse, bis nach 40 km **Jerte** erreicht ist. Auch diese Gemeinde wirkt auf den ersten Blick langweilig. Doch jenseits der Durchfahrtstraße versteckt sich ein romantischer Ortskern. Schmale Gassen laufen auf die Plaza de la Independencia zu. Um die alte Pfarrkirche gruppieren sich mittelalterliche Fachwerkhäuser mit doppelten Holzgalerien. Der freistehende Glockenturm war ursprünglich ein Wachturm, das Glockengestühl wurde erst nachträglich aufgesetzt.

Südlich ist die **Garganta de los Infiernos** als Naturschutzgebiet ausgewiesen, in dem auch Steinböcke heimisch sind. Mehrere Wanderungen führen in die Berge.

Übernachten

Ideal für Sprachschüler – **Casa Bethona:** Jerte, C/ Coronel Golfín, 34, Tel. 927 47 05 03, www.bethonainternational.com, Apartment für 2 Pers. ca. 60 € Fünf hübsche Zimmer in einem rund 500 Jahre alten Haus im ehemaligen Judenviertel. Es gibt eine Bibliothek, und in dieser anregenden Umgebung werden zudem Sprachkurse angeboten.

Essen & Trinken

Beste Tradition – **Bodega La Sotorriza:** Jerte, C/ Gargantilla, 16, Tel. 927 47 00 52, Di–Fr 10–16, 19–23 Uhr, Sa/So 10–23 Uhr, Hauptspeisen ab 9 €,

Menü 12 €, großes Spezialmenü ca. 30 €. Spezialitäten sind Forellen, etwa *truchas a la jerteña* (filetierte Forelle mit Pilzen), und Grillspeisen. An der Bar gibt's alle Gerichte als Tapas. Über 450 Weinsorten sind im Ausschank.

Einkaufen

Regionalprodukte – **Productos Típicos de la Tierra:** Jerte, N 110, Haus 26. Natürlich gibt es vieles aus Kirschen, etwa *Aguardiente de Cereza Kirsch* und Marmelade.

Aktiv

Organisierte Ausflüge – Das **Centro Interpretación Garganta de los Infiernos** bietet Wanderungen, Autofahrten, Fototouren und Vogelbeobachtungen im Naturschutzgebiet an, C/ Rebollares 44, Tel. 658 37 16 26 (mobil), www.gargantadelosinfiernos.com.

Infos & Termine

Infos

Oficina de Turismo: Avenida Ramón y Cajal, o. Nr., Tel. 927 47 04 53, www.jertedelvalle.com und www.jerte.es, Mo–Do, Sa 10–14, 18–20 Uhr, im Winter 10–14, 16–18 Uhr, So 10.30–14 Uhr.

Termine

Jarramplas: 19./20. Jan. im Bergdorf Piornal in Richtung Plasencia. Fest zu Ehren des hl. Sebastian mit bunten Kostümen aus Stoffresten (s. S. 35).

El Cerezo en Flor: An drei Wochenenden in verschiedenen Orten im März und April. Kirschblütenfest mit Folklore, Essen und Ausstellungen in wechselnden Ortschaften.

Verkehr

Busse: 3 x tgl. ab Jerte nach Plasencia, 2 x nach Madrid.

Durch das Valle del Ambroz ▸ E–G 1/2

Hervás ! ▸ G 1

Der Hauptort des Tals von Ambroz mit 4000 Einwohnern besitzt alles, was einen Aufenthalt angenehm macht. Eine pittoreske Altstadt mit jüdischem Viertel, Wanderwege in die Umgebung (s. S. 186), einen Bergbach mit Bademöglichkeiten, empfehlenswerte Restaurants und Unterkünfte, ja, sogar eine kleine Fußgängerzone. Alle Besuchspunkte sind schnell zu Fuß zu erreichen.

Judenviertel

Das überraschend große *barrio judío* rund um die Calle Abajo könnte die Kulisse für einen mittelalterlichen Film abgeben. In den gepflasterten Gässchen schmiegen sich die Häuser aus dem 15. Jh. eng aneinander. Es scheint, als hätte man sich vor der christlichen Verfolgung in ein unzugängliches Labyrinth zurückziehen wollen. Wie wir heute wissen, ohne Erfolg. Doch zumindest die Hitze des Sommers und die kalten Winterwinde konnten ausgesperrt werden. Insgesamt 50 Familien bewohnten die zwei- und dreistöckigen Quartiere aus Stein, Lehm und Holz.

Balkone werden von Eichenstämmen gestützt. Fachwerk aus Kastanienholz ziert die Wände. Kleine Gärten liegen dahinter. Jedes Haus wurde nur für die praktischen Bedürfnisse des Bauherrn errichtet, so erklärt sich die architektonische Regellosigkeit. Mittendrin in der Calle Rabilero 25 flechten Señor Longinus und sein Sohn Körbe aus breiten Spänen des Kastanienholzes, die sie vom Baumstamm abgezogen haben. Der Laden ist unscheinbar, aber wer an der Eingangstür klingelt, kann bei guter Laune des Besitzers sogar einen Blick in die Werkstatt werfen.

Römische Brücke

Von hier ist es nicht weit zum Río Ambroz. Die römische Brücke **Puente de la Fuente Chicita** führt hinüber zu einem romantischen Plätzchen. Der Bach rauscht, eine Trauerweide wächst am Ufer. Der Blick schweift über das verschachtelte Judenviertel hinweg zur imposanten Gebirgskulisse am Horizont. Zum Wohlfühlen! Jetzt fehlt nur noch das Picknick. Doch unbefleckt ist der Platz nicht. Die Legende weiß, dass hier einst ein Rabbiner seine Tochter tötete, um ihre Hochzeit mit einem Christen zu vereiteln. Mittelalterlicher Krieg der Religionen.

Museo Pérez Comendador-Leroux

Di 17–20 Uhr, Mi–Fr 11–14, 17–20 Uhr im Winter schon ab 16 Uhr, Sa/So 10.30–14 Uhr, Eintritt frei €

Das Museum ist dem bekanntesten einheimischen Künstler gewidmet. In den Prospekten wird allerdings geflissentlich verschwiegen, dass Pérez Comendador bereits in jungen Jahren aktiver Anhänger Francos war. In dessen Herrschaftszeit gelang ihm eine beachtliche kulturpolitische Karriere. Die politische Weltanschauung ist seinen heroisierenden Monumentalstatuen und den idealtypischen, nackten Menschenskulpturen in steriler Schönheit durchaus anzusehen. Deutlichster Ausdruck für seine Verehrung Francos ist eine, allerdings nicht ausgestellte Tonarbeit, die den Diktator gleich einem spanischen Eroberer hoch zu Rosse zeigt.

Museo de la Moto y el Coche Clásico

Carretera La Garganta, km 0,200 (für Fußgänger 200 m hinter der römischen Brücke), www.museomotoclasica.com, Mo–Fr 10.30–13.30, 17–21 Uhr, Sa/So durchgehend, im Winter Di–So 10.30–13.30, 16–19 Uhr, Eintritt 10 €

Diese Ausstellung am Stadtrand dürfte Motorrad- und Autofans erfreuen. In acht Pavillons sind mehr als 300 Oldtimer auf zwei und vier Rädern seit 1920 zu sehen. Darunter gibt es viele spanische Motorräder, aber auch Automodelle von Cadillac bis Jaguar.

Übernachten

Zum Wohlfühlen – **El Jardin del Convento:** Plaza del Convento, 22, Tel. 927 48 11 61, www.eljardindelconvento.com, sieben unterschiedlich große Zimmer von 75 bis 100 €. Javier und Amos verwöhnen ihre Gäste, auch mit einem wunderbaren Frühstück aus regionalen, oft biologischen Produkten, frisch gepressten Säften, eigener Marmelade, traditionellem Gebäck. Toller Garten! Einziger Nachteil: etwas hellhörig.

Modernisiertes Kloster – **Hospedería Valle del Ambroz:** Pza. del Hospital, o. Nr., Tel. 927 47 48 28, www.hospederiasdeextremadura.es, DZ ab 65 €. 26 geräumige, moderne Zimmer in einem ruhigen Klostergebäude oberhalb des jüdischen Viertels. Die Renovierung hinterließ im Inneren allerdings kaum noch Spuren des alten Konvents.

Fachwerk mit Komfort – **El Canchal de la Gallina:** Paraje El Lomo, o. Nr., südlich von Hervás, Abzweig von der Ex-205, km 3,100, Tel. 607 26 00 00 (mobil), www.canchalgallina.com, zwölf Apartments mit Kochnische für max. vier Pers. ab 62 € inkl. Frühstück. Ländliches Anwesen mit mehreren Häusern in freier Natur. Für die Gäste gibt es auch Essen, Sauna und Radverleih.

Essen & Trinken

Beste Adresse – **Nardi:** Brauli Navas, 19, Tel. 927 48 13 23, Do–Mo 13.30–16, 21–23.30, Mi nur abends, im Sommer ab 21.30 Uhr, Hauptspeisen ab 15 €, Degustationsmenü ca. 37 €. Patron José Miguel fügt der einheimischen Küche eine kreative Note zu, etwa durch das Orangenaroma beim Jungschweinbraten im eigenen Fett.
Altjüdisch – **Mesón Casa Luis:** C/ Subida al Consistorio, 13, Tel. 927 47 35 77, Mi–Mo 13.30–16, 21–23.30 Uhr, Hauptspeisen ab 10 €. Das Besondere sind die jüdisch-sephardisch inspirierten Gerichte, etwa Seehechtbällchen in Safran-Zitronensauce. Auch extremenische Speisen wie Ochsenschwanzragout.
Fleischeslust – **Mesón El 60:** C/ Collado, 28, Tel. 927 48 10 48, Mi–Mo 14–16, 20.30–23.30 Uhr, Grillteller ab 7 €. Eine Besonderheit in Hervás sind die zahlreichen *mesóns*, sehr einfache Kneipen, in denen Grillplatten mit allen Bestandteilen vom Schwein, inkl. Rüssel, gereicht werden. Daneben werden auch Steaks und Schnitzel serviert.

Einkaufen

Leder – **HervásPiel:** Ctra. N-630, km 432. In der Lederfabrik lässt sich so manches Vorjahresmodell zum Schnäppchenpreis erwerben, dazu auch Taschen und Gürtel.

Aktiv

Wandern – Das Tourismusamt hält ausführliche Beschreibungen zu Wanderungen unterschiedlicher Schwierigkeitsgrade bereit (s. a. S. 186).
Fahrradverleih – **Colmer:** C/ La Poza, 4, Tel. 927 48 10 40, www.bicicletascolmer.com.
Kajak – Die **Albergue Valle del Ambroz** organisiert Wildwasserfahrten, Camino de Marinejo, km 1,6, Tel. 927 47 32 92, www.alberguevalledelambroz.com.
Schwimmen – **Naturschwimmbäder in der Umgebung:** Gargantilla, Casas del Monte, Segura de Toro.
Drachenfliegen – Die Passhöhe **Puerto de Honduras** (s. S. 175) und **Casas del Monte** sind zwei Abflugorte. Die Höhendifferenz beträgt 525 bzw. 850 m. Die Ausrüstung muss mitgebracht werden.

Abends & Nachts

Fast jedes zweite Haus in der **Calle Pizarro** beherbergt eine Tapa- oder Nachtbar. **La Taparía del Convento** in Nr. 14 kredenzt besonders gute *raciones*. Wer *Chorizo al Infierno* wählt, fällt auf jeden Fall auf: Unter hoher Flamme brutzelt man am Tisch eigenhändig. Snacks bieten auch das **Paco** in Nr. 20 oder **Picaporte** in Nr. 21, in dem auch Konzerte gegeben werden, und das südamerikanisch inspirierte **La Habana Vieja** in Nr. 29. Die Alternativszene trifft sich gleich um die Ecke bei **Relator** in der Calle Relator González, 10. Zahlreiche Tavernen verstecken sich auch in den Gassen des **Judenviertels**.

Infos & Termine

Infos

Oficina de Turismo: C/ Braulio Navas 6, Tel. 927 47 36 18, www.turismodehervas.com und www.turismovalledelambroz.com, Di–Fr 10–14, 16.30–19.30 Uhr, Sa/So nur vormittags, im Juli/Aug. auch Mo.

Pittoresk: das jüdische Viertel in der Altstadt von Hervás

Termine

Los Conversos: Juli. Hervás besinnt sich seiner jüdischen Vergangenheit mit kulturellen Veranstaltungen, Ausstellungen, Konzerten im *barrio judío* (www.losconversos.com).

Fería: 15.–17. Aug. U. a. mit Stierkämpfen.

Otoño Mágico: Die Wochenenden im Nov. Musik- und Theaterfestival, Schachturniere.

Verkehr

Busse: 3 x tgl. nach Plasencia, 2 x tgl. nach Madrid.

Wanderung auf die Hügel um Hervás

Leichte Wanderung ab Hervás, Länge: 3 km, Dauer: ca. 50 Min.

Dieser Rundweg geizt nicht mit schönen Ausblicken auf Hervás und die umliegenden Bergeshöhen. Die Füße dürften sich bei der geringen Anstrengung kaum heißlaufen, doch wer will, kann sie trotzdem mal im begleitenden Bergbach kühlen.

Ausgangspunkt ist die **Plaza del Convento,** von dort führt die **Calle Juan de la Plaza** nördlich des Klosterplatzes zur einstigen Eisenbahnbrücke **Puente Hierro,** die bald zu sehen ist; sporadisch gibt es gelb-weiße Markierungen. Auf einer betonierten Piste, die Metallbrücke links liegen lassend, geht es bei einer Weggabelung geradeaus. Beiderseits reihen sich Obst- und Gemüsegärten, selten mal stört ein Auto die Ruhe. Die umliegenden Berge erreichen Höhen von fast 2000 m, schneebedeckt oft bis ins Frühjahr.

Doch dort hinauf führt der Weg nicht, stattdessen wendet er sich einem Wasserlauf zu, an dem er sich erneut gabelt. Entgegen der Ausschilderung (diese kennzeichnet eine 13 km lange Streckenwanderung) zweigt ein kleiner Zugang ab zum Wasser und über die schmale Brücke **Puente del Batán** auf die andere Uferseite – übrigens ein gern genutzter Platz zum Angeln schmackhafter Bergforellen.

Es folgt eine etwas unübersichtliche Stelle: zunächst wenige Schritte nach links, dann aber weg vom Bach und aufwärts. Nach ca. 200 m biegt links ein Erdweg nach Hervás ab, der sich bald zu einem Pfad verengt. Wegen des nun folgenden beschwerlicheren Abschnitts ist festes Schuhwerk ange-

Wanderung rund um Hervás

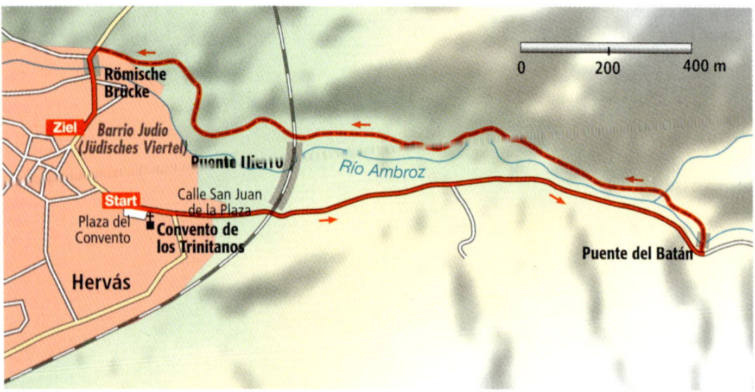

raten. Es entschädigen die herrlichen Aussichten auf das Städtchen. Schließlich wartet wieder die Eisenbahnbrücke, die Richtung Ausgangspunkt überquert werden kann.

Aber es gibt eine noch schönere Alternative: Lassen Sie die Puente Hierro links liegen und folgen Sie stattdessen dem Teerweg geradeaus. So erreichen Sie die **römische Brücke** (s. S. 183) und gelangen direkt ins **jüdische Viertel** von Hervás.

Baños de Montemayor

▶ G 1

Der Grenzort zur Nachbarregion Kastilien-Leon nur 7 km nördlich von Hervás bezeichnet sich als eines der modernsten Kurbäder Europas. Zu den Wellnessangeboten zählen römische Aromabäder, tropische Duschen oder Unterwassermassagen. Sogar eine eigene Kosmetikserie wurde entworfen.

Gleichzeitig ist der Ort stolz auf seine Geschichte. Die Kelten bereits nutzten den natürlichen Verbindungsweg durch das Tal zur Weidewirtschaft. Die Römer führten hier die Vía de la Plata entlang (s. S. 63). Am nördlichen Ortseingang lädt ein etwa 1 km langer Abschnitt des römischen Pflasters zum Flanieren ein, der an Resten einer antiken unterirdischen Wasserleitung vorbeiführt. Auch im Süden ist ein Stück des Weges erhalten. Ein **Centro de Interpretación** in der Calle Castañar, o. Nr., liefert passende Informationen (Di–Sa 10–14, 17–20 Uhr, im Winter 16–19 Uhr, So nur vormittags, Eintritt frei).

Archäologische Funde stellt der **Espacio Arqueológico** in den Resten der römischen Thermen aus (Avenida de las Termas, 57, Mitte März–Mitte Dez. Fr/Sa 16.15 Uhr, Eintritt 1 €).

Übernachten, Essen

Entlang der Avenida de las Termas reihen sich die Kurhotels mit angeschlossenen Restaurants. Die meisten sind zwischen Dezember und März allerdings geschlossen.

Infos

Infos

Oficina de Turismo: C/ Mayor, 78, Tel. 927 48 82 85, Di–Fr 10–14, 16.30–19 Uhr, Sa/So 10–14 Uhr, in der kurfreien Zeit unregelmäßig, www.villastermales.com und www.banosdemontemayor.es.

Verkehr

Regelmäßige Busverbindungen ab Hervás.

Aldeanueva del Camino

▶ F 2

Der Name führt in die Irre. Aldeanueva del Camino (dt.: Neues Dorf am Weg) ist uralt. Der Marktplatz wird von mittelalterlichen Häusern mit Holzbalkonen geziert. Die Dorfstraße folgt der Vía de la Plata. Am Rande des Ortes 6 km westlich von Hervás führt ein römisches Brücklein anmutig über das grüne Flusstal.

Abadía ▶ F 1/2

Über die Nebenstraße CC-168 erreicht man das 3 km entfernte Abadía, zu dt. Abtei. Der Ort war neben einem Zisterzienserkloster gegründet worden, von dem allerdings nur Mauerreste geblieben sind. In voller Pracht zeigt sich dafür der **Palacio de Sotofermoso,** einst Residenz der Herzöge von Alba. Der dritte von ihnen brachte es zu schrecklicher Berühmtheit. Er war der wohl blutrünstigste Feldherr von Karl V. und Philipp II. auf deutschen, italienischen und niederländischen Schlachtfeldern. Gleichwohl bildete das Palastleben ein kulturelles Zentrum im Geiste des Humanismus, etwa während der Aufführungen der Dramen des spanischen Dichters Lope de Vega. Die Kulisse des zweistöckigen und von Arkaden umfassten Innenhofs hätte schöner nicht sein können. Über Granitsockeln schwingen sich mudéjare Hufeisenbögen in seltener Eleganz (Mo 10–13 Uhr, Eintritt frei).

Die Straße nach Westen führt durch die mit Pinien aufgeforsteten Hügel. Der für seine Hirtengedichte bekannte Dichter Gabriel y Galan (1870–1905) aus dem nahen Guijo de Granadilla war Namensgeber für den **Stausee,** dessen tiefblaues Wasser die Täler füllt.

Granadilla ▸ F 1

Di–So, 10–13, 16–19 Uhr, Juni–Okt. 17–20 Uhr, Eintritt frei

Die Fahrt endet abrupt unter einem Wehrturm, der über eine farbenfrohe Geisterstadt wacht, die eine hohe Stadtmauer aus arabischer Zeit umschließt. Stolz trug der Ort den Namen Villa de Granada, als er im 12. Jh. vom König von Leon gegründet und später dem Santiago-Orden unterstellt wurde. Doch dann wurde 1492 das berühmte Granada in Andalusien erobert und das extremenische Villa de Granada zu Granadilla degradiert, kleines Granada.

Das Entwicklungsvorhaben Plano Badajoz läutete 1957 das Totenglöckchen. Die Stadt sollte dem neuen Stausee geopfert und überschwemmt werden. Die Gemeinde wurde umgesiedelt. Doch die Ingenieure hatten sich verrechnet. Der Wasserspiegel erreichte nie die erwartete Höhe. Ohne Bewohner dem Verfall preisgegeben, wurde die Stadtruine 1980 unter Denkmalschutz gestellt. Seit 1984 arbeiten freiwillige Schüler- und Studentengruppen am Wiederaufbau und sammeln dabei praktische Erfahrungen für ihr künftiges Berufsleben. Kräftig wird in den Farbtopf gegriffen. Nirgends sonst geht es in der Extremadura so bunt zu. Und gleichzeitig so melancholisch. Die Straßen sind unbewohnt, die Gärten verwildert, am Ortsrand stehen noch Ruinen. Nur in den Ferien kehrt fröhliches Leben ein, wenn die jungen Leute hämmern, werkeln und feiern. Den Rest des Jahres herrscht Funkstille. Überblicken lässt sich dieses ungewöhnliche Ensemble von der Aussichtsplattform des Wehrturms. Die historische Treppe ist allerdings nicht ganz ungefährlich.

Cáparra ▸ F 2

Di–Sa 10–14, 16–19, Juni–Okt. 10–14, 17–20 Uhr, Eintritt frei

Inmitten einer fruchtbaren, von Olivenbäumen und Eichen bewachsenen Landschaft wurden seit 1929 die Reste der römischen Stadt Cáparra ausgegraben. Sie liegt 15 km südlich von Zarza de Granadilla und 7 km westlich der Autobahn. Autobahn ist ein gutes Stichwort, denn die Gründung erfolgte im 1. Jh. n. Chr., weil die Römer eine Raststätte an ihrer Vía de la Plata benötigten.

Schnell wuchs sie zu einer bedeutenden römischen Gemeinde. Reste eines Amphitheaters, Wohnhauses und Jupitertempels wurden entdeckt. Im Mittelpunkt steht ein überkuppeltes Portal auf vier Säulen, durch das die Vía de la Plata führte. Einst war es mit Marmorplatten verkleidet. Auf

Fotos in vielen touristischen Broschüren erscheint der Bogen monumental. Das Original, wie es da so etwas verloren in der Landschaft steht, wirkt dagegen deutlich kleiner.

Dafür wird in einem **Infozentrum,** das diese Bezeichnung wirklich verdient, die alte Stadt wiederbelebt. Ein amüsanter Zeichentrickfilm und verschiedene Schautafeln erklären Bau- und Lebensweise im römischen Cáparra.

Las Hurdes ! ▶ E/F 1

Das magische Bergland von Las Hurdes lag früher so abgeschieden, dass weder Römer noch Araber ihren Weg in die unzugänglichen Täler fanden. Die Einheimischen lebten in bitterer Armut mit dem Vieh unter einem Dach. Die Schieferhütten waren fast ohne Fenster gebaut. *Zufardas* hießen sie. Daraus soll sich Las Hurdes herleiten.

Eine spektakuläre Dienstreise von König Alfonso XIII. im Jahr 1922 brachte die vergessenen Täler ans Licht der Öffentlichkeit. Und den spanischen Filmregisseur Luis Buñuel auf eine Idee. Zehn Jahre später drehte er den Dokumentarfilm »Tierra sin pan« (Land ohne Brot), der auch im Ausland für erhebliches Aufsehen sorgte (s. S. 192). In beklemmend düsteren Bildern fing er die mittelalterlichen Lebensbedingungen ein. Zu Fratzen verzerrte Gesichter, von Hunger und Armut entstellt, blicken in die Kamera. Doch viele der Einwohner schimpfen heute auf Buñuel, unterstellen dem Künstler demagogische Übertreibung und Verfälschung.

Die folgenden Jahrzehnte brachten den Anschluss an die westliche Zivilisation und einen Mindeststandard an sozialen Einrichtungen. Lang ersehnte Straßen schufen eine Verbindung zur Außenwelt. Aktuell wohnen 7000 Menschen in den kleinen Orten und Weilern. Immer häufiger kontrastieren die Neubauten von heimgekehrten Auswanderern mit den traditionellen Schieferhäusern.

Terrassierte Felder ziehen sich die Hänge hinauf. Flüsse und Bäche plätschern durch die engen Täler. Olivenhaine wechseln sich mit Mischwald ab. Auf vielen Wanderwegen lässt sich die Schönheit dieser Landschaft genießen. Dabei sorgen zahlreiche Naturschwimmbäder an sauberen Seen oder Bächen für Abkühlung. In den Dörfern wird weiterhin kunstvolles Handwerk gepflegt. Bei Feinschmeckern hohes Ansehen genießen Honig und Olivenöl. Kleine thematische Infozentren in abseits gelegenen Gemeinden halten die Traditionen lebendig. Eine Rundfahrt durch Las Hurdes verspricht eine Reise durch die Zeit.

Casar de Palomero ▶ E 1

1922 übernachtete der spanische König Afonso XIII. in der Gemeinde. Eine Inschrift auf dem Marktplatz (Nr. 16) verweist stolz auf dieses größte Ereignis in der Lokalgeschichte. Irgendwie surreal wirkt dieser Platz, wie er in sympathisch-wildwüchsiger Weise von Gebäuden in allen nur erdenklichen Architekturstilen eingerahmt ist. Alte Männer versammeln sich nicht vor irgendeiner Bar, sondern vor dem sogenannten Café-Bar-Discoteca-Pub.

Der Ort war bekannt für das friedliche Zusammenleben von Juden, Moslems und Christen auch nach der Reconquista. Allerdings hübsch getrennt, jede Religionsgruppe besaß ihr eigenes Stadtviertel. Sie sind durch entsprechende Religionssymbole auf den Straßennamen gekennzeichnet, die adrett auf Kacheln gebrannt wurden.

Lieblingsort

Archaisch: die Meandros del Río Alagón in Las Hurdes ▶ F 1
Ein grandioser Aussichtspunkt über Ríomalo de Abajo mitten im Bergland von Las Hurdes. Tief unten liegen die Meandros del Río Alagón. Der mal tiefgrün, mal blau schimmernde Fluss gräbt sich sein Bett in engsten Kurven durch das Tal, wirft beinahe eine Insel hinein in die gewaltige Hügelwelt. Am schönsten im Frühjahr bei hohem Wasserstand und blühender Pflanzenpracht (s. S. 192).

Übernachten, Essen

Gastronomische Überraschung – **La Posada del Casar:** C/ Mayor, 36, Tel. 927 43 64 10, www.laposadadelcasar.es, tgl. 13.30–16, 20.30–23.30 Uhr, Hauptspeisen ab 12,50 €, Tagesmenü (Mo–Fr) ab 10 €, Wochenendmenü mit regionalen Spezialitäten ab 22 €. Ein abgeschiedenes Restaurant mit gastronomischem Anspruch. Die traditionellen Rezepte werden behutsam modernisiert. Empfehlenswert sind die Lamm- und Zickleingerichte, die im Speisesaal zwischen Schiefermauern serviert werden. Auch Zimmervermietung (DZ ca. 60 €).

Rundfahrt durch das Bergland ▸ E/F 1

Von Casar führt eine bezaubernde, einsame Landstraße nach **La Pesga.** Entlang geht es an terrassierten Feldern, Olivenhainen und Obstbäumen. Immer höher werden die Berge, die von Mischwäldern bewachsen sind.

Doch hinter Pesga, Richtung Vegas de Coria, hat eine Katastrophe ihre Spuren hinterlassen. Ausgedehnte Feuer zerstörten 2009 die Wälder. Zu der großen Trockenheit und Hitze in jenem Jahr kamen Nachlässigkeit und Unachtsamkeit. Aufgeforstet wurden die Berge fast flächendeckend mit Olivenbäumen.

Höher hinauf und das Brandgebiet zurücklassend, führt die EX-204 nach **Ríomalo de Abajo.** Dort zweigt eine Erdpiste zu einem Aussichtspunkt, von dem sich eine spektakuläre Sicht auf die **Meandros del Río Alagón** bietet (s. Lieblingsort s. S. 191). In **Las Mestas** gibt es gute Übernachtungsmöglichkeiten. Das schön gelegene Naturschwimmbad sorgt an heißen Sommertagen für eine Abkühlung.

Von Ladrillar nach Caminomorisco

Weiter geht es nach **Ladrillar.** Traditionelle Häuser aus Schiefer liegen unten am Fluss. Der Ort ist Ausgangspunkt für anspruchsvolle Wanderungen auf die umliegenden Berge, die eine Höhe von 1627 m erreichen. In vielen Kurven windet sich die Straße hinauf zum pittoresken **Ríomalo de Arriba,** das nur noch sieben Bewohner zählt. Nächste Station ist **Casares de las Hurdes.** Der dortige Aussichtspunkt **Mirador de las Carrascas** bietet eine herrliche Sicht auf die Berge. Die nächste Gemeinde heißt **Nuñomoral,** ebenfalls Ausgangspunkt für viele Wanderungen in die unberührte Natur.

Die größte Ansammlung von Häusern in der einfachen Schieferbauweise hat sich fernab in **El Gasco** erhalten. Eine Stichstraße führt durch das Tal des Río Malvellido hinauf. Die Bauleute kamen übrigens ganz ohne Mörtel aus.

Über **Vegas de Coria** geht es zurück auf die EX-204. Im größeren **Caminomorisco** wurde das Tourismusbüro in einem interessanten Neubau aus Schiefer untergebracht.

Pinofranqueado

Nach weiteren 10 km ist der Hauptort Pinofranqueado und damit ein stärker neuzeitlich geprägtes Städtchen mit Hotels, Restaurants und Supermärkten erreicht. Erfrischung gibt es zudem in den Fluten eines Naturschwimmbades unterhalb der alten Brücke. Und Wissenswertes im **Dokumentationszentrum Las Hurdes** in der Ortsmitte (C/ La Era, 3). Es nimmt Buñuels Skandalfilm zum Ausgangspunkt für eine kritische Auseinandersetzung mit den sozialen Lebensbedingungen der Bevölkerung im 20. Jh. Der Film »Tierra sin Pan« wird in der vollen Länge von knapp 27 Min. gezeigt (www.centrodocumentacionhurdes.com, Di–Fr 9.30–14.30, 16–18, Sa 9.30–14.30 Uhr,

Eintritt frei; der Film ist übrigens auch im Internet anzuschauen).

Cascada del Chorrito de Ovejuela
Eine Naturschönheit hat die abgelegene Gemeinde Ovejuela zu bieten. Knapp 14 km westlich ist sie nur über eine Lokalstraße zu erreichen. Dann noch 3 km zu Fuß auf einem leichten, weiß-gelb ausgewiesenen Weg und der Wasserfall Cascada del Chorrito de Ovejuela ist erreicht. Das Besondere: Die Wasser sammeln sich zu einem romantischen Naturschwimmbad zwischen den Bäumen. Badende müssen aber schon ein wenig abgehärtet sein, es handelt sich um eine recht frische Angelegenheit.

Übernachten

Zimmer mit Aussicht – **Hospedería Hurdes Reales:** Las Mestas, Tel. 927 43 41 50, www.hospederiasdeextremadura.es, DZ 60–75 €. Einst stand an der gleichen Stelle die königliche Handelsstation, in der schon König Alfonso XIII. das Bergpanorama genoss. Heute bietet ein moderner Schieferbau 30 Komfortzimmer, teilweise mit Blick. Menüs im Restaurant ab 18 €.
Gemütliche Holzhütten – **Las Cabañas de Mestas:** Las Mestas, Tel. 927 43 40 25, www.lasmestas.com, zwei Pers. ca. 45 €, vier Pers. ca. 55 €. Umgeben von einem hübschen Garten und mit Blick ins Tal warten zehn Ferienhütten aus Holz auf Gäste. Cafeteria und einfaches Restaurant (Tagesmenü etwa 8 €) sind angeschlossen.

Essen & Trinken

Lauschig am Fluss – **Hotel Rural Castúo:** Pinofranqueado, Paseo Charco Morisco, 4, Tel. 927 67 80 49, www.hotelcastuo.com, tgl. 13.30–16, 20.30–23 Uhr, Hauptspeisen ab 8 €, Tagesmenü um 15 €. Empfehlenswert sind die Zickleingerichte, besonders der Eintopf *Cabrito a la Conrada* oder die gegrillten Koteletts *Cabrito a la Brasa*. Die typische Paprikavorspeise *Zorongollo* reicht für zwei. Beeindruckende Weinkarte von günstig bis über 200 € die Flasche. Mit angeschlossenem Hotelbetrieb (DZ ca. 65 €).

Aktiv

Wandern – Zahlreiche Wanderwege durchziehen die Täler und Höhen. Pläne hat das Tourismusbüro.
Pilzsuche – Zahlreiche Pilzsorten können während des ganzen Jahres gesucht werden.
Jagd – In fünf Jagdrevieren darf, nur mit Erlaubnis der Autonomiebehörde, Jagd auf Wildschweine und Hirsche gemacht werden. Eine geringe Rolle spielt die Kleinwildjagd.
Angeln – Im kristallklaren Flusswasser tummeln sich Forellen, Barben und andere Süßwasserfische. Im höheren Bergland von Las Hurdes darf sogar ohne Genehmigung geangelt werden.

Infos & Termine

Infos

Información Turística in Caminomorisco: Avda. Rocandelario, o. Nr. (Casa da Cultura), o. Nr., Tel. 927 43 52 12, Mi–So 10–14, 16.30–19.30 Uhr.
Información Turística in Caseres de Las Hurdes: Ayuntamiento (Rathaus), Plaza Lindón, o. Nr., www.mancomunidadhurdes.org, Mi, Fr, Sa 10–14.30, 16–18.30, So 10–14 Uhr.
Dörfliche Infozentren: Es gibt in der Region Las Hurdes sechs museale Infozentren *(centros de interpretación)* zu unterschiedlichen Themen: in **Ovejuela** westlich von Pinofranqueado (Honig), **Casar de Palomero** (Oliven), **Cambrón** nordöstlich von Caminomo-

risco (Wasser und Umwelt), **El Gasco** (Hausbau), **La Huetre** bei Casares de las Hurdes (Kunsthandwerk) und in **Ríomalo de Arriba** (Kultur und Gastronomie). Die Öffnungszeiten sind unregelmäßig, meist weiß ein Nachbar, wo der Schlüssel zu holen ist.

Termine

Carnaval Hurdano: Febr./März, in verschiedenen Orten. Nach einem Schnapsumtrunk beginnen unter Trommeln und Pfeifen farbenfrohe Umzüge in traditionellen Kostümen und Masken. Den krönenden Abschluss bildet ein gemeinschaftliches Essen aller Beteiligten.

La Fiesta Mayor: 1. Aug., abwechselnd in verschiedenen Gemeinden. Religiöse Umzüge, Folklore, Kunsthandwerk und gastronomische Angebote.

La Enramá: Wochenende um den 24. Aug. in Pinofranqueado. Seit 130 Jahren werden die unverheirateten Männer und Frauen als Zufallspaare zusammengebracht. Nach dem dreitägigen Fest dürfen sie entscheiden, ob sie zusammenbleiben wollen.

Chiquitía: 1. Nov., in verschiedenen Orten. Gemeinschaftliches Kastanienrösten an einem großen Feuer lockt die guten Wintergeister an.

Verkehr

Busse: 1 x tgl. von Plasencia und Salamanca nach Pinafranqueado.

Sierra de la Gata

▶ C/D 1/2

Weniger spektakulär und archaisch als Las Hurdes, aber doch voller Geschichte und landschaftlicher Reize ist die westliche Bergregion La Gata, in die die gut ausgebaute EX-205 (in Richtung Portugal) führt. Milder ist das Klima und in den Tälern gedeihen Oliven und Wein. Die Gegend ist bekannt für exzellentes Olivenöl und einen wohlschmeckenden Weißwein. Wasservögel können Sie auf einem Abstecher zum **Stausee von Borbollón** beobachten.

Tief in den Bergen an der Grenze zu Las Hurdes verstecken sich die engen Gassen von **Robledillo de Gata** (▶ D 1) mit kaum 200 Einwohnern. Wunderschön romantisch, aber schwer zu erreichen. In einer arabischen Mühle aus dem 11. Jh. wurde ein **Olivenölmuseum** eingerichtet. Riesig war die Mechanik, durch geflochtene Grasmatten wurde das Öl gepresst (C/ Plazuela, 11, www.molinodelmedio.com, Sa/So 11.30–14, 16.30–18.30 Uhr, im Sommer 17.30–19.30 Uhr, Eintritt 2 €).

Das unauffällige, aber doch angenehme **Hoyos** liegt verkehrsgünstiger und wartet mit spätromanischer Pfarrkirche, traditionellen Fachwerkhäusern und einigen wappengeschmückten Stadtpalästen auf. Der Gebirgsort diente den Bischöfen von Coria als kühle Sommerresidenz.

Wer die Kurven nicht scheut, kann von dort noch in das wunderschön romantische **San Martín de Trevejo** (▶ C 2) auf 610 m Höhe aufbrechen. 1000 Einwohner zählt das Dorf. In der Blütezeit vor 500 Jahren waren es fast dreimal so viele, denn San Martín war befestigter Ordenssitz in der Verteidigungslinie gegen Portugal. Uralte Fachwerkhäuser mit vorkragenden Balkonen verschachteln sich ineinander, die engen Gassen laufen unter Granitbögen durch, die mit Holz ausgekleidet sind. Mittendrin stehen die Pfarrkirche aus dem 17. Jh. und der Glockenturm an der Plaza Mayor. Eine mittelalterliche Sprache wird noch heute gesprochen. Das Fala besitzt leonesische, galizische und portugiesische Wurzeln.

Wanderung zum Pass Puerto de Santa Clara ▸ C2

Rundtour ab San Martín de Trevejo, Dauer: 3,5–4 Std., zu bewältigen sind 425 Höhenmeter, festes Schuhwerk notwendig

Diese Wanderung folgt der mittelalterlichen Trasse aus dem Süden Spaniens nach Salamanca. Diese führt über den Pass Puerto de Santa Clara und wurde noch vor 100 Jahren als wichtige Handelsstraße genutzt. Unser Ausgangspunkt ist die Plaza Mayor von **San Martín de Trevejo.** Von dort führt die schmale Calle San Xuan Richtung Osten zur Calle de la Ciudad, wo das Schild »Calzada Romana, Sendero Puerto Santa Clara« nach links weist.

Der Anstieg beginnt nach 300 m hinter der **Quelle Fuente O Pilón de las Huertas,** die durstige Wanderer mit frischem Nass versorgt. Der meist mit jahrhundertealtem Pflaster befestigte Weg, gesäumt von vielen Olivenbäumen, steigt bei wenigen Richtungswechseln gleichmäßig bergan. Etwa 20 Min. später wird eine Gabelung erreicht. Wir folgen nun zunächst den weiß-gelben Zeichen des PR CC 184; der grüne-weiße Abzweig wird später dem Rückweg dienen.

Schüttere Pinien und einige Kastanien bieten nur wenig Schatten, geben dafür eine schöne Sicht auf das zurückbleibende Tal und die umliegenden Berge frei. Rotes Leimkraut und weiße Gänseblümchen verwöhnen das Auge im Frühjahr. Bald taucht man in den dichten **Kastanienwald Los Ojestos** ein, das Pflaster ist von Blättern des vergangenen Jahres bedeckt. Nur zwei kurze flache Abschnitte lassen den Puls vorübergehend sinken.

Nach insgesamt 1,5 Stunden überquert eine Brücke einen Bergbach, gespeist aus einem nach Regengüs-

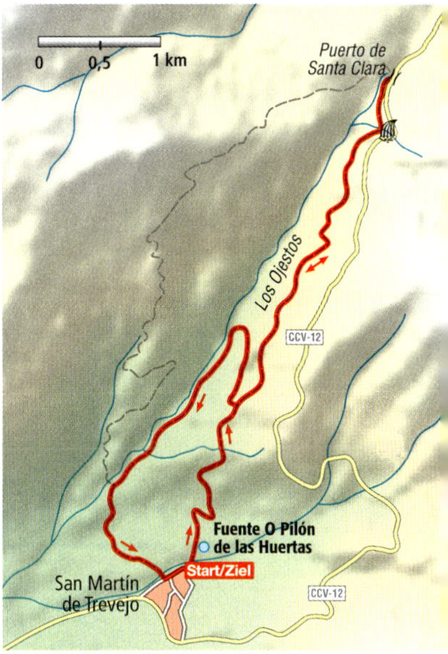

Wanderung von San Martín de Trevejo zum Bergpass Puerto de Santa Clara

sen rauschenden **Wasserfall.** Schon 10 Min. später ist auf 1027 m die Passhöhe des **Puerto de Santa Clara** erreicht, die auch von einer modernen Teerstraße überquert wird. Auf den Weidewiesen und im Schatten großer Granitblöcke lässt sich trefflich rasten, weite Blicke ins Tal und nach Portugal eingeschlossen.

Ein ausgeschilderter Rundweg über Elija führt von hier meist durch eine karge Natur. Schöner ist der Abstieg, zunächst etwa 25 Min. auf dem gleichen Weg, um dann der bereits beim Aufstieg erwähnten »Ruta El río y los bosques« zu folgen (grün-weiße Kennzeichnung, SL CC 208). Der weiche Waldboden bietet eine erholsame Abwechslung zu den Pflasterstücken. Werden Sie hier nicht nervös: Der Eindruck, es ginge direkt wieder hinauf zum Gipfel, täuscht. Aber 15 Min. dauert der erneute Aufstieg doch, und ein Umweg ist er allemal. Eilige oder arg Ermüdete sollten also direkt ins Dorf zurücklaufen.

Die Ruta wendet sich aber schließlich auch hinab, anfangs recht steil und einem Bergbach folgend. Dieser speist die Trinkwasserversorgung von San Martín. Etwa 2,9 km oder 45 Min. sind es nun noch. Unterwegs wird das **Klosterhotel** (s. u.) passiert, von dem eine schmale Autostraße in den Ortskern zurückführt.

Übernachten

Design im Kloster – **Hospedería Conventual Sierra da Gata:** San Martín de Trevejo, Camino del Convento, 39, Tel. 927 14 40 21, www.hospederiasdeextremadura.es, unterschiedliche Zimmerkategorien ab 65 €. Einst soll hier Franz von Assisi Station gemacht haben und den Bau des Konvents über einer westgotischen Kapelle in Auftrag gegeben haben, seit 2012 wohnen Gäste in manchmal allerdings wohl etwas übertrieben modernem Komfort. So braucht es im Bad eine gesonderte Anleitung, wie die Wassertemperatur mithilfe der gestylten Armaturen geregelt wird. Dem Autor ist es nicht wirklich gelungen. Mit Restaurant, Menüs ab 12 €, Hauptspeisen ab 18 €.

Essen & Trinken

Volkstümlich – **El Redoble:** Hoyos, C/ la Paz, 23, Tel. 927 51 46 65, Mo–Sa 13–16, 21–23 Uhr, So nur mittags, Hauptspeisen ab 5 €, Menü einschl. Getränke ca. 12 €. Der äußere Eindruck der volkstümlichen Kneipe täuscht. Hier gibt es viele regionale Spezialitäten von Spanferkel und Lamm. Und dazu sogar Tintenfisch mit Pilzen.

Potajes – **Los Cazadores:** San Martín de Trevejo, Avda. Salamanca, 2, Tel. 927 51 32 48, Hauptspeisen ab 6 €,Tagesmenü ca. 10 €. Gegessen wird an dunklen Holztischen in der einfachen Gaststube, Spezialität ist die kräftige Tagessuppe *(Potajes)*.

Infos

Información Turística: San Martín de Trevejo, Plaza Mayor, 1, Tel. 927 51 45 85, www.sierradegata.org, Mi–Fr 11–13, Sa/So 11–13.30 Uhr.

Verkehr

Busse: Die kleinen Orte sind kaum an den Busverkehr angeschlossen.

Coria ▸ D 3

Coria, im Tal des Río Alagón gelegen, ist dank eines Festes in ganz Spanien und noch darüber hinaus berühmt und berüchtigt – je nach Sichtweise.

Mein Tipp

Malerischer Blickfang: das Örtchen Galisteo ▸ E 3

Die Bischofsstadt Coria ist entweder von der Sierra de Gata aus erreichbar oder – weitaus schöner – von Plasencia aus über die EX-108. Denn wenn Sie diesen Weg nehmen, genießen Sie nach etwa 15 km einen ganz besonderen Blick. Über die Straße erhebt sich der Ort Galisteo, der vollständig von einer braunen Festungsmauer aus der Zeit der Almohaden im 11. Jh. umschlossen ist. Nur der Turm der Kirche aus dem 13. Jh. mit einer Apsis im Mudéjarstil lugt hervor.

Einer trutzigen Burg gleicht die Kathedrale von Coria aus der Ferne

Zum Namenstag des hl. Johannes der Täufer am 24. Juni verwandelt sich die Plaza Mayor für mehrere Tage in eine große Stierkampfarena, auf der sich vornehmlich junge Männer mit den Tieren messen. Im Internet kursieren unzählige Protestnoten an die Stadtverwaltung, Aufrufe zum Boykott der Stadt inklusive.

Gleichwohl erwartet Besucher eine gepflegte Altstadt, die von einer Stadtmauer umschlossen ist. Die Römer hatten sie im 3. und 4. Jh. als Schutz gegen germanische Stämme errichtet. Doch die Stadtgeschichte begann schon früher – vor 2500 Jahren mit dem iberischen Volksstamm der Vettonen und ihrer kleinen Siedlung Caura. Von hier aus leisteten sie im 2. Jh. v. Chr. den einfallenden römischen Heeren erbitterten Widerstand, schließlich aber ohne Erfolg. Die Römer nannten die Wehranlage Caurium. Semantisch war es zum Namen Coria mit aktuell knapp 13 000 Einwohnern nicht mehr weit, auch wenn zwischendurch noch die Westgoten und die Mauren die Herrschaft inne hatten.

Stadtrundgang

Fast alle Sehenswürdigkeiten befinden sich innerhalb der Stadtmauer. Ein Teil von 500 m Länge blieb seit römischen Zeiten unverändert. Das ist einzigartig in Spanien. Vier Stadttore führen hinein. Die Puerta del Sol im Norden und die Puerta de la Guía im Westen sind noch römischen Ursprungs, ebenso wie die allerdings veränderte Puerta Nueva im Südosten. Ansehnliche Gebäude aus roten Ziegeln und braungrauem Granit gruppieren sich um kleine Plätze oder säumen schmale Gassen.

Catedral de la Asunción 1

Plaza del Duque, tgl. 10.30–14, 16.30–20.30, im Sommer bis 21 Uhr,

So nachmittags und Mo vormittags geschl., Eintritt frei
Trutzig außen, wuchtig innen! Vom Ende des 15. bis ins 18. Jh. zog sich die Fertigstellung hin. Fassade und Portale im plateresken Stil atmen den Geist der spanischen Renaissance. 1723 wurde der Glockenturm fertig. Danach erst machte man sich an die Vollendung des einschiffigen Innenraums. Seine Stirnseite wird von einem riesigen Barockaltar ausgefüllt, in dessen Zentrum – kurios anmutend – einsam ein rotgewandetes Jesuskindlein steht. Schön erklingt die Orgel aus dem 18. Jh. zu allerdings seltenen Konzerten. Das filigrane Schnitzwerk des Chorgestühls weist gotisch-mudejare Handschrift auf und zeigt fein geschnitzte Heilige, Märtyrer und Apostel.

Museo de la Catedral 2

Plaza de la Catedral, 10.30–14, 16.30–20.30, im Sommer bis 21 Uhr, So nachmittags und Mo vormittags geschl., Eintritt 2 €
Um den Kreuzgang, dessen Zentrum ein reich verzierter Brunnen aus dem Jahre 1620 bildet, sind über zwei Stockwerke die Räume eines Museums für sakrale Kunst gruppiert. Neben Reliquien, Gemälden, Skulpturen werden Kupferstiche aus der Schule von Peter Paul Rubens ausgestellt. Auch die Gründungsurkunde für die Kathedrale ist zu sehen.

Puente Viejo 3

Links der Kirche ermöglicht ein Aussichtspunkt den Blick über die weite Landschaft. Unten führt die Puente Viejo ins Nichts. So ganz genau wissen die Forscher nicht, ob die Brücke römischen Ursprungs ist. Jedenfalls hat sie ihren Fluss verloren, dessen Lauf sich durch die Auswirkungen des Erdbebens von Lissabon im Jahre 1755 veränderte.

Museo de la Cárcel Real 4

C/ Monjas (Pizarro), 2, Mi–So 10–14, 17.30–20.30 Uhr, im Winter 10–14, 16.30–19.30 Uhr, Eintritt frei
In der Calle Monjas (Pizarro) nahe der Plaza España wurden die dicken Gitterstäbe vor den Fenstern nicht etwa zum Schutz der Ausstellungsexponate des Heimatkundemuseums angebracht. Nein, das Gebäude diente einst als Gefängnis. Die Sammlung ist eher bescheiden. Aber wann bietet sich schon einmal die Gelegenheit, einen alten Karzer mit den reichlich inhuman wirkenden Zellen von innen zu sehen? Allerdings waren die Einrichtungen für die reichen Gefangenen im 1. Stock durchaus luftig! Zu den besonderen Ausstellungsstücken gehört der *verraco verrón*. Das Schwein aus Granit war wohl ein Fruchtbarkeitssymbol der keltiberischen Stämme.

Übernachten

Stilvoll – **Sumaiya El Palacio 1**: Pza. de la Catedral, o. Nr., Tel. 927 50 81 17, www.sumaiyahotels.com, DZ ab 75 €. Ruhig wohnen im restaurierten Bischofspalast aus dem 17. Jh. Die 28 Zimmer sind allerdings unterschiedlich groß, viele mit Blick auf den Kirchplatz.

Essen & Trinken

Zünftig – **El Bobo de Coria 1**: C/ Monjas (Pizarro), 6, Tel. 927 50 07 95, Di–So 14–16, 21–23 Uhr, Tagesmenü um 10 €, Hauptgerichte ab 10 €. Die deftigen Hausspezialitäten werden im urigen Speisesaal gereicht: Pilzgerichte, Ente, Rind.

Unverfälscht – **Envido 2**: Avda. de Extremadura, 4, Tel. 927 50 41 74, tgl. 14–16, 21–23 Uhr. Stockfisch und Rind sind Spezialitäten. Tagesmenü und Hauptspeisen ab 9 €.

Coria

Sehenswert
1 Catedral de la Asunción
2 Museo de la Catedral
3 Puente Viejo
4 Museo de la Cárcel Real

Übernachten
1 Sumaiya El Palacio

Essen & Trinken
1 El Bobo de Coria
2 Envido

Einkaufen
1 Markt
2 Convento de la Madre de Dios

Abends & Nachts
1 Plaza del Rollo

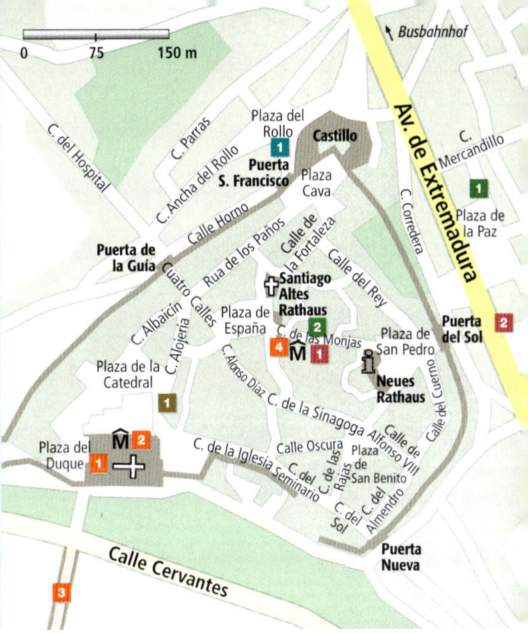

Einkaufen

Wochenmarkt – **Markt 1**: Donnerstags rund um die Plaza de la Paz, mit frischen Lebensmitteln, Antiquitäten, Schmuck, Trödel.

Gebäck – **Convento de la Madre de Dios 2**: C/ Monjas (Pizarro, o. Nr.). Die Nonnen verkaufen 14 klösterliche Keksorten.

Abends & Nachts

Nachtschwärmer treffen sich an der **Plaza del Rollo 1**, im Volksmund auch Zentrum der Bars genannt.

Infos & Termine

Infos

Oficina de Turismo: Plaza de San Pedro, o. Nr., Tel. 927 50 80 00, Durchwahl 290, www.coria.org, Mo–Fr 9.30–14, 16.30–19.30 Uhr, im Hochsommer auch länger, Sa/So 10–14 Uhr.

Termine

Romería de la Virgen de Argem: Mo nach dem 2. Mai-Sonntag. Auf einer 5 km langen Prozession wird die Figur der Schutzheiligen von der Kathedrale zu einer ihr geweihten Kapelle getragen.

Los Toros de San Juan: Um den 24. Juni. Stierkämpfe (s. o.).

Mercado Medieval: Do, der dem 15. Aug. am nächsten kommt. Mittelaltermarkt in der Altstadt, Handwerker produzieren vor Ort, Musikwettbewerbe.

Festival Internacional de Guitarra Clásica: Eine Woche im Aug.

Verkehr

Parken: Wer nicht im Bischofspalast übernachtet, stellt das Auto am besten außerhalb der Stadtmauer ab.

Busse: Regelmäßige Verbindungen in die größeren Städte der Extremadura, seltener nach Madrid, Bilbao und Malaga.

Das Beste auf einen Blick

Badajoz und die Raya

Auf Entdeckungstour

Ausflug in die Steinzeit: Mehr als 5000 Jahre zählen die kolossalen Grabstätten rund um Valencia de Alcántara. Eine leichte Wanderung durch die Weidelandschaft führt auch zum sogenannten Dolmen der Gräfin. S. 208

Auf portugiesischen Spuren: In Olivenza schlagen Sie zwei Fliegen mit einer Klappe. Sie sind in Spanien und besuchen zugleich ein Stück Portugal. Denn die Gemeinde gehörte bis 1801 zum Nachbarland. S. 226

Kultur & Sehenswertes

Convento de San Benito: Der Sitz des Alcántara-Ordens war als Kathedrale geplant, bevor dem König das Geld ausging. Beeindruckend blieb das Kloster in Alcántara allemal und es versteckt so manche Kuriosität. S. 205

Kulturaustausch: Das ibero-amerikanische Museum M.E.I.A.C von Badajoz schlägt mittels moderner Kunst die Brücke zwischen Spanien, Portugal und Südamerika. S. 220

Zu Fuß unterwegs

Wandern am Río Tajo: Der Fluss strömt sanft durch das Tal, oberhalb führt ein Wanderweg von Alcántara durch die abwechslungsreiche Vegetation im Parque Natural Tajo Internacional. S. 205

In den Gärten von Badajoz: Ein Erlebnis – Palmfarne, älter als Dinosaurier, der Duft von Lavendel und Thymian, Panoramablicke zwischen Pinien und Palmen. S. 220

Genießen & Atmosphäre

Spaziergang durch die Gotik: Manchmal steil, manchmal uneben sind die gepflasterten Gassen. Aber das erhöht nur die Freude, durch das mittelalterliche Viertel von Alburquerque zu flanieren. S. 211

Baraka Al Hammam: Im arabischen Hammam von Badajoz können Sie Badezeremonien, Schokoladentherapien und Massagen mit hohem Wohlfühlfaktor erleben. S. 223

Abends & Nachts

Festplatz vom Feinsten: Die Plaza Alta ist der pulsierende Mittelpunkt von Badajoz. In den Cafés gibt es die ersten Drinks, dann geht's durch die Altstadtgassen. S. 217

Sala Aftasí: Das Kulturzentrum von Badajoz vereint ein modernes Café mit einer Kunstgalerie sowie einem Theater- und Konzertsaal für eher alternatives Publikum. S. 223

Das Land der Burgen

Unten der Ort, oben die Wehranlage. Fast jede Gemeinde blickt stolz zu einer mächtigen Festung, hoch auf einem Burghügel gelegen. Zunächst waren es die Araber, die sich gegen die christlichen Truppen schützen wollten. Erfolglos. Doch auch die siegreichen katholischen Könige fanden den erhofften Frieden nicht. Zu nahe war das mächtige Portugal, das immer wieder die Hände nach der Raya, zu Deutsch ›Grenzstreifen‹, ausstreckte. Durchaus mit Erfolg. Olivenza blieb bis 1801 portugiesisch. In Badajoz wechselte mehrmals die Herrschaft. Dabei wurde der historische Kern der größten Stadt der Extremadura zu oft zerstört, als dass sie heute noch wirklich schön zu nennen wäre. Die Anziehungskraft liegt in ihrer Lebendigkeit. Wer ins extremenische Nachtleben eintauchen will, muss nach Badajoz.

Urlauber, die hingegen Uraltes suchen, finden eine bedeutende Ansammlung steinzeitlicher Grabstätten in der Umgebung von Valencia de Alcántara (s. Entdeckungstour S. 208). Den Stolz der Stadt Alcántara bildet eine römische Brücke, die so gut erhalten ist, dass sie noch heute per Auto passiert werden kann.

Hier am Río Tajo schützen dicht bewaldete Bergketten die Weidelandschaften vor allzu heftigen Winden. Steineichen liefern Nahrung für die iberischen Schweine, Korkeichen den Rohstoff für die Flaschenkorken. Stauseen dienen der Bewässerung und Stromerzeugung. Weiter südlich hat der breite Río Guadiana um Badajoz ein fruchtbares Flachland geschaffen, auf dem Ackerbau, Obstwirtschaft und Weinanbau betrieben werden. Doch schon bald, rund um Olivenza, prägen erneut die grünen Hügel das Bild einer dünn besiedelten Landschaft.

Infobox

Reisekarte: ▶ A–C 4–9

Informationen

Zusätzlich zum städtischen Büro hat ein regionales Tourismusamt seinen Sitz in Badajoz (S. 224). Außerdem unterhalten fast alle kleineren Orte eigene Tourismusämter.

Anfahrt und Weiterkommen

Das Gebiet liegt abseits der großen Verkehrsströme. Nur Badajoz ist dank der Autobahn A-5 und per Zug an Mérida, Madrid und Lissabon angebunden. Nach Olivenza verkehren häufig Busse. Die übrige Gegend ist über ausgebaute, manchmal kurvige Straßen gut zu erreichen. Busse fahren hier allerdings sehr selten.

Alcántara und Umgebung ▶ C 4

Von Norden, also auf der EX-108 aus Coria kommend, genießen Autofahrer zunächst die freie Sicht auf das Städtchen mit 1600 Einwohnern, das sich den Berg hinauf zu einer verschachtelten Klosteranlage zieht. Dorthin gelangen sie nach der Überquerung einer 194 m langen und 8 m breiten **römischen Bogenbrücke** – die Sehens-

Elegant und ästhetisch vollkommen: die römische Brücke in Alcántara

würdigkeit der Umgebung schlechthin! Die Zeit scheint spurlos daran vorbeigegangen. Auf den ersten Blick deutet gar nichts darauf hin, dass der so gut erhaltene Flussübergang hier schon seit dem Jahr 106 n. Chr. steht.

Kaiser Trajan war der Bauherr, seinem Andenken dient ein Triumphbogen auf der Brücke, die Teil der Straße aus der Extremadura ins portugiesische Conimbriga nahe Coimbra war. Der längste der sechs Bögen erreicht eine Spannbreite von mehr als 28 m. Die über 12 m breiten Pfeiler sind durch dreieckige Strombrecher geschützt und reichen 61 m in den Río Tajo hinab. 61 m, die bei Niedrigwasser geradezu gewaltig erscheinen. Nie wieder haben die Römer eine so hohe Brücke errichtet! Der Höhenunterschied war notwendig, da der Fluss früher häufig Hochwasser führte.

Erst seit 1970 bändigt der größte extremenische Stausee, der **Embalse de Alcántara,** den Río. Der Blick fällt vom römischen Prachtbau auf die nahe Staumauer. Vielleicht wird diese in ferner Zukunft einmal als epochales Bauwerk aus unserer Zeit bestaunt? Nicht schön, aber immerhin beeindruckend in ihrem grauen Betonkleid wirkt sie schon heute, besonders wenn das Wasser rauschend hinabfließt. Ein Weltwunder erblickten arabische Gelehrte in dem Flussübergang. Sie nannten die nahe Siedlung al-Cantara-Ass-Sal – die ›Brücke des Schwertes‹. Laut Legende befindet sich im Triumphbogen eingemauert ein goldenes Schwert. So entstand der Ortsname.

Wegen der überragenden strategischen Bedeutung wurden bei Angriffen dreimal Teile der Brücke zerstört, zuletzt 1809 als Folge der napoleonischen Invasion. Im Zuge der Restaurierung Mitte des 19. Jh. wurde die Fahrbahn begradigt. In dieser Zeit stellte man auch einen kleinen **römischen Tempel** auf der stadtzugewandten Seite wieder her, die Grabstätte des römischen Baumeisters Caius Julius Lacer. Der stadtabgewandte **Wachturm** entstand im 16. Jh. zum Schutz gegen portugiesische Truppen.

Stadtrundgang

Iglesia de Santa María de Almocóvar und Iglesia de San Pedro

Was das Städtchen vom äußeren Eindruck her verspricht, hält es auch. Das Stadttor **Arco de la Concepción** (1611), in das eine schmale Kapelle integriert ist, führt in den historischen Kern. Weiß getünchte Häuser und Sakralbauten säumen saubere Gassen. Sie führen auf des Berges Höhe, zum Kloster, vorbei an hübschen Stadtpalästen aus dem 15. bis 17. Jh. und zu den beiden Hauptkirchen.

Die **Iglesia de Santa María de Almocóvar** (Plaza de España, o. Nr.) entstand über den Grundmauern der Moschee. Das romanische Portal stammt aus der Gründungszeit im 13. Jh. Im Inneren befinden sich die Grabstätte des Ordensmeisters Bravo aus Jerez und fünf Bilder des aus Badajoz stammenden Malers Luis de Morales.

Die benachbarte **Iglesia de San Pedro** (Plaza San Pedro de Alcántara, o. Nr.) ist dem 1499 in Alcántara geborenen Franziskanermönch geweiht. Der Heilige steht vor dem goldenen Barockaltar. Ehrfurchtsvoll wird er der »Apostel der Extremadura« genannt. Sein Lebenswerk bestand in der Gründung der asketischen Gemeinschaft der Discelceaten. Die Mitglieder kasteiten sich auf alle erdenklichen Arten, gingen nur barfuß und schliefen auf Brettern. Als talentierter Prediger war San Pedro de Alcántara ein Vertrauter der hl. Teresa von Ávila und sogar am portugiesischen Hof gefragt.

Convento de San Benito

C/ Regimiento de Argel, o. Nr., Führungen Mo–Fr 10.15, 11.15, 12.15, 13.15, 16.30, 17.45 Uhr, Sa 16.30, 17.45 Uhr, im Sommer nachmittags 17, 18, 19 Uhr, So 11.15, 12.45, 13.15 Uhr, Eintritt frei

Ursprünglich sollte der Sitz des Alcántara-Ordens eine Kathedrale werden, weshalb man zunächst mächtig in die Höhe baute. Doch der finanzklamme König Filipe II. sparte sich die Kosten eines weiteren Bischofsitzes, jener im nahen Coria reichte ihm aus. Trotzdem belegen die Ausmaße der Klosteranlage die große Bedeutung der Bruderschaft. Sie bildete nach dem Verbot der Templer einen von nur drei geistigen Militärorden in Spanien. Mit zahlreichen Privilegien ausgestattet, waren die Mönche direkt dem Papst unterstellt, besaßen noch im 19. Jh. 37 Ordenshäuser und verfügten über mehr als 50 Gemeinden. Der Stammsitz wurde 1575 im plateresken Stil fertiggestellt.

Der nur bei sehr großer Nachfrage ausnahmsweise auch in Englisch geführte Besuch durch die Klosteranlage beginnt im gotischen Kreuzgang. Lieblich wirkt der von Orangenbäumen bestandene Innenhof, fast furchterregend dagegen das Innere der Kirche. Sie ist leer. Napoleonische Truppen hatten sie geplündert. Von der Orgel blieb nur eine hölzerne Verschalung. Den einzigen Wandschmuck bilden vereinzelte Adelswappen und ein Fries mit militärischen Szenen in der Seitenkapelle. Durch die Wand links vom Orgelbereich zieht sich ein langer Riss, eine Auswirkung des Erdbebens, das 1755 Lissabon zerstörte.

Kurioses am Rande: Der Kapitelsaal wurde nach der Säkularisierung als Olivenölmühle genutzt. Heute geben Schautafeln Informationen zur römischen Brücke und dem nahen Stausee, gehört das Klostergebäude doch inzwischen dem spanischen Energieversorger Iberdrola, der dort Strom aus der Wasserkraft gewinnt. Seitlich wurden dem Gebäude drei Galerien aus der Renaissance vorgestellt. Sie öffnen sich einem Freilufttheater, das seit den 1980er-Jahren die benachbarte Freifläche ausfüllt. 1500 Besucher finden Platz zu den Aufführungen des Klassischen Theaterfestivals im August.

Wanderung entlang des Río Tajo ▶ C 4

Einfache Strecke ca. 45 Min., weißgelbe Ausschilderung, leichte Trekkingschuhe sind empfohlen; die Ausweitung zum 16 km langen Rundweg dauert ca. 4 Std.

Ausgangspunkt ist der Parkplatz am Wachturm **Torre del Oro** auf der stadtabgewandten Seite der römischen Brücke. Ein breiter Erdweg passiert Richtung Süden lichte Haine, hier aus Oliven- oder Eukalyptusbäumen, dort aus Kiefern oder Tannen. Im Tal fließt der Tajo. Mal sanft, mal rauschend, abhängig davon, wie viel Wasser die Staustufe von Alcántara

Wanderung am Río Tajo

gerade freigibt. Über der gegenüberliegenden Uferseite thront der Convento de las Monjas Comendadoras.

Schon nach zehn Minuten werden zwei kleine Bergbäche überquert, im Sommer eher Rinnsale oder sogar ganz ausgetrocknet. Ein Schild warnt in Spanisch vor plötzlichen Wasserstandsveränderungen, ein wenig Vorsicht ist also geboten. Der Messung der Wasserhöhe diente ein verfallenes Häuschen, das nach wenigen hundert Metern rechts des Weges steht, 1936 erbaut von der Comisaría de Aguas del Tajo. Die Reste eines Wasserturms folgen direkt dahinter.

Weiter geht es nun auf einem Pfad, der schließlich fast bis zum Ufer abfällt, bevor er sich steil ansteigend nach rechts wendet. Konditionsstarke Wanderer können dieser Route (gestrichelt) folgen, um nach insgesamt 16 km zum Ausgangspunkt zu gelangen, allerdings teilweise auf, wenn auch wenig befahrenen, Teerstraßen.

Mein Tipp

Übernachten in klösterlicher Ruhe
Ca. 2 km außerhalb von Alcántara, Richtung Staudamm, bietet das modernisierte Franziskanerkloster **Conventual de Alcántara** von 1478 seinen Gästen 30 teilweise sehr geräumige Zimmer. Ein kleines Museum zeigt die gigantischen Getreidemühlen, die ab 1912 im Gebäude mahlten. Empfehlenswert ist auch das Restaurant des Konvents (Carretera del Poblado Iberdrola, o. Nr., Tel. 927 39 06 38, www.hospederiasdeextremadura.es, DZ ab 63 €; Restaurant: tgl. 13–16, 21–23.30 Uhr, Hauptspeisen ab 12 €, meist jedoch um 20 €, Menüs ab 18 €).

Wer es gemütlicher mag, nimmt den gleichen Weg zurück und sucht sich vielleicht zuvor ein lauschiges Plätzchen für eine entspannte Rast – unter einem Olivenbaum mit Blick über den Tajo, die römische Brücke und nach Alcántara.

Essen & Trinken

Schlicht – **Gundin:** Pza. de Portugal, o. Nr., Tel. 927 39 01 43, tgl. 14–16, 21–23 Uhr, Hauptspeisen ab 6 €. Die einfache Alternative zum Restaurant des Konvents (s. u., Mein Tipp). Aber es gibt auch Wildbret ab 13 €.

Einkaufen

Leckereien – **Casa Cachola:** Plaza de España, 3. Schinken und Käse aus eigener Produktion, dazu schöne Gebäckauswahl, u. a. Mormenteras, die Nascherei aus Alcántara: Frittierte Teigstücke aus Mehl, Wasser und Olivenöl, gefüllt mit einer Masse aus Honig, Mandeln, Semmelbröseln und Anis.

Infos & Termine

Infos

Oficina de Turismo: Avda. de Mérida, 21, Tel. 927 39 08 63, www.alcantara.es, Mo–Fr 10–14, 17–19 Uhr, im Winter 10–14, 16.30–18.30 Uhr, Sa/So ganzjährig 10.30–14 Uhr.

Termine

Festival de Teatro Clásico de Alcántara: Anfang Aug. im Freilufttheater des Klosters San Benito.
Gastronomiefest: Monatlich, jeweils einer anderen regionalen oder örtlichen Spezialität gewidmet.

Verkehr

Busse: Mo–Fr 2 x tgl. von Cáceres.

Der Kurort Brozas scheint auch Weißstörchen zu gefallen, die hier in großer Zahl leben

Parque Natural Tajo Internacional ▸ A/B 4

Alcántara bildet die nordöstliche Grenze des Naturparks, der die Landschaft auf 25 088 ha entlang des Río Tajo grenzüberschreitend schützt. Schwarzstorch, Iberischer Kaiseradler, Geier und Reiher finden hier ihren Lebensraum. Auch Fischotter, Wildkatzen und Hirsche sind zu beobachten. Die Parkverwaltung hat zusätzlich zur Wanderung von der römischen Brücke (s. S. 205) weitere neun Wege von 5,6 km bis 14 km Länge ausgeschildert.

Alle führen sie von ihren Ausgangsorten zum Tajo, allerdings sind sie nicht als Rundwege angelegt. Etwas Besonderes bietet ein etwa einstündiger Ausflug, der in **Cedillo** an der EX-375 beginnt. Denn er führt an den westlichsten Zipfel der Extremadura. Den Höhepunkt bildet ein kleiner Picknickplatz mit Blick über den Fluss auf den Nachbarn Portugal. Dieser wie alle anderen Wege sind auch per Mountainbike zu bewältigen. Die empfehlenswerten Jahreszeiten sind Frühling und Herbst. Beschreibungen, auch auf Deutsch, sind im Parkzentrum erhältlich und von dessen Website herunterladbar.

Infos

Centro del Parque Natural del Tajo Internacional »Casa de Natalio«: C/ Cuatro Calles, 2 (neben der Plaza de España), Alcántara, Tel. 927 39 01 32, http://tacjo.eu und http://ciparquenaturaltajointernacional.blogspot.com.es, im Frühling und Herbst tgl. 9–14.30, 17–19 Uhr, im Sommer 9–15 Uhr, im Winter 9–14.30, 16–18 Uhr.

Brozas ▸ C 4

Erholung unter Storchennestern gefällig? Der Kurort Brozas, 15 km südwestlich, soll die meisten ▷ S. 210

Auf Entdeckungstour: Valencia de Alcántara – ein Ausflug in die Steinzeit

Mehr als 5000 Jahre zählen die kolossalen steinernen Grabstätten, die unsere Vorfahren für die Ewigkeit hinterlassen haben. 43 dieser Dolmen schufen sie in der unmittelbaren Umgebung von Valencia de Alcántara. Die ebenfalls umfangreichen Funde jenseits der spanisch-portugiesischen Grenze hinzugerechnet, handelt es sich um Europas bedeutendstes Megalith-Ensemble.

Reisekarte: ▶ A/B 5

Dauer: ca. 3 Std.

Planung: 9 km lange, einfache Wanderung auf breiten Erdstraßen, teilweise auch mit dem Auto befahrbar, Ausschilderung: weiß-gelb.

Start: La Aceña de la Borrega, an der CC-112 Richtung Alcorneo, ca. 10 km südlich von Valencia de Alcántara.

Für ihre Grabstätten bildeten unsere Ahnen einen Kreis aus mächtigen Granit- oder Schiefersteinen, den Menhiren (bretonisch: Großer Stein). Darüber legten sie eine tonnenschwere Deckplatte, sodass diese sogenannten Dolmen einem überdimensionierten Tisch oder einer verschlossenen Schachtel ähneln. In die Kammer wurden die Toten gebettet, meist begleitet von Grabbeigaben wie Werkzeuge, Tonkrüge und Schmuck. Eben alles, was man so im Jenseits brauchen könnte. Es war jene Zeit, als die herumziehenden Sammler und Jäger allmählich sesshaft wurden. Sie bildeten kleine Ansiedlungen und begannen mit Viehzucht und Ackerbau. Gearbeitet wurde in Gruppen, was den Bau der Gräber erst ermöglichte, denn nur mit vereinten Kräften konnten die schweren Steine von der Stelle bewegt werden.

Zum Grab der Markgräfin

Die Erkundung frühgeschichtlicher Bestattungsrituale beginnt beim **Dolmen El Mellizo.** Bei der Dorfkirche in Aceña de la Borrega weisen Schilder die Richtung. Hinter einer kleinen Betonbrücke folgen Sie auf knapp 2 km der Erdpiste nach rechts, dann zweigen Sie nach links ab. Nach 400 m erhebt sich El Mellizo neben einer niedrigen Steinmauer in einem Korkeichenwäldchen. Das megalithische Prachtexemplar wird auch *anta de la marquesa* genannt, Grab der Markgräfin. Die acht Granitblöcke wurden dafür auf schwere Baumstämme gelegt, Ochsen an Stricken zogen sie dann an den Begräbnisplatz. Diese Tragsteine wurden in der Erde verankert und aufrecht gestellt. Um sie wurde aus Lehm eine schräge Rampe gebildet, über die sich der überkragende Abschlussstein nach oben schieben ließ und schließlich ebenfalls mit einer Lehmschicht bedeckt wurde. Das ganze Grab verschwand unter diesem künstlichen Erdhügel.

Zugang über einen Korridor

Die als **Data I** und **Data II** bezeichneten benachbarten Gräber erreichen Sie nach weiteren 1000 m auf der Erdstraße nach Westen und dann nach rechts auf einem schmalen Weg. Zwar sind sie nicht so gut erhalten wie El Mellizo, doch ist noch ein von Steinen begrenzter Korridor zu erkennen, der den Tunnel durch die Lehmschicht zum Toten bildete.

Picknick am Dolmen

Ein solcher Zugang ist auch beim vierten Dolmen zu erkennen, allerdings ist die Deckplatte abgerutscht und liegt seitlich am Boden. Diesen sogenannten **Cajirón I** erreichen Sie, wenn Sie zum ersten Grab El Mellizo zurückgehen, bei der folgenden Kreuzung nach rechts abbiegen. Es geht nun etwa 300 m an einer Steinmauer entlang, bis der Ursprungsweg nach links zweigt. Nach 600 m und hinter mehreren Strommasten folgen Sie nicht dem Abzweig nach links, sondern halten Sie rechts Ausschau nach einem schmalen Pfad, der durch das Gebüsch direkt auf den Dolmen zuläuft.

Zurück auf der Erdstraße gelangen Sie nach etwa 400 m durch eine Lücke in der linken Steinmauer zum Megalithgrab **Cajirón II.** Es wird von sieben senkrechten Steinen eingefasst, auf denen die Deckplatte noch ruht. Hier bietet sich eine schöne Gelegenheit für eine Pause mit Möglichkeit zum Picknick vor dem Rückmarsch, sind Sie doch inmitten der urtümlichen Weidelandschaft, die von einer niedrigen Hügelkette am Horizont begrenzt wird. Anschließend geht es auf den bereits bekannten Wegen zum 3 km entfernten Ausgangspunkt der Wanderung.

Weißstörche in ganz Spanien beheimaten. Auch einige illustre Persönlichkeiten brachte er hervor. Ordensritter Nicolás de Ovando war einer der ersten spanischen Statthalter in Amerika. Francisco Sánchez entwarf die erste *gramática castellana*. Seine humanistische Einstellung brachte ihn dreimal vor ein Inquisitionsgericht.

Wahrzeichen des Ortes ist die weithin sichtbare **Iglesia Santa María la Mayor.** Während der Gotik begonnen, wurde sie erst im 18. Jh. vollendet. Das **Heilbad** liegt 4 km außerhalb. In den modernen Anlagen werden zahlreiche Wellnessprogramme angeboten (www.balneariodebrozas.com).

Valencia de Alcántara ▸ A/B 5

6000 Einwohner zählt das Städtchen auf halber Strecke zwischen Alcántara und Badajoz und nur wenige Kilometer vor der portugiesischen Grenze. Richtung Norden schieben sich die 600 m hohen Berge der **Sierra Matalobos** vor weitläufige Kork- und Steineichenhaine. Welch ein Name! *Matalobos* – Wölfe töten. Das ist jedenfalls gelungen, Wölfe gibt es keine mehr. Menschen aber leben auch kaum mehr hier. In einer der wenigen Gebiete der Extremadura, in der es keine Tankstelle gibt.

Stadtrundgang

Die mächtige **Burganlage** (C/ Castillo, o. Nr.) aus dem 13. Jh. über Valencia de Alcántara verweist auf die kriegerische Vergangenheit. Der namengebende Alcántara-Orden behielt seine lokale Macht bis ins 16. Jh. Doch immer wieder gab es portugiesische Begehrlichkeiten auf den Grenzort. Die Festung war bitter nötig.

Zumindest für einige Jahre verbesserte ein erfreuliches Ereignis das nachbarschaftliche Verhältnis. In der **Iglesia de Nuestra Señora de Rocamador** auf dem Burgberg (C/ Rocamador, o. Nr.) heiratete der portugiesische König Manuel I. im Jahre 1497 die spanische Prinzessin Isabella. Dieses Gotteshaus ist die bedeutendste kunsthistorische Sehenswürdigkeit der Stadt, obwohl oder weil es nahezu alle Stilepochen vereint. Gotisch ist der Innenraum mit Kreuzgewölbe, Renaissance der Kirchturm, barock der Hochaltar und klassizistisch die schlichte Fassade. Für den Hauptaltar schuf der Barockkünstler Berruguete einen ergreifend leidenden Jesus am Kreuz. Im linken Kirchenschiff zeigt ein manieristisches Meisterwerk von Luis de Morales die Jungfrau mit Kind. Johannes der Täufer und Johannes der Evangelist stehen ihr zur Seite.

Direkt vor der Festungsanlage erstreckt sich über 19 Straßenzüge das **gotisch-jüdische Viertel.** Mehr als 200 ursprüngliche Granitportale sind erhalten. Die alte **Synagoge** (14./15. Jh.) kann in der Calle Gasca 22 besucht werden. Die Gewölbebögen ruhen auf noch älteren, ›recycelten‹ Säulen (Sa/So 11–14 Uhr, zu den übrigen Zeiten gibt's den Schlüssel im Tourismusbüro, Eintritt frei).

Übernachten

Luxus – **Casa Escobar & Jerez:** C/ Alfacar, 15, Tel. 927 19 10 60, www.casaescobarjerez.com, DZ ab 99 €. Hinter den schweren Granitmauern eines Stadtpalastes aus dem 16. Jh. verbergen sich neun erlesen eingerichtete Gästezimmer. Mitten in der Altstadt und doch mit Garten und Spa. Auch Vermietung von Landhäusern.

Essen & Trinken

Bodenständig – **La Serrana:** C/ San Juan, 8, Tel. 927 58 00 20, tgl. 13.30–16, 20.30–24 Uhr, Tagesmenüs ab 7,50 €. Eine große Auswahl an einfachen regionalen Gerichten wird seit über 50 Jahren serviert, am Tresen auch Tapas oder *raciones*.

Infos & Termine

Infos

Oficina de Turismo: C/ Hernán Cortes, o. Nr., Tel. 927 58 21 84, www.valenciadealcantara.es, Mo–Sa 10–14, Mo–Fr 17–19.30 Uhr, im Winter 16.30–19 Uhr.

Termine

Cruces de Mayo: 3. Mai. Die Stadt zeigt sich in buntem Blumen- und Girlandenschmuck.

Romería de San Isidro: 15. Mai. Anlässlich eines Umzugs von Reitern und Pferdewagen tragen die Einwohner kunstvoll bestickte Trachten.

Feria und Fiestas San Bartolomé: um den 24. Aug. Mehrtägiges Stadtfest mit viel Musik, Umzügen, Kulturveranstaltungen und Stierkämpfen.

Verkehr

Busse: Vormittags zwei Verbindungen nach Cáceres.

Alburquerque ▸ B 6

Einen tollen Titel trägt die Burg über dem einladenden Städtchen: **Castillo de Luna** – Burg des Mondes. Reichlich profan ist allerdings die Herkunft des Namens. Ein Álvaro de Luna ließ die Festung ab 1445 um den Bergfried und einen 10 m hohen fünfeckigen Wehrturm verstärken und machte sie zu einer der wichtigsten mittelalterlichen Burgen Spaniens. Als Schutz gegen Portugal war eine Vorgängerversion schon 130 Jahre früher auf arabischen Grundmauern entstanden.

Die Fertigstellung seines Bauwerks erlebte Álvaro allerdings nicht mehr. Und Schuld daran trug gerade eine Portugiesin. Denn der Kleinadelige war Günstling des Königs Juan II. Bis dieser zum zweiten Mal heiratete. Seine neue Frau, Isabel de Portugal, ließ ihn in Ungnade fallen. Ein grausames Bild, ausgestellt im Senat von Madrid, zeigt seine Hinrichtung. Mönche beten vor einem Holzpfahl, an dem sein Kopf befestigt ist.

So stark ausgebaut wurde die Befestigung, dass bis zum Waffenhof drei Tore durchschritten werden müssen. Dort gruppieren sich die romanische Iglesia de Santa María del Castillo, eine Zisterne, sowie ehemalige Schlaf- und Speiseräume der Militärs. Die Mauern können bestiegen werden. Doch Vorsicht für weniger Schwindelfreie: die Flanken des Granitfelsens fallen steil ab.

Im Barrio medieval

Ein zusätzlicher Mauerwall wurde zwischen 1705 und 1716 errichtet und umschloss die Stadt, die damals in portugiesischem Besitz war. Der **Barrio medieval Villa Adentro** mit der dreischiffigen Iglesia de Santa María del Mercado und meist nur einstöckigen Häusern ist weitgehend erhalten. Manche Eingangstür bildet einen gotischen Bogen. Es macht Spaß, durch die manchmal steilen, manchmal unebenen Gassen zu flanieren, eine Reise in frühere Zeiten.

Verständlich wird dabei, dass ein alljährlich im August stattfindendes **Mittelalterfest** über die Stadtgrenzen hinaus Bekanntheit erlangt hat. Auf diesem spielen 2000 Einwohner Theater. Bunt kostümiert führen sie Ritterspiele vor oder stellen mittelalterliche

Hochzeitsrituale und Verhandlungen vor dem Inquisitionsgericht nach. Ein fröhliches Zechgelage gehört selbstverständlich dazu.

Übernachten

Ideal für Aktive – **Cortijo Los Cantos:** Finca Los Cantos, o. Nr., Tel. 924 14 12 68, http://cortijoloscantos.net, Apartments ab 55 €. Der Landbesitz im Eichenhain 10 km Richtung Stausee Peña del Aguila vermietet neun DZ und fünf Hütten. Großes Sportangebot: Reiten, Wandern, Radfahren, Schwimmen, Jagen, Angeln.

Essen & Trinken

Viel Fleisch – **El Fogón de Santa María:** C/ Santa María, 1, Tel. 660 03 13 00 (mobil), Fr–So 12–3 Uhr, Hauptspeisen um 15 €. Anspruchsvolle Traditionsküche zu Füßen der Burg.

Aktiv

Wandern – Drei markierte Rundwege von 10,2, 15,3 und 15,5 km Länge beginnen im Ort.
Weitere Sportmöglichkeiten s. unter Übernachten.

Infos & Termine

Infos

Oficina de Turismo: Pza. de España, 12, Tel. 924 40 12 02, www.alburquerque.es, Di–So 10–14, 16–18.30 Uhr.

Termine

Contempopranea: Mitte Juli. Popfestival (www.contempopranea.com).
Festival Medieval: Mitte Aug., s. o.

Verkehr

Busse: Wochentags 5 x tgl. Verbindungen von Badajoz, Sa/So 2 x tgl.

Badajoz ▸B 8

Zur Liebe auf den ersten Blick wird Badajoz wohl kaum. Zu viele Belagerungen, Schlachten und Zerstörungen musste die mit 151 000 Einwohnern größte Gemeinde der Extremadura bis in die jüngste Vergangenheit erleiden. Zu viele Narben weist die Häuserkulisse auf. Vordergründig zeigt sich das Bild einer geschundenen Stadt, in der architektonischer Wildwuchs regiert. Doch hinter den

verkehrsumtosten Plätzen und mehrspurigen Straßen stoßen die Besucher irgendwann auf das ursprüngliche Badajoz.

Die schmalen Gassen der Altstadt versprühen zwar nicht den Charme von Cáceres oder Trujillo. Badajoz offenbart vielmehr den Reiz des alltäglichen Lebens, das sich in Spanien gerne in Kneipen und Restaurants austobt. Und davon gibt es hier wahrlich genug. Fast alle sind bis spätnachts gut gefüllt. Für mitteleuropäische Augen etwas ungewöhnlich wird schon der Säugling von der stillenden Mutter an die laute Fröhlichkeit des Barbetriebs gewöhnt. Und auch der Opa ist mit dabei. *Tapear en Badajoz* ist ein stehender Begriff, Tapas essen in Badajoz.

Auf den zweiten oder vielleicht erst auf den dritten Blick zeigen sich die wenigen geschichtsträchtigen Bauwerke und kulturellen Schätze, die sich in zahlreichen Museen verbergen. Überregionalen Ruf erlangten das Ar-

Die Plaza Alta bietet einen bunten Stilmix aus arabischer und barocker Kunst

chäologische Museum und das Museum für Zeitgenössische Kunst.

Und noch eine weitere Facette besitzt Badajoz. Es ist das regionale Wirtschafts-, Verwaltungs- und Bildungszentrums mit dem einzigen Flughafen der Extremadura. Mehrere Fachbereiche der Universität der Extremadura haben Neubauten am Stadtrand bezogen. Das einzige große Kaufhaus der Region betreibt mehrere Filialen im Zentrum. Portugiesen kommen an den Wochenenden zum Shoppen. Und sie kommen selbst zum Kinderkriegen. Denn die Geburtsabteilungen grenznaher portugiesischer Krankenhäuser wurden 2008 geschlossen. Viele Entbindungen finden seitdem in spanischen Kliniken statt.

In Badajoz gingen während der Krise der letzten Jahre weniger Arbeitsplätze verloren, die Einwohnerzahl nimmt spürbar zu. Auf diese Weise bildet es einen wohltuenden Kontrast zu den vielen von Burgen bekrönten Orten in der Umgebung. Diese sind immer eine Reise wert, aber ihre großen Zeiten liegen weit zurück. Badajoz scheint die Zukunft noch vor sich zu haben.

Geschichte

Keine Römer, keine Westgoten! Erst 875 gründete Ibn Marwan die Stadt und schützte sie mit einem wehrhaften Kastell. Eine neue Hauptstadt sollte das alte Mérida mit seiner römischen Kultur in den Schatten stellen. Nach der Jahrtausendwende zerfiel das Kalifat von Córdoba, das die iberische Halbinsel regiert hatte. Kleinkönigreiche, sogenannte *taifas,* gingen daraus hervor. Das Herrschergeschlecht der Aftasi übernahm Badajoz. Eine kulturelle und wirtschaftliche Blütezeit dauerte bis ins 12. Jh. Als Antwort auf die anrückenden christlichen Heere wurde die Festung ausgebaut, bald gehörte Badajoz zu den am besten geschützten arabischen Städten in Spanien.

Doch starke Burgen wecken militärische Begehrlichkeiten, Friedenszeiten waren von nun ab nur noch selten und von kurzer Dauer. Als Erstem gelang 1169 dem portugiesischen König Afonso Henriques die Eroberung. Ihn vertrieben die nordafrikanischen Almohaden. Schließlich zog 1230 König Alfonso IX. von Leon siegreich durch die Stadttore. Ein neuerliches portugiesisches Intermezzo beendete 1469 der kastilische König Enrique IV. Nur das 16. Jh. blieb ausnahmsweise ruhig, denn die Aufmerksamkeit der iberischen Herrscher war ganz auf Übersee gerichtet.

Doch schon Mitte des 17. Jh. setzte das gewohnte Schlachtengetümmel zwischen Spaniern und Portugiesen wieder ein. Dann wollten die Spanier endlich Nägel mit Köpfen machen. Sie beauftragten den französischen Militärarchitekten Marquis de Vauban mit dem Bau eines uneinnehmbaren Verteidigungsringes um die Neustadt. Die Bollwerke sind bis heute gut erhalten. Angreifer hielten sie allerdings nicht ab. Anfang des 19. Jh. richteten zunächst napoleonische und dann portugiesisch-englische Truppen schwere Verwüstungen an.

Das taten auch die Truppen Francos. »Die Schlacht von Badajoz« ging in die Geschichte ein. Sie brachte der faschistischen Bewegung am 14. August 1936 einen ihrer ersten großen Siege. Bis in die Nacht tobte ein erbitterter Häuserkampf, Mann gegen Mann. Am 15. August war die demokratische Sache verloren. Der Marsch auf Madrid begann. Auf den Straßen von Badajoz herrschte der blanke Terror. In Massakern verloren etwa viertausend Republikaner und Zivilisten ihr Leben. Frauen wurden reihenweise vergewaltigt. In der Stierkampfarena fanden Massenerschießungen statt.

Diese blutigen Spuren sind verwischt, die alte Arena ist einem Kongresszentrum gewichen. Doch in Vergessenheit geraten ist die Tragödie nicht. Gerade junge Studenten erforschen an der örtlichen Universität in ihren Seminararbeiten diese lange verdrängte Vergangenheit.

Stadtrundgang

Puente und Puerta de Palmas 1

Zweifellos die schönste Stadtansicht bietet sich auf der 582 m langen Brücke Puente de Palmas, über die auch die Urlauber von den Hotels auf der gegenüberliegenden Flussseite ins Zentrum gelangen. Allerdings nur zu Fuß oder per Fahrrad, denn der historische Übergang ist autofrei! Er wurde im Jahr 1596 fertiggestellt und überspannt auf 32, davon heute 29 noch sichtbaren Rundbögen aus Backstein und Quadern den Río Guadiana. Das Schwemm- und Weideland darunter wurde flurbereinigt und ist mit Spazierwegen durchzogen.

Am stadtseitigen Brückenende steht das Wahrzeichen von Badajoz, die **Puerta de Palmas** aus dem Jahr 1551. Dieses Stadttor flankieren zwei Zylindertürme, die ein wuchtiger Rundbogen verbindet. Es ist Ausgangspunkt für einen Spaziergang flussaufwärts durch die Flussauen. Die arabische Festung und ihre Parkanlagen liegen dabei immer im Blick. Die Calle San Antón am Ende der bald erreichten Autobrücke führt den Burghügel hinauf.

Alcazaba 2

Plaza J. Álvarez y Sáenz de Buruaga, o. Nr.

Etwas ungewöhnlich ist der Einstieg schon. Durch ein Renaissanceportal geht es von der Plaza San José in eine arabische Festung. Sie wurde unmittelbar nach der Stadtgründung errichtet. Drei Moscheen, luxuriöse Paläste und Wohnhäuser fanden darin Platz. Doch zahlreiche Plünderungen und Zerstörungen ließen kaum einen arabischen Stein auf dem anderen. Erhalten blieben immerhin zwei originale Hufeisenbögen am Eingang.

Im 19. Jh. wurde ein Militärkrankenhaus hineingestellt, das inzwischen eine Universitätsfakultät und die Regionalbibliothek beherbergt. Vom höher gelegenen Park öffnet sich der Blick über das moderne Badajoz (s. auch S. 220).

Museo Archeológico Provincial 3

Plaza J. Álvarez y Sáenz de Buruaga, o. Nr., Di–So 10–15 Uhr, Eintritt frei

Ebenfalls auf das Gelände der arabischen Burg wurde im 16. Jh. der äußerlich schnörkellose **Palacio de los Condes de la Roca** gebaut. In seinem Inneren befindet sich ein eleganter Mudéjarhof mit Hufeisenbögen und Brunnen, die Kulisse für das Archäologische Museum! Im Patio stehen römische Statuen im Togagewand. Eine konnte als Kaiser Tiberius (14–37 n. Chr.) identifiziert werden.

Der chronologische Rundgang beginnt allerdings im zweiten Obergeschoss mit der Altsteinzeit. Faltblätter auch in Englisch erläutern Hintergründe, etwa zum Wandel der Bestattungsriten. Die Entwicklung verlief vom Massengrab im Megalithikum, das keine sozialen Hierarchien kannte, zu den Grabstelen im 8. bis 5. Jh. v. Chr. Diese sind mit feinen Ritzmustern verziert und waren den Stammeshäuptlingen und Kriegern vorbehalten. Grabfunde aus der orientalischen Epoche dokumentieren den Einfluss der Phönizier und Griechen auf die keltiberischen Ureinwohner. Dazu

zählen kunstvoll ornamentierter Goldschmuck und zeitlos schlichte Metallgefäße. Im ersten Stock erzählen Gebrauchsgegenstände und Werkzeuge vom römischen Alltag. Zu sehen sind u. a. die Äxte der Bergleute, die schon mit Metallspitzen gehärtet waren.

Im Erdgeschoss werden römische Mosaike und frühchristliche Grabsteine sowie ein reicher Schatz von westgotischen Fundstücken ausgestellt. Die behauenen Marmorquader stammen meist aus Kirchen. Die klassischen römischen Dekore sind durch geome-

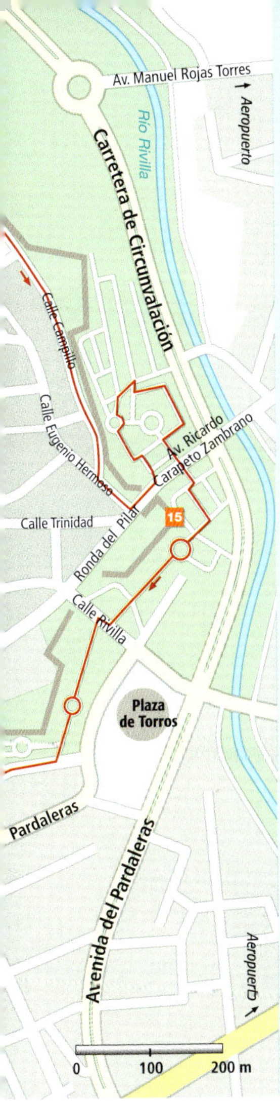

Badajoz

Sehenswert

1 Puente und Puerta de Palmas
2 Alcazaba / Parque de la Alcazaba
3 Museo Archeológico Provincial
4 Plaza Alta
5 Torre de Espantaperros
6 Casas Mudéjares
7 Museo de la Ciudad Luis de Morales
8 Statue von Luis de Morales
9 Catedral de San Juan Bautista
10 Museo Catedralicio
11 Ermita de la Soledad
12 Museo de Bellas Artes
13 Museo Extremeño Iberoamericano de Arte Contemporánea (M.E.I.A.C.)
14 Jardines de la Galera
15 Parque de la Legión
16 Parque de Castelar
17 Parque Infantil
18 Plaza de la Soledad

Übernachten

1 NH Gran Hotel Casino Extremadura
2 San Marcos

Essen & Trinken

1 Lugaris
2 Dosca II
3 Taberna La Casona Alta
4 Taberna La Corchuela
5 Taberna La Santina
6 Taberna Bigote

Einkaufen

1 Pasteleria La Cubana
2 El Corte Inglés
3 Embutidos Pepe
4 Sala de Artesanía

Aktiv

1 Baraka Al Hammam

Abends & Nachts

1 Café Samarkanda
2 Café Espantaperros
3 Al-Bossa
4 República Pop
5 Casino de Extremadura
6 Sala Aftasí
7 aftasi club

Spaziergang durch die Gärten von Badajoz s. S. 220

trische und florale Motive ersetzt. Eine stilistische Brücke zur islamischen Kunst war geschlagen, die im Museum allerdings nur mit wenigen Exponaten vertreten ist. Mehr Gewicht wird abschließend christlichen Königswappen und mittelalterlichem Kunsthandwerk aus spanischer und portugiesischer Fertigung beigemessen.

Plaza Alta 4

Nur wenige Schritte hinter der Alcazaba gelangt man durch den flachen Rundbogen des früheren Ratsgebäudes auf den Festplatz von Badajoz. Es ist ein Platz vom Feinsten, der sich da an die Stadtmauer schmiegt. An den vier Seiten wird er von Schatten spendenden Arkaden eingefasst, darüber heben sich die in kräftigen Farben und mit geometrischen Mustern bemalten Fassaden. Die Hufeisenbögen des mittelalterlichen Rathauses an der Burgseite weisen auf den Platz. Der Stilmix aus arabischer und barocker Kunst kann dem Betrachter glatt die Sprache verschlagen. Vom 16. bis 18. Jh. lag hier der pulsierende Mittelpunkt der Stadt. Märkte, Feste, Prozessionen und Versammlungen wurden abgehalten. Die Tradition wird in zahlreichen Stadtfesten lebendig gehalten. Und in den Straßencafés!

Torre de Espantaperros 5

C/ Brocense, o. Nr.

Östlich der Plaza Alta erhebt sich das einzige vollständig erhaltene Bauwerk aus der arabischen Blütezeit Mitte des 12. Jh. Der 30 m hohe, zinnenbekränzte Wachturm steht auf achteckigem Grundriss und soll das Vorbild für die Torre del Oro in Sevilla abgegeben haben. Später wurde er mit einem Türmchen im Mudéjarstil verlängert, wobei die Koutoubia-Moschee von Marrakesch das stilistische Vorbild ablieferte.

Lohnenswert ist die 2014 neu gestaltete Gartenanlage mit weitem Blick über die Landschaft.

Casas Mudéjares 6

Mo–Fr 10–14, 17.30–20 Uhr, im Winter 10–14, 17–19, Sa/So jeweils 10–14 Uhr, Eintritt frei

Das älteste noch erhaltene städtische Wohngebäude (15. Jh.) steht auf der angrenzenden Plaza San José. Dahinter lag das Wohnviertel der Mauren und Juden. Ein Infocenter ermöglicht den Besuch der Innenräume, in denen sich moderne Ausstellungstechnik mit mudéjarer Bautradition verbindet.

Museo de la Ciudad Luis de Morales 7

Plaza de Santa María, o.Nr., Di–Sa 10–14, 17–20 Uhr, So 10–14 Uhr, Eintritt frei

Eine interessante Idee kam dem Architekten für dieses Museumsgebäude an der Calle San Pedro de Alcántara. Der klar gegliederte weiße Neubau lehnt sich an die Mauern eines von Arkaden gesäumten Kreuzgangs aus dem 16. Jh. Allerdings führt der Museumsname in die Irre. Der in Badajoz geborene Maler Luis de Morales hat niemals hier gewohnt. Die Stadtgeschichte wird denn auch mehr anhand von Fotos und Schautafeln erklärt und weniger an originalen Ausstellungsstücken. »Mit moderner Technik und audiovisuellen Medien nacherzählt«, so lautet dazu der Werbetext.

Plaza de España

Von der Oberstadt führt die Calle Montesinos in das Gassengewirr der Altstadt um die zentrale Plaza de España. Bars laden zu einer Ruhepause ein. An der Nordseite leuchtet in kräftigem Gelb das Rathausgebäude. Davor ruht der berühmteste Sohn der Stadt, **Luis de Morales** 8, in Bronze gegossen auf einem Sockel. Doch ist es die Kathedrale, die alle Augen auf sich zieht.

Catedral de San Juan Bautista 9

Plaza de España, o. Nr., nur während der Messe meist Mo–Fr 10, Sa 10 und 20, So 10, 12 und 20 Uhr, Eintritt frei

Einer Festung gleich nimmt die Bischofskirche aus dem 13. Jh. die Längsseite des Platzes ein. Auch sie demonstriert mit granitener Wucht den wehrhaften Charakter der Stadt. Dem viereckigen Kirchturm fehlt jegliche Grazie, nur wenige Fenster durchbrechen das schwere Mauerwerk. Erst spätere Verzierungen sorgen für etwas Eleganz. Portugiesisch-manuelinische Bordüren lockern die Strenge des Turms. Ein klassisches Renaissanceportal wurde vorgebaut. Darin findet der Schutzpatron Johannes der Täufer seine Würdigung.

Der dreischiffige gotische Kirchenraum wurde nachträglich verschönert und wirkt jetzt durchaus festlich. Flämische Wandteppiche aus dem 16. Jh. schmücken die Seiten. Das Gitter, das den öffentlichen Raum vom Altar trennt, ist kunstvoll aus Metall geschmiedet (17. Jh.). Ein vergoldeter Barockaltar reicht bis unter die Decke. Majestätisch schwebt eine 3750 kg schwere Messinglampe über den Gläubigen. Drei Barockorgeln geben den Ton an. Der Kreuzgang lässt wiederum Portugiesisches erkennen. Die gedrehten Säulen sind Ausdruck der spätgotischen Manuelinik aus dem Nachbarland.

Museo Catedralicio 10

C/ San Blas, o. Nr., Di–Sa 11–13, 18–20 Uhr, im Winter 11–13, 17–19 Uhr, Eintritt 3 €

Das angeschlossene Museo Catedralicio präsentiert die Schätze des Bischofs in sieben schlichten Sälen. Der Eingang liegt in der Calle San Blas. Fünf Gemälde von Luis de Morales sind zu sehen, ebenso eine imposante Monstranz, die auf Prozessionen mitgeführt wurde. Von kunstgeschichtlicher Bedeutung ist zudem ein Flachrelief aus dem 15. Jh., das der italienische Renaissance-Bildhauer Settignano aus Alabaster schuf.

Plaza de la Soledad

Links vom Rathaus beginnt die Calle Virgen Soledad, in der eine Reihe von liebenswerten Traditionsgeschäften bis heute den modernen Einkaufszentren trotzt. Die Gasse führt auf den Platz der **Ermita de la Soledad** 11 (Nr. 2) zu, in der die Stadtheilige *virgen de la soledad* (Jungfrau der Einsamkeit) verehrt wird. Allerdings wird die Aufmerksamkeit des ortsfremden Besuchers schnell auf einen ungewöhnlichen Turm gelenkt, der sich über die Dächer erhebt. In einer Art neo-mudejaren Zuckerbäckerstil wurde 1930 mit La Giralda eine allerdings bescheidene Nachahmung der großen Schwester in Sevilla geschaffen.

Zusätzliche Attraktion hat die Plaza seit 2012 gewonnen, als sie zur Fußgängerzone umgestaltet wurde. Einige Bars haben Tische ins Freie gestellt, manchmal finden Kulturveranstaltungen statt, passend zur Bronzefigur des Flamencosängers Porrina de Badajoz am nördlichen Platzende, eine sympathische Hommage an eine volkstümliche Persönlichkeit aus dieser Stadt (s. Lieblingsort S. 222).

Museo de Bellas Artes 12

C/ Duque de San Germán, 3 und C/ Meléndez Valdés, 36, Di–Fr 10–14, 18–20 Uhr, im Winter 10–14, 16–18 Uhr, Sa/So 10–14 Uhr, Eintritt frei

Das Museo de Bellas Artes ist das bedeutendste Kunstmuseum der Extremadura mit über 50 Sälen und einem Fundus von 1200 Gemälden und Plastiken. Das klingt erschreckend viel. Trotzdem ist es für Kunstkenner eine Wonne, durch die beiden miteinander verbundenen Stadtpaläste aus dem 19. Jh., die 2014 modernisiert und teilweise neu gebaut wurden, zu wandeln und sich die künstlerischen Perlen herauszupicken. Auch ein Gemälde Zurbaráns fehlt nicht, der eine zeitlos schöne Maria vor infernal-rotem Himmel in die Wolken befördert. In farbiger Opulenz fasziniert ein barocker Schrankaltar aus einem

Adelspalast. Dagegen fallen drei Radierungen von Goya mit zeit- und kirchenkritischen Inhalt aufgrund ihres kleinen Formates nicht sofort auf.

Den Schwerpunkt bildet die Malerei des 19. Jh., die regionale Sitten und Gebräuche zum Thema hatte. Die warmherzigen Gemälde des Felipe Checa (1844–1906) wagen zugleich leise Kritik am Klerus, etwa wenn die Ministranten vom Messwein stibitzen. Auch fehlen nicht die großflächigen Historienbilder. »Die traurige Nacht von Hernán Cortéz« von Manuel Ibáñez zeigt den Eroberer einmal nicht kämpfend, sondern nachdenklich gestimmt. Die Exotik einer arabischen Lautenspielerin wirkt auf den modernen Betrachter freilich eher kitschig.

Die Sammlung im anschließenden Gebäude ist dem zunehmenden Realismus im 20. Jh. gewidmet. Viele Künstler zeigen die Härten des Landlebens. In schreienden Farben stellt Francisco Muñoz noch 1970 das Elend der Emigranten dar.

Museo Extremeño Iberoamericano de Arte Contemporánea (M.E.I.A.C.) 13

C/ Museo, 2, www.meiac.es, Di–Sa 10–13.30, 17–20 Uhr, So 10.30–13.30 Uhr, Eintritt frei

Welch ein Triumpf der Demokratie! An dem Ort, an dem Francos Schergen Homosexuelle eingekerkert hatten, öffnete 1995 ein Museum für zeitgenössische Kunst seine Tore. Etwas Besonderes ist das Konzept. Ausgangspunkte sind die Feldzüge der extremenischen Eroberer in Amerika und die Grenzlage der Stadt zu Portugal. In diesem Kontext sollen Brücken zwischen dem aktuellen Kunstgeschehen in Spanien, Portugal und Südamerika geschlagen werden. Die beachtliche Sammlung aus diesen drei Regionen umfasst bekannte Künstler wie die Spanier Miquel Navarro und Susana Solano, den Portugiesen José Guimarães oder Antonio Seguí aus Argentinien.

Wegen häufiger Wechselausstellungen sind zumeist nur wenige Werke aus dem Fundus zu sehen. Dafür entschädigt der moderne Rundbau, der an die Stelle des Gefängnisses trat. Seine Ziegelbauweise knüpft an mudéjare Bauformen an. Nach arabischem Vorbild durchziehen Wasserkanäle die umliegenden Gärten. Der dreieckige Grundriss ahmt die Form des früheren Bollwerks Fuerte de Paldaleras aus Vaubans Befestigungswall nach.

Spaziergang durch die Gärten von Badajoz

Ausgangspunkt Plaza San José, Länge ca. 5 km, Dauer ca. 2 Std.

Zahlreiche Parks umgeben Badajoz, jeder mit eigenem Charakter. Los geht's im **Parque de la Alcazaba** 2 (s. S. 215). Genießen Sie zwischen Pinien, Palmen und Zypressen den Blick über Fluss und Stadt. Der Duft der 60 000 meist mediterranen Pflanzen, wie Rosmarin, Lavendel, Thymian, wird Sie verzaubern.

Der Weg in Richtung Südosten führt weiter in die **Jardines de la Galera** 14, die 2014 neu gestaltet wurden. Der Name ist dem Gebäude aus dem 16. Jh. geschuldet, das einem toskanischen Renaissancehaus nachempfunden ist. Es diente nacheinander als Weizenlager, Krankenhaus, Frauengefängnis, Schule, Museum. Lavendel, Myrte, Orangen-, Zitronen- und Granatapfelbäume säumen die Wege. In die Höhe strebt Kampferlorbeer aus Asien, dessen Öle antiseptisch und antirheumatisch wirken.

Im angrenzenden **Parque de la Legión** 15 muss die Avenida Zambrano überquert werden. Bänke sind entlang der breiten Wege aufgestellt, Brücken führen über künstliche Seen, Blicke eröffnen sich über die Befestigungsanlagen. Häufig sind Platanen, am Boden wachsen Parkinsonien.

Südlich wird anschließend das moderne Kongresszentrum **(Palacio de Congresos)** passiert, bis die viel befahrene Ronda de Pilar erreicht ist. Von hier aus könnte es direkt zurück ins Stadtzentrum gehen oder der Hauptstraße folgend in den ebenfalls lohnenswerten **Parque de Castelar** 16. Einst lagen hier Olivenhaine und Klostergärten, heute fallen die in Südjapan heimischen Palmfarne Cycas revoluta ins Auge, deren Zapfen knallrote Samen tragen. Sie waren schon vor 300 Mio. Jahren auf der Erde und sind somit älter als die Dinosaurier.

Der gegenüberliegende **Parque Infantil** 17 glänzt hingegen mit einer außergewöhnlichen Mischung aus Rosskastanien, Palmen, Spitzahorn, Blasenеschen und Tipubäumen – ein attraktiver Abschluss für den abwechslungsreichen Rundgang.

Plaza de la Soledad 18 s. Lieblingsort S. 222.

Übernachten

Bis auf das alte Gran Hotel Zurbarán (www.hotelhusazurbaran.com, DZ ab 50 €), das seine besten Tage schon hinter sich hat, befinden sich alle hochklassigen Hotels an der gegenüberliegenden Flussseite:

Avantgardistisch – **NH Gran Hotel Casino Extremadura** 1: Avda. Adolfo Díaz Ambrona, 11, Tel. 924 28 44 02, www.nh-hotels.de, DZ ab 80 €. Für Anhänger des modernen Designs. Sehr große Zimmer, außergewöhnlich sind die offenen Bäder. Die Zimmer mit niedrigen Ziffern in jedem Stockwerk sind weiter weg von der Straße. Nachteil: 15 Fußminuten zum Zentrum.

Hübsch zentral – **San Marcos** 2: C/ Meléndez Valdés, 53, Tel. 924 22 92 50, www.hotelsanmarcos.es, DZ ab 45 €. 20 farbenfrohe, aktuelle Zimmer in einem ruhig gelegenen, restaurierten Altstadthaus.

Essen & Trinken

Klassisch-kreativ – **Lugaris** 1: Avda. Adolfo Díaz Ambrona, 44, Tel. 924 27 45 40, Mo–Sa 13.30–16, 21–24 Uhr, Hauptspeisen ab 14 €, Degustationsmenü ca. 38 €. Lichter Speiseraum, im Hintergrund spielt klassische Musik. Sie passt zur klassisch extremenischen Küche, die der Chef fantasievoll verfeinert, z. B. Schweinefilet in Wildpilzsauce oder Stockfisch *(bacalao)* mit Pesto und frittiertem Gemüse.

Großauswahl – **Dosca II** 2: Avda. de Colón, 3, Tel. 924 22 02 40, Di–So 12–16, 21–24 Uhr, Hauptspeisen ab 12 €, *raciones* ab 10 €. Einfach und beliebt, auch dank der Wahl zwischen 70 bodenständigen Gerichten. Mit Tapasbar.

Am Platze – **Taberna La Casona Alta** 3: Pza. Alta, o. Nr., Tel. 924 24 73 95, tgl. 13–16, 21–24 Uhr, Hauptspeisen ab 11 €. Kellerrestaurant. Der Hit ist aber der Terrassenbetrieb auf dem Altstadtplatz. Auch Tapas, um 2 €.

Cafés & Tapasbars

Tradition – **Taberna La Corchuela** 4: C/ Meléndez Valdés, 12, Tel. 924 22 00 81, Mo–Sa 9–24 Uhr, So nur mittags, Tapas nur 12.30–16, 21–23.30 Uhr, ab 2 €. 1827 gegründete und im alten Stil erhaltene Bar. Spezialität ist das Spritzgebäck *churros* zum Frühstück.

Urig – **Taberna La Santina** 5: C/ Virgen de la Soledad, 25 A, Mo–Sa 8–24 Uhr, So 12–17 Uhr, Tapas ab 1,50 €. Holzgetäfelte Bar. Das Angebot beschreiben Schiefertafeln zwischen

Lieblingsort

Mitten im Leben

Frühmorgens blickt der bronzene Flamencosänger über die noch romantisch stille **Plaza de la Soledad** 18. Doch schon bald stellen Bars ihre Tische und Stühle auf den autofreien Platz. Bis spätnachts bestimmen nun lautstarke Diskussionen der Gäste über Gott, die Welt und Fußball die Szenerie.

Stierkampfplakaten, z. B. Tapas mit Pilzen, Wild oder *bacalao*.

Für Jung und Alt – **Taberna Bigote** 6: C/ Muñoz Torrero, 13, Tel. 924 25 23 10, Mo–Fr 7.30–1 Uhr, Sa 12–1.30 Uhr, So nur mittags. Tapas um 2 €, *raciones* um 10 €. Tagsüber herrscht so viel Trubel, dass nicht einmal die überdimensionierten Fernseher stören, abends verwandelt sich die Bar in einen Jugendtreff mit lauter Videomusik.

Einkaufen

Gebäck – **Pasteleria La Cubana** 1: C/ Francisco Pizarro, 9 B. Die 1890 gegründete Konditorei besitzt Charme. Und noch wichtiger: Gebäck, Kuchen und Brot frei von Konservierungsstoffen munden köstlich.

Kaufrausch – **El Corte Inglés** 2: Pza. de Conquistadores, 1. Größtes Geschäft der Extremadura, betrieben von der spanischen Kaufhauskette. Von Mode bis Bücher gibt's hier alles.

Würste – **Embutidos Pepe** 3: C/ Virgen de Guadalupe, 10. Extremenischer Schinken, Würste und auch Brot.

Handwerker aktiv – **Sala de Artesanía** 4: C/ Francisco Pizarro, 5. Im städtischen Saal für Kunsthandwerk lassen sich die Kunsthandwerker hin und wieder bei ihrer Arbeit über die Schulter schauen, aber natürlich können Besucher auch die Produkte erwerben.

Aktiv

Arabisches Bad – **Baraka Al Hammam** 1: Pza. de la Soledad, 14, Tel. 924 25 08 26, Voranmeldung sinnvoll, Di–So 12–14, 17–21 Uhr. Das 90-Minuten-Schwimmen kostet ca 17 € (inkl. Aromatherapie) und folgt dem arabischen Sprichwort, wonach Wasser Hygiene für den Körper und Reinheit für die Seele bedeutet. Angeboten werden zusätzliche Anwendungen, etwa mit Schokolade, Kaffee oder Wein (alles äußerlich!), sowie Massagen.

Fahrrad – **BiBa:** 23 städtische Verleihstationen des *bicicleta pública de Badajoz* nach Pariser Vorbild. Preis für Urlauber 2 €/Tag, www.bicibadajoz.es. Informationen auch im Tourismusamt.

Abends & Nachts

Badajoz ist das regionale Zentrum des Nachtlebens. Die Bars verstecken sich in den Gassen der Altstadt und seit Kurzem auch im Vorort Valdepasillas südlich der unübersehbaren Torre Caja Badajoz, mit 88 m das höchste Gebäude der Extremadura.

Angesagt – **Café Samarkanda** 1: C/ Virgen de la Soledad, 3 B, Di–So 16.30–3 Uhr. Rot beleuchtete Café-Bar in modern-arabischem Stil, kleine Tanzfläche, Stilrichtung: Chill-out.

Jazz – **Café Espantaperros** 2: C/ Hernán Cortés, 14 A, Mo–Do ab 19, Fr–So ab 16 Uhr. Erste Adresse für Jazz. Silberne Musikinstrumente hängen als Deko vor schwarzen Wänden.

Kontemplativ – **Al-Bossa** 3: C/ Melendéz Valdés, 9, Di–Do 17–1, Fr/Sa 17–3 Uhr. In dunklem Rot gehaltener Teesalon, die Luft ist von Räucherstäbchen geschwängert, die Hintergrundmusik entspannend.

Schwul-Lesbisch – **República Pop** 4: C/ Zurbarán, 8, Di–So ab 16 Uhr. Cafébar und Musikclub mit zahlreichen Veranstaltungen: Konzerte, Travestie

Glücksspiel – **Casino de Extremadura** 5: Avda. Adolfo Díaz Ambrona, 11, 16– 5 Uhr, Slot Machines schon ab 11 Uhr. Modernes, etwas gesichtsloses Casino.

Kultur – **Sala Aftasí** 6: C/ Alonso Céspedes 9, Tel. 924 24 92 49, www.salaaftasi.com, Café-Galerie tgl. 21–1 Uhr. Kulturzentrum inmitten der Stadt mit modernem Café, das gleichzeitig Galerie ist. Dazu ein 250 Zuschauer

fassender Saal für Theater, Konzerte, Lesungen. Auch Kursangebote.
Noch mehr Kultur – **aftasi club 7**: C/ Virgen de la Soledad, 3, tgl. 16–24 Uhr. Der kleine Ableger funktioniert als Cafébar und ist Ort kleinerer Veranstaltungen, Schwerpunkt: Indiepop.

Infos & Termine

Infos

Oficina Municipal de Turismo: Pasaje de San Juan, o. Nr., Tel. 924 22 49 81, www.turismobadajoz.es, Mo–Fr 10–14, 17.30–20 Uhr, im Winter 17–19.30 Uhr, Sa/So 10–14 Uhr.
Außenstelle im Sala de Artesanía (s. unter Einkaufen).
Centro de Información Turística: Plaza de San José, 18 (in den Casas Mudéjares), Tel. 924 20 13 69, Mo–Fr 10–14, 17.30–20 Uhr, im Winter 10–14, 17–19.30 Uhr, Sa jeweils 10–14 Uhr.

Termine

Los Carnavales: Fasching. Die Nächte werden zum Tage und Hunderttausende finden sich zum bunten Umzug am Sonntag ein. Gefeiert wird seit 1815, unter der Franco-Diktatur war das allerdings verboten.
Semana Santa: Von Palm- bis Ostersonntag. Prozessionen von der Kathedrale und den Kirchen der etwa 20 Bruderschaften. Höhepunkte bilden die Nächte auf Gründonnerstag, Karfreitag und Ostersonntag.
Caravana de Palomos: Mai. »Lahme Tauben« *(palomos cojos)* gilt in Spanien als Schimpfwort für Schwule, das 2011 der Bürgermeister und Brieftaubenzüchter in einem Interview verwendete. Als Antwort initiierte ein spanienweit bekannter TV-Entertainer den »Zug der Tauben« nach Badajoz, wo auf der Plaza Alta fast 20 000 Menschen nunmehr jedes Jahr ein Kulturfest feiern.
Feria de San Juan: Ende Juni/Anfang Juli. Eine Woche Folklore, Rummel, Feuerwerk und Stierkampf zum Namenstag von Johannes dem Täufer.
Al-Mossassa: Ende Sept. Arabische Festwoche zu Ehren des maurischen Stadtgründers Ibn Marwan. Theater, mediterrane Musik, Schlangenbeschwörer, Workshops.
Festival de Teatro: Ende Okt./Anfang Nov. Spanische und wenige internationale Theaterkompanien bringen etwa zehn Aufführungen unterschiedlicher Genre auf die Bühne – von experimentellem Drama bis traditioneller Tragödie (www.teatro-ldeayala.es).
Festival Cine Gay & Lésbico Extremadura: Anfang/Mitte Nov., www.fancinegay.com, s. S. 37.

Verkehr

Parken: Die Parkplatzsuche in der Innenstadt außerhalb der Parkhäuser gestaltet sich schwierig. Alternativ kann man das Auto auf kostenlosen Parkplätzen am gegenüberliegenden Flussufer abstellen, etwa hinter dem Casino. Von dort sind es 15 min. ins Zentrum.
Flughafen: Der Flughafen liegt etwa 25 km außerhalb. Die von hieraus angeflogenen Destinationen wechseln häufig.
Bahnhof: Avda. Carolina Coronado, o. Nr., Tel. 902 24 02 02 (gegenüberliegende Flussseite). Züge nach Madrid, Mérida und Cáceres.
Busbahnhof: C/José Rebollo López, o. Nr., Tel. 924 25 86 61 (südwestlicher Stadtrand). Verbindungen in alle Orte der Umgebung, außerdem nach Madrid, Mérida und Cáceres.

Olivenza ▸ B 9

Olivenza ist einzigartig! Denn Olivenza ist eine portugiesische Kleinstadt in Spanien! Und das kam so: Die Templerritter, von Portugal aus vorstoßend,

Olivenza

Sehenswert
- 1 Plaza de España
- 2 Museo Etnográfico González Santana / Festung und Torre del Homenaje
- 3 Paseo de Hernán Cortés
- 4 Kaserne
- 5 Puerta de Alconchel
- 6 Häuser mit Türklopfern
- 7 Iglesia Santa María del Castillo
- 8 Puerta de San Sebastián
- 9 Iglesia de Santa María Magdalena
- 10 Palacio de los Duques de Cadaval
- 11 Kapelle des Hospitals Casa de Misericordia

Übernachten
- 1 Palacio Arteaga

Essen & Trinken
- 1 Restaurant Dosca

Einkaufen
- 1 Casa Fuentes

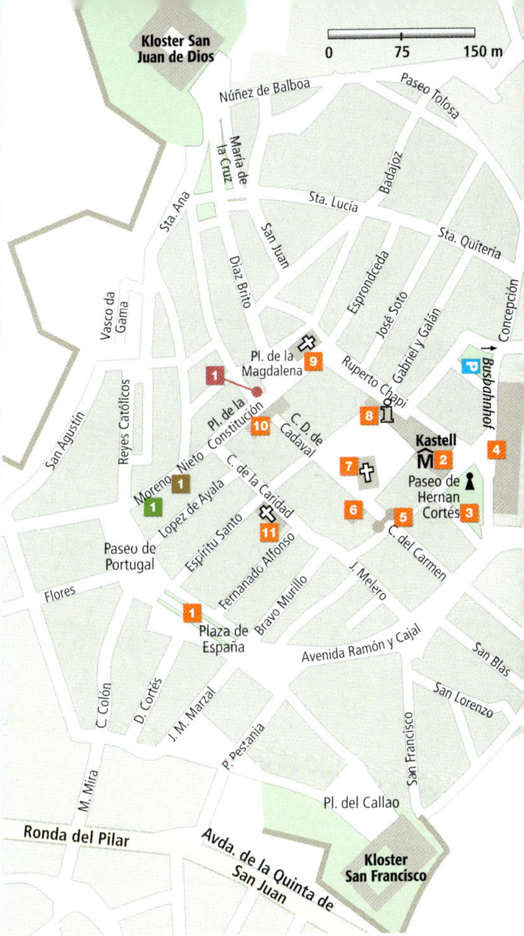

hatten die Region für die Christen zurückerobert. Die Könige von Kastilien und Portugal, Fernando IV. und Dom Dinis I., wurden 1297 die Protagonisten für einen Vertrag von Alcañices, wonach Olivenza fortan zu Portugal gehörte. Dom Dinis ließ eine alte Templerburg wieder aufbauen und siedelte Portugiesen im Ort an. Diese Politik setzten alle seine Nachfolger fort. Die Stadt entwickelte sich mehr und mehr zum portugiesischen Vorposten. 1509 wurde eine 450 m lange Brücke mit 19 Bögen über den nahen Río Guadiana nach Portugal geführt. Sie ist nur noch in Bruchstücken erhalten, seitdem sie in einer der vielen gewaltsamen Auseinandersetzungen zwischen den Nachbarländern zerstört wurde.

In einem dieser Kriege fiel Olivenza 1657 für einige Jahre an Spanien. Alle Einwohner flohen aus der Stadt und fanden Zuflucht im nahen Elvas in der portugiesischen Provinz Alentejo. Sie kehrten nach einem Frie- ▷ S. 229

Auf Entdeckungstour:
Olivenza – auf portugiesischen Spuren

In Olivenza schlagen Sie zwei Fliegen mit einer Klappe. Sie sind in Spanien und besuchen zugleich ein Stück Portugal. Ein halbes Jahrtausend gehörte die Gemeinde zum Nachbarland, bevor sie 1801 vertraglich an Spanien fiel. Das historische Zentrum zeigt sich noch heute durch und durch portugiesisch: Gotteshäuser und Paläste sind im sogenannten manuelinischen Stil erbaut, die Straßen mosaikartig gepflastert, Kachelbilder zieren das Stadtbild.

Cityplan: s. S. 225

Zeit: etwa 2 Std.

Start: Paseo de Hernán Cortés (nahe der Avenida de Badajoz und dem Busbahnhof).

Auf der begrünten Fläche des Platzes **Paseo de Hernán Cortés** 3 steht ein Denkmal. Ein alter Herr und ein Kind halten sich einträchtig an der Hand. Vielleicht ein Bild von symbolischer Kraft, pflegen Portugal und Spanien doch nach Jahrhunderten der Feindschaft nun freundschaftlichen Umgang miteinander. Längsseits erstreckt sich die **Kaserne** 4 der portugiesischen Armee aus dem 18. Jh.

Aktuell beherbergt sie ganz friedlich eine Volksuniversität, eine Lehrwerkstatt und ein Gesundheitszentrum. Die funktionale Bauweise und die Fensterumrandungen aus Kalkstein sind Merkmale des pombalinischen Stils, den die Architekten des portugiesischen Staatskanzlers Marquês de Pombal für den Wiederaufbau Lissabons nach dem Erdbeben von 1755 entwickelt hatten.

Ins historische Zentrum

Von hier folgt der Weg zunächst der Avenida Ramón y Cajal oder alternativ entlang der südlichen Stadtmauer, um bald nach rechts in die Calle del Carmen abzubiegen. Das von zwei Wehrtürmen eingefasste Stadttor **Puerta de Alconchel** 5 ließ der portugiesische König Dom Dinis errichten. Man zählte das Jahr 1306 und Olivenza war gerade von Kastilien übergeben worden.

Dahinter passieren Sie das kleine, aber fein dekorierte Seitenportal der Pfarrkirche. Gegenüber fallen an mehreren Häusern 6 teils vergoldete Türklopfer ins Auge. Sie formen die Hand Fatimas, der jüngsten Tochter des Propheten Mohammed. Ein Symbol, das viele Häuser in Portugal vor dem bösen Blick schützen soll. Hübsch sind einzelne, von Spitzenmustern durchbrochene Kamine. Das Vorbild stammt aus der Algarve. Vom christlichen Fundamentalismus der dortigen Reconquista zur Zwangstaufe genötigt, bauten sich die Moslems ihre Moscheetürmchen auf die Hausdächer und verneigten sich dort fünfmal täglich heimlich gegen Mekka.

Plaza de Santa María

Zwei Gebäude bestimmen das Bild des Platzes. Der Baubeginn der von außen schlichten **Iglesia Santa María del Castillo** 7 datiert auf das Jahr 1584. Etwa 150 Jahre später ermöglichten bedeutende Goldfunde in der Kolonie Brasilien ökonomischen Aufschwung und Entfaltung des Barocks in Portugal. Vergoldete Holzschnitzarbeiten, die *talha dourada*, und prächtige weißblaue Kachelbilder sind die zwei hervorstechenden Stilelemente. Vereint sind sie in der Marienkirche von Olivenza am glänzenden Hauptalter aus dem 18. Jh. Ein weiteres Meisterwerk ist der Baum Jesse in der linken Seitenkapelle (Di–Sa, 11–14, 17–19 Uhr, im Winter 11–14, 16–18 Uhr, So 11–14 Uhr).

Mit dem Bau der **Festungsanlage** 2 auf den Grundmauern einer Templerburg wollte König Dinis die portugiesische Herrschaft in Olivenza zementieren. Der schützende Wassergraben ist einzigartig in der Extremadura, aber durchaus üblich in Portugal. Die Burgmauern sind 3 m dick. Der **Bergfried El Homenaje** ragt mit seiner Höhe von 37 m wuchtig aus dem Stadtbild. Auf 17 Rampen kann er bestiegen werden. Der Zugang erfolgt über das **Volkskundemuseum** (s. S. 229).

Rua Ruperto Chapí

Durch das größte der Stadttore geht es zunächst aus der Altstadt wieder hinaus. Diese **Puerta de San Sebastián** 8 ist allerdings nicht mehr im Original erhalten, sondern wurde 1854 in großen Teilen zerstört und 2006 grundlegend restauriert. Entlang der Wehrmauern führt die Rua Ruperto Chapí nach links zur Pfarrkirche. Hübsch, und typisch portugiesisch, ist die Straßenpflasterung, die Sterne und Sphärenkugeln schmücken. Dieses nautische Messinstrument bildete im 16. Jh. das königliche Hoheitszeichen und ziert inzwischen das aktuelle Staatswappen Portugals.

Doch achten Sie auf eine weitere Besonderheit. Auf Ihrem Weg erblicken Sie immer wieder schön bemalte Kacheln, auch wenn die künstlerische Ausdruckskraft meist weniger spektakulär ist als in den Kirchen. Aus ihnen fügen sich Hausnummern zusammen, Straßennamen, manche Adressschilder für Geschäfte oder Dienstleister.

Iglesia de Santa María Magdalena 9

Aus dem Selbstbewusstsein der großen Seefahrernation und dank des Reichtums einer bedeutenden Handelsmacht entwickelte sich in Portugal eine kreative Eigenständigkeit in der Baukunst. Das ausgehende 15. Jh. brachte eine eigene Spielart der Spätgotik hervor, die der Freude der Portugiesen an ihren weltlichen Leistungen architektonischen Ausdruck verlieh. Der Stil wird manuelinisch genannt, war es doch König Manuel I., der während der glorreichen Entdeckungsfahrten regierte. Die Gasse zum Haupteingang der Kirche (Plazuela de la Magdalena, 1, erbaut 1510) führt an einem kleinen Seitenportal vorbei, dessen fantasievolle Ausschmückung mit Fabelwesen und fremden Pflanzen großzügig, üppig und zugleich verspielt ist. Die strengen Regeln der Hochgotik werden überwunden.

Die Hauptfassade soll Nicolas de Chanterène gestaltet haben, der am Bau der wichtigsten Gotteshäuser Portugals mitgewirkt hat. Das Eingangsportal umläuft ein steinernes Schiffstau. Gedrehten Schnüren gleichen auch die Säulen, die das Kirchenschiff tragen, ein immer wiederkehrendes Element der Manuelinik. Der Seefahrt entnommen hält es symbolisch das portugiesische Reich zusammen. Aus der Barockzeit stammen der reich dekorierte goldene Altar und die großflächigen Kachelbilder (Di–Sa, 11–14, 17–19 Uhr, im Winter 11–14, 16–18 Uhr, So 11–14 Uhr).

Um die Plaza de la Constitución

In etwa 300 m Entfernung stehen zwei hohe Palmen. Genau dort befindet sich die vielleicht meistfotografierte Sehenswürdigkeit von Olivenza. Das fünfzackige manuelinische Portal des **Palacio de los Duques de Cadaval** 10 Plaza de la Constitución, 1, aus dem 16. Jh. zeigt zwei Sphärenkugeln und das Familienwappen, das von einer Halbkrone umschlossen ist. Flankiert wird es vom portugiesischen Wappen, dem ein Stadttor mit Olivenbaum beigesellt ist. Im Gebäude befindet sich das Rathaus. Die Treppenaufgänge wurden nachträglich mit allerdings etwas kitschigen Kacheln verziert.

An der hübschen Plaza de la Constitución laden Restaurants und einfache Bars zu einer Verschnaufpause ein. Etwas versetzt in der Calle de la Caridad, 10, versteckt sich die mit portugiesischen Kacheln vollständig ausgekleidete **Kapelle des Hospitals Casa de Misericordia** 11. 1498 entdeckte Vasco da Gama den Seeweg nach Indien. Dies nahm die Schwester des portugiesischen Königs Dona Leonor zum Anlass, das soziale Hilfswerk Misericórdia ins Leben zu rufen. Wenige Jahre später wurde ein Ableger in Olivenza eröffnet (tgl. 10–14 Uhr, Eintritt frei).

Und nun haben Sie zwei Alternativen für die Beendigung des Spaziergangs. Über die Fortsetzung der Calle de la Caridad gelangen Sie zurück zum Ausgangspunkt. Die abzweigenden Gassen Espíritu Santo und Alfonso führen hingegen aus dem beschaulichen Portugal ins trubelige spanische Leben auf der **Plaza de España** 1 (s. S. 229).

densschluss 1668 zurück, nachdem die kastilischen Truppen den Ort verlassen hatten.

Am 20. Januar 1801 schließlich begann der sogenannte Orangen- oder Pomeranzenkrieg. Unter Führung des extremenischen Generals Manuel de Godoy nahmen vereinte spanische und napoleonische Truppen innerhalb weniger Tage das portugiesische Grenzgebiet ein. Aus Elvas schickte Godoy der spanischen Königin Bitterorangen und versprach ihr die baldige Eroberung Lissabons. Doch vorher kam es zum Frieden von Badajoz, Olivenza allerdings fiel an Spanien. Portugal zweifelt bis heute die Gültigkeit des Friedensvertrages an und bestreitet de jure Olivenzas Zugehörigkeit zu Spanien, ohne allerdings unmittelbare Rückforderungsansprüche zu stellen.

Urlauber, die vielleicht einmal nach Lissabon reisen und die dortige Casa do Alentejo besichtigen, werden feststellen, dass zumindest dort der Wunsch nach einem portugiesischen Olivenza hochgehalten wird. Ein großer Raum dieses Vereinsheims der Alentejaner, der portugiesischen Nachbarn der Extremadura, heißt ganz bewusst Sala de Olivença – in der portugiesischen Schreibweise des Namens.

Die Mehrheit der knapp 12 000 Einwohner hebt dagegen mit nicht geringem Stolz die schönen Folgen eines friedlichen Zusammenlebens hervor: *Las muchachas de Olivenza/ no son como las demás/ Porque son hijas de España/ y nietas de Portugal.* »Die Mädels von Olivenza/ sind nicht wie die anderen/ Denn sie sind Töchter Spaniens/ und Enkelinnen Portugals.« Und gemäß diesem Vers führt ein Besuch der Stadt denn auch zurück in die portugiesische Geschichte im heutigen Spanien (s. Entdeckungstour S. 226).

Plaza de España 1

Auf den ersten Blick typisch spanisch zeigt sich allerdings – nomen est omen – die Plaza de España unmittelbar westlich der Altstadtmauern, trotz des umlaufenden Verkehrs der Treffpunkt der Einwohner. Palmen und adrette Kioske geben dem Platz ein fast mediterranes Aussehen. Doch auch hier findet sich ein Stückchen Portugal: Pflastermosaike aus dunklem Basalt und hellem Marmor, wie sie alle portugiesischen Städte und Dörfer schmücken.

Museo Etnográfico González Santana und Torre del Homenaje 2

Plaza de Santa María, o. Nr., Di–Fr 11–14, 17–20 Uhr, Sa schon ab 10 Uhr, So 10–14 Uhr, im Winter Di–Fr 11–14, 16–19 Uhr, Sa schon ab 10 Uhr, So 10–14 Uhr. Der Bergfried schließt jeweils ½ Std. früher, Eintritt 2 €

Das umfangreiche Heimatkundemuseum widmet sich schwerpunktmäßig den nachportugiesischen Zeiten. Die Ausstellungsräume sind in die Burg und die frühere königliche Bäckerei eingezogen. Hier wurden täglich immerhin 10 000 Brote für die Garnison gebacken. Stifter der meisten der etwa 7000 Ausstellungsstücke war der Namensgeber des Museums, das die Lebensgewohnheiten und Traditionen der Bevölkerung von Olivenza aufleben lässt. So sind Werkstätten, Schreibstuben und ein alter Dorfladen nachgebaut. Auf der unteren Ebene werden archäologische Funde, Ackergeräte und die Arbeitsräume der Schuster, Schreiner, Friseure oder Schneider gezeigt. Im Obergeschoss liegt der Schwerpunkt auf sakraler Kunst, Schule, Medizin und Freizeitbeschäftigung wie Musizieren und Spielen. Beindruckend sind Nachbau und Gegenüberstellung der Wohnungen unterschiedlicher sozialer Schichten. So ergibt sich ein plastisches Bild des Lebens in der Extremadura.

Über das Museum kann der Wehrturm **Torre del Homenaje** bestiegen werden, dank der Aussicht sehr lohnenswert.

Übernachten

Wohnen im Palast – **Palacio Arteaga** **1**: C/ Moreno Nieto, 5, Tel. 924 49 11 29, www.palacioarteaga.com, DZ ab 77 € inkl. kontinentalem Frühstück. 26 geräumige Zimmer in einem Stadtpalast aus dem 19. Jh. inmitten der historischen Altstadt, geschmackvoll moderne Einrichtung.

Essen & Trinken

Viele einfache Bars und Restaurants liegen um die Plaza de España am Rande des historischen Zentrums. Die besseren Restaurants gibt es in der Altstadt:

Ein Hauch Kreativität – **Palacio Arteaga** **1**: tgl. 13.30–16, 20.30–23 Uhr,

Olivenbäume, soweit das Auge reicht: Landschaft bei Olivenza

Hauptspeisen ab 16 €, Tapamenü ca. 15 €, Komplettmenüs um 25 € inkl. Wein. Die traditionellen Rezepte wie Milchlammbraten werden zeitgemäß verfeinert, etwa wenn als Beilage Dattelpürée gereicht wird.

Hausmannskost – **Restaurant Dosca** **1**: Pza. Constitución, 15, Tel. 924 49 10 65, tgl. 13–16, 21–23 Uhr, Hauptspeisen ab 10 €, Tagesmenü um 10 €. Etwas hausbacken eingerichteter, aber gemütlicher Speisesaal. Viele Schnitzel- und Stockfischgerichte. Auch Zimmervermietung.

Einkaufen

Legende – **Casa Fuentes** **1**: Rua Morena Nieto 11–13. Dña. Calestina, Gründerin der Konditorei, hat vor einem Jahrhundert in einem Koffer das Originalrezept von Técula Mécula (s. S. 29) gefunden, vielleicht aus Portugal stammend. Und bis heute blieb diese Eier-, Zucker- und Mandelspeise die Spezialität des Hauses. Unverfälscht.

Aktiv

Radfahren und Wandern – Es gibt mehrere ausgeschilderte Wanderwege in der nahen Umgebung. Die meisten sind allerdings über 15 km lang und deshalb besser für Mountainbiker geeignet. Ein Radverleih existiert nicht.

Infos & Termine

Infos

Oficina de Turismo: Pza. de Santa María, o. Nr., Tel. 924 49 01 51, www.ayuntamientodeolivenza.com, Di–Sa 10–12, 17–19, So 10–12 Uhr. Über einen QR-Code können vor Ort die Beschreibungen der Sehenswürdigkeiten kostenlos aufs Mobiltelefon geladen werden (http://sdrv.ms/11ApRBV).

Termine

Gran Feria Taurina: 1. März-Wochenende. Auftakt der Stierkampfsaison in der Extremadura.

Semana Santa: Höhepunkt ist eine Prozession am Ostersonntag.

Fiestas de Ntra. Sra. de la Asunción: 15. Aug. Mit Jahrmarkt.

Verkehr

Busse: Häufige Verbindungen nach Badajoz.

Parken: Außerhalb der Stadtmauern, z. B. vor dem Cuartel, Paseo de Hernán Cortés.

Das Beste auf einen Blick

Zafra und die südlichen Sierras

Highlights!

Jerez de los Caballeros: Hoch ragen der eigenwillige Turm der Pfarrkirche und die Mauern der Burg über Stadtkulisse, fruchtbares Weideland und grüne Hügel in der Umgebung. Ein Schmuckstück. S. 244

Monasterio de Tentudía: Wuchtig und zugleich bezaubernd hebt sich ein Kloster aus dem 13. Jh. über die einsame Sierra, eine reizvolle Gegend für Wanderer und Naturfreunde! S. 253

Auf Entdeckungstour

Schmucke Wohnpaläste: Von rauschenden Festen und fröhlicher Geselligkeit einer mondänen Oberschicht erzählen die noblen Häuser im andalusisch geprägten Fregenal de la Sierra – heute eine Augenweide. S. 250

Abenteuer Alltagsleben: Amüsant und kurzweilig geht es im Museo Etnográfico de Azuaga zu. Auch, weil dieses packende Volkskundemuseum seinen Besuchern einige Rätsel aufgibt. S. 260

Kultur & Sehenswertes

Alcázar de los Duques de Feria: Kriegerische Macht demonstriert der Burgpalast von Zafra nach außen. Die Innenräume dagegen offenbaren jenen Prunk, den sich der Adel vor 500 Jahren leistete. S. 239

Mudejar in Llerena: Zwangsgetaufte Mauren schufen einige der schönsten Bauwerke der Extremadura im Mudéjarstil – kurioserweise auch das Inquisitionsgericht Palacio de Luis Zapata. S. 256

Aktiv unterwegs

Schnuppern im Weinmuseum: Das Museo de las Ciencias del Vino in Almendralejo lässt die Besucher den Schnupper-, den Geschmacks- und den Gläsertest ablegen. S. 234

Hinauf zum Kloster: Kiefern, Olivenbäume und Korkeichen säumen den 11,7 km langen Aufstieg zum Monasterio de Tentudía. S. 254

Genießen & Atmosphäre

Burgenfahrt: Festungen auf den Hügeln sicherten die südliche Extremadura gen Westen ab. Tolle Ausblicke erwarten Sie auf den Wehrmauern u. a. von Nogales und Feria. Einen Umweg wert! S. 235

Bücher in der Kirche: Lesen auf kontemplative Art – die Stadtbibliothek von Llerena bewohnt ein Gotteshaus, ihre braunen Holzregale stehen im strahlendweißen Altarraum und in Seitenkapellen. S. 257

Abends & Nachts

Nachtleben in Zafra: Hier geht es so richtig ab, vor allem im Sommer. Die Szenekneipen verstecken sich in den historischen Häusern rund um die städtischen Plätze. S. 243

Aperitif unterm Sternenzelt: Vom *castillo* in Segura de León weitet sich der Blick romantisch beim nächtlichen Cocktail in der Burgbar. S. 253

Mediterranes Lebensgefühl

Die Nähe zum Mittelmeer ist spürbar. Die Sonne scheint intensiver, das Thermometer steigt höher. Palmen zieren manchen Dorfplatz. Ein wenig Andalusien liegt in der Luft. Die Ortsgassen sind eng, Häuser weiß gekalkt.

Fassaden und Innenhöfe zeigen einen besonderen Baustil: Mudéjar. Nach der christlichen Rückeroberung nutzten die neuen Machthaber das handwerkliche Geschick der verbliebenen Mauren. Romanische und gotische Kirchenfassaden, Kreuzgänge und Adelspaläste wurden mit arabischen Architekturelementen angereichert – mit Stuckdekoren, Hufeisenbögen und Blendarkaden aus braunem Ziegel. Besonders gelungen ist diese Vereinigung der Stile in Llerena, Fregenal de la Sierra, Zafra und im Kloster von Tentudía.

Infobox

Reisekarte: ▶ C–G 9–12

Informationen
Alle Städte und die meisten kleinen Orte unterhalten Tourismusämter.

Anfahrt und Weiterkommen
Das Gebiet erstreckt sich westlich und östlich der Autobahn A-66 von Mérida nach Sevilla. Alle National- und Regionalstraßen sind gut ausgebaut. Zafra und Fregenal liegen an der Bahnstrecke von Sevilla nach Mérida. Llerena ist per Zug mit Zafra verbunden. Allerdings bestehen durchschnittlich nur drei Verbindungen täglich. Von den Zentren aus werden die kleineren Orte von Bussen angefahren, jedoch nur in großen Intervallen.

Nahe der portugiesischen Grenze stehen die im Mittelalter offenbar unvermeidlichen Festungsanlagen hoch über den Ortschaften. Heute eröffnet sich von den historischen Mauern ein wunderbares Panorama über die weite Landschaft. Von Ölbäumen und Eichen bestandene, ausgedehnte Weidegebiete wechseln ab mit sanft geschwungenen Bergzügen, an denen sich die Feuchtigkeit des nahen Meeres niederschlägt. Immerhin erreichen sie an die 1100 m. Entsprechend üppig zeigt sich die Vegetation. Sommer und Herbst sind erfüllt vom Duft südlicher Pflanzen und Kräuter: Thymian, Rosmarin, Myrte, Mastixsträucher. Im Winter sind nicht selten Kraniche in den Ebenen zu entdecken. Wichtiger Einkommenszweig ist die Zucht von Schafen, Kampfstieren und Schweinen, die einen köstlichen Schinken liefern. Für ihre Weine wird die Region um Almendralejo geschätzt.

Almendralejo ▶ D 9

Weinfreunden, die zwischen Mérida und Zafra unterwegs sind, empfiehlt sich ein Besuch des **Museo de las Ciencias del Vino in Almendralejo.** Schon bei der Anfahrt zeigen die ausgedehnten Anbauflächen, dass das Landstädtchen mit 35 400 Einwohnern vom Wein lebt. Eine bessere Stelle für ein Weinmuseum ist in der Extremadura also kaum vorstellbar.

Der moderne, vielleicht etwas sterile Museumsbau ist leicht zu finden, steht er doch direkt hinter der Stierkampfarena an der Hauptstraße nach Sevilla. Die Geschichte von Anbau und Produktion wird auf zwei Stockwerken in den Abteilungen

Die Gegend um Almendralejo ist für ihre guten Weine bekannt

campo und *bodegas* auch dank der ausgestellten historischen Weinpressen und Abfüllmaschinen verständlich. Die Besonderheit des Museums aber liegt in der Interaktion mit den Besuchern. Da gibt es einen Schnuppertest anhand von Gewürzen und Aromen, den Geschmackstest mit sauren Drops und süßen Kamellen. Oder den Glastest: Welch ein Gefäß passt zu welchem Getränk? (C/ Luís Reina, o. Nr., www.museosdelvino.es, Juni–Sept. Di–Sa 10.30–13.30, 18–21 Uhr, So nur vormittags, sonst Di–Sa 10–30–13.30, 17–20 Uhr, So nur vormittags, Eintritt frei).

In der Umgebung öffnen einige Weinkellereien entlang der Weinstraße **Ruta del Vino Ribera del Guadiana** für Besichtigungen.

Infos

Infos

Oficina de Turismo: Plaza de la Iglesia, 16, Tel. 924 66 69 67, www.almendralejo.es, Mo–Fr 10–14, 17–19, Sa 11–14 Uhr. Infos auch zur Ruta del Vino.
Zur Weinroute: www.elcatavinos.com/ruta_detalle.asp?id=15.

Verkehr

Bahn: Seltene Verbindungen nach Mérida, Zafra, Llerena und Sevilla.
Bus: Werktags häufig nach Mérida, Zafra und Sevilla, seltener nach Cáceres, Badajoz und Madrid.

Nogales, Feria und Salvatierra de los Barros

Einst wurde es Fremden schwer gemacht, von Badajoz, Olivenza oder Portugal nach Zafra vorzustoßen. Gleich mehrere Burgen sicherten das Zentrum der südlichen Extremadura gen Westen ab. Erbaut wurden sie Mitte des 15. Jh. von den Grafen

Lieblingsort

Ein 5-Sterne-Panorama: die Burgruine von Feria ► D 10
Welch ein erhabenes Gefühl hier oben auf dem Castillo – als läge einem die ganze Extremadura zu Füßen. In allen vier Himmelsrichtungen, soweit das Auge reicht … Malerisch ziehen sich die weißen Häuser von Feria den Hügel hinauf, ihre ziegelroten Dächer werden eins mit der Landschaft. 40 m ragt der Wohnturm in den Himmel, in dessen Schatten sich vortrefflich ein Picknick veranstalten lässt. Ein friedlicher Flecken Erde, so ganz anders als noch im 15. Jh., als es gegen die Truppen Portugals ging – heute ein wohlgelittener Nachbar.

von Feria. Die Herrscher über Zafra wollten ihre Macht auf das Umland ausdehnen. Die Wehrtürme in den Befestigungen dienten als Wohnraum – und als Zeichen der Stärke und Bedeutung dieser Adelsfamilie.

Nogales ▸ C 9

Von Olivenza auf der EX-105 kommend, treffen Autofahrer nach 35 km auf Nogales. Von Badajoz aus muss ein kurzen Umweg in Kauf genommen werden, um den quadratischen Burgturm auf einem kleinen Hügel zu erreichen. Umgeben ist er von einer zinnenbewehrten Mauer, in deren Ecken sich runde Wachtürme erheben. Eine Inschrift über dem Haupttor weist die Fertigstellung für das Jahr 1483 aus.

Feria ▸ D 10

Zurück auf der N-432 zwischen Zafra und Badajoz, empfiehlt sich unbedingt ein Abstecher von 3 km nach Feria. Ja, es lohnt sogar ein Extra-Ausflug von Zafra aus. Denn von dort aus zeigt sich der Ort schon nach wenigen Kilometern auf der Nationalstraße von seiner schönsten Seite. Die weißen Wohnhäuser ziehen sich schwungvoll den Berg bis zur graubraunen Kirche hinan, die von der Burg auf der Bergkuppe noch übertrumpft wird.

Schmale Gassen führen zur **Pfarrkirche San Bartolomé** (Plaza Extremadura, o. Nr., nur zur Messe geöffnet) mit einem beachtenswerten gotisch-plateresken Portal, über das sich die Figur des hl. Bartholomäus erhebt. Ihr Alter konnte nicht genau bestimmt werden, doch sie stammt offenbar aus einem früheren Gotteshaus. Auf dem Kirchplatz wird samstags ein kleiner Gemüse- und Kleidermarkt abgehalten. Die Straße zur **Burg,** deren Turm immerhin 40 m an Höhe misst, verengt sich weiter. Alternativ gibt es einen Fußweg hinauf. Ein Informationszentrum (Di–So 11–14, 16–18 Uhr, Eintritt 4 €) und ein 5-Sterne-Ausblick erwartet die Himmelsstürmer ebenso wie ein kleines Museum (Mi–So 11–14, 18–20 Uhr, im Winter 11–14, 16–18 Uhr, Eintritt 4 €, s. auch Lieblingsort S. 236).

Übernachten, Essen

Einfach ländlich – **La Cruz del Real:** Feria, Carretera del Castilo, o. Nr., Tel. 606 56 40 08 (mobil). Schlichtes Restaurant im Dorfkern mit extremenischen Gerichten. Hauptspeisen ab 10 €, Tagesmenü wochentags ca. 10 €. Auch Zimmervermietung (DZ ca. 50 €).

Termine

Santa Cruz de Feria: Feria, Ende April/Anfang Mai, Höhepunkte 1.–3. Mai. Auf Prozessionen werden mit Blumen geschmückte Kreuze durch die Gassen getragen. Kulturelles Beiprogramm (www.santacruzdeferia.es).

Salvatierra de los Barros ▸ C 10

Das weniger romantische Salvatierra de los Barros bildet ein wichtiges Zentrum für Keramikarbeiten. Zahlreiche Geschäfte führen ein durchaus hochwertiges Angebot, von traditionell bis modern. Und auch ein thematisches Museum fehlt nicht. Das anschauliche **Museo de la Alfarería** (Ctra. de Zafra, o. Nr.) zeigt Produktionsprozesse, Handelswege und vielfältige Verwendungsmöglichkeiten der Tonwaren, auch als Spielzeug (Di–So 14.30–18, im Winter 11.30–14, 17.30–19 Uhr, Eintritt frei).

Die älteste **Burg** der Umgebung aus dem 12. Jh. befindet sich in Privatbesitz und kann leider nicht besichtigt werden.

Verkehr

Bus: Sehr wenige Verbindungen, von Feria nach Almendralejo und Zafra, von Nogales nach Badajoz und von Salvatierra nach Almendralejo.

Zafra ▸ D 10

Bei der Einfahrt in Zafra mit 16 000 Einwohnern lässt sich noch wenig vom andalusischen Flair des hübschen Provinzstädtchens spüren. Denn zunächst stoßen Sie auf den wuchtigen Alcázar de los Duques de Feria an der Plaza de España. Diese Burg steht für die beste Zeit Zafras, die 1395 mit der Einrichtung eines Marktes von überregionaler Bedeutung begann und bis ins späte 15. Jh. andauerte. Die Händler kamen von weit her, selbst aus La Rioja und Kastilien. Feinster Silber- und Goldschmuck, Lederwaren und Tücher wurden feilgeboten.

Archäologische Funde lassen vermuten, dass die Umgebung bereits in der vorchristlichen Epoche von Lusitanern und Vettonen besiedelt war. Während der römischen Herrschaft profitierte der Ort von seiner privilegierten Lage an der Vía de la Plata, der Verbindungsstraße von Sevilla nach Mérida.

Die Mauren verliehen der Gemeinde ihren Namen: Safra oder Cafra. Sie errichteten um die wunderhübschen Plaza Grande und Plaza Chica das urbane Zentrum, das sie allerdings nach längeren kriegerischen Auseinandersetzungen 1241 an den kastilischen König Fernando III. abtreten mussten. Doch lebten sie weiterhin friedlich mit den christlichen Rückeroberen zusammen. Die Macht aber teilten sich fortan verschiedene Adelsfamilien, bis sie 1394 in die alleinigen Hände des Herzogs von Feria überging. Dessen aus Galicien stammende Familie sicherte ihre Herrschaft nicht nur mit der Errichtung des Alkazars, sondern 1498 zusätzlich durch eine Stadtmauer. Erhalten blieben die Stadttore Puerta del Cubo am südöstlichen Stadtausgang, Puerta de Jerez südlich der Plaza Chica und Puerta de Palacio am Alcázar.

Im 16. Jh. verlor der Ort seinen mittelalterlichen Charakter und entwickelte sich mehr und mehr zu einem modernen Handelszentrum, das bis heute eine der wichtigsten Viehmessen Spaniens veranstaltet. Allerdings ging bei dieser städtischen Entwicklung der ursprüngliche Charme nicht verloren, ganz im Gegenteil. Schmal sind die verkehrsberuhigten Gassen, die auf die drei Plätze Pilar Redondo, Grande und Chica führen. Weiß getüncht sind viele Häuser, manche über Arkaden erbaut. Die Schaufenster kleiner Läden und Filialen großer Ketten locken Flanierende, besonders in der Calle Sevilla. Die wenigen Kirchen und Klosterbauten passen sich ins hübsche Stadtbild ein.

Stadtrundgang

Alcázar de los Duques de Feria 1

Pza. Corazón de María, 7

Kriegerische Macht strahlt der Palast, besser: die Burg, der Grafen von Feria aus. Auf den ersten Blick zeigt sie wenig von der erhabenen Schönheit der Adelspaläste von Cáceres und Trujillo. 24 m Höhe misst die imposante Fassade aus Schiefer und Ziegeln mit ihren zinnenbekrönten Wehrtürmen, die vom Bergfried an der östlichen Seite noch einmal um 5 m überragt werden. 1437 war Baubeginn, Ausführende waren maurische Handwerker.

Zafra

4 Plaza Chica
5 Casa de Ajimez
6 Iglesia Parroquial de la Candelaria
7 Farmacia Buzu

Übernachten
1 Conde de la Corte
2 Plaza Grande
3 El Campito

Essen & Trinken
1 La Rebotica
2 Josefine
3 Bar Crespo

Einkaufen
1 Iberllota
2 Jamonería Quini
3 Cayetano

Abends & Nachts
1 La Tertulia
2 Bar Monreal
3 Muscaria
4 El Zoco
5 Ágora
6 Bar Baraka

Sehenswert
1 Alcázar de los Duques de Feria
2 Museo Santa Clara / Kloster
3 Plaza Grande

Ihr Vermächtnis bildet ein arabisches Zwillingsfenster über dem Eingang. Der adelige Auftraggeber ließ sich mit seinem Wappen über dem Eingangstor mit der Namensinschrift »Figueroa y Manuel« verewigen. Der Innenhof aus weißem Marmor wurde im 16. Jh. nach Ideen von Juan de Herrera, dem Baumeister der imposanten Klosteranlage El Escorial nahe Madrid, entworfen. Der Renaissanchearchitekt ließ auf diese Weise Licht in die mittelalterliche Anlage strömen.

Heute kann jeder, zumindest mit dem entsprechenden Kleingeld, in diesem herzoglichen Ambiente übernachten, denn der Palast befindet sich im Besitz der **Hotelkette Paradores.** Die öffentlichen Räumlichkeiten, etwa der Innenhof und die Bar mit einer eleganten Kassettendecke im Mudéjarstil, sind auch für auch Nicht-Gäste zugänglich. Nur im Rahmen einer hauseigenen Führung wird der Festsaal des Palastes gezeigt. Dort schwebt eine achteckige gotische, blaue Mudéjarkuppel über einem goldenen Barockaltar (Führung Sa 12 Uhr, So 11 Uhr, inkl. Stadtführung)!

Museo Santa Clara 2

C/ Sevilla, 34, www.museozafra.es, Di–So 10–14 Uhr, im Winter Di–So 11–14, 17–18.30 Uhr, Eintritt frei

Wenige Schritte südlich des Alcázars führt die wichtigste Einkaufsstraße Calle Sevilla in den historischen Ortskern. Fast schüchtern versteckt sich auf der linken Straßenseite das Museo Santa Clara im 1428 gegründeten Franziskanerkloster, das heute von Klarissen betrieben wird. Schwerpunkte der Ausstellung auf zwei Stockwerken bilden das religiöse Leben der Stadt und Erinnerungsstücke an die Gründer, die Familie der Feria. Dazu gehören verschwenderische Herrscherkronen, farbige Wappen, kunstvolle Gemälde, marmorne Grabplatten. Auch ein Blick in die Klosterkirche aus dem Jahre 1454 wird ermöglicht. Trotz ihres goldenen Altars wirkt sie neben all dem herzoglichen Prunk fast bescheiden. Noch anspruchsloser ist nur die nachgebaute Zelle von Schwester Celia, die das Klosterleben im 20. Jh. prägte (s. auch Mein Tipp rechts).

Das Haus schräg gegenüber (Nr. 27 a) wirkt von außen wie eine der üblichen Filialen einer Modekette. Ein Blick ins Innere des Geschäfts lohnt trotzdem, denn es hat den stattlichen Innenhof der **Casa Grande** bezogen, ein Bürgerhaus aus dem 17. Jh.

Plaza Grande 3 und Plaza Chica 4

Schließlich mündet die Calle Sevilla in die **Plaza Grande.** Den städtischen Festplatz umlaufen Arkadengänge, über die sich meist zweistöckige Häuser heben. Viele Stierkämpfe hat die großzügige Plaza während der Jahrhunderte schon erlebt, Volksfeste, Jahrmärkte, Tanzveranstaltungen. Etwas gruselig wirkt da der Gedanke, dass sie im 16. Jh. nach dem Abriss eines Pfarrkirchleins über einem Friedhof errichtet wurde. Kleiner, anmutiger präsentiert sich die benachbarte **Plaza Chica,** das einstige Handwerkerzentrum.

Casa de Ajimez 5

Kurios ist die Casa de Ajimez in der Calle Boticas Nr. 6 gleich hinter dem kleinen Platz. Die Mudéjarfassade ziert ein arabisches Zwillingsfenster, das von farbigen Fliesen umrandet wird. Ebenso bemerkenswert wie die Architektur ist die Geschichte des Gebäudes. Bereits 1566 zog hier die erste Apotheke der Stadt ein, daher auch der Straßenname, bedeutet *botica* doch Apotheke. Ab 1827 wurde in dem Gebäude eine andere Art von Heilmittel hergestellt: Es entstand eine Produktionsstätte für Weine und Liköre. Aktuell werden im Inneren einige Persönlichkeiten der Stadtgeschichte gewürdigt.

Mein Tipp

Klösterliche Süßigkeiten

Hinter einem frühgotischen Portal und einem Patio des Konvents Santa Clara 2 versteckt sich der Verkaufsraum für klösterliches Gebäck, die **Dulces Santa Clara.** Obwohl – die Bezeichnung Verkaufsraum trifft es nicht wirklich, denn erwartungsfrohe Schleckermäuler schaffen es nur bis zu einem hölzernen Drehfenster, durch das wechselseitig Geld und Süßes gereicht werden. Die Nonnen dahinter bleiben der Öffentlichkeit verborgen (tgl. 9.15–14, 17–19 Uhr, im Winter 9.15–14, 16.45–18.10 Uhr).

Iglesia Parroquial de la Candelaria 6

C/ Tetuan, 4, Mo/Di, Do–Sa 11–13, 17–19 Uhr, Eintritt frei

Die querende Calle San José führt nach rechts zur einschiffigen Pfarrkirche. Sie entstand 1546 als Ersatz für jene Gemeindekapelle, die der Plaza Grande zum Opfer gefallen war. Der wuchtige Glockenturm betont ihre Bedeutung. Der Hauptaltar wurde im 17. Jh. vom Sevillaner Blas de Escobar zu Ehren der hl. Candelaria gestaltet. Einen gesonderten Blick lohnen die Gemälde von Zubarán aus dem Jahre 1644, vor allem die Darstellung der Heiligen Familie gemeinsam mit der Dreifaltigkeit. Die benachbarte Kapelle San José diente einst als Synagoge.

Übernachten

Die Auswahl an Unterkünften ist groß, allerdings verdoppeln manche Hotels ihre Preise während der Semana Santa und der Festwochen im September und Oktober.

Auf der Burg – **Parador de Zafra:** im Alcázar de los Duques de Feria 1, Pza. Corazón de María, 7, Tel. 924 55 45 40, www.parador.es, DZ 80–150 €. Wohnen im Alcázar, die Ausstattung der Zimmer ist entsprechend historisch-gediegen.

Romantisches Stadthaus – **Conde de la Corte** 1: Pilar Redondo,2, Tel. 924 56 33 11, www.condedelacorte.com, DZ 77–137 € inkl. Frühstück. Ein Traum von Haus mit vielen Erinnerungen an den Gründer, einen berühmten Stierzüchter. Einrichtung mit Anklängen an den englisch-viktorianischen Stil.

Am Platze – **Plaza Grande** 2: C/ Pasteleros, 2, Tel. 924 56 31 63, www.hotelplazagrande.com, DZ ca. 45 €. Einfache, aber geschmackvolle Zimmer in einem historischen Gebäude direkt an der Plaza Grande. Mit empfehlenswertem Restaurant und Tapasbar.

Auf dem Lande – **El Campito** 3: Ctra. Zafra-Barcarrota, km 1,2, Tel. 924 55 58 67, www.elcampito.net, Apartments je nach Größe 55–120 €. Ruhiges Landhaus, Pool, Fahrradverleih.

Essen & Trinken

Tradition – **Parador:** im Alcázar de los Duques de Feria 1, tgl. 13–16, 21–24 Uhr, Hauptspeisen ab 18 €, Mittagsmenü ca. 24 €, Degustationsmenü ab 33 €. Kleine feine Auswahl an regionaltypischen Speisen in sanft modernisierter, historischer Umgebung.

Vornehm – **La Rebotica** 1: C/ Boticas, 12, Tel. 924 55 42 89, Di–Sa 13.30–16, 20.30–24 Uhr, So nur mittags, Hauptspeisen ab 16 €. Unter steinernen Bögen wird an edel gedeckten Tischen extremenische Küche gereicht, aber auch Gerichte wie Entenbrust oder Thunfischsteak.

Mittelmeerküche – **Josefine** 2: Avda. López Asme, 1, Tel. 925 55 17 01, 13–15, 21–23.30 Uhr, So und Mo abends zu, Hauptgerichte ab 15 €. Fischgerichte, aber auch Ochsenschwanz oder Lammkotelett, modern eingerichtet.

Einfach alternativ – **Bar Crespo** 3: C/ Arco San Antonio, 9, Tel. 924 55 10 00,

Mein Tipp

Farmacia Buzu 7

Die Fassade der schönsten Apotheke der Extremadura in der Calle Huelva 25 sollten Sie sich kurz anschauen, auch wenn Sie keine Arznei benötigen. Farbige Azulejos verzieren Kachelbilder mit historischen Landschafts- und Stadtszenen. Innen beleuchten Kronleuchter die Regale.

Von eleganten Arkaden umsäumt: die kleine Plaza Chica

Mo–Sa 12.30–15.30, 21–24 Uhr, Hauptspeisen um 12 €. Vor allem Lammgerichte, aber auch Tapas werden in gemütlichen kleinen Speiseräumen gereicht, vorwiegend junges Publikum.

Einkaufen

Delikatessen – **Iberllota** 1: Avda. López Asme, 36. Gute Feinkostauswahl, von extremenischen Würsten bis zu regionalem Sekt.
Schinken – **Jamonería Quini** 2: Pza. de España, 9. Große Auswahl an Schinken aus regionaler Produktion.
Schuhe nach Maß – **Cayetano** 3: C/ Sevilla, 11. Lederwaren von Hand gefertigt, Schuhe, Gürtel, Taschen und dazu noch Schafsglocken aus Metall.

Aktiv

Wandern – Das Tourismusamt hält Informationen zu Rundwanderungen mit Ausgangspunkt im Stadtzentrum bereit. Der Camino de los Pinos führt über 7,3 km, der Camino de la Plata über 13,5 km in die reizvolle Umgebung.

Abends & Nachts

Das Nachtleben konzentriert sich auf die Umgebung der Plaza Chica. Am Platz sind angesagt **La Tertulia** 1 (Nr. 10) auch mit kleinen Gerichten ab 10 €, **Bar Monreal** 2 (Nr. 2), am Wochenende **Muscaria** 3 (Nr. 5) und **El Zoco** 4 (Nr. 12). Gemütlich ist **Ágora** 5 gleich daneben in der C/ Botica. Bekannt für ihre Cocktails ist die durchgestylte **Bar Baraka** 6, Plaza Grande, 20, auch mit kleinen Speisen.

Infos & Termine

Infos

Oficina de Turismo: Pza. de España, 8 b, Tel. 924 55 10 36, www.visitazafra.com, Mo–Fr 10–14, 18–19.30 Uhr, im Winter 10–14, 17–18.30 Uhr, Sa/So ganzjährig 11–14 Uhr.

Termine

Semana Santa: Osterwoche. Die interessantesten Prozessionen gibt es am Mittwoch, Donnerstag vor Sonnenaufgang und am Karfreitag.
De la Lune al Fuego: 2. Junihälfte. Mehrtägiges Kulturspektakel auf den Plätzen Zafras.
Feria de San Miguel: Ende Sept./Okt. Seit dem 15. Jh. abgehaltener Viehmarkt mit Begleitprogramm (www.figzafra.es).

Verkehr

Parken: Das historische Zentrum ist verkehrsberuhigt, es sind kaum Parkplätze vorhanden. Diese gibt es zumindest außerhalb der Stoßzeiten entlang der Avda. López Asma, sonst in den angrenzenden Nebenstraßen.
Bahnhof: Avda. de la Estación. Selten Züge nach Sevilla und Mérida.
Busbahnhof: Ctra. Badajoz-Granada, o. Nr., Tel. 924 75 11 19. Häufige Verbindungen nach Almendralejo, Mérida und Sevilla, regelmäßig nach Badajoz und Madrid, selten in die Orte der Umgebung und nach Llerena.

Jerez de los Caballeros ! ▸ C 10

Dieses Schmuckstück der südlichen Extremadura knapp 40 km südwestlich von Zafra präsentiert zwei Highlights im wahrsten Sinne des Wortes. Denn hoch erheben sich sowohl der eigenwillige Turm der Hauptkirche wie auch die Mauern der Burg über die Stadtkulisse. Bei der Anreise durch die fruchtbaren Weidelandschaften zeigen sie sich schon von Weitem.

Eines sei vorausgeschickt: Es ist nicht ganz leicht, sich in den verwinkelten hügeligen Gassen zurecht zu finden. Aber vielleicht ist gerade dies reizvoll. Zwar schlägt die Stadtverwaltung vier thematischen Routen durch das historische Zentrum mit seinen meist weiß gestrichenen Häusern vor, aber vertrauen Sie besser Ihrem eigenen Instinkt und lassen Sie sich treiben. Die Größe ist bei 10 000 Einwohnern immerhin überschaubar.

Ceret hieß eine frühe Ansiedlung der Phönizier, der Ursprung für den heutigen Namen Jerez. In der Römerzeit trotz hoher Einwohnerzahl von nur geringer Bedeutung, konnte sich der Ort als Handelszentrum bei den Westgoten und Arabern durchaus mit Mérida messen. Der eigentliche Aufstieg begann aber erst im 13. Jh., als Villa de Xerez ein wichtiger Stützpunkt des Templerordens und regionale Hauptstadt wurde. Nach der blutigen Auflösung des Ordens fiel Jerez an die Santiago-Ritter. Reger Baubetrieb setzte ein, die Einwohnerzahl entsprach beinahe der von heute. Auch einen großen Sohn brachte Jerez hervor. Vasco Núñes de Balboa entdeckte nach einem Gewaltmarsch durch Panama 1513 einen bis dahin unbekannten Ozean: El Pacífico, der Pazifik.

Doch das war es auch schon mit der Herrlichkeit, ab jetzt ging es steil bergab. Mehrfach von portugiesischen Truppen erobert, sank die Einwohnerzahl im 18. Jh. auf gerade einmal 1691. Trotzdem war noch genügend Geld vorhanden, um die zahlreichen Kirchenbauten aus den fast schon vergessenen wirtschaftlichen und politischen Hochphasen nach und nach zu barockisieren. So entwickelte sich Jerez zur extremenischen Perle des Barock.

Stadtrundgang

Auf der Plaza de España

Der Stadtrundgang könnte an der zentralen Plaza de España beginnen.

Jerez de los Caballeros

Sehenswert
1 Iglesia San Miguel
2 Burganlage
3 Iglesia de Santa María
4 Iglesia Parroquial de San Bartolomé
5 Museo de Arte Sacro

Übernachten
1 Posada de las Cigüeñas

Essen & Trinken
1 Santa María

Alle Sehenswürdigkeiten sind von hier leicht zu erlaufen. Um den Platz reihen sich einfache Bars und Restaurants, die aus anderen Städten bekannte Anmut fehlt dem Hauptplatz von Jerez allerdings. An der Nordseite erhebt sich die dreischiffige **Iglesia San Miguel** 1, erbaut ab Mitte des 15. Jh., abgeschlossen mit der Fertigstellung des barocken Kirchturms aus rotbraunen Ziegelsteinen erst im Jahre 1756 (Mo–Fr 12–14, 17.30–18.30 Uhr, Sa/So 12–14 Uhr, Eintritt frei).

Burganlage

Die Templerritter waren es, die am südlichen Stadtrand auf den Mauern einer arabischen Festungsanlage ihre **Burg** 2 (Plaza de la Alcazaba, o. Nr.) errichteten. Ihre heutige Gestalt mit zinnenbekrönten Mauern und fünf Wehrtürmen um den großzügigen Innenhof erhielt sie nach Umbauten durch den Santiago-Orden. Der Weg hier hinauf wird mit einem herrlichen Blick über die hügelige Landschaft Richtung Andalusien und die Altstadt belohnt.

Der Weg dorthin zurück führt an der **Iglesia de Santa María** 3 mit einer westgotischen Säule vorbei (Plaza Santa María, 1, unregelmäßig geöffnet, meist Di–Do 10–12 Uhr, Eintritt frei).

Geradezu verschwenderisch dekoriert ist die Fassade der Pfarrkirche San Bartolomé

Iglesia Parroquial de San Bartolomé 4

Plaza de San Bartolomé, o. Nr., unregelmäßig geöffnet, meist Mo–Fr 10–12, 16.30–17.30 Uhr, Sa/So 10–12 Uhr, Eintritt frei

Ein wahrhaftes Feuerwerk barocker Verzierungen entlädt sich am Westportal und oberen Teil des Glockenturms der Pfarrkirche. Zu erreichen ist sie von der Plaza de España über die Calle de la Oliva nach Norden. Errichtet in einem höher gelegenen Stadtteil, wurde sie zum Wahrzeichen der Stadt. Vom Lissabonner Erdbeben 1755 teilweise zerstört, erhielt das Gotteshaus die verschwenderisch dekorierte Fassade beim Wiederaufbau vier Jahre später. Mit fein gearbeiteten Säulen und Bögen, reichlich Stuck und blau glasiertem Terrakotta erinnert sie an die üppigen Barockkirchen Südamerikas. Die Vorgängerkirche war im 15. Jh. erbaut worden.

Ein elegantes gotisches Grabmal des Ordensritters Vasco de Xerez und seiner Gattin Beatriz stammen aus der frühen Bauphase. Unbestrittenes Prunkstück des dreischiffigen Innenraums ist die mit Blattgold belegte Orgel, die bis an das Tonnengewölbe des Hauptschiffes reicht. Der barocke Altar aus dem Jahr 1691 bietet einen unerwarteten Anblick. Hoch oben, wo sonst meist eine edle Marienfigur mit Jesuskind milde auf die Gemeinde hinablächelt, spielt sich eine Szene brutaler Gewalt ab. Eine farbige Holzskulptur zeigt zwei Häscher, die im Auftrag von Pilatus den halbnackten Christus geißeln.

Museo de Arte Sacro 5

C/ Fuente de los Santos, 16, Mo–Fr 10–14 Uhr, Eintritt frei

Westlich der Plaza de España nahe der Quelle Fuente de los Santos verstecken sich die Räume des Museums für Sakrale Kunst. Ausgestellt sind Monstranzen, Gemälde, historische Bücher und Skulpturen. Eine Seltenheit ist eine Jesusfigur, die das Kreuz trotz seiner Wunden lässig umfasst. Ein solches Motiv findet sich in Spanien nur dreimal.

Übernachten

Kleinod – **La Posada de las Cigüeñas** **1**: C/ Santiago, 5–7, Tel. 924 73 14 46, www.laposadadelasciguenas.com, DZ um 75 € inkl. Frühstück. Das ›Storchennest‹ in einem ruhigen Altstadthaus bietet Platz für sieben unterschiedlich große und verschieden gestaltete Zimmer, die einzeln auf der Webseite des Hotels vorgestellt sind.

Essen & Trinken

Vorsichtig modernisiert – **Santa María** **1**: C/ del Reloj, 34, Tel. 924 75 04 29, tgl. 13–16, 21–23.30 Uhr, Hauptspeisen ab 10 €, Mittagsmenü ca. 10 €. Ein einfaches Restaurant, ein junger Koch, eine große Auswahl an extremenischen Speisen, aber auch Fisch von der Küste. Spezialität: *Caldereta de Cordeiro* (Lammeintopf).

Infos & Termine

Infos

Oficina de Turismo: Pza. de la Constitución, 4, Tel. 924 73 03 72, http://turismo.jerezcaballeros.es, Mo–Fr 9.30–14.30, 16.30–18.30, Sa/So 10.30–14 Uhr.

Termine

Semana Santa: Osterwoche. Beeindruckend sind die Prozessionen durch die steilen Altstadtgassen. Wichtigstes Fest der Region.
Salón del Jamón Ibérico: Mai. Auf der großen Messe wird die Qualität der Schinken begutachtet.
Festival Templario: Juli. Im Zentrum steht die Aufführung eines Theaterstücks im Alcázar. Thema: Der letzte Templerritter von Jerez. Begleitend finden ein Mittelaltermarkt und Gastronomiewettbewerbe statt.

Verkehr

Bahnhof: Avda. de la Estación, o. Nr., Tel. 902 24 02 02. Selten Züge nach Sevilla und Mérida.
Busbahnhof: Urbanización El Rodeo, o. Nr., Tel. 924 73 06 83. Sehr seltene Verbindungen nach Zafra, Badajoz, Mérida, Cáceres und Sevilla.
Parken: In den Hauptstraßen am Rande des historischen Zentrums gibt es ausreichend Parkmöglichkeiten. Von dort sind es maximal 10 Fußminuten zur Plaza de España.

Fregenal de la Sierra ▸ C 11

Schon die Anfahrt durch die Sierra Sueste und die Ausläufer der Sierra Morena wird dank der weiten Korkeichenhaine und grünen Berge zu einem Naturerlebnis. Angekommen auf dem Hauptplatz des reizenden Landstädtchens mit gerade einmal 5000 Einwohnern dürfte sich mancher Urlauber verwundert die Augen reiben. Er ist eingerahmt von blendend weiß gekalkten Gebäuden und bestanden mit himmelhohen Palmen. Dahinter erhebt sich eine Stierkampfarena. Es scheint, als sei man in Andalusien gelandet. Dieser Eindruck täuscht nicht einmal. Bis 1833 gehörte Fregenal de la Sierra zur Nachbarregion, die für südliche Leichtigkeit und Vitalität sorgte. Diese freundlichen Eigenschaften kommen Stadtbesuchern unmittelbar zugute, denn wer mindestens eine Nacht vor Ort verbringt, dem dankt das Tourismusamt mit einer kostenlosen Stadtführung. Ein weiterer Service besteht darin, dass die außer zu den Messen verschlossenen Kirchen von den Mitarbeitern des Amtes auf Wunsch geöffnet werden.

Paseo de la Constitución

An der Längsseite der Plaza Mayor, offiziell Paseo de la Constitución, fällt die neogotische Fassade eines palastartigen Wohnhauses mit weißen Wänden ins Auge, die sich an die braunen Mauern der frühgotischen **Iglesia de Santa María de la Plaza** 1 (Nr. 18) lehnen. Die Wehrhaftigkeit der Kirche wird im einschiffigen Innenraum durch einen vergoldeten Rokokoaltar aufgelockert. Er zeigt die Jungfrau Maria unter einem eleganten Baldachin. Braun und weiß, Gotteshaus und Privathaus, die Gebäude rund um den Platz entstammen unterschiedlichen Epochen und dienten unterschiedlichen Funktionen. Und doch fügen sie sich zu einem harmonischen Ensemble.

Castillo Templario 2

Eingang im Tourismusamt (C/ Rollo), Öffnungszeiten s. dort, Eintritt frei

Hinter der Pfarrkirche erhebt sich über den Resten der arabischen Festung eine Templerburg. Wenn Sie die Stufen im **Tourismusamt** hinaufgestiegen sind, erwartet Sie eine Überraschung. Plötzlich stehen Sie auf der Tribüne der **Stierkampfarena!** Kurios und einmalig, doch so wandelt sich mit den Zeiten eben auch der Inhalt der Kämpfe. Die eingebaute, bereits vorher durchquerte **Markthalle** vervollständigt die neuzeitliche Nutzung der historischen Wehranlage (Di und Fr vormittags). Trotz all dieses Durcheinanders findet das Auge hier oben Ruhe bei der Betrachtung der grandiosen Landschaft.

Iglesia de Santa Ana 3

Plaza Llano Santa Ana, 1, nur zu Messen und mit Führung (Näheres im Tourismusamt)

Am nordwestlichen Altstadtrand verbergen die groben Mauern des gotischen Gotteshauses ein prächtig vergoldetes Altarbild, das auf acht Holzreliefs Szenen aus dem Leben von Jesus, Maria und der hl. Anna erzählt. Geschaffen wurde es Mitte des 16. Jh. vom flämischen Künstler Roque Balduque, der sich in Sevilla niedergelassen hatte. Ein besonderer Hingucker ist im linken Seitenschiff die Figur eines Hirten mit galicischem Dudelsack an der Krippe Jesu.

Übernachten

Landhotel in der Stadt – **La Fontanilla** 1: C/ Bazán, 2, Tel. 924 70 06 00, www.la-fontanilla.es, DZ 50–100 €. Zwölf liebevoll dekorierte Zimmer zählt die Unterkunft hinter dicken Altstadtmauern. Ein ruhiger Innenhof ist für Grillabende wie geschaffen.

Essen & Trinken

Auch vom Grill – **Mesón Pedro Carloto** 1: C/ Madres Agustinas, 1, Tel. 653 97 98 03 (mobil), Mo–Fr 10–16, 20–13 Uhr, Sa/So 12–23 Uhr, Hauptspeisen ab 6 €. Spezialität ist *guarrito frito*, Schweinefleisch mit Knoblauch und Paprika.

Urige Taverne – **Bar Nito** 2: C/ El Rollo, 3, Tel. 924 72 00 51, Mi–Mo 13–16.30, 20–24 Uhr, Tapas 2–5 €. Malerisch hängen die saftigen Schinken über dem Tresen, empfehlenswert für den kleinen Hunger zwischendurch.

Mit königlichem Diplom – **Pastelaria Risco** 3: C/ Nuevas, 4. Schon König Afonso XII. goutierte anno 1879 die traditionellen Kuchenrezepte, die heute in einem modernen Interieur serviert werden.

Fregenal

Sehenswert
1 Iglesia de Santa María de la Plaza
2 Castillo Templario
3 Iglesia de Santa Ana
4 Jesuitenkirche
5 Palast der Marquesa de Ferrara
6 Convento Señora de la Paz
7 Palast der Grafen von Torrepilares
8 Neo-arabischer Palast
9 Palacio del Marqués de Riocabado
10 Wohnhaus von Don Rodrigo Sánchez-Arjona

Übernachten
1 La Fontanilla

Essen & Trinken
1 Mesón Pedro Carloto
2 Bar Nito
3 Pastelaria Risco

Einkaufen
1 Cerámicas Gallardo

Abends & Nachts
1 Calle Monteros

Einkaufen

Klösterliche Süßigkeiten – **Convento Señora de la Paz** 6: C/ Marqués de Riocabado, o. Nr. Die von Nonnen gebackenen Kekse werden entweder im Laden Despacho de dulces **hinter der Klosterpforte** oder im romantischen Innenhof des Klosters durch das alte Drehfenster verkauft. Bitte klingeln!

Traditionelle Töpferei – **Cerámicas Gallardo** 1: C/ Mazaderos, 74. Tonwaren und Kacheln mit lokalen Dekoren stellt der Familienbetrieb seit fünf Generationen her.

Aktiv

Wandern – Das Touristenbüro (s. u.) hält eine gut gestaltete Infobroschüre zu sechs Wanderungen in der Umgebung bereit.

Abends & Nachts

Im einstigen Zentrum des Nachtlebens, der **C/ Monteros** 1, die im jugendlichen Volksmund deshalb auch »Lasterpflaster« *(calle del vício)* genannt wurde, fristen nur noch wenige Bars ein bescheidenes Dasein. Einige weitere befinden sich um den Paseo de la Constitución.

Infos

Infos

Oficina de Turismo: C/ Rollo, 1 (nahe Paseo de la Constitución), Tel. 924 70 00 00, www.fregenaldela ▷ S. 252

Auf Entdeckungstour: Fregenal – der diskrete Charme der Aristokratie

Als Fregenal de la Sierra einst zu Andalusien gehörte, stellten die Wohlhabenden aus Sevilla noble Wohnhäuser in die engen Gassen, um im kühleren Bergland die Sommermonate zu verbringen. Von rauschenden Festen und der fröhlichen Geselligkeit einer mondänen Oberschicht berichten die Erzählungen. Die Reichen und die Schönen treffen sich heutzutage anderenorts, doch ihre eleganten Stadtpaläste sind noch zu bestaunen und der eine oder andere Blick ins Vestibül oder den Innenhof zu erhaschen.

Cityplan: s. S. 249

Dauer: etwa 1 Std.

Start: Gotisches Portal der Templerburg 2 auf dem zentralen Altstadtplatz Paseo de la Constitución.

In die noblen Wohnviertel von einst führt die Calle Soto Mancera. Hinter einer Straßengabelung (folgen Sie halbrechts der C/ Marqués de Riocabado) haben die stolzen Besitzer des **Palastes** unmittelbar vor der einstigen **Jesuitenkirche** 4 ihr fein ziseliertes Familienwappen auf der Rückseite des Gebäudes montiert. Aber warum nicht am Haupteingang? Ganz einfach! Der adlige Hausherr hatte sich mit seinem Pastor überworfen. Er verlegte darauf seine Postadresse an die rückwärtige Straße, machte aus der Hintertür den Haupteingang und konnte so die Gemeinde inklusive Pfarrer wechseln. Im **Jesuitenkolleg** (C/ Herrería, o. Nr.) lehrten die Mönche seit dem 17. Jh. Philosophie und Theologie.

Allerlei im Innenhof

Die schwere braune Holztür des **Palastes der Marquesa de Ferrara** 5 in der Calle Los Remedios, 13 (nahe der Jesuitenkirche) ist oft nur angelehnt. Im Innenhof hinter einer Vorhalle parken immer noch drei herrschaftliche Kutschen. Zurück geht's auf die Calle Marqués de Riocabado und zum **Nonnenkloster Sra. de la Paz** 6 (Nr. 24). Der Patio wird von einer üppigen Bougainvillea erfüllt – und von einem kleinen Laden mit wunderbaren klösterlichen Keksen.

Durch diese Leckereien gestärkt und die Straße weiter gehend stoßen Sie auf den eleganten **Barockpalast der Grafen von Torrepilares** 7 (C/ Iglesia Santa Ana, 2). Kunstvoll geschmiedete Eisengitter schützen das Erkerfenster. Darüber prangen ein behelmter Ritter und eine Krone im Familienwappen. Medaillons zieren die Fensterumrahmungen, Blumentöpfe und florale Motive das Dachgesims.

Ein **neo-arabischer Palast** 8 (C/ Iglesia Santa Ana, 1) aus dem frühen 20. Jh. überrascht schräg gegenüber. Der Innenhof erinnert an den Löwenhof der Alhambra in Granada. Eine perfekte Kulisse für die Geschichten aus 1001 Nacht, und tatsächlich wurde hier schon einmal ein Film gedreht!

Auf den Spuren des Kolumbus

Nach dieser architektonischen Spielerei erreichen Sie in der südwestlichen Altstadt das älteste Herrenhaus von Fregenal (Calle Bravo Murillo, 11). Der **Palacio del Marqués de Riocabado** 9 besitzt zudem die längste Häuserfront in der Altstadt, die ein durchgängiger Balkon mit Metallgitter ziert. Dem Markgrafen war es vergönnt gewesen, Doña Josefa Colón vor den Traualtar zu führen, eine direkte Nachfahrin von Kolumbus (Span.: Colón). Um seiner italienischen Gattin zu gefallen, ließ der Hausherr das Hauptportal mit Marmor- und Granitplatten im Renaissancestil einrahmen. Ihr erlauchter Vorfahr wird in einem bekrönten Doppelwappen hoch über dem Eingangsportal gewürdigt. Die rechte Seite umläuft ein mit bloßem Auge allerdings schwer zu entziffernder Spruch, den jedes spanische Schulkind auswendig lernen muss: A Castilla y León nuevo mundo dio Colón – »Kastilien und Leon gab Kolumbus die Neue Welt«.

Der Garten versteckt sich nach arabischem Brauch hinter hohen Mauern. Doch der 300 Jahre alte Lorbeerbaum hat sich in solche Höhen geschraubt, dass er die linke Seitenwand des Palastes deutlich überragt. Hübsch ist auch der Patio des Nachbarhauses.

Das erste Telefon Spaniens

An der nächsten Kreuzung bringt Sie die Calle Herrería zum **Wohnhaus von Don Rodrigo Sánchez-Arjona** 10 in der Calle Santa Clara 9–15. Kaum zu glauben, aber wahr: Hinter diesen Mauern wurde der erste Telefonanschluss Spaniens freigeschaltet! Mit einem spektakulären Ferngespräch nach Sevilla und später sogar nach Cadiz schrieb Rodrigo im Dezember 1880 Geschichte. Sein amerikanischer Kollege Graham Bell hatte zuvor lediglich 45 Meilen zwischen Boston und Providence überbrücken können.

sierra.es, tgl. 10–14.45, 18–20.15 Uhr, im Winter 10–14.45, 17–19.15 Uhr. Kostenloser Audioguide zur individuellen Stadterkundung (auf Spanisch) und viele Infos auch zu den zahlreichen lokalen Festen und Prozessionen. Dazu kostenlose, ca. 90-minütige und sehr unterhaltsame Stadtführungen wochentags vormittags (auch in Engl.)

Verkehr

Bus: Wenige Verbindungen nach Badajoz, Zafra und Sevilla.

Higuera la Real ▸ C 11

Luis de Morales, der Maler des 16. Jh., hat zahlreiche Pfarrkirchen der Extremadura mit seinen Gemälden beglückt, so auch die **Iglesia de Santa Catalina** im schmucken Higuera la Real 5 km südlich von Fregenal. Auf sechs Bildtafeln malte er die Passion Jesu in düster-bedrohlicher Stimmung. Die überlangen, schmalen Gliedmaßen der zentralen Gestalten erinnern an El Greco und weisen Morales als Vertreter des Manierismus aus. Die Kirche ist meist von 10 bis 13 Uhr geöffnet, auch das Tourismusamt hat einen Schlüssel.

Wer sich für die lokale Frühgeschichte interessiert, dem sei ein Abstecher zu dem gut dokumentierten keltischen **Castrejón de Capote** empfohlen, das ab dem fünften vorchristlichen Jahrhundert besiedelt war. Es liegt etwa 6 km südlich an der N-435,

Wie aus dem Bilderbuch: die wuchtige Burg des Santiago-Ordens in Segura de Léon

km 102 (Mi–So 10–14, 16–18 Uhr, Mitte Juni–Mitte Sept. 10–14, 18–20 Uhr, Eintritt frei).

Infos

Oficina de Turismo: Higuera la Real, C/ La Fuente, Tel. 924 72 33 28, www.higuerareal.es, Mo–Fr 10–14, 17–19 Uhr, Sa nur vormittags.

Segura de León ▸ D 11

Der Ort steht ganz im Zeichen der christlichen Rückeroberung im Jahre 1248. Seine weißen Häuser ziehen sich den Hügel hinan bis unter die Mauern der Ritterburg. Mit ihren Zinnen, Mauergängen und Wachttürmen scheint die wuchtige Burg einem Märchenbuch entsprungen (C/ Castillo, o. Nr.). Der Santiago-Orden ließ die Festung im 13. Jh. errichten. Nach Umbauten diente sie den Befehlshabern bis zur Auflösung des Ordens 1833 als Residenz, die **Encomienda Mayor de León.**

Die frühgotische Pfarrkirche **Nuestra Señora de la Asunción** (C/ Iglesia, 2) im Stadtzentrum wurde im 16. Jh. durch ein platereskes Portal verschönert. Auch andere Bauten im Mudéjarstil schufen arabische Handwerker, so den Säulengang der Plaza Mayor.

Übernachten, Essen

Auf der Burg – **Castillo de Segura de León:** C/ Castillo, o. Nr., Tel. 924 70 31 10, www.hotelcastillodesegura.com, DZ ab 75 €, Menü ab 18 €. Kleines Familienhotel mit nur acht regionaltypisch eingerichteten Zimmern in der Burg. Im angeschlossenen Restaurant wird auch baskisch gekocht, Spezialität ist Stockfisch mit scharfen Pfefferschoten.

Monasterio de Tentudía ! ▸ E 12

Di–So 11–18 Uhr, im Winter 10–17 Uhr, Eintritt frei

Pico de Tentudía, ein Berg von 1104 m Höhe! Und darauf ein Kloster aus dem 13. Jh.! Wahrhaft ein Höhepunkt, den es zu besuchen lohnt, auch wenn er ganz im Süden liegt und die Kurven der schmalen Straße manchmal arg eng ausfallen. Blau scheinen die unberührten Berge der **Sierra de Tentudía,** die bis zum südlichen Horizont reichen. Dort liegt Andalusien, fast meint man, das Meer zu sehen. Der

Duft der Ölbäume liegt in der Luft. 225 Tierarten sind in der Sierra heimisch, vom Feuersalamander bis zu Königs- und Kaiseradler.

Manche Legende haben die fast unzugänglichen Landschaften hervorgebracht. Ein von einem Bach durchflossenes Tal heißt **Barranco del Moro,** die Schlucht des Mauren. Die Fluten sollen sich rot vom Blut der getöteten Araber gefärbt haben. Grausam! Sanftmütig zeigt sich dagegen das Bild in Richtung Norden, wo sich die offene Ebene bis Mérida erstreckt.

Die Geschichte des wehrhaften Klosters von Tentudía nahm im 13. Jh. ihren Anfang. Mit einem kleinen Kirchlein revanchierte sich der christliche Feldherr Pelay Pérez Correa für die wundersame militärische Unterstützung durch die Jungfrau Maria. Der Krieger habe sie, so erzählt die Sage, während einer entscheidenden Schlacht gegen die Mauren angefleht, den Lauf der Sonne anzuhalten und so den Kampftag zu verlängern. Oder im O-Ton: »Santa María detén tu día!« Sie tat es, die bereits geschwächten arabischen Soldaten wurden besiegt und die Kirche hatte ihren ungewöhnlichen Namen weg.

Nach zahlreichen Erweiterungen wurde sie 1514 in ein Kloster umgewandelt, deren Räume sich um einen bezaubernden kleinen Kreuzgang im Mudéjarstil gruppieren. Aus schmalen Ziegelsteinen erbaut, verfügt er über zwei von Rundbögen eingefasste Stockwerke. In seiner Mitte sorgte ein Brunnen für Trinkwasser.

Frühe Majolikafliesen aus dem Jahr 1518 sind die Zierde des Hauptaltars in der angrenzenden Kirche. Direkt davor steht die anbetungswürdige Hauptperson. Eine jungfräulich weiß gekleidete Maria trägt Silberkrone und Jesuskind. Der Künstler orientierte sich bei der Fertigung an volkstümlichen, eher kitschigen Vorbildern. Die Statue verlässt ihren heiligen Ort alljährlich am 15. August, wenn sie in einer feierlichen Prozession auf einem von Ochsen gezogenen Wagen hinunter in die Pfarrkirche von Calera de León gebracht wird. Etwa 5000 Gläubige folgen ihr während der Wallfahrt Romería de Tentudía, wenn sie zu ihrem Namenstag am 8. September den Berg wieder hinaufgezogen wird. Dieses Spektakel wiederholt sich ohne Unterbrechung seit über 700 Jahren. Fast bescheiden wirkt dagegen das Grabmal des Ritters und Kirchenstifters Correa in einer Seitenkapelle mit rundem Grundriss.

Aktiv

Wandern – Ein gut markierter Rundwanderweg führt über 11,7 km Länge vom Kloster abwärts durch Kiefernwälder und Olivenhaine, vorbei an Korkeichen und schließlich über 374 Höhenmeter zum Ausgangspunkt zurück. Die tollen Ausblicke entschädigen für mögliche Kurzatmigkeit.

Calera de León ▸ E 12

Bereits die Römer siedelten hier, und die Araber nannten den Ort Al Caxera – zu Deutsch »Die Weiße«. Größere Bedeutung erlangte Calera de León nach der Reconquista als militärisch-religiöses Zentrum des Santiago-Ordens, der seine südliche Verteidigungslinie absicherte.

Im 16. Jh. wurde das Kloster **Conventual Santiaguista** quasi als Bodenstation errichtet, um jene Mönchsritter aufzunehmen, die im Tentudía-Kloster oben bei den Wolken keinen Platz mehr fanden. Kurz darauf gründete Kaiser Karl V. in den

Klostermauern ein Kolleg für Grammatik, Theologie und Künste. Dessen humanistischer Geist sollte wohl das Rathaus und das neue **Centro Cultural Carlos V.** beflügeln. Einen Besuch lohnt der doppelstöckige Klosterhof mit seinen zeitlos-schlichten Rundbögen, die bereits die heraufziehende Renaissance anzeigen. An der Plaza de España vor dem Kloster laden Bars zu einer kleinen Rast ein (Plaza de España, 12, Mo–Fr 10–14, 17–20 Uhr, im Winter 10–14, 17–20 Uhr, Sa 9.30–14.30, 17–19, So 10–15 Uhr, Eintritt 1,50 €, Zugang über die Bibliothek im 1. Stock).

Infos & Termine

Infos

Oficina de Turismo: Plaza de España, 12, im Kloster, allerdings meist geschl. Auskünfte erteilt dann die Bibliothek im gleichen Gebäude.

Termine

Jamón de Monesterio: 2. Aug.-Hälfte. Ein Fest für den Schinken im 7 km östlich gelegenen Monesterio

Fuente de Cantos

▶ E 11

Die Gemeinde an der Autobahn Richtung Zafra hätte keine sonderliche Erwähnung verdient, wäre dort nicht 1598 der Maler Francisco de Zurbarán geboren worden. Sein Wohnhaus kann derzeit aufgrund des schlechten baulichen Zustandes nicht besichtigt werden. Ersatzweise wurde in einem Klostergebäude am südwestlichen Stadtrand das **Centro de Interpretación de Zurbarán** eingerichtet. Es bildet allerdings einen nur sehr bescheidenen Ersatz mit einigen Reproduktionen und der Rekonstruktion einer damaligen Malerwerkstatt (C/ de los Frailes, o. Nr., Di–Sa 10–14, 17–20 Uhr, im Winter 10–14, 16–19 Uhr, So jeweils nur 10–14 Uhr, Eintritt frei). Angeschlossen ist eine moderne Pilgerherberge der Vía de la Plata.

Termine

Fiesta de la Chanfaina: April. Alles dreht sich um den Eintopf *chanfaina* mit Lamm und Zicklein.

Llerena und Umgebung ▶ F 11

Ähnlich orientierungslos wie in einem nordafrikanischen Souk wird sich so mancher Besucher anfangs im Straßengewirr von Llerena fühlen. Auf Straßenschilder ist bei der Orientierungssuche wenig Verlass. Nur manchmal lässt sich der einem Minarett ähnelnde Glockenturm der Pfarrkirche blicken und weist den Weg zur zentralen Plaza Mayor. Bis heute ersichtlich ist, dass die Stadt, die von einer Mauer umschlossen wird, von den Arabern gegründet wurde, und zwar im 11. Jh. unter dem Namen Ellerina. Nach der christlichen Rückeroberung avancierte Llerena, wie so viele Orte an der Grenze zu Andalusien, schnell zu einem Sitz des Santiago-Ordens. Seine Großmeister errichteten im 14. Jh. repräsentative Residenzen.

Ein dunkles Kapitel der katholischen Geschichte läutete Königin Isabella 1508 ein. Zum vermeintlich festen Bollwerk des Glaubens ließ sie Llerena durch die Gründung eines Inquisitionsgerichtes ausbauen. Die schönfärberisch Heiliges Amt *(santo oficio)* genannte Spitzelbehörde sollte spanische Juden und Mauren nach ihrer Zwangstaufe als falsche Christen überführen.

Diese Verfolgung vermeintlich oder wirklich Andersgläubiger erlangte eine immer größere Bedeutung in der spanischen Gesellschaft. Die Inquisiton wurde die erste landesweit agierende Einrichtung im zersplitterten Spanien. Llerena rückte ins Zentrum und entwickelte sich mit damals 8300 Einwohnern zur zweitgrößten Stadt der Extremadura, in der Handel und Kunst blühten. Die geschickten Hände der maurischen Handwerker, viele von ihnen aus dem nahen Granada geflohen, verliehen den neuen Klöstern, Kirchen oder Palästen arabisch anmutende Formen.

Stadtrundgang

Palacio de Los Zapata 1

C/ Luis Zapata de Chaves, 1

Kurioserweise waren es diese zwangsgetauften Moslems, die den Palast des Inquisitionsgerichtes schufen. Sie waren einfach die geschickteren Handwerker! Abweisend wirkt die doppelte Säulenreihe vor dem Eingang. Doch hinter den Mauern verbirgt sich einer der schönsten Innenhöfe im Mudéjarstil. Fast leicht und sehr hoch zeigt sich der doppelstöckige Säulengang. Auch heute beherbergt das Gebäude einen Gerichtshof, der zum Glück keine Andersgläubigen mehr bedroht, deswegen aber Besuchern offensteht.

Der arabischen Baukunst wurde allerdings 1609 ein Ende bereitet, als die 273 000 in Spanien verbliebenen *moriscos* vertrieben wurden. Dieser ungeheure Aderlass an qualifizierten Fachkräften trug zum Niedergang von Llerena bei, das eine derartige Bedeutung nie wieder erlangte und heute nicht einmal 6000 Einwohner zählt.

Plaza Mayor 2

Das strahlende Weiß der Fassaden, kontrastiert vom Schwarz der schmiedeeisernen Laternen, ein kunstvolles Pflastermosaik und dazu ein Paar hohe Palmen vor dem Rathaus – schon sind alle notwendigen Zutaten für den zentralen Treffpunkt in einer extremenischen Kleinstadt beisammen. Einzig stören die Autofahrer auf meist aussichtsloser Parkplatzsuche. Bars und bescheidene Restaurants säumen den Hauptplatz. An der Nordseite dürfen Sie unter Arkaden aus dem 16. Jh. Ihren Kaffee oder ein Glas Wein trinken. Die Logenplätze liegen indess gegenüber: Der Pfarrkirche Nuestra Señora de la Granada (s. u.) sind zwei Säulengänge im Mudéjarstil vorgesetzt. Hier nahmen die städtischen und geistlichen Honoratioren Platz und verfolgten aus der erhöhten Position die schrecklichen Autodafés der Inquisition, belehrende Theateraufführungen, blutige Stierkämpfe oder fröhliche Volksfeste.

Links vor dem barocken Seitenportal der Kirche betrachtet still die **Bronzestatue des Malers Francisco Zurbarán** das städtische Treiben. 15 Jahre lebte er in Llerena und hatte seine Staffelei nur wenige Meter entfernt im Obergeschoss jenes Gebäudes aufgestellt, in dem ein Hotel-Restaurant seinen Namen trägt. Daran grenzt das repräsentative Gebäude der Stadtverwaltung im klassizistischen Stil.

Nuestra Señora de la Granada 3

Plaza de España, o. Nr.,
tgl. 10–12.30, 19–20 Uhr

Die festliche Hauptkirche Llerenas ist das Werk langer Jahrhunderte. Entsprechend viele Baustile sind eingeflossen. Das Westportal mit der Puerta del Perdón ist robuste Gotik, darüber erfreut ein graziles Mudéjarfenster

Llerena

Sehenswert
1 Palacio de Los Zapata
2 Plaza Mayor
3 Nuestra Señora de la Granada
4 Iglesia de Santiago
5 Hospital de San Juan de Dios / städt. Bibliothek
6 Convento de Santa Clara
7 Iglesia de la Merced
8 Museo Histórico Ciudad de Llerena

Übernachten
1 Mirador de Llerena

Essen & Trinken
1 La Cuadra

Einkaufen
1 Casa Maestral

mit Hufeisenbogen das Auge. Die oberen drei Stockwerke sind üppig im Barockstil dekoriert. Ungeachtet des ungewöhnlichen Stilmix verleiht die durchgängige Verwendung von Ziegelsteinen dem Glockenturm ein stark arabisches Gepräge. Hingegen irritiert die stilistische Vielfalt im recht überladenen Kirchenschiff. Sehenswert ist allerdings in der vorderen rechten Seitenkapelle ein Gemälde Zurbaráns mit dem gekreuzigten Jesus (»El Cristo en la cruz«).

Iglesia de Santiago 4

C/ de Santiago/Ecke C/ de Catalina Clara, geöffnet nur zur Messe

Leider ist dieses wehrhaft-trutzige Kirchengebäude aus dem 15. und 16. Jh. an der Plaza Cervantes meist nicht zu besichtigen. Erbauen ließ es der Santiago-Orden als letzte Ruhestätte ihres Großmeisters Don Alonso de Cárdenas und seiner Gattin. Ihre Grabmäler werden von kunstvollen Statuen im flämisch-gotischen Stil geschmückt. Daneben imponiert der barocke Hauptaltar in goldener Pracht aus dem 17. Jh.

Hospital de San Juan de Dios 5

C/ de Santiago, 44, Mo–Fr 11–14, 16–20 Uhr

Schräg gegenüber führt ein klassizistisches Portal zu den Räumen eines ehemaligen Hospizes, in dem früher die Armen Hilfe fanden. Es war die bedeutendste von fünf Einrichtungen dieser Art in Llerena. Das Gebäude aus dem 17. und 18. Jh. erfährt nach umfassender Renovierung nun eine außergewöhnliche Nutzung: In die einschiffige Krankenhauskapelle ist die **städtische Bibliothek** eingezogen! Strahlend weiß getüncht zeigt sich das Mauerwerk, in den Altarraum und die Seitenkapellen sind braune Regale eingefügt. Die höheren Bereiche werden über geschwungene Holztreppen erreicht, die stilistisch dem Art déco angelehnt sind.

Convento de Santa Clara 6

Calle Corredera, 19, Besichtigung nach Anmeldung, Tel. 924 87 25 62, Eintritt frei

Frauen der oberen Schichten hingegen fanden Zuflucht hinter den roten Mauern des nahen, 1508 gegründeten Klarissenklosters. Es trägt ebenso wie der bezaubernde Patio die Handschrift der maurischen Handwerker. Dem gesellschaftlichen Rang der Nonnen entspricht die Pracht der Klosterkirche. Sie markiert den Übergang von der Renaissance zum Barock. Rundkuppel und Wände sind reich mit Fresken verziert.

Hinzu kommt ein **Sakralmuseum,** das die Geschichte der Franziskaner in Llerena in den Mittelpunkt stellt. Die Nonnen dieses letzten aktiven Konvents in der Stadt sind bekannt für ihr leckeres Backwerk, das am Drehfenster hinter der braunen Eingangstür den Besitzer wechselt.

Calle Bodegones

Auch einige Wohnhäuser besitzen mudéjare Stilelemente. An der nordwestlichen Seite der Plaza de España führt die Calle Bodegones an der Bank BBVA vorbei auf das Haus Nr. 7 zu, das sich im ersten Stock mit einem eleganten Zwillingsfenster schmückt. Gleich dahinter wurde an Häuserfassaden auf der rechten Seite die arabische Bausubstanz aus schmalen Ziegelsteinen freigelegt. Kontrastiert wird das mittelalterliche Ensemble durch eine großflächige, silbern spiegelnde Wandbekleidung. Sie bildet die Rückseite des neuen **Stadtmuseums** (s. u.).

Am Ende der Straße liegt die frühere Jesuitenkirche **Iglesia de la Merced** 7, die heute als Kulturzentrum genutzt wird (Plazuela de los Ajos, 1). Gegenüber verbirgt sich in einem heute von der Universidad popular genutzten Palast ein weiterer Mudéjar-Innenhof. Die Ziegel des doppelstöckigen Patios mit altem Brunnen sind teilweise mit einer weißen Kalkschicht überzogen.

Museo Histórico Ciudad de Llerena 8

C/ Zapatería, 5, Do/Fr 17–21, Sa 10–14, 16–20, So 10–14, Juli/Aug. Di–Fr 18–22, Sa 10–14, 18–22, So 10–14 Uhr Eintritt 1 €

In der Calle Zapatería auf dem Weg zurück zur Plaza de España stoßen Sie auf das 2013 eingeweihte Stadtmuseum, das ein neues Aushängeschild der Gemeinde bilden soll. Ein bischöflicher Palast aus dem späten 15. Jh. wurde gewagt modernisiert. Erhalten blieb das wuchtige Eingangsportal mit seinem Prioratswappen, vor das ein überdimensionales, rostbraunes Museumsschild und mehrere marmorne Stelen gesetzt wurden. Im Inneren sind Reste des Kreuzgangs und einige Fresken erhalten. Angeschlossen ist ein Innenhof mit Café. Bis die endgültige Nutzung der Ausstellungssäle bestimmt ist, stellen Handwerker auf Regionalmessen prämierte Werke aus, von Seidenstickereien bis Metallarbeiten.

Übernachten

Im Stadtpalais – **Mirador de Llerena** 1: C/ Aurora, 7, Tel. 924 87 05 97, www.hospederiasdeextremadura.es, DZ um 80 €. In einer Gasse, die auf die Plaza Mayor führt, wurden Fassade und Eingangshalle eines Stadtpalasts aus dem 19. Jh. aufwendig restauriert. Dahinter nimmt ein Neubau 25 geräumige moderne Zimmer auf.

Essen & Trinken

Kreative Regionalküche – **Doña Mariana:** im Hotel Mirador de Llerena 1, tgl. 13.30–16, 21–23 Uhr, Hauptspeisen ab 12 €, Menüs ab 18 €. Gediegen sitzen und speisen die Gäste im glasüberdachten Innenhof mit gusseisernen Säulen und Galerie. Traditionellen Gerichten aus regionalen Zutaten verleiht der Koch eine moderne Note, auch vegetarisch.

Schwein und Fisch – **La Cuadra 1**: C/ Pedro Paz, 6, Tel. 924 87 12 07, Mi–Mo 13–16, 20.30–23.30 Uhr, Hauptgerichte ab 12 €. Gerichte vom iberischen Schwein und frische Fische sind die Spezialitäten in dem gemütlichen Restaurant, die im Sommer auch auf der Terrasse serviert werden.

Einkaufen

Regionale Mitbringsel – **Casa Maestral 1**: C/ Cárcel, 11. Hochwertiges Kunsthandwerk verschiedener örtlichen Hersteller. Schön ist der Blick in den mudéjaren Innenhof.

Aktiv

Wandern – **Ruta del Rey Jayón:** Letzter So im April. 23,8 km lange Streckenwanderung, Anmeldung auch kurzfristig im Tourismusamt.

Infos & Termine

Infos

Oficina de Turismo: C/ Aurora, 2, Tel. 924 87 05 51, www.llerena.org, Mo–Fr 10–14, 18–20 Uhr, im Winter 10–14, 17–19 Uhr, Sa/So 11–13.30 Uhr.

Termine

Matanza: März. Zum Schlachtfest wird in der Mitte der Plaza de España ein riesiger Eintopf *cocido extremeño* gekocht. Guinnessbuch-verdächtig!

Fiestas Mayores: Aug., Höhepunkt am 15. Aug. Kulturfest mit Theater, Konzerten, Literatur zu Ehren der Jungfrau von Granada.

Verkehr

Parken: Fast aussichtslos ist die Parkplatzsuche im historischen Stadtkern, leichter ist es an den Hauptstraßen rund um die Stadtmauer.

Bahnhof: C/ Estación, Tel. 902 24 02 02, Züge nach Sevilla, Zafra und Mérida.

Busbahnhof: Paseo de Cieza de León, Tel. 924 55 39 07. Selten nach Zafra und Fuente de Cantos, dort Umsteigemöglichkeiten nach Mérida und Sevilla.

Regina und Reina ▶ F 11

Ein Abstecher in Richtung Süden führt gleich hinter Casa de Reina zu den Resten der römischen Stadt **Regina.** Von Cäsar oder Augustus an der Straße von Mérida nach Sevilla gegründet, lebte Regina vom fruchtbaren Boden und von nahen Eisenerzminen. Ausgrabungen brachten die Grundmauern von Geschäfts- und Wohnhäusern, Teile des Forums und eines Theater mit einem Fassungsvermögen von 1000 Zuschauern zutage.

Auf den leicht ansteigenden Bankreihen können Urlauber heute Platz nehmen und ihren Blick über die mit Säulen geschmückte Bühne zur flachen Landschaft der Campiña Sur schweifen lassen. Und vielleicht darüber grübeln, wie gleichermaßen mühsam und zufällig doch archäologische Arbeit sein muss, wenn gerade unter diesem Acker ein solch großartiges Ensemble geborgen werden konnte (EX-200, km 7, Di–So 10–17 Uhr, Eintritt frei).

In etwa 4 km Entfernung errichteten die Araber im 11. Jh. auf einer Anhöhe eine Festung, zu der ein schmaler Weg vom Örtchen **Reina** führt. Für die Tore und Bögen ihrer *alcazaba* verwendeten sie Lehm und behauene Granitblöcke, die vermutlich aus der römischen Theateranlage ▷ S. 263

Auf Entdeckungstour: Abenteuer Alltagsleben – im Museo Etnográfico de Azuaga

Das zauberhafte Volkskundemuseum von Azuaga liefert den Beweis, dass es in einem Museum amüsant und kurzweilig zugehen kann. In den Kellerräumen einer früheren Bodega werden Geschichten vom ländlichen Leben erzählt und schon fast vergessene Berufe, Produktionsstätten, Werkzeuge und Spiele vorgeführt.

Reisekarte: ▶ G 11

Dauer: ca. 1 Std.

Info: Museo Etnográfico de Azuaga, Calle Muñoz Crespo 19, Fr–Sa 10–14, 17–20, So 11–14 Uhr, Juli–Sept. Di–Sa 10–14, 18–21 Uhr, So 11–14 Uhr, Eintritt frei.

Zu Beginn der Ausstellung gibt es ein paar harte Nüsse zu knacken. Drei kleine Glasvitrinen zeigen vier Gegenstände, ohne Erklärung und losgelöst aus ihrem jeweiligen Verwendungszweck. Keine Ahnung, wozu sie dienten? Noch bis vor 50 Jahren waren sie aus dem Alltagsleben nicht wegzudenken. Und heute sind sie für die allermeisten vergessen ...

Hier im Museum bieten die seltsamen Gegenstände nun eine schöne

Einstimmung auf die interessante Ausstellung. Man staunt, stellt sich Fragen und wird neugierig auf des Rätsels Lösung, die immer auch eine Geschichte erzählt über vergangenes Leben, Arbeiten und Feiern.

Des Rätsels Lösungen

Im ersten Glaskasten liegt zum Beispiel ein eigentümliches Metallobjekt mit Handgriff und gezacktem Boden. Es handelt sich um einen Brotstempel zur Kennzeichnung des eigenen Backwerks, bevor es zusammen mit all den Laiben der Nachbarn in den einzigen Ofen des Dorfes geschoben wurde.

Weiter zur zweiten Vitrine und zu einem runden Etwas aus Kork, das kunstvoll mit Schnitzmustern verziert ist. Mit solchen Arbeiten haben sich die Schäfer die freie Zeit während der Wanderschaft durch die Eichenwälder vertrieben. Es ist ein Melkschemel. Leicht musste er sein, denn viel Gepäck konnte so ein Hirte nicht mit sich führen. Aber warm hielt der Kork den Allerwertesten. Auch der Löffel aus Horn in der gleichen Vitrine wurde fein ornamentiert – ein wahres Kulturgut, wenn auch der kleinen Leute.

Die dritte Vitrine beweist, dass die Einwohner von Azuaga nicht von Brot und Schafsmilch allein lebten, sondern ausgiebig feiern konnten. Zu sehen sind drei miteinander verbundene Holzbretter, die als Rhythmusinstrument bei Volksfesten zum Einsatz kamen. Hätten Sie's gewusst?

Vergessene ländliche Tätigkeiten

Im ersten Saal sind Gerätschaften ausgestellt, die unabdingbar waren für die Arbeit auf dem Lande. Zwar sind die Infotafeln nur in Spanisch gehalten, doch erklären auch die anschaulichen Zeichnungen die Arbeitsabläufe. Etwa beim Einbringen des Weizens *(la recolección del trigo)*: Das sonderbare, mit Kieselsteinen gespickte Brett ist eine Egge zum Begradigen des gepflügten Feldes, die großen Holzgabeln waren unentbehrlich zum Heumachen, das Sieb diente zum Trennen der Spreu.

Beim nächsten Thema, dem Brotbacken *(elaboración del pan)* lässt eine überdimensionierte Backschaufel die Größe eines dörflichen Gemeinschaftsofens zumindest erahnen. Und die Notwendigkeit eines Stempels zur Kennzeichnung – bei so vielen Broten, die darin Platz fanden.

Leben von und mit den Tieren

Gleich links davon werden Fallen in allen Formaten gezeigt, mit den größten wurden Hirsche erlegt. Das geschah im Verborgenen, schließlich war das Fallenstellen in der Extremadura strengstens verboten. Die Strafen waren empfindlich, denn die Jagd blieb Privileg des Adels. Wie überall auf der Welt. Und auch wie überall trug die Wilderei wesentlich zum Überleben der armen Landbevölkerung bei. In dem ausgestellten Rinderhorn war das Schießpulver versteckt, in dem kleinen Rucksack wurden die erlegten Tiere verborgen.

Im Zentrum des Saales wird das Schäferdasein nachempfunden. Bereits auf der Weide wurde die frisch gemolkene Schafsmilch in einfachen

Gefäßen zu Käse verarbeitet. Das ausgestellte Metallhalsband, gefährlich gespickt mit eisernen Dornen, schützte die Schäferhunde vor den tödlichen Bissen der Wölfe. Der bescheidene Tisch ist mit leichtem Geschirr für unterwegs aufgedeckt. Bereit liegen ein Korkbehälter zum Warmhalten der Speisen und ein aus Rinderhorn gefertigter Trinkbecher.

Weiter geht's zum Schweineschlachten. Die Tiere wurden auf Federwaagen gewogen, deren Funktionsweise bereits die alten Römer kannten. Danach legte man sie zum Schlachten in den Holztrog, der einem Kanu verblüffend ähnlich sieht. Für die beliebten *chorizos,* die kräftigen Paprikawürste, wurde das Schlachtgut durch den Fleischwolf gedreht. Danach kam die traditionelle Wurstabfüllmaschine vorne links zum Einsatz.

Und auch noch zu Süßem war das Schwein gut. Die beliebtesten Küchlein wurden in reinem Schmalz ausgebacken. Freilich nur an den Festtagen! Die ausgestellten Metallformen wurden dafür mit Teig gefüllt und an ihrem langen Stab in das heiße Schmalz gedrückt – so wird das einheimische Sternengebäck in den örtlichen Konditoreien noch heute fabriziert.

Tanga – das extremenische Boule

Zur Auflockerung des Museumsbesuchs dürfen Sie nun selbst aktiv werden und in einem kleinen Patio unter freiem Himmel das Tangaspiel erproben, das in der Region sehr beliebt ist. Eine kurz gefasste Spielanleitung: In der Mitte eines am Boden markierten Kreises wird ein zylinderförmiges Holzklötzchen aufgestellt, auf dem eine Münze liegt. Aus etwa zwei Metern Entfernung müssen Sie nun mit Eisenscheiben das Holzklötzchen zu Fall bringen und dabei die Münze weiter nach hinten schießen. Gewonnen hat der Spieler, dessen Eisenscheibe dem Geldstück am nächsten kommt. Doch Achtung: Geldstück und Wurfscheibe müssen dabei noch im markierten Kreis liegen!

Erinnerungen an die Kindheit

Das städtische Leben, dem sich der folgende Saal widmet, liegt dem mitteleuropäischen Erfahrungshorizont sehr viel näher und bedarf kaum grundlegender Erläuterungen. Vielmehr weckt der Rundgang sicherlich bei vielen Besuchern eigene Kindheitserinnerungen und verleitet zum Schmunzeln. Da sind die Kinderspiele, die Puppenstube und so allerlei Praktisches. Der zylinderförmig zulaufende Laufstall wurde aus Weide geflochten und ein Halter fürs Fläschchen am oberen Rand eingearbeitet. Unter der Schulbank liegt ein Fußwärmer aus Metall, der im Winter mit glühenden Kohlen gefüllt wurde und die Heizung im Klassenzimmer ersetzte.

Produktionsprozesse

Apropos Kohle: Dazu passen im nächsten Saal eine Lore, der eiserne Helm und die Grubenlampe der Arbeiter aus den umliegenden Minen, inzwischen stillgelegt, einst aber wichtigster Arbeitgeber. Daneben steht eine uralte Olivenmühle, die das Öl durch Matten aus heimischem Espartogras presste.

Zum Abschluss werden Sie in die alte Bodega mit voluminösen Weinfässern geführt. Hier sehen Sie auf amüsanten Plakaten aus den 1930er-Jahren, dass der lokale Anislikor »Del Laurel« bei Minenarbeitern und feiner Gesellschaft gleichermaßen beliebt war. Schade nur, dass das Museum keine Schankgenehmigung besitzt und die leckeren Tropfen nicht gleich vor Ort zu probieren sind!

stammen. Überreste aus der westgotischen Epoche finden sich in einer kleinen christlichen Kapelle. Welch sympathische Vermischung der Religionen und Kulturen auf engstem Raum!

Azuaga ▸ G 11

Ein feines Landstädtchen! Und ein erschreckendes, aber durchaus charakteristisches Beispiel für die Bevölkerungsentwicklung in weiten Teilen der Extremadura. Im Jahre 1900 lebten hier genau 14 192 Einwohner, dann stieg die Zahl bis 1950 fast kontinuierlich auf 17 669 an. Grund waren reiche Erz- und einige Silberminen. Verrostete Fördertürme in der Umgebung erinnern an die Zeit der Prosperität. Als die Ausbeutung unrentabel wurde, begann die Abwanderung. 2008 blieben gerade einmal 8396 Bewohner zurück, weniger als die Hälfte! Einzige größere Arbeitgeber sind die Schinken- und Wurstfabriken, die die Einfahrtsstraße säumen.

Dabei spielte Azuaga seit dem 15. Jh. eine durchaus beachtliche Rolle in der Campiña Sur genannten Region, nachdem der Santiago-Orden in der Iglesia Nuestra Señora de la Merced ihr Generalkapitel abgehalten hatte. Zusätzlicher architektonischer Ausdruck der frühen Bedeutung sind die **Iglesia del Cristo del Humilladero,** die **Iglesia Nuestra Señora de la Consolación** und unzählige Kapellen im Ortskern. Und der größte Sohn der Stadt, Fray Pedro de Azuaga, brachte es in der Zeit der Conquista sogar zum Bischof von Santiago de Chile.

Ungeachtet des strengen Katholizismus wurde die Gemeinde nach der christlichen Rückeroberung von Granada (1492) zum Zufluchtsort vieler Araber, die ihre großartige Handwerkskunst mitbrachten. Viel ist davon leider nicht übrig geblieben. Die schönsten Beispiele sind Teile der **Iglesia de la Merced** und die Fenster einiger Häuser des früheren **Maurenviertels** in der Calle Pío XIII am östlichen Stadtausgang (Nr. 10, 12 und 16). Sie läuft auf die Reste eines Kastells aus dem 13. Jh. zu. Es trug den stolzen Namen El Castillo Miramontes, da es sich auf einem Felsen über den Ort erhob. Seit Mitte des 18. Jh. dem Verfall preisgegeben, erinnern inzwischen nur mehr einige Reste der Mauern und des Bergfrieds an kriegerische Zeiten.

Zeugnis vom Leben in der jüngeren Vergangenheit legt das wohl schönste **Volkskundemuseum** der Extremadura ab, das durchaus einen Umweg nach Azuaga bedenkenswert macht (s. Entdeckungstour S. 260).

Essen & Trinken

Weithin gerühmt – **La Dehesa:** C/ Padre Tena, 59, Tel. 924 89 06 64, www.ladehesadeazuaga.com, Di–So 13–17, 20–24 Uhr, Hauptspeisen ab 16 €, Menü ab 12 €. »Bestes Essen und bester Service in der Campiña Sur« – so das Eigenlob auf der Werbung. Aber es ist schon etwas dran. Gekocht wird wie zu Großmutters Zeiten, Rebhuhn, Milchlamm, aber auch Meeresfisch. Mozarabische Nachspeisen. Mit Garten.

Infos

Infos

Oficina de Turismo: Plaza de la Merced, 12, Tel. 924 13 78 38, Mo–Fr 8–13, Fr zusätzlich 17–19, Sa 10–14 Uhr.

Verkehr

Bus: Selten nach Llerena und Fuente de Cantos, dort Umsteigemöglichkeiten nach Zafra, Mérida und Sevilla.

Das Beste auf einen Blick

Guadalupe und der mittlere Osten

Highlight!

Guadalupe: Das königliche Kloster ist Symbol für die Welteroberung Spaniens. Mudéjar, Gotik und Barock hinterließen prägnante Spuren an einem architektonischen Ensemble, das sich dem Besucher als wehrhafte Burg des Glaubens präsentiert. Wirklich eine Wucht! S. 275

Auf Entdeckungstour

Wandern auf Pilgers Spuren: Vom Trubel um das Kloster geht's in die Stille der umliegenden Bergwelt. Die Wanderung folgt früheren Pilgerwegen und gibt viele Ausblicke auf den Sakralbau im Tal frei. S. 284

Kultur & Sehenswertes

Hauptstadt der Tartessos: Vor 3000 Jahren errichtete der heute fast vergessene, damals aber hoch entwickelte Volksstamm seine wohlhabende Hauptstadt Cancho Roano in der Extremadura. S. 269

Casa de Cultura Don Benito: Ein moderner weißer Kulturpalast zieht die Blicke in Don Benito auf sich, auch wenn er sich hinter dem Hauptplatz fast etwas versteckt. S. 270

Aktiv unterwegs

Vogelbeobachtung: Das Vogelschutzgebiet von Hornachos mit einer Vogelstation ist etwas abgelegen und deswegen weniger besucht. Darin genau liegt der Reiz. S. 268

Wassersport: Der vom Río Guadiana gespeiste Stausee Embalse de Orellana ist das Wassersportzentrum der Extremadura: Baden, Surfen, Segeln, Bootsfahrten, Angeln. S. 274

Genießen & Atmosphäre

Kaffee mit Blick: Nach dem Erklimmen der Mauern des Kastells von Puebla de Alcocer lädt die Burgbar zu einer erholsamen Pause mit grandioser Aussicht über die schier endlose Seenlandschaft im Tal. S. 273

Harmonisches Ensemble: In den Bars auf der Plaza de España von Herrera del Duque genießen Sie den Blick auf weiße Häuser, einen schwarzen Brunnen und grüne Palmen. S. 273

Abends & Nachts

Bassago: In der angesagtesten Diskothek von Don Benito und der ganzen Region wird zu heißen House-Rhythmen getanzt. Viele DJs, bunt gemischtes Publikum. S. 270

Café Atrium: Am Wochenende können Sie in Guadalupe fast bis zum frühen Morgen süße Spezialitäten oder ein Gläschen einheimischen Wein zu Musikbegleitung genießen. S. 282

Ein Kloster und einsame Berglandschaften

Alle Wege führen zum El Real Monasterio de Santa María de Guadalupe. Dieses Kloster hat die Extremadura in der katholischen Welt berühmt gemacht. Genauer war es die schwarze Jungfrau, die einem Schafhirten vor sieben Jahrhunderten erschienen war. Nach Santiago de Compostela bildet der Konvent die wichtigste Pilgerstätte Spaniens.

Die Gemeinde liegt eingebettet in unwegsame Gebirgszüge, die gut 1600 Höhenmeter erreichen. Einsam ist die Landschaft. Kräftiger Bergkäse wird produziert. Wandern, Jagen und Angeln bilden die wichtigsten touristischen Aktivitäten in der Region. Und Wassersport auf den großen Seen der Sierras de Serena und Siberia im östlichsten Zipfel der Extremadura. Nur am Río Guadiana Richtung Westen wird es flacher. Vom hier gelegenen Medellin brach einst Hernán Cortés zur Eroberung Mexikos auf.

Auch die südlichen Landstriche der Region sind dünn besiedelt. Immer

Infobox

Reisekarte: ▶ F–J 4–9

Informationen

Tourismusämter befinden sich in allen größeren Orten, vor allem in Guadalupe, Hornachos und Don Benito. In Castuera gibt es eine Informationsstelle für die westlichen Bergregionen La Serena und La Siberia.

Anfahrt und Weiterkommen

Die Straßen der Region sind in gutem Zustand, aber kurvig. Deshalb sollte man etwas mehr Zeit als üblich einplanen. So werden für die 70 km von der Autobahnausfahrt Navalmoral de la Mata nach Guadalupe etwa 90 Minuten benötigt. Medellin und Don Benito sind von Mérida über Hauptverkehrsstraßen gut zu erreichen. Die Anbindung mit öffentlichen Verkehrsmitteln lässt zu wünschen übrig. Selbst nach Guadalupe verkehren nur wenige Busse tgl. von Madrid, Cáceres und Trujillo.

wieder überraschen außergewöhnliche Sehenswürdigkeiten am Wegesrand, ein Vogelkrankenhaus bei Hornachos etwa oder die Burg von Puebla de Alcocer. So gut erhalten wie keine zweite und mit einem superben Panoramablick. Da sind die Tempelruinen von Augustobriga, die vor einigen Jahrzehnten umziehen mussten. Oder zwei römische Säulen vor der Pfarrkirche von Zalamea de la Serena, die als Teil des Kirchturms zweckentfremdet wurden. Ganz in der Nähe finden sich die Fundamente eines reichen Hauses der Tartessos, ganz frühe Bewohner der iberischen Halbinsel.

Doch soll auch ein dunkles Geschichtskapitel nicht unerwähnt bleiben. Castuera war berüchtigt für ein Konzentrationslager aus der Zeit der Franco-Diktatur (s. S. 68).

Hornachos ▸F 9

Umgeben von weiten Feldern ruht der Ort mit knapp 4000 Einwohnern zu Füßen der rauen Felsen der Sierra Grande, zu erreichen über die Nebenstraße EX-343. Dank seiner geschützten Lage siedelten hier nacheinander Römer, Westgoten und Mauren. Letztere wurden erst 1610 nach Rabat, der Hauptstadt Marokkos vertrieben und gründeten dort die Republik von Salé. Hoch über Hornachos hinterließen sie eine mächtige Festung in Form eines Bootes, die vermutlich bereits im

Nur dünn besiedelt sind die Landschaften von La Serena

10. Jh. vollendet wurde. Ein kurzer, steiler Fußweg führt hinauf. Wenige Schritte weiter befindet sich die **fuente de los mouros,** ein 6 m tiefer, öffentlicher Brunnen, der auf drei Seiten durch Mauern geschützt wird. Anders als der Name vermuten lässt, ist er allerdings nicht maurischen Ursprungs, sondern diente den Christen für die Wasserversorgung der umliegenden Haushalte und Obstgärten. Eine Steininschrift weist das Datum der Fertigstellung aus: 1583. Untergebracht in einem maurischen Gebäude unterhalb der Befestigung, erzählt das **Centro de Interpretación La Cultura Morisca** in acht Räumen vom Leben und Wirken der Mauren (C/ Parras, o. Nr., Di–Sa 10–14, 18.30–20.30 Uhr, im Winter 10–14, 17–19 Uhr, So jeweils eine Stunde früher, Eintritt frei).

Ein anderes auffälliges Bauwerk liegt im Ortszentrum, die im Mudéjarstil errichtete dreischiffige Pfarrkirche **Purísima Concepción** aus dem späten 15. Jh. Der außergewöhnliche, mehrfach von Bögen durchbrochene Glockenturm entstand über dem mudéjar-gotischen Portal erst im 17. Jh. Auch der streng gegliederte Hauptaltar stammt aus dieser Zeit. Stattliche 17 m Höhe erreicht das Kirchenschiff.

Mehrere Bäche und Flüsse durchziehen die umliegenden landwirtschaftlich genutzten Ebenen und Felstäler. Hier finden zahlreiche Vogelarten ihren Lebensraum. In den Felsen nisten Gänsegeier, Kaiseradler und viele kleinere Raubvögel. Auch fünf Paare des seltenen Habichtadlers beheimatet das ausgewiesene **Vogelschutzgebiet.** In den Wäldern leben Pirole, Buntspechte, Grasmücken, Buchfinken, aber auch Raubtiere wie Ginsterkatzen oder Mungos. Vielfältige Informationen über die Vogelwelt bereitet ein **Centro de Interpretación de la Zir Sierra Grande** auf (s. u.).

Übernachten

Traditionell – **Casa Rural Los Castillejos:** C/ Luis Chamizo, 10, Tel. 924 53 40 67 oder 924 53 34 24, www.lostomillares.com, DZ 45–60 €. Fünf einfache, etwas plüschig eingerichtete Zimmer im Ortszentrum.

Essen & Trinken

Es gibt mehrere einfache Restaurants in der zentralen Avda. Extremadura. Regionale Spezialität ist *caldereta de conejo,* Kanincheneintopf.

Aktiv

Wandern & Birdwatching – **Centro de Interpretación de la Zir Sierra Grande:** Avda. de Extremadura, o. Nr., Tel. 924 53 35 18, Di–So 10–14, 17.30–19.45 Uhr, im Winter 10–14, 16–18.15 Uhr. Informationen zu Wanderwegen und Vogelbeobachtung.

Infos

Oficina de Turismo: Filipe Trigo, 1 (Casa de la Cultura), Tel. 924 53 35 33, www.hornachos.es, Di–So 9–14 Uhr.

Zalamea de la Serena ▸ G 9

Landwirtschaftlich genutzte Ebenen und baumbestandene Hügellandschaften bieten dem Auge während der Anfahrt ein angenehmes Wechselspiel. Eigentlich könnte man das wenig aufregende Zalamea de la Serena ungesehen passieren, stünden da nicht zwei **Säulen** aus einer römischen Grabstätte mitten auf dem Kirchplatz (Plaza de la Constitución, o. Nr.). Eigenartig, wie sie sich ähnlich wie zwei Findlinge auf einem breiten Sockel über 23 m in die Höhe recken. Sie wurden einst sogar als Kirchturm zweckentfremdet. Das dazugehörige wuchtige Gotteshaus stammt aus dem 15. Jh. Die **Burg** (C/ Santa Prisca, o. Nr.) etwas oberhalb wurde von den Mauren errichtet und von den Rittern des Alcántara-Ordens um 1500 verstärkt.

Gleich zwei Dichter verhalfen Zalamea zu literarischer Berühmtheit. In seinem Stück »El Alcalde de Zalamea« verarbeitete Lope de Vega eine wahre Begebenheit zu einem Charakterschauspiel, das in einer Neufassung von Pedro Calderón de la Barca im 17. Jh. weite Verbreitung fand. Alljährlich wird das Spektakel in den Straßen von Zalamea farbenfroh in Szene gesetzt (s. S. 36).

Termine

El Alcalde de Zalamea: 2. Aug.-Hälfte. s. o. (www.zalamea.com).

Cancho Roano ▸ G 9

Ausgrabungen frei zugänglich

Internetsuchmaschinen verweisen bei der Eingabe des Namens Cancho Roano an vorderer Stelle auf Artikel über das ökonomisch richtige Verhalten in wirtschaftlichen Krisenzeiten: weniger Handel und stattdessen mehr Landwirtschaft betreiben. Vorbild soll der Volksstamm der Tartessos sein, der vor 3000 Jahren im heutigen Andalusien dank des Handels mit den Mittelmeervölkern ein goldenes Reich geschaffen hatte. Doch irgendwann kam der Warenaustausch zum Erliegen und die Tartessos verschoben ihren Lebensraum kurzerhand in die Extremadura, gründeten ihre Hauptstadt Cancho Roano und widmeten sich nunmehr erfolgreich der Landwirtschaft. Es mag dahin gestellt sein, ob ein solches Vorgehen eine adäquate Maßnahme gegen moderne Wirtschaftskrisen ist. Doch die weitläufigen Ausgrabungen der Wohnstätten aus dem 5. Jh. v. Chr. lassen auf eine kultivierte Lebensweise dieser Vorfahren schließen.

Das quadratische Hauptgebäude aus Lehmziegeln misst 24 m in der Ausdehnung. Die zahlreichen Räume sind in Wohn- und Lagerstätten aufgeteilt. Das kleine Eingangszimmer und der angrenzende Saal dienten heidnischen Ritualen. Im Innenhof befindet sich ein Brunnen von 5 m Tiefe. Die kunsthandwerklichen Funde wurden leider ins Archäologische Museum in Badajoz verfrachtet. Als profane Entschädigung können sich Besucher an einer kleinen Gartenanlage und einem Picknickplatz erfreuen.

Infos

Infos

Centro de Interpretación: Mo–Sa 10–14, 17–20, im Winter 10–14, 16–18, So jeweils 10–14 Uhr, Eintritt frei.

Verkehr

Cancho Roano liegt nördlich von Zalemea, erreichbar über einen Abzweig an der EX-114, km 3, dann 1,7 km auf guter Erdstraße.

Castuera ▸ H 9

Nur 15 Autominuten nordöstlich von Zalamea verhalfen historische Ereignisse dem Eingangstor zu den weiten Seenlandschaften der Sierra Siberia gleich zweimal zu überregionaler Bedeutung. Zunächst brachte Castuera einen großen Sohn hervor: Pedro de Valdivia wurde der Eroberer von Chile. Jahrhunderte später im Spanischen Bürgerkrieg bildete der Ort die wichtigste Verteidigungslinie der republikanischen Truppen nach der franquistischen Eroberung von Badajoz, Mérida und Don Benito. Am 23. Juli 1938 fiel die Stadt. Politische Gefangene wurden in ein Konzentrationslager gesperrt (s. S. 68).

An dieses dunkle Kapitel erinnert heute nichts mehr in dem aufgeräumten Städtchen. Vielmehr preist man voller Stolz einige Kirchenbauten und den einheimischen Käse der Serena. Die Schafe leben in den umliegenden feuchten Wiesen.

Infos

Infos

Oficina de Turismo de La Serena: Pza. de España, s/n, Tel. 924 77 38 17, www.laserena.org, Mo–Fr 10–14, 16–19 Uhr, Sa/So 10–14 Uhr.

Verkehr

Bahn/Bus: Castuera liegt an der Zug-strecke von Madrid nach Badajoz, die Verbindungen sind aber langsam und selten. Häufiger fahren Busse, u. a. nach Don Benito.

Don Benito ▸ F 8

Von Castuera aus kann man nun entweder auf zwei Alternativrouten nach Guadelupe weiterfahren (s. S. 272) oder zunächst auf der EX-104 nach Norden Richtung Mérida, wo nach knapp 50 km Don Benito erreicht wird. Das schönste an der Provinzstadt mit rund 35 000 Einwohnern ist vielleicht der wohlklingende Name, der durch den Eroberer von Mexiko, Peru und Chile in die Welt getragen wurde. Die rege Bautätigkeit zeigt freilich, dass es nicht nur auf Schönheit, sondern auch auf wirtschaftliche Stärke ankommt. Das Schwemmland des Río Guadiana lässt Reis gedeihen. Daneben besitzen auch die Olivenproduktion und die Schafzucht große wirtschaftliche Bedeutung.

Und so konnte sich Don Benito einen wuchtig-weißen Kulturpalast **Casa de Cultura** mit Theater, Bibliothek und Ausstellungsräumen leisten. Die Planung stammte von José Rafael Moneo, dem Erbauer des Römischen Museums von Mérida (Calle de Groizard/Ecke Plaza de España, Ausstellungen Mo–Fr 10–14, 17–20.30, Sa 10–13.50 Uhr, Eintritt frei).

Besuchenswert ist zudem ein **Ethnografisches Museum**, das 4000 Ausstellungsstücke in seinem Fundus zählt, der in 31 Sälen ausgestellt wird. Schwerpunkt bildet das Arbeitsleben seit dem ausgehenden 19. Jh. in einer Region, die seit jeher von Handwerk, Handel und Landwirtschaft geprägt ist (Plaza del Museo, o. Nr., Di–Sa 11–14, 18–20 Uhr, im Winter Di–Sa 11–14, 17–19 Uhr, So jeweils nur vormittags, Eintritt 2 €).

Abends & Nachts

House – **Bassago:** C/ de Leonardo da Vinci, www.bassago.es, Fr/Sa ab 23 Uhr, in der Saison öfter. Schlechthin die Disco in der Region. Viele DJs, Stil: House Music.

Infos

Infos

Oficina de Turismo: Plaza del Museo, o. Nr. (im Ethnografischen Museum), Tel. 924 80 80 84, www.donbenito.es, Di–Sa 10–14, 17–19 Uhr, So nur vormittags.

Verkehr

Don Benito liegt an der Zugstrecke von Madrid nach Badajoz, die Verbindungen sind allerdings langsam und selten. Häufiger fahren Busse, u. a. nach Mérida.

Medellin ▸ F 8

Bald hinter Don Benito, 40 km von Mérida entfernt, taucht unvermutet die **Festung** von Medellin auf. Im 10. Jh. zum ersten Mal erwähnt, überragt sie in privilegierter Lage die Ebene des Río Guadiana. Einzig eine Zisterne entstammt noch der maurischen Epoche. 1354 wurde die Wehranlage vom kastilischen König Pedro I. im Streit mit dem Burgherrn geschleift und 1373 neu errichtet. Von einem weiteren, noch härteren persönlichen Schicksal weiß die Burggeschichte zu erzählen. Es war Mitte des 15. Jh., als nach dem Tod des Eigentümers die Witwe Dona Beatriz de Pacheco ihren eigenen Sohn lange Jahre einsperren ließ. Er schien ihr gefährlich für die eigene Macht. Dieses Familiendrama soll Calderón zu seinem Bühnenstück »Leben ein Traum« inspiriert haben.

Im Spanischen Bürgerkrieg entbrannte zwischen den republikanischen Truppen und den Anhängern Francos ein harter Kampf um die Festung. Der Ausgang ist bekannt (Laderas del Castillo, o. Nr., Mi–So 11–13.30, 16–18 Uhr, Di nur nachmittags, Eintritt 2 €).

Unterhalb der Burg haben Ausgrabungen die Reste eines **römischen Theaters** zutage gefördert. Die Ausmaße zeigen die Bedeutung der einstigen Hafenstadt der Römer, die ihr den Namen Metellinum gegeben hatten. Von hier aus organisierten sie ihre Feldzüge gegen die widerspenstigen Lusitanier (Mi–So 11–13.30, 16–18 Uhr, Di nur nachmittags, Besuch nur mit Führung um 11.30, 12.30, 16.30, 17.30 Uhr, oft wechselnd, Eintritt

Medellin ist die Heimat des Eroberers von Mexiko, Hernán Cortés

3 € inkl. Ausstellung im Besucherzentrum). Auch die lange Brücke über den Guadiana aus dem 16. Jh. steht zum Teil auf römischem Fundament. Jede Menge Geschichte in diesem Ort, in dem die Zeit scheinbar stehen geblieben ist, sieht man einmal vom gesichtslosen Kulturzentrum am Rathausplatz ab.

Auf dem Rathausplatz wird der größte Sohn der Stadt mit einer Statue geehrt. Es handelt sich um keinen geringeren als Hernán Cortés, den Eroberer Mexikos. Er trug den Namen seiner Heimatgemeinde in die Welt, wenn auch der Klang nicht immer positiv ist. Denn wer hätte nicht schon von Medellin als Namensgeber für das berüchtigte Drogenkartell gehört?

Essen & Trinken

Auf Augenhöhe mit der Burg – **Quinto Cecilio:** Urbanización Quinto Cecilio, o. Nr., Tel. 924 82 28 01, www.quintocecilio.es, Di–So 14–16, 20–22.30 Uhr, Hauptspeisen ab 14 €. Das beliebte Ausflugslokal liegt etwa 2 km nördlich auf einem Hügel mit schönem Burgblick. Spezialität sind hier Reisgerichte, etwa *arroz con liebre de monte* (Reis mit Wildhasen).

Aktiv

Sonnenbaden – Im Sommer wird nahe der alten Brücke ein **Badestrand** angelegt. Zum Schwimmen ist das Wasser zwar nicht sauber genug, aber es existiert eine Strandbar unter Schilfdach.

Infos

Oficina de Turismo: Plaza Hernán Cortés, o. Nr. (neben dem Rathaus), Tel. 924 822 438, http://medellin-turismo.weebly.com, Mi–So 10–14, 16–19 Uhr, Di nur nachmittags.

Sierras de Serena und Siberia ▸ H/J 7–9

Für die **Fahrt von Castuera nach Guadalupe** empfiehlt sich die EX-104 in östlicher Richtung, die durch die Berg- und Seenlandschaften Serena und Siberia führt. Die gut ausgebaute Regionalstraße zieht sich zunächst die Hügel hinauf und gibt weite Ausblicke über die Weideflächen und Steppen in der Ebene frei. In **Benquerencia de la Serena** (▸ H 9) lagert auf einem schmalen Berggrat die Ruine einer maurischen Festung. Die Häuser sind traditionell aus Granit erbaut, wie auch in den Nachbargemeinden. Die Hänge zeigen dichte mediterrane Vegetation aus niedrigem Buschwerk. Es fällt auf, dass nur die der Sonne abgewandten Hangseiten mit Steineichen bewachsen sind. Hier gibt es einen 13 km langen **Rundwanderweg** durch ein Vogelschutzgebiet. Immer wieder weisen Hinweisschilder auf Felszeichnungen hin.

Hinter dem regionalen Zentrum **Cabeza del Buey** (▸ J 9) mit 5500 Einwohnern geht das flache Land in Bergketten über. Sie umgeben großflächige Stauseen. Menschenleer scheint die Gegend. Die EX-322 führt auf einer kilometerlangen Brücke über den **Embalse de Serena** in den interessantesten Ort der vorderen Siberia, Puebla de Alcocer. Ruhig liegt der See, eingebettet in die bis zu 700 m hohen Berge der Sierra. Auch hier Menschenleere, außer an Ostern und im Hochsommer.

Puebla de Alcocer ▸ J 8

Ein Ort wie so viele andere in der Gegend – unten das Dorf, oben die Burg? Der Schein trügt, denn zusätzlich zu den bezaubernden Gassen, die sich an den Nordhang des Berges schmiegen, genießen die Besucher von der weitläufigen Festung einen schlicht traumhaften Blick! Die mittelalterlichen Mauern sind gut erhalten und begehbar (Sa/So 11–14, 18–21 Uhr, im Winter 11–14, 16–19 Uhr, Eintritt 1 €). Gegenüber dem Eingangstor lockt eine **Bar** nicht nur mit einem Kaffee oder regionalen Menüs, sondern zugleich mit dem Panoramablick über die Seenlandschaft im Tal.

Der Weg hinauf – die Fahrt durch die engen, teilweise steilen Straßen ist nicht ganz einfach – führt an der **Pfarrkirche Santiago Apostol** vorbei (Plaza de España, 1). Schon im 11. und 12. Jh. auf dem Grundriss der Moschee errichtet, ist sie eine der seltenen romanisch beeinflussten Mudéjarbauwerke. Die frühere Weinkellerei des nahen Franziskanerklosters bietet den bescheidenen Platz für ein sympathisches **Heimatkundemuseum.** Drei kleine Räume sind der Alltagskultur gewidmet, ein weiterer archäologischen Fundstücken (C/ Convento de San Francisco, 8, im Sommer tgl. 11–14, 18–21 Uhr, im Winter Fr–So 11–14, 16–19 Uhr, Eintritt frei).

Essen & Trinken

Auf der Burg – **La Alacena del Castillo:** Explanada del Castillo, Tel. 626 05 75 94 (mobil), www.laalacenadelcastillo.es, tgl. 12–24 Uhr, Hauptspeisen ab 10 €, Tapas ab 4,50 €. 2014 eröffnetes, einfaches Café, Bar und Restaurant in einem. Das Beste ist der Panoramablick vom Speisesaal über die hügelige Seenlandschaft.

Aktiv

Wandern – **Sendero de Castillo:** Leichter, 3,9 km langer ansteigender Wanderweg vom oberen Ortsausgang zur Festung.

Zu Fuß oder per Rad – **Senda de los Embalses:** Streckenwanderung über hügelige 39,3 km bis an den Stausee von Orellana, zu Fuß oder per Mountainbike.

Abstecher in die äußere Siberia ▸ J/K 6/7

Nach dem Blick von des Berges Höhe über die Landschaften bestehen zwei Möglichkeiten, den Weg fortzusetzen. Die EX-103 nach Westen führt über den Embalse de Orellana in den gleichnamigen Ort (s. S. 274) und direkt weiter nach Guadalupe. Wer hingegen noch tiefer in die Siberia eindringen möchte, folgt der Straße nach Osten.

Menschenleere erwartet die Reisenden, abgesehen von wenigen kleinen Siedlungen und **Herrera del Duque** (▸ J 7) mit immerhin gut 3000 Einwohnern. Das Leben spielt sich auf der hübschen Plaza de España ab. Um einen Brunnen, 1787 aus schwarzem Jaspisstein geschaffen, bilden weiß getünchte Häuser, Arkadengänge und Palmen ein harmonisches Ensemble. Klar, dass hier gleich mehrere Bars zu Hause sind.

Touristische Bedeutung kommt dem Ort als Ausgangspunkt für Touren in die **Reserva Nacional de Caza de Cijara** (▸ K 6) zu, die den Stausee gleichen Namens umrahmt. An die 800 m Höhe erreichen die waldreichen Berge, sanft sind die Anstiege. Richtig einsam ist es hier, nur Angler und Jäger frönen ihrer Passion. 11 176 ha Jagdfläche sind für Niederwild ausgewiesen, 18 430 ha für Großwild. Barben und Karpfen gibt es reichlich, mit Glück kommt auch der Schwarzbarsch an den Haken.

Die südlich angrenzende Bergkette der **Sierra de los Golondrinos** zieht sich bis zum Río Guadiana und bildet eines von neun Vogelschutzgebieten der Extremadura, bekannt für seine Populationen an Gänsegeiern, Steinadlern, Wanderfalken und Schwarzstörchen.

Übernachten, Essen

Es gibt wenige einfache Hostales im Ortszentrum und die 2012 erbaute **Casa Rural La Huerta de los Nogales,** ca. 1,5 km südlich (Tel. 924 65 01 89, www.lahuertadelosnogales.com, DZ 50–65 €).

Regionale Küche – **Restaurante El Fogón de Felisa:** Herrera del Duque, Avda. Juan Carlos I, 1, Tel. 924 65 01 48, Mo–Sa 13.30–16, 21–23 Uhr, Tagesmenü ca. 9 € (werktags), Hauptspeisen ab 11 €. Große Speisekarte auch mit Fisch und Salaten. Spezialitäten aber sind die Traditionsgerichte der Siberia, etwa Hirsch oder Lammeintopf. Auch Vermietung sehr bescheidener Zimmer.

Aktiv

Wandern – Das Tourismusamt hält Informationen zu sechs Wanderwegen von 6 bis 15 km Länge bereit.

Baden – **Playa Natural de Peloche:** Embalse de García de Sola. Naturschwimmbad am Stausee 10 km nordwestl.

Jagd und Angeln – Auskünfte über Lizenzen bei der Stadtverwaltung, http://herreradelduque.com.

Infos

Oficina de Turismo: Avda. de la Palmera, 1, Tel. 924 64 22 14, http://herreradelduque.com, Mo–Fr 10–14, 16–22 Uhr, Sa/So unregelmäßig.

Orellana la Vieja ▸H 7

Das Städtchen mit 3000 Einwohnern, Tendenz stark fallend, liegt am nordwestlichen Ufer des gleichnamigen Sees – von Puebla de Alcocer aus über die EX-103 etwa 45 Minuten entfernt. Sehenswertes bietet Orellana La Vieja wenig, abgesehen von dem festungsartigen **Palacio de los Altamirano** (C/ del Palacio, 1) aus dem 13. Jh. und einem **Renaissancekloster** der Dominikaner, heute zum Kulturhaus umgewandelt (C/ Convento, o. Nr.).

Die eigentliche Beliebtheit verdankt der Ort dem **Embalse de Orellana,** der aus dem Río Guadiana gespeist wird. Mit einer Kapazität von 808 m³ lockt er Angler und Wassersportfreunde. Am Ufer sind ein Badestrand, Windsurfzone und Bootsanlegestelle eingerichtet. Auch Angler werfen bei Wind und Wetter ihre Ruten aus.

Übernachten

Altstadthotel – **Orellana:** C/Real, 28, Tel. 924 86 63 77, www.orellanahotel.com, DZ 55–60 €. 2012 eröffnet, entsprechend präsentieren sich die 11 Zimmer modern, aber ohne großen Schnickschnack. Mit Restaurant.

Romantisch am See – **Apartamentos rurales Isla del Zújar:** EX-103, km 63,5, Tel. 610 39 07 93 (Handy), www.serturextremadura.com, Apartments für zwei bis acht Personen ab 60 €. Landhäuser direkt auf einer Halbinsel im Embalse del Zújar zwischen Orellana und Puebla de Alcocer. Eigene Bootsanlegestelle und Angebote für Kanufahren und Abenteuersportarten.

Essen & Trinken

Zahlreiche Bars und Restaurants befinden sich am Seeufer, sind in der kalten Jahreszeit aber meist geschlossen.

Aktiv

Angeln – **Centro de Pesca:** Ronda Palacio, o. Nr., Tel. 644 33 24 80 (Handy), www.pescaextremadura.com. Französisches Angelzentrum mit eigener Unterkunft und elf Angelbooten. **Extrema Fishing Spain:** Carretera de Castuera, Tel. 924 63 03 28, www.extremafishingspain.com. Englisches Unternehmen ebenfalls mit eigener Unterkunft.

Segeln – **Centro Iberico de Vela:** Embalse de Orellana, o. Nr., www.centroibericodevela.com. Kurse und Bootsverleih.

Kanu – **Isla del Zujár:** s. Unterkünfte.

Guadalupe ! ▸ H 5

Nun braucht es bis Guadalupe noch einmal eine gute Stunde Fahrt durch wunderschöne Berglandschaften. Der Name der Gemeinde mit gut 2000 Einwohnern steht für ein Kloster, das El Real Monasterio de Santa María de Guadalupe. Und das ist wirklich eine Wucht! Es dominiert so sehr das Ortsbild, dass sich in die umliegenden Altstadtgassen kaum eine Seele verirrt. Dem mittelalterlichen Siedlungsmuster entsprechend gruppieren sich die weltlichen Wohnhäuser direkt um die Klostermauern. Erbaut aus dem Holz der umliegenden Wälder hat sich eine populäre Bauweise erhalten, die durchaus eine Betrachtung lohnt: Hinter dem Stadttor **Arco de Sevilla** am südlichen Rande der Plaza Mayor herrscht weitgehend Stille. Die Calle Sevilla und die angrenzenden Gassen sind blumengeschmückt und werden von einstöckigen Fachwerkhäusern gesäumt. Unter vorkragenden Holzbalkonen und in Arkaden versteckt sich so manche Werkstatt eines Handwerkers oder ein Tante-Emma-Laden, in dem auch regionale Wurst- und Käsespezialitäten angeboten werden (etwa Nr. 7). Ein wenig weiter gelangt man zum mittelalterlichen Brunnen **Fuente de los Tres Chorros,** an dem angeblich die ersten Indianer getauft wurden, die Christoph Kolumbus von seiner zweiten Amerikareise mitgebracht hatte.

Von der Plaza Mayor in die entgegengesetzte Richtung führt eine Gasse an den groben Klostermauern entlang bergauf zum mittelalterlichen Pilgerhospital. Das historische Gemäuer aus dem 16. Jh. beherbergt heute ein **Parador.** Der mudéjare Patio ist mit duftenden Orangenbäumen bepflanzt und bildet eine weitere Oase der Ruhe in dem geschäftigen Pilgerort.

Ganz anders geht es auf der **Plaza Mayor** zu, eigentlich Plaza Santa María de Guadalupe. Zehntausende Urlauber und Pilger drängeln sich jährlich in den Andenkenläden, Schinkenverkaufsstellen und Restaurants, denn hier befinden sich die Eingänge zu Kirche und Kloster.

Geschichte

Das Kloster ist mehr als nur ein christliches Bauwerk. Es ist ein Symbol für die Welteroberung Spaniens. Hier wurde der Vertrag ausgefertigt, der zur Entdeckung Amerikas führte. Hier flehte Kolumbus die hl. Jungfrau um Beistand für seine große Fahrt an. Und hier betete er nach seiner erfolgreichen Mission. All die großen spanischen Monarchen taten es ihm gleich, um der Schutzheiligen der spanischen Welt zu huldigen. Der Dichter Cervantes übergab der Jungfrau die Ketten, die ihm in algerischer Gefangenschaft umgelegt waren.

Alles begann mit Maria, die dem Hirten Gil Cordero Ende des 13. Jh.

Eine mudéjare Ornamentierung schmückt die Fassade der Klosterkirche

an den Ufern des Río Guadalupe zu Füßen der Altamira-Berge erschien. Sogleich machte er sich gemäß der himmlischen Anweisungen an den Bau einer kleinen Einsiedlerkapelle, in die eine dunkle Marienfigur gestellt und angebetet wurde (s. auch S. 76). Von nah und fern strömten die Gläubigen herbei. Sogar König Alfonso XI. suchte den Weg in die lieblichen Berge. Das gekrönte Haupt empfand die schäbige *ermita* einer Wohnstätte für die großartige Maria gänzlich unangemessen und ordnete 1335 deren Erweiterung an. Als dann – mit wohltätiger Unterstützung der Jungfrau – im Jahre 1340 ein arabisches Heer bei Salado vernichtend geschlagen, erfuhr das Kirchlein weitere Ausbauten. Der Startschuss zum kometenhaften Aufstieg des kleinen Bergdorf Guadalupe zu einer der wichtigsten Stätten der Marienverehrung ward gegeben.

Im Jahre 1389 zogen Hieronymitenmönche ein – und blieben bis zu ihrer Entlassung 1835. Ein Anbau folgte dem nächsten, immer prächtiger, immer größer sollte das inzwischen reichste Kloster Spaniens werden. Eine ganze Heerschar bedeutender spanischer und ausländischer Künstler war an Ausbau und Verschönerung beteiligt. Die Baustile wechselten. Mudéjar, Gotik und Barock hinterließen prägnante Spuren an dem architektonischen Ensemble, das sich dem heutigen Besucher als wehrhafte Burg des Glaubens präsentiert.

Auch innerhalb der weitläufigen Klostermauern entstanden wahre Kunstwerke. Stickereien, Silberschmiedearbeiten und Buchilluminationen genießen Weltruhm und werden im Rahmen der offiziellen Klosterführung gezeigt. Zusätzlich zu seinen künstlerischen und religiösen Aktivitäten

förderte der Hieronymitenorden die humanistische Bildung und Forschung, die Musik und die Arzneimittelherstellung. Einen exzellenten Ruf genoss die Krankenpflege im angrenzenden Hospiz, in dem Leichen seziert wurden, wohl zum ersten Mal in Spanien.
Das Kloster, inzwischen wichtigster Arbeitgeber vor Ort, wuchs auf eine Nutzfläche von 25 000 m². Die Säkularisierung im Jahre 1835 beendete die Pracht, die Einrichtung wurde zum Sitz der örtlichen Pfarrgemeinde degradiert und dem Bischof von Toledo unterstellt. Obwohl das Gebäude seit 1879 unter Denkmalschutz stand, verfiel der weitgehend verlassene Komplex. Das änderte sich erst mit dem Einzug von Franziskanermönchen im Jahre 1908, die sich für die Restaurierung des Klosters einsetzten und damit eine Herkulesaufgabe schulterten. Belohnung war die Anerkennung als Welterbe der UNESCO im Jahre 1993.

Klosterkirche

Plaza Mayor, o. Nr., tgl. 8.30–20 Uhr, im Winter bis 19 Uhr, Eintritt frei
Umrahmt von zwei massigen Türmen aus grobem Mauerwerk wendet sich die märchengleiche Hauptfassade der Plaza Mayor zu. Eine breite Treppe führt hinauf zu den beiden gotischen Eingangsportalen. Oberhalb durchbrechen spätgotische Spitzbögen das Mauerwerk und werden von einem kunstvoll gearbeiteten Fries gekrönt. Darüber lugt eine große, etwas rückwärts gelegene Rosette hervor. Wie in feinster Laubsägearbeit aus dem Stein gearbeitet wirkt die spätgotische und mudéjare Ornamentierung. Die schwungvollen Linien und Bögen, ihre Dekore aus Blättern, Flammen und Sternen bilden ein unüberschaubares Labyrinth, das je nach Lichteinfall und Sonnenstand seine Wirkung verändert. Magisch zieht ein wahrlich fantastisches Baukunstwerk alle Blicke auf sich, auch unter nächtlichen Scheinwerfern. Man muss es einfach gesehen haben!

Schwere Bronzetüren, die vom deutschen Handwerker Paul von Köln gefertigt wurden, öffnen sich zum Innenraum der Kirche, die im 15. Jh. über den Mauern des kleineren Vorgängerbaus errichtet wurde. Die hohen Spitzbögen und Kreuzgewölbedecken wirken wuchtig und lassen die Leichtigkeit gotischer Kathedralen nördlich der Alpen vermissen. Über die Breite der drei Kirchenschiffe zieht sich ein kunstvoll von zwei Dominikanermönchen geschmiedetes Eisengitter aus dem Jahr 1514. Es trennt den öffentlich zugänglichen Kirchenraum vom Altarraum, der dem Klerus vorbehalten blieb. Dieses Presbyterium liegt unter dem Vierungsturm, dessen Oberfenster für Tageslicht sorgen. Der Hauptaltar aus dem 17. Jh. ist mit Holzreliefs verziert und mit Blattgold belegt. Als Tabernakel wurde in seiner Mitte eine Schreibschatulle von König Philipp II. eingefügt.

Darüber thront die unangefochtene Hauptperson der Kirche, des Klosters, des Ortes – ja der gesamten spanischen Welt. Eine aus dunklem Zedernholz geschnitzte, romanische Marienfigur hält ihr winziges Jesuskind auf dem Arm. Bedeckt sind beide von einem prächtigen, mit Goldfäden und Perlen bestickten Umhang. Als königliche Insignien trägt die Jungfrau in der rechten Hand ein goldenes Zepter und balanciert eine riesige Krone auf ihrem Köpfchen. Kein Zweifel, hier hält die geistige Königin aller spanisch sprechenden Katholiken Wacht, oder wie sie auch im Volksmund genannt wird: die *virgen morena*, die dunkle Jungfrau.

Kloster

Plaza Mayor, o. Nr., www.monasterioguadalupe.com, nur mit Führung tgl. 9.30–13, 15.30–18.30 Uhr, Eintritt 5 €; Eingang und Ticketverkauf befinden sich etwas versteckt links vom Kirchenportal

Das Unangenehme vorweg. Die verpflichtenden Führungen laufen recht lieblos ab. Sie sind streng auf 45 Minuten getaktet und werden von den einheimischen Führern fast im Laufschritt bewältigt. Trotzdem sollte man sich davon nicht abschrecken lassen, denn die spektakulären Kunstschätze entschädigen für diese Unbill. Statt allzu sehr auf den Führer zu achten, konzentrieren Sie sich aufgrund der Eile lieber in jedem Saal auf ein oder zwei Sehenswürdigkeiten.

Mudéjarkreuzgang

Die Führung beginnt im ältesten Kreuzgang des Klosters. Zwischen 1389 und 1412 erbaut, gilt er als einer der prächtigsten Beispiele des Mudéjarstils in Spanien. Der quadratische Grundriss wird von einem zweistöckigen Säulengang eingefasst. Über Hufeisenbögen im Erdgeschoss wölben sich jeweils zwei zierliche Bögen. An den Wänden des Säulengangs hängen großformatige Ölgemälde, auf denen ein 1670 verstorbener Mönch die unterschiedlichsten Marienwunder verewigt hat. Wegen der hohen Luftfeuchtigkeit müssen die Gemälde alle zehn Jahre restauriert werden.

Den eigentlichen Blickfang dieses arabisch-christlichen Klosterhofes bildet jedoch ein viereckiges Tempelchen in der begrünten Mitte aus dem Jahr 1405. Mit kunstvollen mudéjaren Kachel- und Gipsarbeiten verziert, wird es von einer ausgefallenen Dachkonstruktion bekrönt. Diese wird von drei Reihen sich verjüngender Spitzbogenfenster eingefasst, die in ihrer Gesamtheit an eine stilisierte Artischocke erinnern. Offensichtlich setzte die katholische Bauleitung der Fantasie der arabischen Handwerker keine Grenzen.

Museo de Bordados

Vom Westflügel des Kreuzgangs geht es in den großen Speisesaal, in dem die hochentwickelte Stickkunst der Mönche präsentiert wird. Die meisten der 200 Ausstellungsstücke stammen aus dem 15. bis 18. Jh., darunter auch ein Prunkgewand der katholischen Könige. In unvorstellbarer Feinarbeit wurden in vielen Jahren die oft meterlangen Altardecken, bischöflichen Umhänge und Messgewänder mit Seiden-, Gold- und Silberfäden oder Perlen bestickt. Für diesen Luxus mussten die Bischöfe denn auch 4 bis 5 kg schultern. Die roten Umhänge trugen sie außerhalb des Klosters, als Reisegarderobe, während die schwarzen Modelle den Beerdigungen vorbehalten waren. Auf einem Exemplar finden sich sogar Totenköpfe und Skelette aus Goldfäden als passende Dekoration verewigt. Doch überwiegen Muster- und Pflanzenbordüren und biblische Szenen. Auch Landschaften und Städte werden detailgetreu wiedergegeben.

Museo de Libros Miniados

Der Begriff »libros miniados« bedeutet im Spanischen »handgeschriebene bebilderte Bücher«. Im früheren Kapitelsaal werden großformatige Choralbücher ausgestellt, die einst in der Mitte des Hochchors platziert waren und von allen Mönchen gelesen werden konnten. Entsprechend groß waren die auf Kalbshaut geschriebenen Noten und Buchstaben.

Gleich am Eingang steht ein aus Bronze gefertigter, drehbarer Buchhalter für diese Schwergewichter, die mit einem dicken Rindslederrücken und Bronzebeschlägen eingefasst wurden und es auf bis zu 50 kg Gewicht bringen. Als feinsinniges Kontrastprogramm sind kleine Stundenbücher aus dem 15. und 16. Jh. zu bestaunen. Die farbenfrohe Bemalung des dünnen Pergaments kostete einen Mönch mitunter viele Schaffensjahre.

Skulpturen- und Gemäldegalerie

In den Räumen der früheren Klosterbäckerei sind religiöse Gemälde und Skulpturen vom 15. bis zum 19. Jh. ausgestellt. El Greco ist mit drei Gemälden vertreten, die den hl. Andreas, den hl. Petrus und die Krönung Marias zeigen. Von Francisco de Zurbarán hängen acht kleinformatige Bilder, die neben den üblichen Mönchen auch mal eine Nonne zeigen. Durch Panzerglas wird eine kostbare Schenkung an die Franziskanermönchen geschützt. Das Ölgemälde »Beichte im Kerker« schuf der kirchenkritische Francisco Goya im Jahre 1812. Düstere Farben zeigen vier blicklose Gestalten in einer kalten, ausweglosen Welt, die keine Hoffnung auf göttliche Erlösung erlaubt. Unter den Skulpturen beeindrucken gleich rechts vom Eingang ein großes Kruzifix aus Elfenbein (16. Jh.) sowie eine zierliche philippinische Madonna aus demselben Material (18. Jh.), deren fernöstliche Gesichtszüge unverkennbar sind.

Hochchor

Schauen Sie einmal genauer hin. Es sind Dämonen, die sich auf den Stützbänken des Chorgestühls verstecken, das im 18. Jh. von Alejandro Carnicero aus Nussbaum geschnitzt wurde. Das Gewölbe zieren Wandmalereien, die Juan de Flandes zugeschrieben werden, dem Hofmaler der Katholischen Königin Isabella. Nicht ein, nicht zwei, nein, gleich fünf barocke Orgeln beschallen den Kirchenraum. Fast alle wurden vom Barockkünstler Manuel Lara Churriguera Mitte des 18. Jh. entworfen. In den 1990er-Jahren erneuerte sie eine deutsche Spezialfirma von Grund auf. Seither lassen sich die 4500 Orgelpfeifen in ihren originalen Gehäusen an einem einzigen Spieltisch zum Klingen bringen.

Mein Tipp

In aller Ruhe durch die Kreuzgänge des Klosters

Zugang zu gleich beiden Kreuzgängen des Klosters erhalten Sie über die Unterkunft **Hospedería del Real Monasterio** – ganz legal und auch noch kostenlos. Die Rezeptionisten helfen gerne: In der Eingangshalle des Hotels (s. S. 283) finden Sie ein Hinweisschild zum Restaurant, das Räume hinter dem gotischen Kreuzgang (s. S. 283) bezogen hat und diesen bei schönem Wetter zur Bewirtung seiner Gäste nutzt.

Nur Eingeweihte kennen den Schleichweg zum älteren **Mudéjar-Innenhof** (s. S. 278): Hinter der Eingangspforte der Hospedería gehen Sie den rechten schmalen Korridor entlang und durch eine Tür in diesen Kreuzgang, der sonst nur im Rahmen der Führung zu besichtigen ist. So lassen sich beide Sehenswürdigkeiten in klösterlicher Kontemplation genießen!

Sakristei

Fürstliche Wandmalereien und verschwenderisches Blattgold überziehen die Wände, Pilaster, Bögen und Gewölbe des priesterlichen Umkleideraums. Eine wahre »Königin un-

Lieblingsort

Eine Oase der Ruhe: im Innenhof des Paradors von Guadalupe
Rund um das Kloster von Guadalupe ist's meist hektisch und laut. Da tut ein Ort der Stille besonders gut. Dieser versteckt sich hinter den hohen Mauern des Paradors (s. S. 283) und steht doch allen offen. Schwellenangst ist unbegründet. Der Hof des Klosterkrankenhauses wurde im 15. Jh. von arabischen Handwerkern gestaltet. Einst schlenderten die Studenten der Medizin, Chirurgie und Grammatik durch den Wandelgang, heute werden Getränke und kleine Speisen rund um den plätschernden Brunnen gereicht. Unter süß duftenden Orangenbäumen, unberührt vom Lärm der Straße.

ter den Sakristeien Spaniens«. Acht Gemälde von Zurbarán setzen einen Kontrapunkt zu all dem Prunk. Sie bannen die schlichte Kontemplation, das inbrünstige Gebet oder die stillen Studien der Hieronymitenmönche auf die großformatige Leinwand. Die Bilder lassen die Individualität der Brüder hinter der starren Kulisse des Klosterlebens sichtbar werden.

Für die angrenzende Kapelle des hl. Hieronymus hat Zurbarán drei Gemälde mit Szenen aus dem Leben des Heiligen gemalt. Rechts wird er der Versuchung ausgesetzt, links vollzieht er die Geißelung. Schließlich wird ihm der himmlische Lohn für die irdische Mühsal zuteil. Die von Engelsscharen begleitete Apotheose, also die Erhebung zu Gott, zeigt das Gemälde im oberen Teil des vergoldeten Altars. Direkt darunter ist der Heilige als Terrakottafigur zu sehen.

Großen Symbolgehalt für die Verteidigung des christlichen Glaubens besitzt die Laterne, die vor dem Altar von der Decke hängt. Sie wurde von Don Juan de Austria bei der siegreichen Seeschlacht von Lepanto (1571) dem türkischen Flaggschiff entrissen. Sein legitimer Halbbruder Philipp II. vermachte sie sechs Jahre später in Dankbarkeit dem Kloster.

Schatzkammer

Der von einer hohen Kuppel überwölbte *relicario* aus dem 17. Jh. ist von Licht durchflutet und mit Fresken verziert. In den Wandschränken werden etwa 50 Reliquienschreine ausgestellt. Eine emaillierte gotische Schatulle beweist die hohe Qualität der klösterlichen Goldschmiede. Erstaunliche Strahlkraft besitzen drei Umhänge der Madonna von Guadelupe. Sie sind mit Diamanten und Perlen bestickt.

Marienkapelle

Ladies only! (Fast) ausschließlich weibliche Figuren schmücken die Wände der reich mit Gold überzogenen Rokokokapelle auf achteckigem Grundriss. Neben dem auf Wandgemälden dargestellten Leben der Maria personifizieren acht Statuen die starken Frauen des Alten Testaments, die sonst nur selten Erwähnung finden: Maria (die Prophetin), Debora, Rachel, Sara, Ruth, Abigail, Esther und Judith.

Zum krönenden Abschluss der Klosterführung zeigt sich nun, allerdings nur außerhalb der Messezeiten, die Madonna von Guadalupe persönlich dem Besucher. Es wird spannend. Zunächst öffnet sich ein goldenes Türchen, dann wird ein Drehkreuz betätigt. Und endlich können Sie der Jungfrau aus Zedernholz unmittelbar in die Augen blicken. Nach der Audienz wird sie zurückgeschwenkt und schaut wieder huldvoll vom Hauptaltar auf die Gläubigen im Kirchenraum hinab.

Mein Tipp

Café Atrium

Bei Süßmäulern und Nachtschwärmern gleichermaßen angesagt ist dieses gemütliche Café mit schmackhafter Kuchenauswahl. Die Rezepturen sind klösterlich inspiriert, die Wahl fällt schwer. Wie wäre es also mit der regionalen Spezialität *muégados?* Das ist frittierter Teig, mit Anis und Koriander gewürzt und mit einer Honigglasur überzogen. Am Wochenende wird zu vorgerückter Stunde mit Livemusik aufgewartet (C/ Alfonso el Onceno, 6, (nahe Kloster), Tel. 651 92 31 39 (mobil), tgl. 10–14, 16–23, am Wochenende bis 3 Uhr).

Gotischer Kreuzgang
Der jüngere der beiden großen Innenhöfe von 1533 wird auf dem 45-minütigen Rundgang nicht gezeigt, kann aber über die Hospedaría del Real Monasterio besichtigt werden (s. Mein Tipp S. 279). Der Kreuzgang wird gotisch genannt, obwohl seine schlichten Formen und Rundbögen im unteren Teil bereits die Renaissance vorweg nehmen. Das Obergeschoss weist allerdings spätgotische Spitzbögen auf. Im Hof wuchsen einst Heilkräuter, schließlich lag im Nachbargebäude die Krankenstation.

Übernachten

Guadalupe bietet zwei Möglichkeiten, in historischen klerikalen Gebäuden zu übernachten. Empfehlenswert sind beide, die Wahl richtet sich nach Anspruch und Geldbeutel.
Klerikaler Luxus – **Parador:** C/ Marqués de la Romana, 12, Tel. 927 36 70 75, www.parador.es, DZ um 95 €, häufig Angebote. Luxuriöse Übernachtung im Klosterhospiz aus dem 15. Jh. Die Gäste wohnen in geräumigen Zimmern, die im kastilischen Stil in unterschiedlichen Brauntönen gehalten sind. Ein mudéjarer Patio sorgt für optimale Entspannung unter Orangenbäumen (s. Lieblingsort S. 281).
Klerikal bescheidener – **Hospedería del Real Monasterio:** Plaza Juan Carlos, s/n, Tel. 927 36 70 00, www.hotelhospederiamonasterioguadalupe.com, DZ ab 60 €. Historische Unterkunft mit direktem Zugang zu den Kreuzgängen. Die Schlafzimmer in der früheren klösterlichen Krankenstation sind mit antiken Möbeln eingerichtet.

Essen & Trinken

Klösterliche Festlichkeit – **Hospedería del Real Monasterio:** s. Unterkunft, tgl. 13.30–15.30, 21–22.30 Uhr, Menü um 17 €, Hauptspeisen ab 10 €. Wer nur einmal in Guadalupe zu speisen wünscht, hat eigentlich nur diese Wahl. Der Speisesaal ist festlich eingerichtet, bei schönem Wetter wird im Kreuzgang gespeist. Die Küche gibt sich bodenständig, etwa bei der kräftig gewürzten Tomatensuppe mit eingelegten Feigen, der Lammkeule in Honig oder der mit Schinken gefüllten heimischen Forelle. Das Preis-Leistungsverhältnis ist hervorragend. Einziges Manko: Die Speisenabfolge ist oft arg schnell.
Große Auswahl – **Posada des Rincón:** Pza. Santa María de Guadalupe, 11, Tel. 927 36 71 40, www.posadadelrincon.com, tgl. 13.30–16/21–22.30 Uhr, Menü ab 9 €, Hauptspeisen ab 13 €. Das Restaurant ist für seine regionalen Gerichte ausgezeichnet worden, die unter gemütlichen Backsteinbögen serviert werden. Auf den Tisch kommen etwa geschmortes Lamm- oder Zicklein *(cochifrito)*, Ochsenschwanz *(rabo de toro)*, oder ein Braten vom jungen Zicklein *(cabrito lechal)*. Auch Gästezimmer.
Für Süßmäuler – **Café Atrium:** s. Mein Tipp S. 282.

Aktiv

Wandern – In der Umgebung gibt es acht markierte Wanderwege unterschiedlicher Länge (s. a. Entdeckungstour s. S. 284). Beschreibungen hält das Tourismusamt bereit.

Infos & Termine

Infos
Oficina de Turismo: Pza. Mayor, o. Nr., Tel. 927 15 41 28, http://oficinadeturismoguadalupe.blogspot.com.es, Mi–Mo 10–14, 16–19 Uhr, Sa/So nur vormittags.

▷ S. 286

Auf Entdeckungstour:
Guadalupe – Wandern auf Pilgers Spuren

Stille herrscht in der Bergwelt südlich von Guadalupe. Welch ein Kontrast zum Trubel unten am Kloster, dessen riesige Ausmaße erst aus der Entfernung wirklich zu erkennen sind. Ebenso erhaben gestaltet sich das Panorama über der Sierra de Villuercas. Die Pflanzenwelt entwickelt ihre volle Pracht. Und wenn gewünscht, finden Sie innere Einkehr an zwei gotischen Pilgerkapellen.

Reisekarte: ▶ H 5

Planung: Rundwanderung (10 km, 2,5–3 Std.) auf befestigten Erdwegen mit anfänglichem Aufstieg und insgesamt 290 Höhenmetern. Feste Turn- oder Trekkingschuhe sind ausreichend. Teilweise Markierungen. Die Tour ist auch für Mountainbikes geeignet.
Start: Plaza Mayor vor dem Kloster von Guadalupe.

Los geht es von der südlichen Platzseite durch die Calle Cruz hinab. Die Casa Rural Santa Clara dient als Orientierungspunkt. Nach 150 m wird durch das Stadttor **Arco Chorro Gordo** das historische Viertel verlassen. Am Ende der Gasse macht der weiterhin abwärts führende Weg eine Wendung nach links auf die Calle de la Ventilla in Richtung Ortsausgang. Olivenbäume säumen dort die schmale Teerstraße.

Zur Quelle der Laus

Nach einer Viertelstunde passieren Sie die **Fuente del Piojo,** die Quelle der Laus! Der kuriose Name stammt aus Zeiten, als die Wasserstelle den frommen Pilgern als Waschplatz vor dem Besuch des geheiligten Klosters diente, die sich dort auch von den blutsaugenden Parasiten reinigten. Der bald kreuzenden Autostraße folgen Sie nach rechts, um nach 200 m links hinab auf einen Bach zuzusteuern.

Hinter der kleinen Brücke endet der Teerbelag. Der Weg geradeaus (nicht nach links!) entlang einem Eichenhain führt nun für die kommenden 45 Minuten aufwärts. Bald plätschert links ein Bach. Lackzistrosen verwandeln die Frühlingslandschaft in ein weißes Blütenmeer. Den frühen Pilgern muss der Atem gestockt haben, als sie nach oft wochenlangen Entbehrungen den fantastischen Ausblick auf das Kloster genießen durften. Korkeichen, Pinien, schließlich weißes und rosa Heidekraut, weißblühender Ginster, Erdbeerbäume schießen in die Höhe. Sogar Wein wird angebaut.

Picknick mit Aussicht

In einem dichten Kiefernwald, es ist nun etwa eine Stunde vorüber, wendet sich der Weg nach Süden. Dann, bei der **Ermita de Santa Catalina** aus dem 15. Jh. ist der steile Anstieg geschafft. Von hier aus konnten die Pilger zum ersten Mal ihr Ziel in Guadalupe sehen. Heute ist es ein wunderbarer Platz zum Picknicken mit Blick auf den Pico Villuercas im Nordwesten, mit 1595 m der höchste Punkt der Sierra. Kastanienbäume an den Berghängen setzen im Herbst gelbrote Farbtupfer.

Auf dem ›Weg des schönen Tals‹

Danach heißt es aufpassen. 100 Schritte hinter dem Kirchlein geht es an einer Gabelung zunächst leicht, nach weiteren 100 m scharf links auf den **Camino de Vallehermoso** – Weg des schönen Tals. Der Name lügt nicht!

Bleiben Sie immer auf diesem Hauptweg, abwechselnd etwas bergauf, bergab und auch mal flach. Knapp 30 Minuten nach der Ermita ist erneut Vorsicht geboten. Ein erster spürbarer Abstieg beginnt. Und dahinter, an einem flacheren Abschnitt, folgen drei Abzweige. Es geht geradeaus weiter, rechts von einem Steinmäuerchen.

Schnell ist die **Ermita de San Blas** erreicht. Der hl. Blasius war Arzt im 3. Jh. und schützt bis heute vor Halskrankheiten. Dafür hat er sich an jedem 3. Februar eine Prozession aus Guadalupe verdient. Trotz einiger Bänke ist es allerdings nicht der schönste Pausenort.

Zurück nach Guadalupe

200 m unterhalb der Ermita wird der Hauptweg nach rechts verlassen. Olivenbäume stehen im Wechsel mit Kastanien. Hinter dem Steinbogen **Puente de Palono** wird bald eine Hochbrücke erreicht. Geplant war sie für die Eisenbahn, die jedoch nie hier ankam. Nach starken Regenfällen kann es matschig sein. Doch nach einem Linksschwenk sind Sie schon auf der Zufahrtsstraße nach Guadalupe. Sie führt in knapp zehn Minuten nach links zurück zum Ausgangspunkt.

Termine

Festividad de la Virgen de Guadalupe: 8. Sept. Religiöse Feierlichkeiten zum Jahrestag der Marienerscheinung.
Fiesta de la Hispanidad: 12. Okt. Jahrestag der Entdeckung Amerikas mit formalen Zeremonien. Manchmal ist auch die Königsfamilie anwesend.

Verkehr

Busse: selten Verbindungen nach Madrid, Cáceres und Trujillo.
Parken: Großer Parkplatz am Ortseingang.

Sierra de las Villuercas ▶ H/J 5/6

Alía und Cañamero

An die 1600 m hoch reichen die Berggipfel der Sierra, die Guadalupe in einem Bogen von West nach Ost umgibt. Das Bergdorf **Alía** (▶ J 5) wird nach 14 km auf der EX-102 Richtung Osten erreicht. Die Straße bietet ebenso viele Kurven wie Blicke in die Landschaft. Die Gemeinde ist bekannt für traditionell gewebte Teppiche, Stickereien, Holz- und Schmiedekunst. Beliebt ist die abgelegene Bergregion auch unter Großwildjägern. Schon König Alfonso XI. jagte Bären in den dunklen Wäldern. Die sind längst ausgestorben, Hirsch und Wildschwein stehen dafür weiterhin auf dem Speisezettel.

Nach Westen führt die Landstraße aus Guadalupe heraus in das Weinstädtchen **Cañamero** (▶ H 6). In der Extremadura genießt es einen guten Ruf, denn die kleinen Bodegas keltern *vino de pitarra.* Der einfache Wein ließ dank seines hohen Alkoholgehaltes kalte Winter und harte Feldarbeit leichter ertragen. Getrunken wurde er lange nur im Freundeskreis, öffentlich verkauft wird er erst in jüngster Zeit.

Berzocana ▶ H 5

Von Cañamero zweigt das schmale, sehr reizvolle Sträßchen CV-21 nach Berzocana ab. Das ruhige Bergstädtchen 13 km nordwestlich (700 Einw.) wird im Osten vom eindrucksvollen Bergmassiv überragt. Nach Westen erstrecken sich sanfte Hügelketten, von Oliven- und Eichenbäumen bewachsen. Die gotische Hallenkirche Iglesia San Juan Bautista (15./16. Jh., C/ Paredillas, o. Nr.) wirkt zunächst wie eine Trutzburg und überrascht dann im Inneren mit Eleganz.

Ein archäologischer Erlebnispark mit Botanischem Garten führt Jung und Alt in die Welt der vorgeschichtlichen Kulturen. Der **Parque de Ocio, Naturaleza y Arte Rupestre** umfasst drei Höhlen mit Malereien aus dem Übergang der Jungstein- zur Bronzezeit. Eine skurrile Felsformation heißt Cabeza del Moro und sieht entsprechend der Bezeichnung auch wirklich aus wie ein Kopf, wenn auch nicht unbedingt wie der eines Mauren.

Zu einem Begriff in der Fachwelt wurde der Name Berzocana dank eines Schäfers. Er fand 1961 drei Goldreifen aus der späten Bronzezeit. Zu wertvoll für den kleinen Ort – sie sind heute im Archäologischen Museums in Madrid.

Übernachten, Essen

Rundumversorgung – **Real Villa de Berzocana:** Pza. España, 14, Tel. 927 15 00 52, www.hotelrealvilladeberzocana.com, DZ um 60 €, in der Nebensaison ist an Werktagen die zweite Nacht gratis, Menü ab 9 €. Elf geräumige, rustikale Zimmer bieten modernen Komfort. Das charmante Landhotel mit Garten versorgt seine Gäste in dem angeschlossenen Restaurant mit feiner regionaler Küche.

Aktiv

Wandern – Auf acht markierten Wanderwegen von unterschiedlicher Länge lässt sich die abwechslungsreiche Umgebung Berzocanas erkunden. Näheres beim Infozentrum.

Infos

Centro de Interpretación Historia de las Villuercas: C/ Paredilla, 2, Tel. 927 15 00 30, www.berzocana.net und www.villuercas.net, tgl. 10–14, 16–18 Uhr.

Los Ibores ▸ H 4/5

Von Guadalupe führt die EX-118 in nördlicher Richtung durch die Landschaften des Bezirks Los Ibores. Ein milder Ziegenkäse und ein kräftiger Honig sind das gastronomische Aushängeschild. Einen Stopp lohnt die Einsiedelei **Ermita del Humilladero** (▶ H 5) aus dem 15. Jh. 5 km hinter Guadalupe. Filigrane Mudéjardekore aus Gips und Stein wirken wie eine Kopie des Tempelchens im alten Kreuzgang von Guadalupe. Ein naher Aussichtspunkt öffnet den Blick auf den Real Monasterio.

Nun folgt die Straße dem Lauf des Río Ibor, der eines von fünf langgestreckten Täler bildet, die die Sierra de las Villuercas von Nord nach Süd durchziehen. Imposante Granitfelsen begleiten die Fahrt. Ausgedehnte Eichenwälder wechseln mit Olivenhainen ab. Dazwischen wachsen Kastanienbäume. Im Herbst bilden ihre Blätter kräftige gelb-rote Farbtupfer in den immergrünen mediterranen Wäldern.

Am nördlichen Ortsausgang von Castañar de Ibor, das mit Schönheiten geizt, verweist ein Schild auf die Kalksteinhöhle **Cueva de Castañar** (▶ H 5), 500 Mio. Jahre alt, aber erst 1969 zufällig von einem Bauern inmitten seines Olivenhains entdeckt. Im Inneren haben sich auf einer Länge von 2 km Mineralablagerungen (Speläothemen) aus Calcit und Aragonit herausgebildet. Sie sind so instabil, dass sie derzeit nicht besucht werden können. Dafür entschädigt der Nachbau der Höhle und ein 3-D-Film im Infozentrum (Tel. 927 55 46 35, Mi–So 9–14, 17–19 Uhr, im Winter 9–14, 16–18 Uhr).

Augustobriga ▸ H 4

Weiter geht es auf der EX-118 oberhalb des sich verengenden Tales, fast auf Höhe der Berge. Bis hier herauf ziehen sich die Ölbäume. Nach gut 50 km und nun wieder in der Ebene liegt der **Embalse de Valdecañas,** der den Río Tajo staut. Eine Brücke führt hinüber. Davor bietet sich ein etwas seltsames Bild. **Römische Tempelruinen,** früher Teil eines Gerichtsgebäudes, schieben sich vor den blau glänzenden Fluss. Allerdings erst seit 1963, als der See geflutet wurde und die antiken Säulen aus Augustobriga an einen höheren Platz umgebettet wurden. Sie werden von einem Querbalken und Mittelbogen gekrönt und dienten als Vorbild für den Diana-Tempel in Mérida. Bei schönem Wetter können Sie sich zu Füßen der alten Steine und unter schattigen Eichen zu einer Rast mit Blick über den See niederlassen. Bei großer Trockenheit taucht der ursprüngliche Ort aus dem Wasser hervor.

Ausspracheregeln

Wörter, die auf Vokal, n oder s enden, werden auf der vorletzten Silbe betont, alle anderen auf der letzten Silbe. Von diesen Regeln abweichende Betonungen verdeutlicht ein Akzent (z. B. teléfono). Treffen zwei Vokale aufeinander, so werden beide einzeln gesprochen (z. B. E-uropa).

c	vor a, o, u wie k, z. B. casa, vor e, i wie englisches th, z. B. cien
ch	wie tsch, z. B. chico
g	vor e, i wie deutsches ch, z. B. gente
h	wird nicht gesprochen
j	wie deutsches ch, z. B. jefe
ll	wie deutsches j, z. B. llamo
ñ	wie gn bei Champagner, z. B. niña
qu	wie k, z. B. porque
y	wie deutsches j, z. B. yo (außer am Wortende)
z	wie englisches th, z. B. azúcar

Allgemeines

guten Morgen/Tag	buenos días
guten Tag (nachmittags)	buenas tardes
guten Abend/ gute Nacht	buenas noches
auf Wiedersehen	adiós
Entschuldigung	disculpe, perdón
hallo, grüß dich/Sie	hola, ¿qué tal?
bitte	por favor
danke	gracias
ja/nein	sí/no
Wie bitte?	¿perdón?

Unterwegs

Bahnhof	la estación
Flughafen	el aeropuerto
Bus/U-Bahn/Auto	autobús/metro/coche
Haltestelle	la parada
Parkplatz	el aparcamiento
Fahrkarte	el billete
Tankstelle	la gasolinera
Eingang	la entrada
Ausgang/ -fahrt	la salida
rechts	a la derecha
links	a la izquierda
geradeaus	todo recto
hier/dort	aquí/allí
Auskunft	información
Stadtplan	mapa de la ciudad
Postamt	correos
geöffnet	abierto/-a
geschlossen	cerrado/-a
Kirche	la iglesia
Museum	el museo
Brücke	el puente
Straße	la calle
Platz	la plaza
Stausee	lo embalse

Zeit

Stunde	la hora
Tag	el día
Woche	la semana
Monat	el mes
Jahr	el año
heute	hoy
gestern	ayer
morgen	mañana
morgens	por la mañana
mittags	a mediodía
abends	por la noche
früh, spät	temprano, tarde
Montag	lunes
Dienstag	martes
Mittwoch	miércoles
Donnerstag	jueves
Freitag	viernes
Samstag	sábado
Sonntag	domingo

Notfall

Apotheke	farmacia
Arzt/Zahnarzt	el médico/el dentista
Hilfe!	¡socorro!
Krankenhaus	el hospital, la clínica
Polizei	la policía

Schmerzen	dolores	Lebensmittel	la comida
Unfall	el accidente	teuer/billig	caro/barato
		wie viel	¿cuánto?
		bezahlen	pagar

Übernachten

Hotel/Pension	el hotel/la pensión
Einzelzimmer	habitación individual
Doppelzimmer	habitación doble
mit/ohne Bad	con/sin baño
Toilette	el servicio
Dusche/Bad	la ducha/el baño
mit Frühstück	con desayuno
Halbpension	media pensión
Gepäck	el equipaje
Rechnung	la cuenta

Einkaufen

kaufen	comprar
Geschäft/Markt	la tienda/el mercado
Geld	el dinero
Geldautomat	el cajero automático
bar	en efectivo
Kreditkarte	la tarjeta de crédito

Zahlen

1	uno	17	diecisiete
2	dos	18	dieciocho
3	tres	19	diecinueve
4	cuatro	20	veinte
5	cinco	21	veintiuno
6	seis	30	treinta
7	siete	40	cuarenta
8	ocho	50	cincuenta
9	nueve	60	sesenta
10	diez	70	setenta
11	once	80	ochenta
12	doce	90	noventa
13	trece	100	cien
14	catorce	150	cientocincuenta
15	quince	200	doscientos
16	dieciséis	1000	mil

Die wichtigsten Sätze

Allgemeines

Sprechen Sie Deutsch/Englisch?	¿Habla usted alemán/inglés?
Ich verstehe nicht.	No entiendo.
Ich spreche kein Spanisch.	No hablo español.
Ich heiße ...	Me llamo ...
Wie heißt du/ heißen Sie?	¿Cómo te llamas/ se llama?
Wie geht es dir/ Ihnen?	¿Cómo estás/ está usted?
Danke, gut.	Muy bien, gracias.
Wie viel Uhr ist es?	¿Qué hora es?

Unterwegs

Wie komme ich zu/nach ...?	¿Cómo se llega a ...?
Wo ist ...?	¿Dónde está ...?
Könnten Sie mir bitte ... zeigen?	¿Me podría enseñar ..., por favor?

Notfall

Können Sie mir bitte helfen?	¿Me podría ayudar, por favor?
Ich brauche einen Arzt.	Necesito un médico.
Hier tut es mir weh.	Me duele aquí.

Übernachten

Haben Sie ein freies Zimmer?	¿Hay una habitación libre?
Wie viel kostet das Zimmer pro Nacht?	¿Cuánto vale la habitación al día?
Ich habe ein Zimmer bestellt.	He reservado una habitación.

Einkaufen

Wie viel kostet ...?	¿Cuánto vale ...?
Ich brauche ...	Necesito ...
Wann öffnet/ schließt ...?	¿Cuándo abre/ cierra ...?

Kulinarisches Lexikon

Zubereitungen

a la plancha	gegrillt
a la parilla	auf einer heißen Metallplatte gegrillt
al ajillo	in Knoblauchsoße
al horno	aus dem Ofen
asado/-a	gebraten/geschmort
en escabeche	mariniert
en salsa	in Soße
frito/-a	frittiert
guisado/estofado	geschmort

Tapas und Vorspeisen

aceitunas	Oliven
ahumados	geräucherter Fisch
albóndigas	Fleischbällchen
almejas	Venusmuscheln
anchoas	Anchovis
azeite	Olivenöl
bocadillo/bocata	belegtes Brötchen
boquerones en vinagre	eingelegte Sardellen
brocheta de cordero	Lammspieß
calamares	Tintenfische
callos	Kutteln
caracoles	Schnecken
champiñones	Chamignons
chipirones	Mini-Tintenfische
chorizo	Paprikawurst
cocido	Eintopf
croquetas	Kroketten
embutidos	Wurstwaren
gambas	Garnelen
gazpacho	kalte Gemüsesuppe
jamón Ibérico	Iberischer Schinken
mejillones	Miesmuscheln
migas extremeñas	geröstete Brotkrumen
paté	Pastete
pulpo	Oktopus, Krake
queso (de cabra/ de oveja)	(Ziegen-/Schafs-)Käse
sepia	Tintenfisch
tortilla de patatas	Kartoffelomelett
zorongollo	marinierte Paprika

Fisch und Meeresfrüchte

atún	Thunfisch
bacalao	Stockfisch
besugo	Seebrasse
carpa	Karpfen
dorada	Dorade
langostinos	Riesengarnelen
lenguado	Seezunge
merluza	Seehecht
mero	Zackenbarsch
pez espada	Schwertfisch
rape	Seeteufel
salmón	Lachs
tenca	Schleie
trucha	Forelle

Fleisch

aves	Geflügel
bistec	Beefsteak, Steak
buey	Ochse, Rind
caldereta de cordero	Lammragout
cerdo	Schwein
chanfaina	Lammschmortopf
chuleta	Kotelett
ciervo/venado	Hirsch
cochifrito	Lamm oder Zicklein geschmort
cochinillo	Spanferkel
conejo	Kaninchene
cordero	Lamm
escalope	Schnitzel
estofado	Schmorfleisch
frite extremeño	gebratene Zickleinteile
jabalí	Wildschwein
liebre	Hase
lomo	Filet
pato	Ente
pechuga	Brust
perdiz	Rebhuhn
pollo	Hühnchen
rabo de toro	Stierschwanz
solomillo	Filet
ternera	Kalb, Rind
vaca	Rind, Kuh

Gemüse

aguacate	Avocado
ajo	Knoblauch
alcachofa	Artischocke
berenjena	Aubergine
calabacín	Zucchini
calabaza	Kürbis
cebolla	Zwiebel
ensalada	Salat
espárragos	Spargel
espinacas	Spinat
garbanzos	Kichererbsen
guisantes	Erbsen
hongos/setas/fungos	Pilze
judías verdes	grüne Bohnen
lechuga	grüner Blattsalat
lentejas	Linsen
patatas	Kartoffeln
pepino	Gurke
pimiento	Paprikaschote
puerro	Lauch
tomates	Tomaten
zanahorias	Möhren

Obst

cerezas	Kirschen
frambuesa	Himbeere
fresas	Erdbeeren
manzana	Apfel
melocotón	Pfirsich
naranja	Apfelsine
piña	Ananas
plátano	Banane
uvas	Trauben

Nachspeisen

arroz con leche	Milchreis
flan	Karamelpudding
helado	Eis
pastel	Kuchen, Gebäck
repápalos	süße Brotbällchen in Zimt-Milch-Soße
tarta (de queso)	Käsekuchen
técula-mécula	Eier-Mandel-Zucker-speise
tocino de cielo	Paradiesspeise

Getränke

agua (con/sin gas)	Wasser (mit/ohne Kohlensäure)
café con leche	Milchkaffee
café solo	Espresso
café cortado	Espresso mit Milch
caña	gezapftes Bier
chocolate	Kakao
cerveza	Bier
fino	Sherry
granizado	zerstoßenes Eis mit Sirup
té	Tee
vino blanco/tinto	Weiß-/Rotwein
vino de pitarra	schwerer Hauswein
zumo de naranja al natural	frisch gepresster Orangensaft

Im Restaurant

Ich möchte einen Tisch reservieren.	Quisiera reservar una mesa.
Die Speisekarte, bitte.	La carta, por favor.
Weinkarte	la carta de vinos
Die Rechnung, bitte.	La cuenta, por favor.
Kellner/Kellnerin	camarero/camarera
Frühstück	desayuno
Mahlzeit/Essen	la comida
Abendessen	la cena
Häppchen, Portion	la tapa, la ración
Vorspeisen	entremeses
Hauptgericht	el plato principal, el plato segundo
Nachspeise	el postre
Tagesgericht	menú del día
vegetarische Kost	comida vegetariana
Messer, Gabel	el cuchillo, el tenedor
Löffel, Teelöffel	la cuchara, cucharilla
Glas, Flasche	el vaso, la botella
Salz, Pfeffer	la sal, la pimienta
Zucker, Süßstoff	el azúcar, la sacarina

Der Autor: Jürgen Strohmaier lebt seit 1994 im Nachbarland Portugal, genauer in Lissabon. Seitdem hat er die Extremadura auf zahlreichen Reisen erkundet und wurde verzaubert von ihren naturwüchsigen Landschaften, der bunten Vogelwelt und den antiken Stätten. Er hat ein ursprüngliches Stück Spanien für sich entdeckt, das in den touristischen Orten am Meer längst verschwunden ist. Ein wenig seiner ungebrochenen Faszination will er mit diesem Buch weitergeben.

Abbildungsnachweis

F1 Online, Frankfurt a. M.: S. 12. u. re., 116, 212/213, 200 li., 222 (Hernández/age); 235 (Calonge/age)

Lydia Hohenberger/Jürgen Strohmaier, Lissabon: S. 6, 13 o. re., 76, 141 li., 154, 162/163, 260, 296

Bildagentur Huber, Garmisch-Partenkirchen: S. 11, 12 u. li., 13 o. li., 55, 78/79, 84/85, 86 re., 100, 140 re., 150/151, 164 (2 x), 167, 190/191 (Gräfenhain); Titelbild, 42/43, 71, 284 (Ripani); 59 (Schmid)

laif, Köln: S. 68 (Keystone France); 56 (Preau/hemis.fr); 112 li., 134, 197, 230/231, 264 li., 276 (Voge/Le Figaro Magazine); 13 u. re., 16/17, 264 re., 280/281 (Zanettini)

Look, München: Umschlagklappe vorn, S. 13 u. li., 90, 113 li., 138, 140 li., 144/145, 201 li., 203, 232 (2 x), 236/237, 243, 252/253, 271 (age fotostock); 265 li., 266/267 (Dressler); 233 li., 246 (Richter)

Mauritius Images, Mittenwald: S. 47, 62, 75, 185, 200 re., 207 (age); 8 (Alamy); 27 (Gastrofotos); 65 (Harding), 50 (imagebroker/Whitestar/Gumm); 82 (NPL-Wild Wonders of Europe), 7 (United Archives)

Outón, Isaac, Mérida: S. 12 o.li., 86 li., 96/97

picture alliance, Frankfurt a. M.: S. 72 (akg-images/Martin); 32/33, 112 re., 122/123 (Avers)

Turismo Extremadura: S. 165 li., 178 (Achim Pohl); 12 o. re., 52/53, 60, 87 li., 104/105, 110, 126/127, 172, 177, 208, 226, 250

Kartografie

DuMont Reisekartografie, Fürstenfeldbruck

Umschlagfotos

Titelbild: Blick auf das Kloster von Guadalupe

Umschlagklappe vorn: In der Altstadt von Cáceres

Hinweis: Autor und Verlag haben alle Informationen mit größtmöglicher Sorgfalt geprüft. Gleichwohl erfolgen alle Angaben ohne Gewähr. Bitte schreiben Sie uns! Über Ihre Rückmeldung und Ihre Verbesserungsvorschläge freuen wir uns: **DuMont Reiseverlag**, Postfach 3151, 73751 Ostfildern, info@dumontreise.de, www.dumontreise.de

2., vollständig überarbeitete Auflage 2015

Redaktion/Lektorat: Susanne Pütz
Grafisches Konzept: Groschwitz/Blachnierek, Hamburg
Printed in China

MIX
Papier aus verantwortungsvollen Quellen
FSC® C020056